発達科学ハンドブック 6

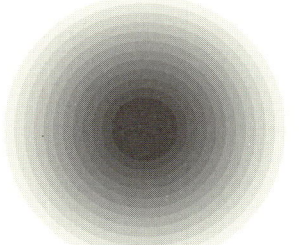

発達と支援

日本発達心理学会 [編] ／無藤 隆・長崎 勤 [責任編集]

新曜社

『発達科学ハンドブック』発刊にあたって

　日本発達心理学会は発足以来，すでに20年以上を経て，会員数も当初の400名台から約10倍の4,200名台に至るまでになりました。会員も当初の研究者中心であったのが，有能な実践家，臨床家の方々の参加も得て，その研究活動も基礎研究から実践研究まで大きく展望を広げてきたところです。今や学会員は研究・実践において社会的責務も大いに高まってきているのが現状であります。

　それだけに，それらの諸研究を遂行するうえで基盤となる諸理論の吟味，あるいは先行諸研究の概念化を行うことの重要性がますます求められていると同時に，広範になってきた諸領域の展望を行うことの難しさも痛感されるところであります。

　そこで，学会としては2007年に理事長諮問の検討会（後に，出版企画委員会に昇格）を設けて，学会員に寄与し得る発達心理学研究の展望をどう行えばよいか吟味を重ねてきました。その結果，1989年の学会発足の記念として多数の有志で編纂した福村出版刊『発達心理学ハンドブック』を基盤に，それ以降のおよそ20年間における発達心理学研究の動向を中心に展望すること，しかし，単に情報の追加をするのではなく，この間の発達心理学研究の発展を反映した新たな発想を提起すべく，『発達科学ハンドブック』として，新構想のもとに新たに編纂し直すことになりました。

　新名称に込められた意図には，学会設立の大きな要因ともなった隣接諸領域との積極的交流を通しての「発達学」構築への気運と模索が，この20年において世界的展開を見せ始め，「発達科学」として統合化され始めているということがあります（第1巻序章参照）。当学会としても，発達心理学を「発達科学」の重要な位置を占めるものとしてその方向性を明示していくことで総合科学である「発達科学」への貢献を目指していきたいとの願いを本書の新構想に込めており，それが以下のような本ハンドブックの構成の特徴となって現れています。

(1) 本ハンドブックを，当学会が責任をもって編集にあたることで，日本および世界の発達心理学，発達科学領域の研究と実践の動向を展望するだけでなく，新たな動向を創造していくことを目指した経常的な学会活動へと転化させる媒体として位置づける。

(2) 上記の意図を実行に移すために，本ハンドブックは複数巻で構成することとし，総論の2巻を頭に据えて，3巻以降は進化し続ける米国の *Handbook of*

Child Psychology（Wiley 刊）のようなテーマ領域ごとに展望する巻として，今後の研究動向の進展に基づき随時追加していくことができる構成とした。

　具体的には，総論の 2 巻においては，〈理論・方法論概説〉（第 1 巻）と〈研究法概説〉（第 2 巻）から成っており，発達心理学および発達心理学に影響を及ぼした隣接諸領域の理論的，方法論的基盤をもとに発達科学への道筋について概説を行うことに焦点を絞った。

　3 巻以降のテーマ領域ごとの展望巻では，今回は比較的広範なテーマを扱う 4 領域を選択，〈発達研究における時間の扱い方〉（第 3 巻），〈発達の認知的，情動的，生物学的（生命科学的，脳科学的）側面〉（第 4 巻），〈発達の社会・文化的側面〉（第 5 巻），〈発達を支援する発達臨床・障害科学論，保育・教育論〉（第 6 巻）から構成されている。

(3) 今後はおよそ 10 年ごとに既存巻の構成・内容を改訂していくとともに，経常的に新企画巻を追加していくことで，定期的展望を意欲的に進めることとする。
(4) さらに，本ハンドブックの内容から，詳細な展開が必要と思われるジャンルについて単行本発刊を企画・提案していく。
(5) そのため，毎年の年次大会において出版企画委員会主催の展望シンポジウムを企画したり，機関誌『発達心理学研究』の特集テーマを機関誌編集委員会と共同提案しながら，各ジャンルについての経常的な研究動向の展望を通して，それらを 10 年ごとの改訂，あるいは適当な時期に新領域についてハンドブック化していくといった方法論をとっていく。

　以上のような当学会の意図と経常的，将来的なハンドブック発展計画を含む本ハンドブック構成について深甚なご理解をいただき，出版をお引き受けくださった新曜社の塩浦暲社長，編集実務をご担当いただいた田中由美子さんには心からの御礼を申し上げる次第です。

2011 年 2 月吉日

日本発達心理学会
日本発達心理学会出版企画委員会

目　次

『発達科学ハンドブック』発刊にあたって　i

序　章　発達心理学の展望と発達支援の位置づけ　1　─── 無藤　隆

　第1節　発達心理学の25年間の大きな動き　1
　第2節　本巻の趣旨と構成　4

第Ⅰ部　発達支援の基本とは

第1章　現代社会の中の発達心理学の役割　8 ─── 無藤　隆

　第1節　現代社会の問題に応える　8
　第2節　現代社会の問題としての経済格差　10
　第3節　現代社会の問題としてのいじめとその対策に学ぶ　13
　第4節　発達と支援との関係　15

第2章　発達支援のスペクトラムと包括的アセスメント　22 ── 長崎　勤

　第1節　「障害〜定型発達のスペクトラム」の現実　22
　第2節　障害〜定型発達支援のスペクトラム　23
　第3節　「障害〜定型発達のスペクトラム」としてとらえる際の方法論
　　　　　＝包括的アセスメントの必要性　29

第Ⅱ部　発達する場への支援

第3章　現代社会における育児の広がり　34 ─── 藤﨑眞知代

　第1節　育児を取り巻く現状　34
　第2節　これからの育児の広がり　38

第3節　ワーク・ライフ・バランスの実現に向けた育児支援　40

第4章　家庭におけるハイリスクの親への支援　47 ──────── 福丸由佳

　　第1節　ハイリスクとは何か　47
　　第2節　リスク世帯への支援　50
　　第3節　わが国における支援と今後の課題　52

第5章　虐待の防止と支援　56 ──────────────── 数井みゆき

　　第1節　虐待の定義と種類　56
　　第2節　児童虐待の現状　57
　　第3節　虐待者の構成と虐待発生における背景　59
　　第4節　被虐待児が抱える問題　59
　　第5節　発達的支援と援助　60
　　第6節　さいごに──世代間連鎖を防ぐ　61

第6章　子育て支援の広がりと効果　63 ──────────── 荒牧美佐子

　　第1節　子育て支援の現状　63
　　第2節　子育て支援の効果　65
　　第3節　子育て支援の今後の課題　70

第7章　保育の質とは何か　73 ──────────────── 秋田喜代美

　　第1節　保育の質をとらえる枠組み　74
　　第2節　質が子どもの発達に与える影響　75
　　第3節　保育の質を高めるために　79

第8章　保育の実践への支援活動とは　82 ─────────── 岩立京子

　　第1節　幼児を取り巻く環境の変化と支援ニーズの高まり　82
　　第2節　保育実践への支援の意義と重要性──幼児教育の役割の変化　83

第3節　保育実践への支援の実際　85
第4節　今後の保育実践への支援に向けて　91

第9章　保育者と研究者の協働のあり方　93 ──────── 中澤　潤

第1節　保育者と研究者の協働　93
第2節　保育者と研究者の協働のあり方　94
第3節　協働の進め方　96
第4節　協働の例　99
第5節　協働研究の今後　101

第10章　困難を抱える子どもの保育への支援　103 ──────── 藤崎春代

第1節　困難を抱える子どもとその保育の特徴　103
第2節　困難を抱える子どもの保育への発達支援　106

第11章　学校教育の発達的な基礎と学習者としての育ち　111 ──────── 岸野麻衣

第1節　小・中学校における発達を支える学習環境　111
第2節　学習者としての適応と教師のかかわり　113

第12章　不登校・学級集団の逸脱への支援　121 ──────── 伊藤美奈子

第1節　さまざまな指導上の課題　122
第2節　意味を読み取るという見方　122
第3節　学校としての対応に求められること　123
第4節　子どもと保護者への対応　125
第5節　教師と支援者（スクールカウンセラー等）との協働に際し必要なこと　127
第6節　おわりに　128

第 13 章　教師への支援と教師との協働のあり方　130 ──── 藤江康彦

- 第 1 節　現場とかかわる研究のあり方　130
- 第 2 節　教師への支援，教師との協働の実際　131
- 第 3 節　発達科学研究としての意義　137

第Ⅲ部　発達的ニーズへの支援

第 14 章　乳幼児の社会性・情動発達の障害と支援：自閉症児における研究より　142 ──── 別府　哲

- 第 1 節　心の理論　142
- 第 2 節　心の理論の発達的前駆体　146
- 第 3 節　自他分化　149
- 第 4 節　情動認知　150

第 15 章　仲間関係の発達支援　156 ──── 本郷一夫

- 第 1 節　乳幼児の仲間関係の研究動向　156
- 第 2 節　障害児の仲間関係　158
- 第 3 節　「気になる」子どもの仲間関係　160

第 16 章　学齢期の社会性の学習支援　164 ──── 中村　晋

- 第 1 節　社会的認知の発達と障害　165
- 第 2 節　初期社会性発達支援プログラムの概要　166
- 第 3 節　初期社会性発達支援プログラムの適用　169
- 第 4 節　自閉症児における社会性発達の可能性　173

第 17 章　乳幼児期の言語発達の障害と支援　175 ──── 秦野悦子

- 第 1 節　乳幼児期の言語発達の障害と支援　175
- 第 2 節　言語発達障害の分類　176

第3節　乳幼児期の言語発達支援者　177
第4節　言語発達とその背景にある要因　177
第5節　乳幼児期の言語発達の問題への気づきとその支援　180
第6節　コミュニケーションを作り出していく仕組みの支援　183

第18章　学齢期の「聞く・話す」の障害と支援　186 ── 大井　学

第1節　語用障害とは何か？──言語行為・会話の協力・文脈との関連　187
第2節　HFASDにおける語用障害の基本性格　190
第3節　語用障害がもたらす悲哀・落胆　192
第4節　自閉症者と「神経学的定型」者との会話を通じた共生　194
第5節　自閉症共生社会の環としてのスモールグループ　196

第19章　認知発達の障害　200 ── 小池敏英

第1節　知的障害　200
第2節　ウィリアムズ症候群　203
第3節　学習障害　206

第20章　学習障害・学習の困難性への支援　210 ── 金谷京子

第1節　学習障害が注目されて　210
第2節　学習につまずく子どもたち　211
第3節　学習につまずく子どもたちへの支援　211
第4節　授業のユニバーサルデザイン化を目指した学校での支援　216

第21章　運動発達の問題・障害と支援　219 ── 澤江幸則

第1節　発達障害のある子どもの運動発達特性について　219
第2節　発達障害のある子どもの運動発達のとらえ方について　221
第3節　発達障害のある子どもの運動発達と社会性発達との関連性について　225
第4節　まとめ──発達心理学研究における今後の課題　228

第 22 章　行動問題への支援　231 ── 関戸英紀

第 1 節　行動問題と PBS　231
第 2 節　行動問題に対する PBS を用いた支援の実際　234
第 3 節　クラスワイドな支援から個別支援へ　238

第 23 章　脳科学と発達支援　240 ── 東條吉邦

第 1 節　発達支援の実践と研究に役立つ脳科学とは　240
第 2 節　発達期の脳科学　245
第 3 節　成人期の脳科学　251

第 IV 部　生きることの困難への支援

第 24 章　青年期の発達と支援のあり方　256 ── 佐藤有耕

第 1 節　青年期の普遍的な発達の姿　256
第 2 節　現代社会の様相と青年の変化　258
第 3 節　発達支援者の果たす役割　262

第 25 章　非行の傾向と支援　267 ── 小保方晶子

第 1 節　非行のリスク要因と防御要因　267
第 2 節　非行少年への支援　272

第 26 章　青年期の性的行動と支援　276 ── 野坂祐子

第 1 節　性の多様性にまつわる課題　277
第 2 節　青年期の性的行動と性的健康　279
第 3 節　性的関係における暴力　282

第27章　青年期の発達障害への支援　287　──── 佐竹真次

- 第1節　医療的視点から　287
- 第2節　教育の視点から　289
- 第3節　就労支援の視点から　290
- 第4節　非行・犯罪の視点から　292
- 第5節　社会生活支援の視点から　293
- 第6節　まとめ　295

第28章　成人期の危機と支援：中年期の発達臨床的理解と援助を中心として　297　──── 岡本祐子

- 第1節　生きることが困難な時代の成人期　297
- 第2節　成人期の発達・臨床心理学の系譜　298
- 第3節　人生半ばの峠に体験される心の危機
  ────「構造的危機」としての中年期危機　300
- 第4節　中年期危機の心理臨床的理解と援助　303

第29章　中高年期のうつと自殺　308　──── 川野健治

- 第1節　うつと自殺の実態　308
- 第2節　うつと自殺の関係　310
- 第3節　うつ病の広がり　312
- 第4節　うつと自殺の対策　314
- 第5節　普及啓発とゲートキーパー機能の充実　315
- 第6節　職場におけるメンタルヘルス対策　316
- 第7節　アウトリーチの充実と精神保健医療改革　317
- 第8節　おわりに　318

第30章　高齢者の認知症等への支援　321　──── 佐藤眞一

- 第1節　認知症の定義と症状　321
- 第2節　認知症のアセスメント　323

第 3 節　認知症高齢者・障害のある高齢者への支援　327

第 31 章　成人・高齢者の発達障害への支援　331 ─────── 三宅篤子

第 1 節　成人・高齢者の発達障害者の現状　332
第 2 節　成人・高齢者の発達障害者の現状──さまざまな実績報告から　332
第 3 節　成人期に発見される発達障害者の事例分析　334
第 4 節　成人・高齢者の発達障害者への支援　335
第 5 節　まとめ　337

人名索引　339
事項索引　347
編者・執筆者紹介　360

装丁　桂川　潤

序章
発達心理学の展望と発達支援の位置づけ

無藤　隆

　発達心理学は，とりわけ過去25年間さまざまな方向への発展を進めてきた。理論的基礎的な方向と，応用的実践的な方向というのがその最も基本となる広がりをなす。だが，それは単に二分した方向だということではない。その間の活発な相互影響関係が発達心理学の特質の一つであり，とりわけ本巻で重視した点である。以下，発達心理学全般の大きな動きを展望し（なお，文献はなるべく入門的なものを挙げる），その中に本巻の全体の編集方針と各部の目指すところを述べる。

第1節　発達心理学の25年間の大きな動き

　大きく，生物科学としての方向と社会科学，さらに実践科学としてといった3つのベクトルで考えることができる（表1）。
　発達は何より生物的現象である。それは障害の問題でもよくわかる。生物的特性にまったく解消はされないが，その中核に脳神経系の問題があるには違いない。そういった問題を含め，今や発達心理学の多くは生物科学の大きな流れの中に包括されるようになった。その中心は発達神経科学・神経心理学である。おそらくこの15年間で最も研究が進展した分野であるに違いない。それは何より測定手段の進歩による。とくに，それまでの乳児研究を脳科学として裏づけ，精細化するようになった。また，マーカー課題（つまり心理的課題であるが，成人などで脳神経過程との対応が示されているもの）の開発も幼児期・児童期の研究を進めることに役立っている（子安・大平，2011；Posner & Rothbart, 2007）。進化心理学の進展も重要な発見や示唆をもたらした。性淘汰による遺伝子の継承とそれにともなう種々の特異な行動の説明に成功した。さらに，子ども時代の特定のあり方についても示唆を多く与えている（Bjorklund & Pellegrini, 2002/2008）。行動遺伝学の進歩は明らかだ。多くの行動や心理的特徴の個人差は相当部分を遺伝で説明できる（安

表1　2000年代の発達心理学の広がり

Ⅰ　研究分野の展開	
1）生物科学としての発達科学	発達神経心理学，進化心理学，行動遺伝学
2）社会科学としての発達研究	文化心理学，社会学，教育・福祉経済学，行動経済学
3）実践科学としての発達研究	政策科学，EBP（エビデンスに基づく実践），支援の科学，学習科学，現場記述，実践知
Ⅱ　研究方法論の進展	
1）数量的方法	効果量，多変量解析（構造方程式モデリング，マルティ・レベル分析など），縦断的統計解析
2）質的方法	グラウンディッド・セオリー，ナラティブ・アプローチ，エピソード分析
3）計算モデル	ニューラルネット
4）測定法	生理学的指標，マーカー課題
Ⅲ　鍵となる概念の創出	
1）情報科学・身体認知	
2）生態心理学・アフォーダンス	
3）情動科学心理学・情動，情動制御	
4）人類学・状況，仕事場	
5）認知心理学・メタ認知	
6）認知科学・暗黙知覚，暗黙学習	
Ⅳ　横断的研究領域の発展	
1）障害・障害児教育	
2）健康・健康心理学・ポジティブ心理学	
3）保育・教育・教育心理学	
4）育児・家族心理学	

藤，2011）。それに対して，親子関係や家庭環境の影響はかなり小さい。大きいように見えるものは遺伝的関連をとらえていないからである。もちろん，だからといって，親子関係の影響がゼロだと言っているわけではない。また個人差の遺伝的影響があるからといって，それらの人々の生活や行動を改善できないとも言えない（個人差と全般的向上は異なることである）。そういった動きが発達心理学との融合を高めており，全体として生物学的な発達科学の成立を可能にした。従来の狭義の発達心理学がその動きを受けて，どう変革していくかが問われる。

　第2の大きな動きが社会科学とつながるところで起きている。心理学の大きな潮流の一つは文化心理学の成立と拡大だ（Bornstein, 2010）。もはやそれは実質的な成果を多数生み出した研究領域といえる。それは2つの面からなる。一つは文化の違いにより心理現象やさらに親子関係といった人間関係や環境は大きく異なるという発見だ。だからよけいに今は，よい親子関係ということを細かく定義することは難しくなった（Bornstein, 2006）。たとえば，権威的と呼ばれるしつけス

タイルは主に欧米の白人中流において子どもの何らかの発達指標と結びつくのであり，それ以外の文化では必ずしもそうはならない。もう一つの面は人間の心理や認知と社会状況や文化との密接なつながりと，その絡み合いに注目することだ。社会構成主義の考えとあいまって，生物学的な見方へのもう一つのとらえ方を提示してきた社会学の立場から子どもを取り扱うことは多くはなく，多数は教育現象や高齢者介護問題などに向かっているようだが，それもまた文化心理学とも共鳴して，実際の社会問題への注目を鮮明にさせている。

経済学の寄与も高くなってきている。教育経済学の進展はめざましく，今はその知見なしに教育の構想を描くことは不可能になった（幼児教育についてたとえば，Heckman & Krueger, 2003）。発達支援のさまざまなプログラムについて，そのコストとベネフィットを経済学的に計算することも行われるようになった。掛けるコストと将来得られる社会的利益を費用として対応できるようにするのである。行動経済学の分野が確固たるものとなり（Kahneman, 2011），子どもに即しての研究は今後に期待されるが，急速に進むことが予想できる。この分野は心理学の実験や調査の枠組みが経済学のミクロな行動からの解析と結びついて，今や心理学とともに経済学を革新しつつある。

第3の大きな動きは実践科学の成立である。とくに本巻ではそこを中心とした。一つには，発達や教育の研究が他の諸科学とともに政策科学として成立するようになった（伊藤，2011）。国や自治体などの施策として単なる思いつきや利益関係団体の意見だけではなく，総体的にそのあり方と成果・効果を検証しつつ進めることである。もう一つはそのこととともに，証拠に照らした実践が進んだことである。とくに医学ではエビデンスベースの医療が標準となった。つまり，治療群と統制群を参加者のランダム割り当てのうえで結果を比較することで，治療の客観的な有効性（エフィカシー）を測定するようになったのである（心理療法についてのその立場からの解説として，Field, 2009；Singh & Ernst, 2008/2010）。支援としてのあり方の科学的な解明も進んだ。その点は本巻の各章を見てほしい。なお，教育の分野において，学習科学（learning science）の成立も見逃せない動向である（Sawyer, 2006/2009）。認知科学の実用化の表れであり，発達研究との結びつきが期待される。なお，現場研究や実践者の「知」の検討も進んできている（無藤，2007）。質的な研究の勃興とあいまって，その丁寧な記述が進んできて，保育や教育の分野を書き換えつつある。

研究方法論の進歩や類接分野からの鍵概念の導入も広がった。表に示したようなさまざまな発展が発達研究をも活性化してきている。たとえば，身体認知

(embodied cognition) の考えはロボット工学から哲学まで多くの分野を横断するキーワードとなった（Shapiro, 2010）。子どもの研究においても乳児を中心に，身体性やアフォーダンスは重要なとらえ方となった（佐々木，2008）。計算機によるモデル化はすでに試みの域を脱して，記述とモデル化さらに実験的な検証と結びつき，計算認知科学や計算脳神経科学の領域を構成するようになった（Thagard, 2010）。学習のモデル化が発達と結びつき始めたのである。

第2節　本巻の趣旨と構成

本巻は発達心理学に基づき，現場の発達的なニーズへの支援を行うあり方を述べるものである。その方針は次のとおりである。

研究を踏まえる。できる限り，実証的な研究でも事例研究であっても，その検証のあるものを含めていく。また日本での研究や実践を重視するが，諸外国とくに欧米の先進的な研究の中の重要なものには言及し紹介する。その際，研究として，発達心理学とともに，教育心理学や臨床心理学はもとより，障害科学全般，また保育学や教育学を含めて，学際的に広げていく。

実践を尊重し，そのあり方を含める。各種の現場の様子を記述するとともに，そこでの実践者の工夫や姿勢や考え方を整理する。実践と研究の相互的関係を視野に置き，実践から研究が豊かになりうる可能性を展望するとともに，研究から実践がいかなる支援を受けうるのかを論じる。

そこで検討する諸困難の軽減等の支援に向けて，どんな発達支援がありうるのかについてできる限り，原則的なあり方を述べる。個別のノウハウは他書に譲り，原則性に集中させて論じていく。

それらを踏まえて，最後のところで，著者なりに，今後の研究と実践に向けての主張を述べる。発達支援の拡大とともに，研究と実践の双方が益するあり方を展望する。

そのうえで，4つの部に分けて，論述を行う。第Ⅰ部は全体の基本となるところである。発達支援のあり方や発達障害への支援の基本を述べる。また現代社会の中で発達支援はどうあるべきかを論じる。

第Ⅱ部から第Ⅳ部では，発達支援のあり方を年代と，発達のニーズ，発達する場，個として生きることという視点を組み合わせて構成した。第Ⅱ部は，子ども時代に即して発達する場の支援を検討する。現代では，家庭，幼稚園・保育所，学校が，ほとんどの子どもが経験する発達的な場となっている。家庭は親が子ど

もを養育する場であるが，そのための子育て支援が子育て支援センター等で広がりつつある。幼稚園・保育所は保育者が子ども集団に対して保育を行う場であり，そこに外部の専門家が支援を行うことが増えてきた。小中の学校教育は教師が子どもを教育する場であり，やはりそこに発達や教育・心理臨床などの専門家が関与することが多くなっている。そういった場のあり方と専門家の働きに注目して論じたい。

第Ⅲ部は，発達ニーズ自体を取り上げて支援するあり方を述べる。発達障害を中心として乳幼児から成人期までを含めつつ，障害科学の展望のもとに発達支援の方策の原則を論じる。

第Ⅳ部では，生きることの困難への支援として，青年期・成人期・高齢期に出会う心理的困難とその対処について述べる。この時期は個としての自覚のもとに発達が成り立ち，支援もまたその自覚のあり方を切り離せない。生涯発達心理学の展望を拓くところで発達支援の意味があることを論じる。

引用文献

安藤寿康．(2011)．遺伝マインド：遺伝子が織り成す行動と文化．東京：有斐閣．
Bjorklund, D. F., & Pellegrini, D. (2008). 進化発達心理学：ヒトの本性の起源（無藤　隆，監訳，松井愛奈・松井由佳，訳）．東京：新曜社．(Bjorklund, D. F., & Pellegrini, D. (2002). *The origins of human nature: Evolutionary developmental psychology*. Washington, D. C.: American Psychological Association.)
Bornstein, M. H. (2006). Parenting science and practice. In W. Damon & R. M. Lerner (Series Editors-in-chief), K. A. Renninger & I. E. Sigel (Vol. Eds.), *Handbook of child psychology: Vol.4. Child psychology in practice* (6th ed., pp.893-949). New York: Wiley.
Bornstein, M. H. (Ed.). (2010). *Handbook of cultural developmental science*. New York: Psychology Press.
Field, T. (2009). *Complementary and alternative therapies research*. Washington, D. C.: American Psychological Association.
Heckman, J. J., & Krueger, A. B. (2003). *Inequality in America: What role for human capital policies?* Cambridge, MA: The MIT Press.
伊藤修一郎．(2011)．政策リサーチ入門：仮説検証による問題解決の技法．東京：東京大学出版会．
Kahneman, D. (2011). *Thinking, fast and slow*. New York: Farrar, Straus and Giroux.
子安増生・大平英樹（編）．(2011)．ミラーニューロンと〈心の理論〉．東京：新曜社．
無藤　隆．(2007)．現場と学問のふれあうところ．東京：新曜社．
Posner, M. I., & Rothbart, M. K. (2007). *Educating the human brain*. Washington, D. C.: American Psychological Association.
佐々木正人（編）．(2008)．アフォーダンスの視点から乳幼児の育ちを考察：動くあかちゃん事典．東京：小学館．
Sawyer, R. K. (Ed). (2009). 学習科学ハンドブック（森　敏昭・秋田喜代美，監訳）．東京：培風館．(Sawyer, R. K. (Ed). (2006). *The Cambridge handbook of the learning sciences*. Cambridge:

Cambridge University Press.）
Shapiro, L.（2010）. *Embodied cognition*. Abingdon: Routledge.
Singh, S., & Ernst, E.（2010）. 代替医療のトリック（青木　薫，訳）．東京：新潮社．（Singh, S., & Ernst, E.（2008）. *Trick or treatment? Alternative medicine on trial*. London: Bantam Press.）
Thagard, P.（2010）. *The brain and the meaning of life*. Princeton, NJ: Princeton University Press.

第Ⅰ部
発達支援の基本とは

第1章
現代社会の中の発達心理学の役割

無藤　隆

　本章では，現代の日本社会において発達心理学がいかなる役割を果たしうるか，果たすべきかを論じる。とくに，現代社会が抱える問題への対処にどう寄与しうるかを問いたい。そのためには，視野を広げて，発達心理学がまだ十分に役立てていないところでも学際的実際的に問題が提示され，諸学問と実践の発展の中で問題の広がりと解決策の提言がなされていることを多少の研究例とともに述べる。そのうえで，発達心理学や臨床発達心理学また臨床発達的な支援がいかなる役に立ちうるかを論じたい。

　社会の中で，また種々の現場において，とりわけ子どもの発達が問題となる。そこでの発達の意味は何であり，発達的な専門性をもった支援とはどういうことかを整理する。またそこで基礎的な発達心理学の研究がいかなる役割を果たしうるかを述べたい。

第1節　現代社会の問題に応える

　現代社会には多くの問題があり，発達的な視点からの解明がその解決・軽減の一助になるのであろう。すべての発達心理学の研究がそのために役立たねばならないということはなく，多くの研究が基礎的なものであってもよいのであるが，同時に並行して，もっと直接的に問題の解決を志向し，またそのための情報提供にかかわるものがあってよい。それ以上に，そういった直接的にかかわる研究は以前にもまして求められるようになってきた。それがいわば研究への説明責任として応答を必要とするようになったのである。個別の研究がどう役立つかというよりも，その研究分野全体としての解答が提供できるかどうか，解答そのものではないにしても，根拠に基づく助言が可能であってほしい。それは市民としての願いであろうし，研究費を支出する当局者の要求でもあり，また現場に働く専門

家の求めであり，さらに研究者自らもその多くがそうであればよいと思っている。

　社会問題の解決に役立ちたいと願うとして，そのために発達研究者はどうあるべきか。本章全体でそれを論じるのであるが，少なくともいくつかの留意点がある。

　一つは問題自体を知ることである。たとえば，経済格差の影響，あるいはいじめ問題や不登校や虐待や低学力や非行その他，さまざまな問題が現代の日本社会にはある。それらはマスメディアに取り上げられ，また行政的統計やルポルタージュも数多く出ている。また各々がかかわりのある地域や学校などにおいても実情を見聞きすることがあるだろう。それは専門外としても関心をもち，常々知っておくべきことである。それが市民としてのあり方である以上に，専門家として狭い研究での成果のみならず，もっと広く研究ベースの提言を求められることがあるかもしれないからである。

　第2はそういった問題をめぐっての関連学問からの知見を知るべきである。あとで多少紹介するように，格差の問題であれば，経済学や教育社会学の知見が多くの実証的なデータを積み上げてきている。いじめ問題についても社会学からの寄与が（心理学と並んで）大きい。社会の現実問題の解決を目指すには学際性が不可欠であり，実際にチームとして共同研究を行うこともあり，そうでないにせよ，他の学問領域での知見を十分に意識して取り組むことで成果は現実関連性をもちうることになる。

　第3に発達心理学の研究者はそういった問題への関連性を意識して，研究に取り組む機会を増やすべきであろう。たとえば，経済格差の要因を入れて，さまざまな分析を行う。とくに格差が心理的にどんな影響を与えるかを検討できる。子どもの発達や教育成果や不適応などの行動にどのように影響するだろうか。さらに心理学の立場として，媒介するミクロな変数を入れて，検討できる（本来，認知的社会化研究としてアメリカなどで1970年代から取り組まれていた［田島・臼井, 1980］。この分野で日本の発達研究者が30年間の遅れを見せたことは人ごとではなく，深刻な反省を迫られるものであろう）。親子関係を因果的つながりの間に入れて，経済的な格差での違いを見いだせるとして，その知見は経済格差自体の是正には有効でないかもしれないが，親の子どもへの働きかけを変えるなりサポートを入れるなりの介入を行い，子どもへの悪影響を断ち切れるかもしれないし，経済格差の問題の深刻さを明確にすることにもつながる。経済的に豊かであってもそこにある問題にも目を広げることができる。発達病理学的な視点をもって，問題行動などへのリスク要因や防御要因を探る研究も増えてきた（代表的な研究者とし

て菅原ますみの一連の研究を参照。たとえば，菅原，2004）。

第4に各種の実態調査が行政や研究者により絶えず行われている。それらは研究方法論的な弱さを抱えながらも，実態をその時々に応じて示してくれるよさがある。たとえば，Benesse次世代育成研究所は，無藤ほかの研究者も加わって，幼児の生活の実態調査を1995年から5年に1回行ってきている。縦断研究ではなく，その折々の幼児の保護者へのアンケート調査である。質問項目は少しずつ変えた設計となっているが，基本項目は比較可能である。たとえば，第4回調査は2010年3月に行われ，公表されている（Benesse次世代育成研究のサイトの情報がある）。たとえば，日本の不景気のために教育費がかなり落ち込んでおり，経済格差がさらに深刻な影響を与える懸念がある。どの経済層も教育費を節約するにせよ，その影響はおそらくほとんどゼロに近づく層で深刻であるだろう。

第5に各種の介入プログラムなどの効果のエビデンスの集積がある。それは単純にはプログラムの利用者のアンケートによる満足度や役立ち度の検討であり，またその後の追跡による同様の調査である。さらに子どもへの影響を立ち入って調べると発達的な関心に沿うことになる。そこでは家庭訪問による観察や実験室での行動調査を含めていくと，コストはきわめてかかるが，有益な指標となる（安梅勅江による保育の検討が画期的な業績である。Anme & Segal, 2010）。さらに厳密にはランダムに割り当てた実験群と統制群との比較がなされる。まだ日本の心理学では少ない。一例として，アメリカでの幼児教育の実践を成人期まで追いかけたものを経済学的な枠組みで再分析したものがある，ヘックマンらの分析は世界中の幼児教育の重視に大きなインパクトを与えた（Heckman & Krueger, 2003）。

第2節　現代社会の問題としての経済格差

子どもをめぐる現代日本社会での深刻な問題の大きなものとして，家庭の貧困ということがある。この点は経済学者の調査が最近増えてきた。それによりつつ，その実情を見てみたい。経済学者の阿部はこの分野の第一人者である（阿部，2008）。その分析をいくつか紹介する。以下，阿部（2008）による。

文部科学省の学力調査の分析によると（国立教育政策研究所），母親の学歴と子どもの学力の間に明確な対応があり，学歴の高さと学力の高さが比例する。親の社会経済階層と学力の間にも関連が見られる。とくに，「中の下」と「中の上」の差はさほど大きくなく，「上」はやや突出しているが，それと同じくらい「中」から「下」が離れている。虐待率にも差があるらしい。東京都福祉保健局の

2003年調査によると，都内の児童相談所が児童虐待として対応した事例では，保護者の就労状況は実父が定職に就いているのは56％，無職が18％であり，何らかの職がある実父は68％で，東京都全体の82％に対して14％も低い。母子家庭が31％となっている。家庭の状況として一番多い解答は「ひとり親家庭」と「経済的困難」である。少年非行においてもかかわった犯罪の度合いが重いほど，その少年が貧困世帯の出身者である確率が高くなる。

　こういった統計的結果はもちろん，貧困であるとか一人親家庭であると必ず問題が起こることを示しているわけではない。そういった家庭であっても学力が高いあるいは虐待を起こさない方が多いのである。とはいえ，たとえば，虐待を発生させてしまういろいろなリスク要因の一つが貧困であり，しかも他の要因に比べかなり大きいうえに，他の要因と複合して，種々の問題を引き起こしやすい傾向がある。そういった家庭の経済問題に目をつむることは防止のために本当に必要な手段を講じないということにつながる。そのことが貧困の連鎖，つまり子ども時代の貧困が限られた教育機会につながり，恵まれない職につくこととなり，低所得のため低い生活水準となり，それが次の世代に引き継がれる確率を高めていく。

　そういった貧困と成長をつなぐ種々の経路を描き出すと，貧困としてまとめられることにさまざまな困難がともない，それらがいろいろな次の段階への社会心理的栄養的教育的な潜在的な問題状況を作り出し，その結果として子どもが成人に向かうにつれて，健康や学力や所得や幸福などに問題が発生することがわかる（図1-1を参照）。

　なお，経済学的に使われる貧困とはOECD（経済協力開発機構）で定義された相対的貧困率である。手取りの世帯収入（収入から税や社会保険料を差し引き，年金そのほかの社会保障給付を加えた額）を世帯人数で調整し，その中央値（平均値ではなく）の50％のラインを貧困基準とする。生活保護基準に近いことがわかる。子どもの年齢別の貧困率を見ると，子どもの年齢とともに年齢層別の貧困率が上昇している。また，乳児の貧困率が急増してきている。

　経済学者の橘木（2010）は，学歴・学校歴がその後の人生の収入等の格差を生み出していることと，その学校（大学や進学校）に入る際に家庭の格差が影響することを示している。とくに，「学校外教育をどれだけ受けられるかが，名門高校や名門大学に進学できるかどうかの一つの鍵になっている。学校外教育を受けることができるのは，ある程度，豊かな家庭の子どもに限られる。貧困家庭では無理である。その意味では，教育の機会を阻害しているともいえる。」(p.237) と

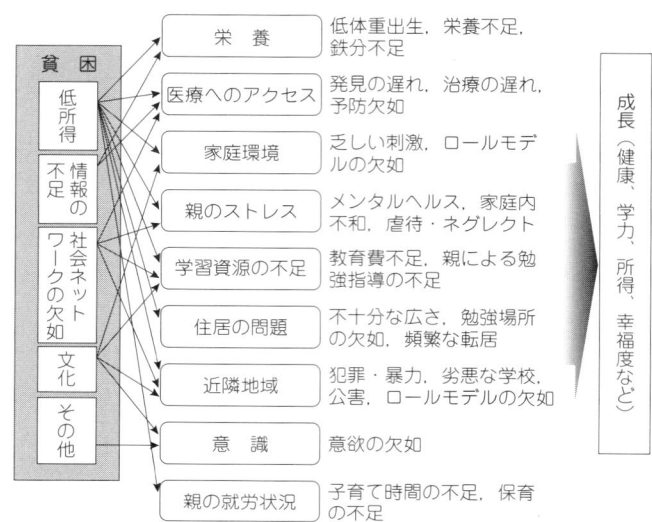

出所：Seccombe（2007；和訳小西，2008）の図をもとに筆者（阿部）追加
図1-1　貧困と成長をつなぐ「経路」(阿部，2008，p.30)

結論づけている。教育社会学者の苅谷（2008）は，「インセンティヴ・ディバイド」という言い方で学歴の低いまた貧困な層において中間層以上に比べて，そもそも努力して学び，社会において高い地位を占めようとする動機そのものが低くなっていることを明らかにした。こういったことは，貧困と低学歴その他の困難が複合した際に，子どもの人生のその後において社会の中で相対的に困難をもたらす可能性が無視できないことを如実に示しているのである。

　こういったことに対して発達心理学は何ができるのだろうか。すでに述べたように，多くの寄与の可能性がある。一つは子どもの育ちに対して，より詳細なデータを提供して，社会的経済的に不利な条件がどのようにして子どもの成長発達さらに教育上の困難につながるかを示していくことである。それがそのつながりの信憑性を高めるとともに，介入可能なルートと手立てを多様に示唆することになる。もう一つは困難な条件であっても，その不利を挽回することのできた家庭や親や子どもに注目することである。それが防御要因の探索であり，また子どもや家庭などのレジリエンス（resilience；回復力，しなやかさ）への注目である（Fraser, 2004/2009）。

第3節　現代社会の問題としてのいじめとその対策に学ぶ

　学校のいじめ問題には多くの教育学者や社会学者や心理学者がかかわり，また実践的支援を行っている。学校の教師や保護者や行政担当者にとっても多大な関心をもたざるをえないテーマである。

　そこでの研究と実践的支援の双方の広い視野で実証的実践的にめざましい成果を上げたのが森田洋司を代表とする研究グループである。社会学者であるが，心理学と密接にかかわるところでもある（実際，国際的なリーダーの一人であるイギリスのスミス（Smith, P. K.）は幼児と霊長類の遊びの比較でも知られている）。その研究などの要点を簡単にみて，発達心理学へ示唆するところをとらえておきたい。その成果の要約の書が出ているので，それを参照する（森田，2010）。多くの研究と実践をまとめて結論的な要点として整理したものである。

　いじめとは何か。多くの研究では，「力関係のアンバランスとその乱用」，「被害性の存在」，「継続性ないし反復性」である。いじめを理解し，対応するには，力の乱用における基本的な性質をとらえる必要がある。①いじめは不可避な現象ではない。②いじめは関係性の病理である。③いじめる側といじめられる側の関係は固定的ではなく，立場が入れ替わることもある。④いじめは，相手を弱い立場に置いて被害を与える。いじめとは，相手に対して優位な資源を動員して，そこに生じる優勢な力を乱用することである。いじめの場面で作用するパワー資源には，①身体的な資質・能力の優位性，②他者からのレファレンス（準拠），③エキスパート性，などが挙げられる。

　いじめ問題をどう解決するか。一つは，いじめられている子どもを被害から救い出し，被害に遭わないようにする。もう一つは内面についた傷を癒すことである。

　社会的な関係のあり方にも注意を向けねばならない。子どもたちのいじめのほとんどは，学校と学級における人間関係で発生している。こういった閉ざされた場の中での囲い込みが，学校や学級という空間と親密性という関係性によって起こる。だからこそ，いじめがあろうとも，そこから逃げだそうとしたがらないのである。そういった閉ざされた場の中でいじめは見えにくいものであり，見えにくくしてしまう。とりわけ，いじめる側の正当性の主張が，いじめられた側の認識の枠組みさえも変えてしまう。被害者であるにもかかわらず，原因は自分にあると考えてしまい，自責の念さえ抱かせてしまうこともある。いじめる側もしば

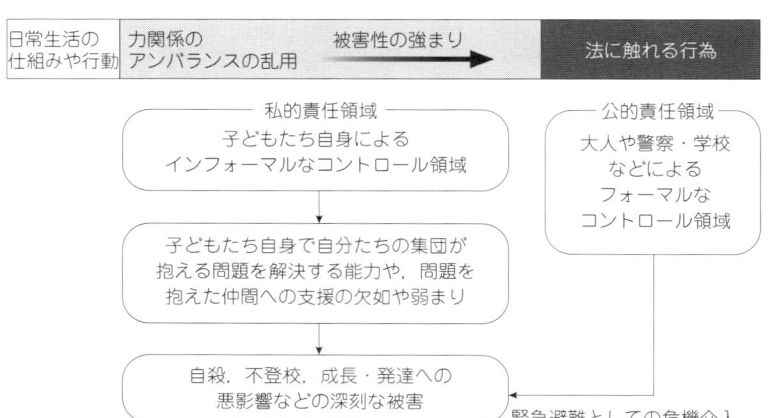

図1-2　いじめ問題の現れ方と社会的対応の原理（森田，2010，p.117）

しば集団のためといった正義をかざす。いじめと思っていないことも多い。

　いじめ問題の現れ方と社会的対応の原理として全体が整理されている（図1-2）。いじめという行為は，日常生活の延長上に力の乱用が加わることにより発生する。被害性が強まるとそれは犯罪の領域に入っていく。グレイ領域においては「私的責任領域」に属するものであり，子どもたち自身と教師や保育者などの私人のインフォーマルな相互作用に解決が委ねられる。教育的指導としては子どもたち自身による自浄作用をいかに高めるかである。根絶ではなく，被害の小さい段階で歯止めをかけ，周りの子どもたちが被害に遭った子どもをサポートし，再び被害に遭わないようにする態勢を自分たちで組織化できるかどうか。大人はその仕組みが機能するよう支援していくのである。

　だが実際にはそれは簡単ではない。何より，ほとんどの子どもたちは一般論としてはいじめは許せないととらえるが，現実の行動のレベルでは加害性を強く意識しない。逸脱の境界が曖昧であるうえに，実害が見えにくいからである。また学校の秩序や教師の威信の揺らぎがそれを悪化させる。クラス集団のあり方も重要である。いじめは加害者と被害者とともに，「観衆」や「傍観者」とともに成り立っている。いじめの多さは傍観者の人数と最も高く相関すると言う。いじめの問題を単に個人化し，対応を個人化するのではなく，集団や社会の全員がかかわる問題として公共化して，構成員の役割・責務として問題の解決に臨むべきなのであり，そこに教育に課せられた使命がある。

　さて，森田の膨大な研究と実践に基づいた整理に沿って要点を挙げてきた。発

達心理学もまたこの研究と実践の流れに加わってきたし，さらにその動きを強化すべきであろう。研究の実証性を保持しつつ，問題の解決にかかわろうとすること，実践者や行政担当者と協力しつつ，有効な働きかけの手立てを見出すこと，そして何より個々の被害・加害の子どもの視点のみならず，周りの子どもたちというクラスの視点や学校としてのかかわり方への注目，さらに行政的な対応で可能なことを探し出す。社会学的歴史的文化的なところに視野を広げ，問題のあり方の再定義に学ぶことができる。

第4節　発達と支援との関係

次に，この巻全体の目指すところとして，子どもから高齢者までの発達に向けてそれを専門的に支援とするとはどういうことかを論じたい。詳細は各章に譲るとして，支援の枠組みのこの30年ほどの進展を元にポイントを整理する。

1　子育てという生活実践の仕組み

たとえば，子育てといった大多数の人が行い，それも素人として行わざるをえないものを考えてみよう。支援対象として，たとえば，幼稚園・保育所・学校などの専門家としての保育者や教師が働くところとは相当にその手立てや理念が異なっている。

何より子育てといったものはある種の本能（ないしそれに近いもの）と文化的慣習のないまぜと，養育者の複数による分担や相互扶助によっているだろう（母性愛と言いたいわけではない。幼いものを世話する傾向は本能的かもしれないが，それは幼い子どもを囲む多くの大人や年長の子どもに共有されている。根ヶ山・柏木，2010を参照）。また実際に子どもとの相互交渉を経て，発達し，成熟していくかかわり方であるのだろう。専業的母親という存在は現代日本社会で多いものの，人類社会全体を考えれば，子育てに専念することができるのはごく小さい乳児期はともかくとして，その他の子どもの養育はたとえば家事労働や他の労働や交際とともになされていただろうし，他の父親や祖父母やきょうだいや親族や近隣を含めてともになされていたに違いない。

そういった子育ては個人的あるいは家族的実践でありつつ，文化的実践であり，そこでの暗黙のノウハウを見よう見まねで，あるいは育てられた記憶で，また近しい相手の助言や助力も使い，さらに実際の子どもとの応答関係の中で巧みになっていく。しかしまた現代社会では，多くの子育てに関する知識や情報が雑誌

やテレビメディアなどを通じて提供される。さらに子育て支援の活動に参加する中で助力を得たり，他の子育ての仕方に目を開かされる。

　そういった事態での専門家としての支援はかなり間接的であり，しかもその専門性は他の文化的社会的な情報交換の一端にすぎず，とくに特権的に扱われるとは限らない。そこで専門家は専門性を保持しつつ，どのように振る舞えるかはその情報提供の通俗化と大衆化とともに検討するべきこととなる。またまさに養育を行う人は当事者であり，虐待をしているならともかく，そうでないなら，その養育のありようは価値観の多様性をできる限り尊重すべきもののはずである。同時に，子どもの側の最善の利益を守り，追求するために専門的助言をためらうべきではない。

2　現場の実践とは

　実践と称されるもう一つのことは，たとえば，幼保や学校などの保育者・教師などの行うものである。それは専門的な働きかけであり，対象として子どもや親などがおり，それについて専門的な訓練を経た人間がかかわることになる。そこにさらに支援を行うのは基本的には専門家へのコンサルテーションを中心とすることとなる。現代社会では，子どもの育ちには親や近隣のみならず，幼保の保育施設や小学校以上の教育施設が保育・教育という営みを行って，大人になるまでを支え，将来に備えるようにしている。現代社会の発達はそういった専門家のかかわりとさらにその専門家を支えるバックアップシステムとしての研修や支援の仕組みを込みにして成り立つのである（無藤，1995）。

　支援は常に相手への尊重に基づいて行うべきものである。だが，当事者への尊重と，支援専門家としての保育者・教師への支援とは異なるところがある。何より専門家である以上，その支援活動が公的に意味があることであるか，またたしかにその支援相手に有益であるかは検証されるべきものであり，説明責任を負っているということである。支援専門家として専門性を高く維持する責任があり，その責任は自ら研鑽を重ねて果たされるものである。

　そこで，専門性を高くしていくために新たな学界の知見に学び，また他の実践にヒントを得るためにも，常に研修が必要になる。また個別のケースについて立ち入った助言を得たり，ともに検討する同僚やそのことについて詳しい専門家の参加を得ることが必要となる。そこに発達支援の専門家の加わる機会が出てくる。すでに専門性をもって支援している人たちに専門性を高めていくためのかかわりを行うのである。それは当事者であるたとえば親などへの支援と共通な面をもち

つつ，かなり異なる種類のスキルや知見が必要となるところでもある。

3　知識，情報，励まし，ネットワーク化

　専門的な支援について大きく4種類に分けて説明してみたい。一つは専門的な知識を伝えることである。専門家は研究を通じて多くの専門的知見を蓄えている。それを現場の側に伝えるのである。たしかに研究の進歩や実践的展開により，多くの知識が年々増えていき，また改訂されていく。それを適宜知ることは実践者にとって必要なことである。ただ，その意味での支援は限定的であり，現場での困難を解決するのに有益であるとは言えない。現場の困難を軽減しうる知見だとしても，そこへの翻訳が必要であろう。ましてすぐに現場の問題を解明するのに役立つとは言えないものは学ぶ機会があるのはよいにしても，それで受け止め，消化できるわけではない。

　第2は現代社会の変容にともなう種々の情報の提供である。関連する法律が変わったり，社会の変化に応じた対応策が生まれたり，新たな機器が導入されたり，実践の工夫や発展が見られる。それらの知見やそれにともない実践がどう変更されていくかを伝えることは実践者には直接必要なことであり，有益なことである。ただ，それは実践上の困難を解決するということよりは，実践のいわば外形や制約を変えていくというものであり，実践者はそれを受けて，実践を修正していくことが求められることになる。

　第3の支援のあり方は励まし（empowerment）である。実践者は当事者としてその実践の責任をなにがしか引き受け，日々の実践の工夫を多少とも行っている。それは親であろうと，保育者・教師であろうと同様である。その点の詳細にも大きな方向づけにも，外からの支援者が立ち入って指示し，変更を加えることは困難であるし，そういった支援自体がその相手の意気を阻喪し，無力さに追い込み，また支援側に依存させていく危険がある。自律して自らの発想と考えと感覚を大事にして，その実践での場と相手にかかわることは実践が実践であることの最も基本的要件であり，それを台無しにする支援はどれほど内容として妥当であろうと，存在意義を失う。

　逆に相手を励まし，自律性を高めていきつつ，専門的に妥当な方向へと進むよう支え，助言していくことが必要なのである。依存的にさせず，自らの考えと感覚に則り，しかも改善し向上させていくような支援とは何か。支援的専門家の難しさと大事さはその点に潜んでいる。

　第4にネットワーク化と同僚性を挙げることができる。支援専門家は実践者と

同僚的な関係にあり，ともに実践的課題を考えていく。その過程を支援していく。また同時に，いざというときの緊急的なバックアップとしても働き，助言をしたり，必要な情報を集めたりする。その同僚性は，一方で実践者間のネットワークに広がり，また支援者間のネットワークにも広がり，支援はそういった網の目の中の日頃からのさまざまなつなぎ方の営みにより支えられる。

そこではそのつなぎをさらに強固にするために，実践がよくわかる研究的支援者と研究がよくわかる実践者の双方が育ってきて，具体的なものとすることに進むだろう。実践的研究者と研究的実践者が相互に動き合い，協働することが支援活動全体を可能にする。

4　基礎的知見の生かし方とは

研究側にいて支援を行う人間の専門性は何重にもわたって形成される。一つは実践者側の専門性を受け継ぐことによってである。その専門性を高めていくことを取り入れることで支援の営みが実際的なものとなっていく。もう一つが支援の立場に立つ際のそのあり方を高度化していくことである。そこでのノウハウや工夫を相互に共有していくことで，専門性が確立していく。第3が基礎的な研究知見を取り入れ，支援の仕組みに入れ込むことによってである。

とくに基礎的な知見を学び，それを生かすことは支援専門家にとって必須でありながら，難しい面をもっている。基礎的なことがそのまま役立つわけではない。だが，とくに発達支援といったことは発達心理学や発達神経科学，小児医学，教育系の諸学問などを学ぶことが不可欠である。その実践場面への翻訳は基礎的な学問能力と実践現場の熟知の双方を兼ねつつも，つなぐための専門性が求められるところである。知的な専門的な権威を振りかざすわけではなく，しかしそういった権威を支援の背後を支えるものとして持ち合わせることは，支援の専門家として現場からも求められることなのである。

5　現場に根ざす研究とは

現場支援と研究との関係を論じてきた。そういった関係を真剣に受け止めるなら，研究のあり方自体も変わらざるをえない。むろんすでに述べたように，伝統的な純基礎研究がいけないということではない。あとでも述べるように基礎研究の積み重ねは応用志向の研究に影響を与え，ひいては実践を変えていく。だが，その関係は一方的に水が高いところから低いところに流れ下るようなものばかりではない。逆に，現場からの「知恵」といったものが研究を豊かにし，新たな研

究領野を開き，研究を変えていく面もある。そうはいっても，それもまた単に一方から他方への自動的な流れではない。それぞれのつながる局面における個別の努力が不可欠なのである。

　現場から研究へ，そして研究から現場へのつながりがきわめて密であり，ほとんど重なり合うような研究の領域もある。たとえば，保育とか障害児教育といったところはその代表であり，発達心理学との結びつきも強い。たとえば，無藤はその一連の研究でときに幼児同士の相互作用をめぐって克明な記述を行い，そこから発達的な流れのあり方を述べた（無藤，1997）。また，幼児教育をめぐって現場での優れた実践者の考えをことばにしつつ，無藤自身が保育現場に浸る中で考えたことと発達心理学などの知見を合わせる中で，幼児教育内容について保育を進める際の原則について提言している（無藤，2009）。

　なお，そういった研究をするに至った経緯やその意義を巡って，まとまった議論も参照できる（無藤，2007）。研究する側の知見が現場での知恵やノウハウと切れることなくつながり，しかしなおかつ専門的な研究の独自の意義があり，そのあり方から実践へと照射できるのではないか。また現場への支援はそういった独自の領域の知見からとりわけ示唆を得て進めることができるし，その支援を行っていく際の工夫がまた研究としてまとめていく際に組み込むことができるはずなのである。

6　研究に支えられる実践とは

　実践はまた基礎的な研究からのヒントを得て，かなり改善していくことができる。そこでもまた実践と研究の交錯する領域に的を絞り，プログラム化してエビデンスを求めることが有益な方略となる。

　たとえば，長崎は近年の乳児期の発達心理学の発見である，子どもが目標志向的であることや他者と意図や情動を共有し，そこからその後の発達への基盤が形成されることに注目して，自閉症児の教育プログラムを特別支援学校の教師とともに開発している（長崎ほか，2009）。発達心理学の基礎的な知見が新たな発達的な可能性を開き，その示唆が今度は現場の実践からの知見と相まって，新たなプログラムの展開へと広がっているのである。基礎的な研究と現場の実践的知恵の交錯の中で，発達心理学的な基礎づけのある発達支援と教育プログラムが生み出されつつある。

　発達心理学さらにはもっと広く心理学全般の実証的研究とそこからの理論的展開は，時間はかかるにしろ実践へと示唆を与え，実践に浸透していくものでもあ

る。たとえば，櫻井は動機づけの心理学の分野で，デシ（Deci, E. L.）による自律性の動機づけの理論を発展させつつ，「自ら学ぶ意欲のプロセスモデル」を提出するに至った（櫻井，2009）。理論的な展望の広さが多くの実証的な研究に支えられていることと，それがとくに学校教育に示唆する意義の深さにおいて，とりわけ注目できる研究である。発達心理学的な基礎づけを採用している点も生涯発達的な視野の広さを可能にしている。たとえば，かつて言われていたように，報酬を与えることが悪影響を与えるとは単純に言えず，その前に学習者が抱く内発的な動機づけのあり方や報酬を与える人との関係，報酬のあり方（物質的報酬とことばによりほめることは異なる），報酬の思いがけなさ，さらに将来展望，等々，多くの変数により変わってくるが，しかし大事なことはその媒介し影響を与える変数による条件がかなりわかってきたことである。

　発達心理学的な支援という観点で言えば，上記の発見や結論がそのまま現場の実践に適用できるわけではない。研究とは仮のものであり，その後の展開で結論は変わる以上，そう単純に全面的に適用はできない。たとえば，内発的な動機づけに報酬が悪影響を及ぼすという理論がそのまま一部の現場で信奉され，それが弊害を生んだのではないかと私などは推測している。だが，動機づけ理論の櫻井の展開を見る限り，それはかなりの現実的適用性をもってきたし，現場での知恵との整合性が高くなってきて，実践への方向を十分に示唆しうるものになったと思うのである。

　われわれは発達心理学の理論的実証的な展開に希望をもち，同時に絶えず，現場の実践とのつながりに努力することにより，それを有用な知見へと変換できる時点にたどり着いたと結論づけてよいのではないだろうか。

引用文献

阿部　彩．（2008）．子どもの貧困：日本の不公平を考える．東京：岩波書店（岩波新書）．
Anme, T., & Segal, U.（2010）. Child development and childcare in Japan. *Journal of Early Childhood Research*, **8**（2）, 193-210.
Fraser, M. W.（Ed.）.（2009）. 子どものリスクとレジリエンス：子どもの力を活かす援助（門永朋子・岩間伸之・山縣文治，訳）．京都：ミネルヴァ書房．（Fraser, M. W.（Ed.）.（2004）. *Risk and resilience in childhood: An ecological perspective*（2nd ed.）. Washington, D. C.: NASW Press.）
Heckman, J. J., & Krueger, A. B.（2003）. *Inequality in America: What role for human capital policies?* Cambridge, MA: MIT Press.
苅谷剛彦．（2008）．学力と階層．東京：朝日新聞出版．
小西祐馬．（2008）．先進国における子どもの貧困研究：国際比較研究と貧困の世代的再生産をとらえる試み．浅井春夫・松本伊智朗・湯澤直美（編），子どもの貧困：子ども時代のしあわせ平等のために（pp.276-301）．東京：明石書店．

森田洋司．(2010)．いじめとは何か：教室の問題，社会の問題．東京：中央公論新社（中公新書）．

無藤　隆．(1995)．制度の下における成長とその専門的支援システムの構築．無藤　隆・やまだようこ（編），*講座生涯発達心理学：1 生涯発達心理学とは何か*（pp.93-118）．東京：金子書房．

無藤　隆．(1997)．*協同するからだとことば：幼児の相互交渉の質的分析*．東京：金子書房．

無藤　隆．(2007)．*現場と学問のふれあうところ：教育実践の現場から立ち上がる心理学*．東京：新曜社．

無藤　隆．(2009)．*幼児教育の原則：保育内容を徹底的に考える*．京都：ミネルヴァ書房．

長崎　勤・中村　晋・吉井勘人・若井広太郎（編著）．(2009)．*自閉症児のための社会性発達支援プログラム：意図と情動の共有による共同行為*．東京：日本文化科学社．

根ヶ山光一・柏木惠子（編）．(2010)．*ヒトの子育ての進化と文化：アロマザリングの役割を考える*．東京：有斐閣．

櫻井茂男．(2009)．*自ら学ぶ意欲の心理学：キャリア発達の視点を加えて*．東京：有斐閣．

Seccombe, K. (2007). *Families in Poverty*. New York: Pearson.

菅原ますみ．(2004)．前方向視的研究からみた小児期の行動異常のリスクファクター：発達精神病理学的研究から．*精神保健研究*，**50**，7-15．

橘木俊詔．(2010)．*日本の教育格差*．東京：岩波書店（岩波新書）．

田島信元・臼井　博．(1980)．認知的社会化研究：展望．*教育心理学年報*，**19**，125-144．

第2章
発達支援のスペクトラムと包括的アセスメント

長崎　勤

　近年，従来の健常と障害という二分法では説明ができないさまざまな支援が必要な子ども・対象者が増加している。生物学的要因と環境因が相互作用して顕現するこれらの問題を健常と障害の連続体（スペクトラム）としてとらえ，支援の方略を考える新たな発達観と方法論について考えてみたい。

第1節　「障害〜定型発達のスペクトラム」の現実

　社会の急激な変化の中で，発達支援のニーズを有する子ども・対象児が増加している。たとえば，近年の子どもの運動能力，学力，言語力などの低下や，虐待の急速な増加などから「子どもの育ちの危機」が叫ばれている。
　たとえば集団行動が取れないといった問題行動を抱えているある子どもがいるとしよう。その要因としては，さまざまな可能性がある。
　本来もっている注意欠陥多動性障害（ADHD）傾向によるものかもしれない。最近父親がリストラされて，急に母親が働きに出始めたといった大きな家庭環境の変化が関連しているのかもしれない。園で秋の運動フェスティバルのための鼓笛隊の練習が連日行われていることも関連あるかもしれない。
　これらの要因を短時間で特定するのは難しく，ある一定の期間の観察やかかわりからわかってくることが多い。また複数の要因が関連していることもよくある。これらの要因の値の組み合わせにより，子どもの状態は，連続的に無数の状態像があるのが現実である。
　このようなスペクトラムな現実によって私たちはすでに「旧来の障害，非障害の二分法的な枠組みの対立」を止揚させられてしまっている。障害，非障害における個体の能力，環境，文化，また大人のかかわり方の影響は二分法ではなく，スペクトラム（連続）である。

一方，発達研究においても，障害～定型発達のスペクトラムという観点は定型発達研究，障害研究にとっても，両者を深化させる契機として不可欠となっている。そのわかりやすい典型は共同注意であろう。

　スケーフとブルーナー（Scaife & Bruner, 1975）による共同注意の「発見」から約10年後に，マンディほか（Mundy et al., 1990）は18名の自閉症児（平均月齢53.3カ月，平均精神年齢25.7カ月），知的障害児，健常児を対象に行動を観察した結果，自閉症児は，「要求行動」と「社会的相互作用」では統制群と統計的に有意な差はみられないのに対して，「共同注意」ではその出現数が有意に少ないことを見いだした。その後，自閉症児の共同注意の障害はさまざまな研究によって確認され，現在では，自閉症児の診断にも，「楽しみ，興味，達成感を他人と分かち合うことを自発的に求めることの欠如（例：興味のある物を見せる，持ってくる，指さすことの欠如）」として取り入れられるようになっており，「共同注意」は自閉症の鑑別の重要な手がかりとして位置づけられるようになっている（DSM-Ⅳ-TR；American Psychiatric Association, 2000/2003）。

　さらに，その後，定型発達児，自閉症児の共同注意研究はバターワース（Butterworth, 1995/1999），トマセロ（Tomasello, 1995/1999），別府（1996）らの研究によって，深化・発展していった。そして，自閉症児の支援研究にも共同注意の観点が積極的に取り入れられるようになってきた（長崎ほか，2009；Prizant et al., 2006/2010）。

　このような経緯は，定型発達研究者，障害研究者が乳幼児の発達指標としての共同注意の重要性と意義を共通認識としてもち，相互の研究を尊重し，研究的に連携した結果であろう。このような「障害～定型発達のスペクトラム」という観点による相互の研究の尊重と連携がさまざまな研究領域で今後もいっそう行われることで，相互の研究が深化，発展してゆくであろう。

第2節　障害～定型発達支援のスペクトラム

1　保育者には「気になる子」，保護者には「気にならない子」であったが，学齢時にADHDの診断を受けた事例から

　以下の稿では，「障害～定型発達のスペクトラム」という観点に立つことの意義を考えるために，学齢時にADHDの医学的診断を受けたが，幼児期には保育者にとっては「気になる子」，保護者には「気にならない子」であったA児の事例を紹介したいと思う。A児の幼児期の実態と，A児とかかわった，保護者，保

育者，心理専門職がどのようにA児をとらえ，かかわり，対応していったかという事実をとおして，「障害～定型発達のスペクトラム」という観点に立つとはどういうことなのか，そのことが支援の方法論にはどのような変化を生じさせるのかについて考えたい。

また，「障害～定型発達のスペクトラム」という観点における方法論である，包括的アセスメントについても考えてみたい。

【事例の概要】

> 5歳児健診に類似した発達障害児のスクリーニングを実施した際に，保育者からは相談のニーズがあったにもかかわらず，保護者からは相談のニーズがなかったというニーズの乖離(かいり)がみられたが，結果的には小学校通常学級入学後問題が顕在化し，ADHDの診断を受けた事例に対して，幼稚園年長時から小学校2年時まで支援を行った。幼稚園時には担任へのコンサルテーションと，担任を通しての保護者への間接的な支援によったが，母親には特別支援教育の必要性や就学後の心配はまだなかった。しかし，小学校入学後に問題が顕在化することが予想されたため，卒園にあたり，何かあった場合には担任に連絡を取るようにと母親に伝えた。入学後まもなく，通常学級で問題が顕在化し，母親は幼稚園の元担任に連絡を取り，心理専門家への相談を依頼し，これをきっかけに通級指導教室，大学相談室への通級などにつながった。

2 幼稚園での支援ニーズと保育者・保護者の認識の乖離

(1) 「発達質問票」における担任の相談希望

A児について，X市のB幼稚園年少時に実施した，D大学が作成した5歳児健診に類似した発達障害児のスクリーニングのための「発達質問票」（大六ほか，2006）を母親と担任に記入してもらうアンケートでは，母親からのアンケートの返却はなく，E担任は8項目（落ち着きがない，順番が守れない，など）にチェックを行っていた。

またE担任による自由記述では，「落ち着きがない，順番待ちがむずかしい，よく物をなくす，注意されたことが守れない，生活面での遅れが目立つ」といった内容がみられ，保育に困難を来していることがうかがえた。

(2) コンサルテーションによる支援の開始

この時点までに母親からの特別支援教育のニーズはみられていなかったが，担任にはニーズがあったため，D大学の心理相談員が幼稚園の巡回相談を行った。

方法は，E担任へのコンサルテーション（アドバイス）で，卒園までに1,2カ月に1回の頻度で計5回行われた。

巡回相談を開始した頃のA児の保育場面での特徴としては,「身辺自立が不十分」「集団の中での指示の通りにくさ」「不適切なスキンシップ」「集団ゲームのルール理解の難しさ」「母親から育児拒否気味の発言がみられている」といった内容のものがみられた。

そこで,本児の抱える問題点としては,「ADHDの傾向があるのではないか?」「母親には相談のニーズがないが,就学後に問題の出る可能性が高い」というものが考えられた。

コンサルテーションでは,担任の先生とD大学の心理相談員との情報交換や,心理相談員からの保育での支援の仕方のアドバイスを行った。また,母親への支援として,担任の先生を通して子どもとのかかわり方のアドバイス等を行った。

(A) 担任へのコンサルテーション:担任へのコンサルテーションによって,保育場面での支援の方針として,以下の点に留意して保育の中での支援を行った。

①行事の練習などで,がんばっていること,できたことをほめ,そのことを母親にも伝えるようにする。

②わかりやすく短い指示で簡単なお手伝いをお願いしてみる。「○○くんに渡して」など。それができたらほめる。

③前もってしてはいけないことの確認をとっておく。

(B) 母親への担任を通しての支援:担任は,園でできたこと,ほめられたことを母親に伝える。

以上の留意点をもって保育場面での支援を約1年間行ったところ,担任からは,「個人的にほめたり,手伝いを意図的にさせたら,担任に対する信頼を深めたようだ」「トイレに行くとき,担任に言ってから行けるようになった」「母親の本児に対することば遣いが優しくなったようだ」「母親が卒園対策委員を積極的に行い,担任に『お手数かけました』と言ってくれた」といった報告が得られた。また,A児が園でできたこと,ほめられたことを母親に伝えると,母親も,A児が家でできたこと(お使いなど)を担任に伝える。担任はそのことを他児の前で話すと,他児もA児にポジティブな見方をするようになってきた。

(3) 年長時の「発達質問票」チェック項目

年長時の冬に,D大学の「発達質問票」のアンケートを再度行ったが,やはり母親からはアンケートの返却はなかった。F担任は1項目(ことばの発達が遅いようですか)にチェック(「はい」と記入)を行っていた。4歳時点でチェックされた8項目のほとんどが「少し」になっていた。

担任による自由記述では,「成長が全般的にゆっくり,製作やゲームルール理

解に個別の対応が必要，他児が嫌がるのに触れる」といった内容がみられた。
(4) 就学に向けて：母親への「困ったとき」の情報提供

このように，年少時に比べ行動面の多動性・衝動性は改善されたが，担任はA児が小学校・通常学級のみではさまざまな問題が生じることを予想し，この点を母親に話したが，卒園時までに母親には特別支援教育の必要性や就学後の心配はまだないようであった。

卒園時までに担任の先生との信頼関係は築けていたため，担任より，「就学後，本児のことで悩み事・心配事がでたら，相談できる機関がある」ことを母親に伝えてもらい，在園中の支援は終了した。

3 C小学校就学後の問題の顕在化と保護者の認識の変化
(1) 問題の顕在化

C小学校入学後の6月に，本児の母親からB幼稚園元担任のF先生に相談依頼の電話があった。相談内容は卒園後の小学校生活における不適応の問題であったため，元担任は母親に，D大学の心理相談員を紹介し，B幼稚園において面接の場を設定することになった。

B幼稚園で行った母親とD大学の心理相談員との最初の面接（7月）では，「衣服の色や持ち物の色にこだわり，意に沿わないと行動が止まる」「家でゲームばかりで，友だちと遊ばない」「宿題ができない」といった母親からの相談が寄せられた。

C小学校では，9月に市の相談員が介入し，WISC知能検査を行っていた。結果については，「IQに問題はない。集中力欠如である」という内容が母親に告げられていた。母親としては，「できるのにやらないのか，できないからやらないのか，どちらなのかがわからないからどう対応したらいいのか悩んでしまう」というとらえ方であった。

その後，C小学校より来年度の処遇として，通級指導教室の利用を提案された。母親は，「どうしたらいいのか？ 相談できる人がいない」「最近（本児への対応で）疲れてきた。イライラする」とD大学の心理相談員に特別支援教育を受けるかどうかで悩んでいることを伝えてきた。

D大学の心理相談員からは，通級指導教室を利用した際のメリットを伝え，利用を促し，合わせてD大学の心理・教育相談室を紹介し，月1回の利用を開始した。

そして，C小学校2年時より国語の時間（週8時間）のみ通級指導教室の利用

を開始し，現在は国語の1時間を通常学級で受けて，週7時間通級することになった。

(2) 医学的診断を希望するようになる

2つ目の要望は，母親が「どうして本児はこういう問題を抱えているのか？」ということに悩み，ネットや本で調べて「本児はADHDではないか？」という疑いをもち，「自分のせいではないか？」「もし診断が出たら，こんなにがんばらなくてもいいかもしれない」という思いから，「何らかの診断が出るなら，診断をしてもらいたい」というものであった。

D大学心理・教育相談室を利用し始めた1年生の冬に，WISC-Ⅲによる知能検査を行った。その結果は，言語性IQが110前後，動作性IQが90前後，全IQが100前後であった。検査中は，集中力が続かず，途中で拒否し出してしまったため，数回にわたって行い，本来の能力を出し切れていないのではないかと感じられるときもあった。結果としては，知的に遅れがみられないというもので，母親にはその旨を伝えた。それでも母親から診断を望む意思がみられたため，D大学附属病院での小児科医に診断を依頼した。

(3) 小児科医による診断

診断の結果は，「ADHD及び特定不能の広汎性発達障害」であった。小児科医より，障害特性と対応の仕方の説明を母親は受け，それを小学校にも伝えた。その後本児への配慮を小学校の先生方がしてくれているのを母親は折にふれ感じているようである。

母親自身にとっては，診断を受けたことにより，その障害特性から今までの本児が抱えていた問題を理解し，「診断を受けてよかった」「今まで怒ってばかりいたけれど，本児が安定した環境で学べるようになるべく怒らないように努力している」という子育てに前向きな発言が聞かれるようになった。

4 まとめ：「障害か？ 健常か？」から「障害～定型発達のスペクトラム」という観点で考えることのメリット

保護者と担任・専門家の認識にズレがあるという，非常によくある事例である。このような事例で起こりがちなのは，障害の可能性に気づいた担任が，保護者にそのことを指摘するが，保護者はそのことを認めず，「障害児扱いする」保育者に不信を抱き，両者の溝が拡大する，という不幸なパターンである。

本事例では，小学校入学後にADHDの医学的診断を受けるが，では「幼児期はA児は障害児であったのかどうか」は難しい問題である。障害が保育の場面

では顕在化していたのは事実であり，保育者にとっては「障害児」であった。しかし，家庭での生活では保護者はそれほど困ってはおらず，「障害児」ではなかったのだろう。保育の場での生活と家庭での生活の質はかなり異なっているので，そういった違いが出るのはある意味では当然かもしれない。

だから，A児の幼児期はあるときは障害児であったり，あるときは障害児でなかったり，その文脈で異なったのであった。つまり保育～家庭の文脈による障害～定型のスペクトラム様相を示していたといってもよい。

しかし，入学後には「兄とのけんかが絶えない」「勉強ができない」「宿題をやらない」という問題などによって，学校～家庭の文脈でも障害を認めざるをえなくなったといえよう。

A児の場合は，幼稚園の教諭との信頼関係と，専門機関とのパイプの存在によって，入学後に顕在化した障害に対応することができた。

A児の場合とは逆に，入学後に問題が軽減したり，キャッチアップする例もあるであろう。

つまり幼児期の「気になる子ども」のある部分は，その後障害として認められるようになり，ある部分の子どもは「気にならなくなる」。つまり，ある部分の子どもは幼児期には「障害？定型発達？」の判断は困難なのである。

その困難性は，医学的診断，心理学的診断の困難性だけではなく，A児の場合のように生活文脈や子どもにかかわる保護者や保育者の「見方」によって異なるという困難性にもよるという事実が，重要である。

つまり，「障害か？ 健常か？」という二分法では対応できない事例が増加している。筆者のおおまかな印象では，一つの幼児のクラスで，「障害かもしれないし，健常かもしれない」事例は一割程度はあるようである。重要なのは，「障害かもしれないし，健常かもしれない」はわからないにもかかわらず，支援が必要であることである。

A児の場合にも「お母さん，何でわからないのですか？ 私たちはこんなに保育で困っていて，心配しているのに」と母親を責めていたらどうなっていたであろうか？ おそらく保育への不信感から，本当に困ったとしても相談できず，問題をこじらせてしまっていたかもしれない。「問題を認めない」保護者を支援する必要があるのだ。

支援の仕方は，子どもの状態，保護者の状態，保育の状態などの変数の組み合わせによって，無限に近い方略があるだろう。その方略を見いだすのが，発達支援の専門性ということであろう。A児の事例はその一つにすぎない。

重要なのは，子どもの状態，保護者の状態，保育の状態などの変数に「障害〜健常のスペクトラム」を認めることであろう。それによって，子どもの理解，支援の可能性のスペクトラム（虹）のブリッジが広がるだろう。

第3節 「障害〜定型発達のスペクトラム」としてとらえる際の方法論＝包括的アセスメントの必要性

　ここで強調しておきたいのは，「障害〜定型発達のスペクトラム」と言ったとき，「障害なんかないのだ，しょせん個性にすぎない」といった相対主義に陥る危険性である。相対主義は，特別な支援も必要ないという支援不要論に至る。そして，さまざまな二次的な行動障害を生じさせることにもなる。

　そうではなく，子どもの障害や，特別な支援の必要性を認めつつ，その障害をとらえる観点の多様性を保証してゆこうとするものである。アセスメントする側に，より高度な専門性，より高次なスキルが求められるようになるであろう。つまり，しっかりした理論的・理念的な根拠のもとに，妥当性・信頼性の高い，たしかな方法論が求められている。

　A児の例で見てきたように，○か×かで考えるのではなく，「障害〜定型発達のスペクトラム」としてとらえることの方がメリットが大きいといえる。その際重要なのは，多面的多角的な視点による発達的なアセスメントである。このようなアセスメントを近年「包括的アセスメント（comprehensive assessment）」と呼ぶようになってきている（Prizant et al., 2006/2010）。

　包括的アセスメントには，次の最低限2つの次元が必要である。

　一つには，認知，コミュニケーション・言語発達，運動発達，情動・社会性などの発達領域を多面的にとらえることである。そして，これらの発達領域間の関連性についても検討する。領域の発達の問題（たとえばある感覚特性）が，他の領域（たとえば社会性）に影響をもたらすことがある。

　もう一点が，複数の場面でのアセスメントが必要ということである。とくに，発達障害児では，場面による影響を顕著に受けやすいといわれている。そのために保育場面だけではなく，家庭場面や社会教育などの他の生活場面の観察や報告が不可欠である。検査室だけでの知能検査は子どものほんの一面しか示していない。

　場面によって，子どもの振舞い方には大きな違いがある。先述したA児のように，保育場面ではさまざまな問題を示している子どもでも，家庭では，保護者

があまり大きな問題を感じていないこともある。これらの場面の構造や，期待される行動や，要求される課題内容が異なるからである。

　また，ある場面（自由遊び場面）からある場面（一斉保育）への「移行」の観察も不可欠といわれている。これは，発達障害児では，移行時に多くの問題がでやすい傾向にあるからである。

　プリザントらが開発した，自閉症児への包括的発達プログラムである SCERTS モデル（Prizant et al., 2006/2010）では，社会コミュニケーション（social communication：SC），情動調整（emotional regulation：ER），交流型支援（transactional support：TS；ASD 児にかかわる家族・専門家等へのアプローチ）の 3 つの領域をアセスメントし，2 場面以上，1 回 2 時間での複数名（できれば言語聴覚士や，作業療法士なども加わったチームで）による観察が推奨されている。そこから，生活場面での支援目標を設定する。

　「白か黒か？」にのみ時間を費やし，当事者，かかわる人々が精神的・物理的・経済的に疲弊するのではなく，包括的アセスメントに基づき，支援を開始する方が，合理的・経済的である。

　しかしながら，わが国では，このような考え方による支援は，まだごく一部でしか行われていない。たとえば，日本の自閉症児の指導は，○○法，△△法，……という形で入ってきてしまっていて，「包括的発達アセスメントに基づいた支援方法の選定」という世界の流れに十分に対応できていないことが多い。一方，医師は診断（diagnosis）はするが，支援につながるアセスメント（assessment）を行うことは少ない。ある特定の指導法が決定的に有効というエビデンスはないのが，現在のエビデンスであり（Prizant et al., 2006/2010），発達アセスメントに基づいて指導法を選択し，また組み合わせてゆかなくてはならない。にもかかわらず，福祉，教育の分野で包括的発達アセスメントがなされている場所はごく一部である。個別指導計画も科学的に妥当なものであるかが検証される必要がある。当事者・保護者の方々が一番不利益をこうむっているのが現状である

　「包括的発達アセスメントに基づいた支援方法の選定」に果たす心理学，とくに発達心理学の役割は大きい。しかし，認知，言語，……がばらばらにアセスメントするだけでは不十分で，真に包括的，すなわち，子どもの全体発達の中での認知や言語をとらえる観点と，方法論の開発の研究が求められているといえよう。また，家庭，保育・学校，地域社会などフィールドもそれぞれの関係性の検討や連携を模索する必要があろう。

以上，「障害〜定型発達のスペクトラム」という観点で，子どもを見てゆくことの意義と，その際の方法論としての包括的アセスメントについて考えてきたが，このことによって，発達心理学の研究がいっそう，進化・深化し，人間の豊かな人生を支援するものとなることを願うものである。

＊本稿の事例は長崎・小林（2008）をもとにしたものである。共同研究者の小林麻里氏，協力していただいたご家族，幼稚園の先生方に感謝いたします。

引用文献

American Psychiatric Association.（2003）. *DSM-IV-TR 精神疾患の分類と診断の手引*（新訂版，高橋三郎・大野　裕・染矢俊幸，訳）．東京：医学書院．（American Psychiatric Association.（2000）. *Quick reference to the diagnostic criteria from DSM-IV-TR*. Washington, D. C.: American Psychiatric Association.）

別府　哲．（1996）．自閉症児におけるジョイントアテンション行動としての指さし理解の発達：健常乳幼児との比較を通して．発達心理学研究，**7**，128-137.

Butterworth, G.（1999）．知覚と行為における心の起源．Ch. Moore & Ph. J. Dunham（編），ジョイント・アテンション：心の起源とその発達を探る（大神英裕，監訳）（pp.29-39）．京都：ナカニシヤ出版．(Moore, Ch., & Dunham, Ph. J.（1995）. *Joint attention: Its origins and role in development*. Hillsdale, NJ: Lawrence Erlbaum Associates.)

大六一志・長崎　勤・園山繁樹・宮本信也・野呂文行・多田昌代．（2006）．5歳児軽度発達障害児スクリーニング質問票作成のための予備的研究．心身障害学研究，**30**，11-23.

Mundy, P., Sigman, M., & Kasari, C.（1990）. A longitudinal study of joint attention and language development in autistic children. *Journal of Autism and Developmental Disorders*, **20**, 115-123.

長崎　勤・小林麻里．（2008）．幼児期から学齢期への移行支援・保護者支援の一事例：幼児期に保護者のニーズは少なかったが，幼稚園・担任との関係を保ちながら，学齢期に特別支援教育に繋がったADHD児．科学研究費補助金（A）「インクルーシブ社会実現に向けた包括的支援システム開発（研究代表：四日市章）」（課題番号 17203043）報告集．

長崎　勤・中村　晋・吉井勘人・若井広太郎（編著）．（2009）．自閉症児のための社会性発達支援プログラム：意図と情動の共有による共同行為．東京：日本文化科学社．

Prizant, B. M., Wetherby, A. M., Rubin, E, Laurent, A. C., & Rydell, P. J.（2010）. *SCERTS モデル：自閉症スペクトラム障害の子どもたちのための包括的教育アプローチ：1 アセスメント*（長崎　勤・吉田仰希・仲野真史，訳）．東京：日本文化科学社．(Prizant, B. M., Wetherby, A. M., Rubin, E., Laurent, A. C., & Rydell, P. J.（2006）. *The SCERTS Model. A Comprehensive educational approach for children with autism spectrum disorders*. Baltimore, MD: Paul H. Brookes.)

Scaife, M., & Bruner, J. S.（1975）. The capacity for joint visual attention in the infant. *Nature*, **253**, 265-266.

Tomasello, M.（1999）．社会的認知としての共同注意．Ch. Moore & Ph. J. Dunham（編），ジョイント・アテンション：心の起源とその発達を探る（大神英裕，監訳）（pp.93-117）．京都：ナカニシヤ出版．(Moore, Ch., & Dunham, Ph. J.（1995）. *Joint attention: Its origins and role in development*. Hillsdale, NJ: Lawrence Erlbaum Associates.)

第Ⅱ部
発達する場への支援

第3章
現代社会における育児の広がり

藤﨑眞知代

　家族や家庭，そして育児のあり方は価値観の多様化とともにさまざまな姿を示すようになってきている。欧米諸国やアジア・日本などをみれば，その国際的な広がりの多様性はきわめて大きい。日本においても少子化が進行する中で，その姿は急速に変容しつつある。そこで，現在社会における育児を取り巻く価値観の変化と育児の現状，そして今後の育児の広がりについて展望しよう。

第1節　育児を取り巻く現状

　広辞苑の第6版（新村，2008）によると，家族とは「夫婦の配偶関係や親子・兄弟などの血縁関係によって結ばれた親族関係を基礎に成り立つ小集団。社会構成の基本単位。」と定義されている。ところが，1955年の初版では，「血縁によって結ばれ，生活を共にする人々の仲間で，婚姻に基づいて成立する社会構成の一単位」とされている。すなわち，この間に家族の定義は，血縁を基本としながらも，婚姻に基づくものではなくなり，そこに人々の家族についての価値観の変容をみることができる。

　今日，家族は一つのシステムとしてとらえられ，そのシステムのありようは家族構成員の生活年齢とともに変化していく。では，家族のライフサイクルからみて，育児期の家族にはどのような課題があるのだろうか。

　親となることを選択すると，3つの関係，つまり夫婦関係，社会との関係，拡大家族との関係において新たな課題と直面することになる。まず夫婦関係のシステムとしては，夫と父親，妻と母親のそれぞれ2重役割となる。それにともない，子どもをめぐる考え方や対処の仕方の違いや家族における時間とエネルギーの使い方の調整を迫られ，そのためには葛藤を保持する能力を高めることも必要となる。社会システムとの関係では，家族と職場のバランスをとりながら，新たな友

人・隣人関係に適応していかなくてはならない。さらに拡大家族システムとの関係では，意識的・無意識的にも自分自身の過去の親子関係と向き合いながら，実家との間に適切な距離をおき，境界をつくっていく必要がある。

育児期の家族はいつの時代にも，このような課題に向き合うことになるが，現代社会の特徴である少子・高齢化社会，情報化社会であることは，これらの家族システムに介入し，影響を及ぼすことになる。

1　夫婦関係システムへの介入
(1) 親の価値観に基づく子どもづくり

医療は病気の治療として発展してきたが，現代では病気を予防する予防医療から，さらに人の願いを実現する願望実現医療へと発展してきている。生殖医療は体外受精，代理母出産，男女児の産み分け，さらには遺伝子診断から子どもの病気を治療するために，体外受精で複数の受精卵をつくり，きょうだいと遺伝子が適合するものだけを選び出して妊娠・出産する「遺伝子きょうだい」まで進んでいる。それは単に親となることだけでなく，どのような子どもの親となるのか・ならないのかということまでも，親が選択できる時代へと大きく変わってきたことを意味する。生命倫理の問題もあり，国によって許容される範囲は異なるにしても，親の価値観に基づいて子どもを「つくる」という時代になったことは，育児のあり方を大きく変えつつある（柏木，2001，2008）。

親の価値観に即し子どもを育むために，早期教育などの先回りの育児が展開され，その結果，子どもの主体性の育ちは危ういものとなり，長じて親への反発を強く示し，不登校やいじめなどの問題を誘発していく事例も少なくない。また，子どもの現実の育ちが思い通りにいかない場合，願いと現実のギャップに子どもに対してネガティブな感情を抱くことにもなりかねない。育児を通して子どもにネガティブな感情を抱いてしまうことは誰にでも起こりうることではある（Deater-Deckard, 2004；菅野，2001）。また，比較行動学の見地からは，養育という行為は元来，親和性の側面と同時に反発性の側面も内包し（根ヶ山，2006），前者は人との結びつきを，後者は自律性・独自性を育むことにつながっていく。したがって，子どもに対するネガティブな感情を抱いたり，反発的な行為をとったりすること自体が問題なのではなく，それが適切な場面で適切な強度でなされているかが問題なのである。しかしながら，「しつけ」として行われる行為が，望まない妊娠などのさまざまな理由から「虐待」となってしまう事例が後を絶たない現実がある。

(2) 孤独な育児による育児不安

「3歳児神話」の根拠はないとされながらも,「3歳までは母親の手で」といった考え方,社会的規範,および施策などから,「父親は仕事,母親は育児」という性別分業は日本ではいまだに根強い。今日,ほとんどの女性が学校を出ていったん就労するにもかかわらず,こうした情勢から結婚・妊娠・出産を機に退職する場合も多く,女性の年齢別労働力率は依然としてM字型労働を呈している。

また,育児期の親世代は働きざかりでもあり,父親が子どもと触れ合う時間は諸外国に比べて著しく短い(国立女性教育会館,2006)。それゆえ,核家族において母親は育児を一手に担うことになり,孤独な育児に漠然とした不安やイライラ感を募らせ育児不安や育児負担感が高いことが指摘されている(加藤ほか,2002;牧野・中西,1985)。そこには,日本文化を基底とする親の自己の捉えも反映している。身体は別であっても心は通じ合うといった相互協調的自己観を母親が抱いていると,それは直接・間接に育児ストレスに影響し,育児を完璧にこなそうとする姿勢とも関連して,必要とする支援内容は異なるという(藤崎・今井,2008)。また,夫婦単位でみた場合,身体が別である以上,心も別であるとする相互独立的自己観の夫と,相互協調的自己観の妻の組み合わせは伝統的な夫婦形態であり,妻の自己評価が低い以外は肯定的な親体験・子育て観を示しているのに対して,夫婦とも協調的自己観の組み合わせでは総じて否定的であることが目立つという(高田・笹内,2010)。こうした相互協調的な自己のありようが,日本の育児ストレスの高さや,親としての自信のなさに影響していることが示唆される。その一方,身近な存在である父親の理解や家事・育児への参加は育児不安・育児ストレスを低下させることも示されている。2005年からの経年変化をみると,母親が父親の支援を実感する精神的サポートの程度は全体的にやや増加傾向がみられるようになってはきている(青木,2009;荒牧・無藤,2008;Benesse次世代育成研究所,2010;Benesse教育研究開発センター,2006a)。

2 社会システムや拡大家族システムへの介入

就業形態が多様化し,さまざまなかたちで育児期も就労し続ける女性を支えるために,長時間保育,夜間保育,休日保育などの保育形態を特徴とした保育施設が増えてきている。このような女性の就労支援下での子どもの育ちをみると,早期からの長時間保育ゆえの親子で向き合う時間不足により,親子の結びつきや感情のコントロール,さらには人との関係の育ちが弱いといったことへの支援が必要であるという(藤崎,2007)。また,少子化社会は願望実現医療に基づく個人的

価値観と相まって「少なく産んで，よい子に育てる」ことを促し，早期教育や先回り育児をいっそう強めている。加えて，情報化社会では育児情報が氾濫しており，それらの情報に翻弄されてしまう親は少なくない。その一方，子どもをめぐる未解決の犯罪も多く，安全を確保するためにITシステムを活用して子どもの行動をモニターしたり，居場所を確認したりすることが日常的に行われている。そして，高齢化社会となった今，祖父母が孫育てに積極的にかかわり，育児において経済的にも心理的にも実家からの自立ができないままに，被養育経験と現実の子育ての狭間に苦悩する親の姿もみられる。

　こうした現代社会の状況から，子どもは親子の間での安定した結びつきに基づいて家族以外の人との関係を結びながら，さらに自立していく機会を失いつつあるといえよう。そして，親は子どもとの結びつきを形成しつつ，被養育経験やさまざまな育児情報を整理・選択して自分流の育児スタイルを見いだし，祖父母による孫育児との調整をしなくてはならないといった困難のほか，長寿化は子どもが自立したあとの長い人生をどのように生きていくか，とくに専業主婦は自分自身のアイデンティティの不確かさに揺れ動く事態も招いている（Brisch, 2002/2008；数井・遠藤，2007）。

3　育児をめぐる国の施策の動向──少子化対策の立ち遅れ

　1989年に合計特殊出生率が丙午（ひのえうま）（1966年）当時の1.58を下回ったことは「1.57ショック」と呼ばれる。これを機に，少子化傾向の認識がやっと一般化し，少子化に対する国の施策が採られるようになった。1970年代から続いていた合計特殊出生率の減少傾向に対する国の対応がこの時まで遅れたのは，日本の政策の多くが英国や米国をモデルに展開されてきたことに起因する。つまり，「家庭はあくまで個人の問題であり，公権力はできるだけ介入すべきではない」という姿勢をとってきたからである。

　1994年に初めて少子化対策として「エンゼルプラン」が打ち出され，5年後には数値目標を示した「新エンゼルプラン」が策定され，具体的な取り組みは各自治体が担い，各市町村で広場事業が展開していった。これらの子育て支援をめざした施策から，国は2003年には企業が社員の子育て環境を整備することをめざした「次世代育成支援対策推進法」へと展開させ，さらにいっそうの効果をねらい「少子化社会対策基本法」の策定，2004年暮れの「少子化社会対策大綱」，「子ども・子育て応援プラン」（新新エンゼルプラン）へと拡充していった。それは社会全体で子どもを育む必要性を示したものであり，学齢期の子どもの生活支

援として「放課後子どもプラン」も打ち出された。

　しかし，こうした一連の施策にもかかわらず，2005年の合計特殊出生率は過去最低の1.26となり，中期的に日本の人口は加速度的に減少していく「負の連鎖」に陥る危機感を募らせた。この「1.26ショック」を受けて，2007年暮れに「働き方の見直し」と「家庭における子育てを包括的に支援する枠組み（社会的基盤）を構築する」ことを「車の両輪」とする「子どもと家族を応援する日本重点戦略」が打ち出された。そして2010年に入り，「子ども・子育て新システム」の構築に向けて検討が開始された。①すべての子どもへの良質な成育環境を保障し，子どもを大切にする社会，②出産・子育て・就労の希望がかなう社会，③仕事と家庭の両立支援で，充実した生活ができる社会，④新しい雇用の創出と，女性の就業促進で活力ある社会，の実現を掲げている。しかし，政府の推進体制・財源の一元化が，どのような就学前の保育・教育制度の変革となり，とくに子どもの発達を保障するものになるのかが見えず，現場は見守っているのが現状である。

第2節　これからの育児の広がり

1　生涯発達心理学の視点からの広がり

　生涯発達心理学の視点から，発達するのは子どもだけなのかという問い直しがなされてきた。そして，乳幼児の育児を通して，親としての発達を遂げていくことが語り（氏家，1996）や質問紙調査（柏木・若松，1994）により明らかにされている。すなわち，親としての変化ステップが子どもとのエピソードを通してみられること，親となって視野が広がり，柔軟さや自己制御力が増すなどの変容がみられること，しかし，その様相は父親と母親とで異なり，父親としての発達には親役割を肯定的に受け止め育児に参加することが必要なこと（森下，2006），などである。

　このように育児期の家庭が抱える課題は，ややもすると親としての発達を中心に据えられてきた。しかし，生涯発達心理学に基づくもう一つの視点として，親は親であると同時に成人期の発達課題の達成をめざす個としての存在でもあることを忘れてはならない。つまり，親として自覚し適切な親役割を担うだけでなく，個としての自己実現を達成する必要がある。この点に関して家庭と仕事の調整が鍵となるが，それは母親だけの問題ではなく，父親にとっても1回限りの人生において，仕事だけでなく子どもとどのようにかかわっていくかの見直しを迫るも

のである（藤﨑，2011）。共同子育て（Cowan et al., 1998）を実現するために父親は育児参加の時間を確保し，それにともない母親は個としてのアイデンティティを再構築できる社会としていくことが必要な時代となっている。

2　新しい幸せのかたちからの広がり

最近，国内総生産（Gross Domestic Product：GDP，以後 GDP と記す）だけでなく，国民総幸福度（Gross National Happiness：GNH，以後 GNH と記す）が注目されるようになってきている。GNH とは，GDP で示される国の生産性に基づく金銭的・物質的豊かさだけでなく，精神的な豊かさを含み，国民生活全般における満足度，つまり「幸福度」を表す指標である。1972 年にブータンの当時の国王が GDP に代わる概念として提出した。現在，ブータン政府はこの GNH の増加を政策の中心とし，GDP に比して GNH が顕著に高いことが知られている（平山，2007）。

日本では，内閣府が国民生活選好度調査を 1978 年度以降 3 年ごとに実施しているが，2008 年度の調査によると，一人あたりの GDP は上昇傾向にあるものの，国民生活全般の生活満足度はほぼ横ばいである。また，暮らし向きの見通しについては，よい方向に向かっているという人の割合は 2005 年度の 20.6％から 10.2％と半減している。20 代・30 代の男女では，重要と考える生活面として「子どもを生み育てる環境」が上位 3 位までにあげられ，とくに女性で高くなっている（内閣府，2008）。

育児環境が不十分なために第 2 子の出産を諦めるだけでなく，非婚率の高さや結婚しても子どもをもたない夫婦の増加も少子傾向を強めている。日本人一人ひとりにとって，人生における「幸せ」とは何か，つまり「生きること」の意味や人生における「育児」の意味を問い直すことも必要と思われる。

3　働き方の見直しからの広がり──ワーク・ライフ・バランス

生涯発達心理学の視点や新しい幸せのかたちは，生き方として仕事と家庭の両立のために働き方を見直すこと，すなわち，ワーク・ライフ・バランス（仕事と生活の調和）を実現しようとする動きを生み出している。諸外国では，早くから労働時間の短縮や育児を支えるきめ細かい制度により，国，企業，個人がそれぞれに育児の責務を担うことによって合計特殊出生率の維持，ないしは回復を遂げている（泉ほか，2008；牧野ほか，2010）。

日本では，育児・介護休業に関する法令が 1991 年に施行されて以降，取得を促すための改正が加えられてきているが，男性の場合，①職場に迷惑をかける，

②忙しくて取れそうにない，③前例がない，④職場に取得しにくい雰囲気がある，などの理由（Benesse 教育研究開発センター，2006b）から，2009 年度でも取得率はわずか 1.7％にとどまっている。

　ところが，最近，若い成人男性の育児に対する考え方が変わりつつある。仕事一辺倒の生き方に疑問をもち，働き方を変えて育児に積極的に取り組もうとする男性「イクメン」の動向が注目される。その背景には 2010 年 6 月に育児休業法がさらに改正され，妻が専業主婦でも希望すれば男性の育児休業が取得できるようになったこともある。男性が育児休業を取得した効果も，予想に反したものであったことも後押ししている。すなわち，実際に育児休暇を取得した男性は，仕事では決して出会わない多様な人々と触れ合い，段取りよく仕事をこなす必要から仕事効率を高め，ことばが通じない乳児とのやりとりからコミュニケーション能力も高まったという。そして，企業が経営戦略として長時間労働を見直し父親の育児参加を保障することは，家族生活を豊かにするだけでなく，仕事と家庭のストレスを解消し，社員のやる気を高め仕事効率があがり生産性の向上にもつながっているという（島田・渥美，2007）。しかし残念ながら，こうした先駆的な取り組みの中小企業への広がりには，経済状況もあり厳しいものがある。

　働き方の見直しには育児休暇の取得のほかに，ワーク・シェアリングという動きもある。オランダ・モデルといわれるほどオランダでは普及しているが，その背景には同一労働・同一賃金や正規雇用とパート雇用の待遇が同等であるという雇用条件がある。日本では医師不足から子育て中の女医の働き方として取り入れている病院もあるが，正規雇用との格差は改善にはほど遠い。

　子育てを夫婦の共同で行っていくために，夫婦それぞれにとってワークとは何か，ライフとは何かを考え，お互いに納得のいく調整が重要である。企業の経営者を含め，男女を問わず，育児期の世代に限らず，国・地方自治体，企業，そして家庭が一体となって次世代の育児に取り組む社会的国家的システムを構築していく原動力として，「イクメン」の果たす役割は日本の将来の家庭のあり方を左右するといっても過言ではないと思われる。

第3節　ワーク・ライフ・バランスの実現に向けた育児支援

　これまで少子化問題の解決のモデルは欧米諸国とされることが多かった。スウェーデンでは古くから男女平等の取り扱いを重視し，幼い子どもをもつ親が仕事と家庭生活を両立できるよう育児休業の取得や勤務時間の短縮など多様な選択

肢が与えられている。また，フランスでは，女性の社会進出により出生率が低下し始めた1970年代から，試行錯誤しながらも企業への税制優遇，手厚い家族手当などの多子促進政策を展開してきている。このような国の家族政策を実施するには膨大な財源が必要であり，日本において早急に実現するのは難しい。それに対して，現在，アジアNIES諸国（韓国，台湾，香港，シンガポール）はわが国以上の低出生率に悩んでおり，ユニークな少子化対策を講じている。とくにシンガポールでは，英米型家族支援政策をアジア社会に採り入れる施策が展開されている。すなわち，出会いの場の提供から「夫婦の相互理解」を深めるための学習の場や相談システムを備え，第3子優遇の出生時の現金給付や積立制度，祖父母育児の税制優遇などである。アジアNIESは社会・文化的に近いだけに，日本への示唆を探りながら今後の育児支援の方向を以下にみていこう。

(1) 育児期の広がり——出産以前から学童・思春期までの子育ちへの伴走

今日，出会いの機会の減少と，しがらみを嫌う傾向から未婚率は高い一方，未婚の母の生き方を選択する人もいる。また，就労する女性の増加にともない，さまざまなストレスから10組に1組は不妊に悩み，不妊治療は広まっている。しかし，そこには経済的な負担だけでなく，心理的な負担も大きい。このような出産以前の問題に対して，生涯発達の視点から心理的支援の方策を探る必要があると思われる。

そして，妊娠後には胎児に対する母親の思いが変容していくことからも（岡本ほか，2003），妊娠時点から親となるプロセスに伴走し，育児の大変さも含めてポジティブな姿勢を育んでいくことが，育児不安を予防し精神的健康を支えるうえで重要である。妊娠期から精神的健康に関するスクリーニングを行う病院や保健センターも増えてきている。また，生後1カ月頃までは新生児の昼夜を問わない生活リズムに翻弄され，外界との接触も少ないことから，誰でも産後抑うつに陥る可能性はあるものの，夫などのサポートによって緩和されることが示されている（安藤・無藤，2008；小林，2009）。そのうえ，産後抑うつの母親による長期にわたる養育は子どもにコミュニケーションの問題を引き起こすだけでなく，父親に対してもネガティブな影響を及ぼすという（Areias et al., 1996；Field, 1995）。したがって，医師，助産師，看護師との連携のもとに妊娠早期からの訪問支援などと同時に，緊急のニーズや乳幼児の育児を一時的に代替し母親のリフレッシュを図るレスパイトのための支援を拡大していく必要があると思われる。

一方，学齢期の子どもをもつ親子への支援の実態は，子どもの個性が拡大していくだけに就学前以上に多くの問題を抱えている。親の就労の有無にかかわらず，

また子どもの学年にかかわらず，放課後の居場所ニーズは高い。しかし，子どもの安全な居場所として遊び場を保障することと，子どもの生活の場を保障することとは異なる。子どもが環境移行をスムーズに乗り越え，学童期の発達を遂げるためには，一人ひとりの子どもの発達的特徴を捉えた学童期としての育児を支える必要がある（池本，2009；西本，2008）。「子ども・子育て応援プラン」の一環として，「放課後子どもプラン」が2006年に策定されてはきたが，子どもの教育と生活に関する縦割り行政により，十分に機能しているとは言い難い（下浦，2007）。学童の放課後の過ごし方は，親の意向だけでなく，実際は学校生活での友だち関係を引きずりながら学童自身の意思も大きく反映する。それだけに学校と地域と家庭との連携を強化し，学童にとって魅力ある生活の場となり，学童の自己の発達を支えるための物理的環境と人的配置について，実践研究を踏まえて，従来の枠組みを超えた対応が急務であると思われる。

(2) 地域を越えたインターネットによる支援の広がり

エンゼルプランに始まる国の一連の少子化対策に基づいて，各自治体は主に専業主婦を対象に地域に根ざした広場事業を中心に行ってきた。そこでは発達心理学の専門家も積極的に関与しているほか（柏木・森下，1997；小川・土谷，2007；大日向，2005），当事者による支援も活発に展開してきている。その一方で，壁を隔てた隣室での児童虐待に気づかないことも現実に生じている。近隣ゆえに個人情報を含む育児の悩みは話しづらいこともある。その点，インターネットは支え合う新たなツールとして広がっている。顔が見えないことで気楽に参加し支え合うことはできるが，参加者の限られた体験に偏りがちであることや匿名性による危険もはらんでいる。メール相談からツイッターまで，ITシステムの拡充にともない，育児期の世代が手軽に活用しやすいツールをきっかけに，最終的には人とのつながりにたどりつくシステムを常に探っていく必要がある。

(3) 家族形態・就労形態に対応した育児支援へ

価値観の多様化は家族形態の多様化をもたらし，育児期といっても各家族形態によって直面する課題は異なる。たとえば，母親の就労にともなう代理保育として，施設保育に対して家庭的保育が見直され2009年には制度の整備がなされた。しかし，長じて家庭的保育から施設保育への移行には現実的な問題が残る。施設保育と家庭的保育のいずれも，保育の質と子どもの育ちとの関連について基礎資料を蓄積し，親の価値観や都合による選択だけでなく，子どもの個性にあった生活の場として，施設保育と家庭的保育をつなぐシステムを構築することも必要であろう。

また，離婚率が漸増している結果，一人親家庭となり母親が就労せざるをえない状況に追い込まれたり，父親がこれまでのように働くことができず経済的に逼迫した状況に追い込まれたりする場合もある。母子家庭だけでなく，父子家庭も経済的支援が受けられるようにはなったが，一人親同士がつながる機会などの心理的支援のニーズは高い。親子それぞれの生活支援をシステム化して提供していく必要がある。

　さらに，一人親同士の再婚や養子縁組による血縁関係のない家族も増える傾向にある。養子縁組による家族における育児では生みの親の存在を伝えるテリングの問題があり，伝える時期による子どもへの影響などについて検討されている（古澤ほか，2003；古澤ほか，2006）。現在の生活の中で育ての親との関係を結びつつ，生みの親のことをいつ，どのように伝えることが長じて青年期の自己の確立につながっていくのか，丁寧な縦断資料に基づく検討が待たれる。

(4) 心理支援力からエンパワメント評価の方向

　次世代の親を育む取り組みとして，幼い，弱い他者に対して向けられる行為である養護性を育む取り組みは，幼児期においては生活を通して，義務教育から高等学校においては生活科，家庭科，保健体育などの教科や体験活動を通して行われている。最近では，大学においても，男子大学生は「イクメン」予備軍として実践的な取り組みが試みられている。このような父親の育児参加へ向けた取り組みに対して，願望実現医療の時代における妊娠過程への基礎的知識を学校教育の中に位置づける見直しも必要と思われる。加えて，葛藤への耐性を高め，葛藤解決力を育むなど，人との関係を結んでいくための人間力を育むことを見据えることも重要である。それは養護性に対して，自分自身への気づきや自分自身への支援を含む「心理支援力」といえよう。すなわち，心理支援力とは，①自分自身について知る自己理解力，②自分自身の感情・行動を調整する自己コントロール力，③他者の考え・気持ちなどを推察し理解する他者理解力，④人とかかわり関係を結ぶ関係形成力，そして，⑤これらの力に基づいて他者の思いに寄り添い他者を支援する他者支援力，を意味している（井上ほか，2011）。直接的な育児実践体験の基底として，地域の特徴を反映させながら各発達段階において心理支援力を培う教育カリキュラムを創出していくことは，長期的な育児支援となっていくといえよう。

　さらに，どのような支援においても，その効果を把握することは，次の支援ステップに欠かせない。これまでの育児支援の評価については，利用者への質問紙調査，面接調査，観察による行動変化などにより量的・質的分析が行われてきて

いる（原田，2003；無藤，2007；七木田・水内，2004）。臨床発達心理学の視点からは，支援は支援する側と支援される側が相互に影響を及ぼしあいながらお互いに変化していく過程でもある。また，育児を社会で支えるという「育児の社会化」への方向からも，育児支援の評価は参加型であり，証拠を重視し，コミュニティ全体を対象とする新しい評価であるエンパワメント評価を導入し吟味していく必要があろう（Chinman et al., 2004/2010；伊藤，2007）。

引用文献

安藤智子・無藤　隆．（2008）．妊娠期から産後1年までの抑うつとその変化：縦断研究による関連要因の検討．発達心理学研究，**19**, 283-293.

青木聡子．（2009）．幼児をもつ共働き夫婦の育児における共同とそれにかかわる要因：育児の計画における連携・調整と育児行動の分担に着目して．発達心理学研究，**20**, 382-392.

荒牧美佐子・無藤　隆．（2008）．育児への負担感・不安感・肯定感とその関連要因の違い：未就学児を持つ母親を対象に．発達心理学研究，**19**, 87-97.

Areias, M. E. G., Kumar, R., Barros, H., & Figueiredo, E.（1996）. Correlates of postal depression in mothers and fathers. *The Journal of Psychiatry*, **169**, 36-41.

Benesse 次世代育成研究所．（2010）．*第4回幼児の生活アンケート：乳幼児をもつ保護者を対象に*（速報版）．東京：ベネッセコーポレーション．

Benesse 教育研究開発センター．（2006a）．*第3回幼児の生活アンケート報告書：乳幼児をもつ保護者を対象に*．東京：ベネッセコーポレーション．

Benesse 教育研究開発センター．（2006b）．*乳幼児の父親についての調査*（速報版）．東京：ベネッセコーポレーション．

Brisch, K. H.（2008）．アタッチメント障害とその治療：理論から実践へ（数井みゆき・遠藤利彦・北川　恵，監訳）．東京：誠信書房．(Brisch, K. H.（2002）. *Treating attachment disorders: From theory to therapy*. New York: Guilford Press.)

Chinman, M., Imm, P., & Wandersman, A.（2010）．プログラムを成功に導くGTOの10ステップ：計画・実施・評価のための方法とツール（井上孝代・伊藤武彦，監訳，池田　満・池田琴恵，訳）．東京：風間書房．(Chinman, M., Imm, P., & Wandersman, A.（2004）. *Getting to outcomes^{TM} 2004*. Santa Monica, CA: RAND Corporation.)

Cowan, P. A., Powell, D., & Cowan, C. P.（1998）. Parenting interventions: A family systems perspective. In I. E. Sigel & K. A. Renninger（Eds.）, W. Damon,（Series Editor-in-chief）, *Handbook of child psychology: Vol. 4. Child psychology in practice* (5th ed., pp.3-72). New York: John Wiley & Sons.

Deater-Deckard, K.（2004）. *Parenting stress*. New Haven, CT: Yale University Press.

Field, T.（1995）. Infants of depressed mothers. *Infant Behavior and Development*, **18**, 1-13.

藤﨑眞知代．（2007）．長時間保育施設における保育者支援の試み．日本発達心理学会第19回大会論文集，300.

藤﨑眞知代．（2011）．親としての発達と支援．藤﨑眞知代・大日向雅美（編著），育児のなかでの臨床発達支援（pp.2-14）．京都：ミネルヴァ書房．

藤﨑眞知代・今井洋一．（2008）．母親の育児ストレッサーを取り巻く要因：文化的自己観・子育て完全主義・育児ニーズとの関連．明治学院大学論叢心理学紀要，**18**, 13-21.

原田正文．（2003）．子育て支援の基本戦略と，公的支援の評価（チェックリスト）に関する一考察：現代日本における子育て支援方策に関する研究（第2報）．大阪人間科学大学紀

要，**2**，121-128.
平山修一．(2007)．*美しい国ブータン*．東京：リヨン社．
池本美香（編著）．(2009)．*子どもの放課後を考える*．東京：勁草書房．
井上孝代・山崎　晃・藤﨑眞知代（編著）．(2011)．*心理支援論：心理学教育の新スタンダード構築をめざして*．東京：風間書房．
伊藤武彦．(2007)．エンパワーメント評価：コミュニティのための参加型評価．井上孝代（編），*エンパワーメントのカウンセリング*（pp.245-262）．東京：川島書店．
泉　千勢・一見真理子・汐見稔幸（編著）．(2008)．*世界の幼児教育・保育改革と学力*．東京：明石書店．
柏木惠子．(2001)．*子どもという価値：少子化時代の女性の心理*．東京：中央公論新社（中公新書）．
柏木惠子．(2008)．*子どもが育つ条件：家族心理学から考える*．東京：岩波書店（岩波新書）．
柏木惠子・森下久美子（編著）．(1997)．*子育て広場武蔵野市立0123吉祥寺：地域子育て支援への挑戦*．京都：ミネルヴァ書房．
柏木惠子・若松素子．(1994)．親になることによる人格発達：生涯発達的視点から親を研究する試み．*発達心理学研究*，**5**，72-83.
加藤邦子・石井クンツ昌子・牧野カツコ・土谷みち子．(2002)．父親の育児かかわり及び母親の育児不安が3歳児の社会性に及ぼす影響：社会的背景の異なる2つのコホート比較から．*発達心理学研究*，**13**，30-41.
数井みゆき・遠藤利彦（編著）．(2007)．*アタッチメントと臨床領域*．京都：ミネルヴァ書房．
小林佐知子．(2009)．乳児をもつ母親の抑うつ傾向と夫からのサポートおよびストレスへのコントロール可能性との関連．*発達心理学研究*，**20**，189-196.
国立女性教育会館（編）．(2006)．*家庭教育に関する国際比較調査報告書（平成16年度・17年度）*．埼玉：国立女性教育会館．
古澤賴雄・冨田康子・石井富美子・塚田－城みちる・横山和子．(2003)．非血縁家族における若年養子へのテリング：育て親はどのように試みているか？　*中京大学心理学研究科・心理学部紀要*，**3**，1-6.
古澤賴雄・冨田庸子・塚田－城みちる．(2006)．非血縁家族において子どもが作る自分史への発達支援：育ての親によるテリングに関する探索的検討．*中京大学心理学研究科・心理学部紀要*，**5**，23-33.
牧野カツコ・中西雪男．(1985)．乳幼児をもつ母親の育児不安：父親の生活および意識との関連．*家庭教育研究所紀要*，**6**，11-24.
牧野カツコ・渡邊秀樹・舩橋惠子・中野洋恵．(2010)．*国際比較にみる世界の家族と子育て*．京都：ミネルヴァ書房．
森下葉子．(2006)．父親になることによる発達とそれに関わる要因．*発達心理学研究*，**17**，182-192.
無藤　隆．(2007)．*乳幼児および学童における子育て支援の実態と有効性に関する研究．平成14年度〜平成18年度科学研究費補助金（基盤研究(B)）研究成果報告書*．
内閣府．(2008)．*平成20年度国民生活選好度調査結果の概要*．内閣府国民生活局総務課調査室．
七木田敦・水内豊和．(2004)．保育ニーズの充足のための地域子育て支援センターの評価に関する研究：利用者評価のための項目策定に関する試案．*幼年教育研究年報*，**26**，31-37.
根ヶ山光一．(2006)．*〈子別れ〉としての子育て*．東京：日本放送出版協会（NHKブック

ス）．

西本絹子（編著）．（2008）．学級と学童保育で行う特別支援教育：発達障害をもつ小学生を支援する．東京：金子書房．

小川清美・土谷みち子．（2007）．「あたりまえ」が難しい時代の子育て支援．東京：フレーベル館．

岡本依子・菅野幸恵・根ヶ山光一．（2003）．胎動に対する語りにみられる妊娠期の主観的な母子関係：胎動日記における胎児への意味づけ．発達心理学研究，14，64-76．

大日向雅美．（2005）．「子育て支援が親をダメにする」なんて言わせない．東京：岩波書店．

島田晴雄・渥美由喜．（2007）．少子化克服への最終処方箋．東京：ダイヤモンド社．

下浦忠治．（2007）．放課後の居場所を考える：学童保育と「放課後子どもプラン」．東京：岩波書店（岩波ブックレット）．

新村　出．（2008）．広辞苑（第6版）．東京：岩波書店．

菅野幸恵．（2001）．母親が子どもをイヤになること：育児における不快感情とそれに対する説明づけ．発達心理学研究，12，12-23．

高田利武・笹内美里．（2010）．相互独立性・協調性の家族内ダイナミクス：夫婦の類型と親体験．日本心理学会第74回大会発表論文集，217．

氏家達夫．（1996）．親になるプロセス．東京：金子書房．

第4章
家庭におけるハイリスクの親への支援

福丸由佳

　本章ではハイリスクという視点から，子どもの育ちや家族を支える取り組みについて概観する。まずハイリスクについて，親・養育者の要因，子どもの要因，親子を取り巻く養育環境の要因の3つの点から考える。続いて，リスク世帯への支援に関する研究の動向と海外の実践について紹介し，最後にわが国の現状と今後の課題について，研究と実践の双方を視野に入れながら考察する。

第1節　ハイリスクとは何か

　子どもの発達や育ちを支え，家族を支える営みにおいて，リスクに応じた取り組みという視点は重要である。本節では，まず子どもや家族にとってリスクとなりうる要因について考える。子育てにかかわるリスクは，相互に影響しあう場合も少なくないが，親自身の抱える要因，子ども側の要因，親子をとりまく養育環境や家族関係における要因から述べてみよう。

1　親・養育者の側のハイリスク要因

　親自身の有するリスク要因の一つが，親自身の精神的健康である。とくに，親の抑うつ的な養育態度と子どもとの相互交渉に関する臨床的研究が多くみられるが（Fendrich et al., 1990；Kochanska, 1991など），うつ傾向の親の養育は，子どもとのやりとりが応答的でなく，子どもが発達的な困難を抱えやすい（Murray, 1992）こと，また，幼児の不適応な攻撃性に影響を及ぼし（Zahn-Waxler, et al., 1990），児童期の少年における衝動性などの表面化した問題を生じやすくなる（Cicchetti, 1996）ことが報告されている。産後の母親の抑うつは，日本でも10〜20％前後（Yoshida et al., 1997）と高く，こうした親や家族への支援が重要といえる。また，抑うつ傾向は自尊感情の低さとも関連しやすいが，母親の自尊感情の低さや育児ストレス

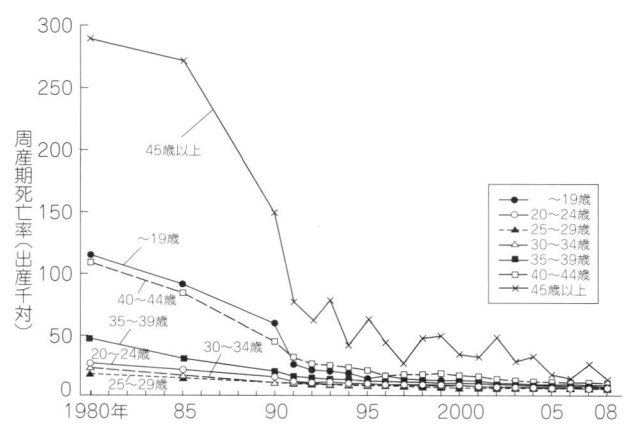

図4-1 母親の年齢階級別周産期死亡率の推移(厚生労働省,2009a；恩賜財団母子愛育会日本子ども家庭総合研究所,2010より)

周産期死亡：昭和53（1978）年以前は「妊娠満28週以後の死産に早期新生児死亡を加えたもの」。平成7（1995）年からは第10回修正国際疾病傷害死因分類（ICD-10）の採用による定義の改正により、「妊娠満22週以後の死産に早期新生児死亡を加えたもの」

は子育てにおける被害的な認知をもたらし、虐待的行為にも影響を及ぼすことが指摘されている（中谷・中谷，2006）。またアルコールや薬物の依存症といった養育機能の不全も子どもの発達に影響を及ぼし（斎藤，1999）、子どもへの虐待と結びつきやすい。

さらに、親になる年齢の低さもリスク要因となりやすい。とくに10代の妊娠出産は、40歳以上の母親に次いで周産期死亡率が高く（厚生労働省，2009a）、身体的リスクも高い（図4-1参照）。また、年齢が低いほど人生経験や人格発達における未熟さなどの要因も考慮する必要があると同時に、教育環境や（既卒か中退か、教育年数の長さ、など）、就労の問題などにも密接にかかわってくる。とくに15歳から65歳以下の就労人口に占める正規労働者の割合は10代（15歳から19歳）が最も低く（15.8％）、逆にパートタイム就労は最も高いことが統計的にも示されている（政府統計，2007）。正規労働者の割合の低さは賃金や身分保障の問題にも影響することを踏まえれば、この観点からも年齢の低さは養育のリスク要因の一つと言えよう。

2　子ども側のハイリスク要因

子どもの育てやすさなど、子ども側の要因も子育てのリスクと関連している。たとえば低出生体重児をもつ母親は、子どもが早く生まれてしまったことや小さ

くて抱けなかったことなど，親役割の変化にストレスを感じやすく（堀，2003），多胎児の母親は単胎児の母親に比べて不安やストレスが強く（杉本ほか，2008），虐待のリスク要因にもなりやすい（小泉，2006）ことが指摘されている。

また，自閉性障害をはじめとする発達の遅れも，親子の愛着関係の形成に影響を与えやすい。愛着の個人差は，親の養育スタイルと子どもの生得的な気質が相互に作用しあうことによって形成されていく。すなわち，子どもの要求やサインを感じ取る敏感性や，タイミングよく応答する相互同期性という大人側の要因に加え（De Wolff & van IJzendoorn, 1997 ; Isabella & Belsky, 1991 ; Kochanska, 1991），子どもの受け取る力や，なだめられやすい気質といった子ども側の要因も無視できない。軽度発達障害が虐待の危険因子になりうるという指摘がされるのも（杉山，2007），こうした点が関係しているといえる。

3 親子をとりまく養育環境や家族関係におけるハイリスク要因

養育環境などの環境的要因として，まず経済的な要因について考えてみる。わが国では貧困の問題が潜在的に存在するにもかかわらず，高度成長期以降，学問的にも社会的にもそれがほとんど語られてこなかった問題が指摘されているが（岩田，2007），とりわけ子どもの貧困に対して，その傾向が著しい（山野，2008）。一方，OECDが発表した2005年の格差報告書によれば，日本の貧困率（定義は本書 p.11 参照）は 14.9% で OECD 加盟国の中で米国に次ぐワースト4で，2006年のデータではさらに上昇し，15.7% となっている（厚生労働省，2009b）。また，子どもの貧困率は 14.2% で，7人に1人の子どもが貧困の状態にある。一人親家庭の貧困率は二人親家庭に比べて非常に高く（57.3%），主要先進国の中でもひときわ高い第1位となっている。

貧困の問題は低所得などの数字に表される経済状況にとどまらない。妊娠・出産期からの経済的負担感は夫婦関係を悪化させ（福丸，2007），親の心理的ストレスや，抑うつ感とも関連し，子育てそのものにマイナスの影響を及ぼすことからも（Conger & Donnellan, 2007），経済的困難は大きなリスク要因なのである。

経済的要因と関連するが，一人親の子育てもストレスを抱えやすく，リスク要因と考えられる。身近にサポートが得られず多重な役割を一人でこなす場合はとくに，経済的困難に加え親子ともに負荷がかかることが予想される。また，離婚や子連れ再婚といった家族の状況の変化，地域に知り合いのいない孤立状態なども，養育環境や家族関係のリスク要因になる場合が少なくない。

夫婦関係の不和もリスク要因となる。とくに DV（ドメスティック・バイオレン

ス）の問題は，子どもへの身体的・性的虐待やネグレクトにも結びつきやすいことから（McKay, 1994 ; Ross, 1996），配偶者間に限らず子ども自身や家族関係に大きな影響を与える。とくに長期にわたって虐待を受けた子どもの脳は，記憶のメカニズムなど，生理的・構造的な影響を受け，それが対人関係などの社会的適応の困難さにつながることは多くの研究から指摘されているが（Kaufman, 2000 など），こうした虐待の問題に夫婦間の不和も大きくかかわっているといえよう。森田（2010）は，DVが主な養育者（多くは母親）とのアタッチメント関係に与えるダメージの大きさを指摘する。つまり，主な養育者（多くは母親）と子どもとの間に形成されるアタッチメントは，子どもの自尊心や対人関係の基礎となり，子どもがトラウマ的な出来事に暴露したときでも，そのダメージを防御する因子として働きうるが，DVによって安定したアタッチメント関係を築きにくくなることで，直接・間接の衝撃のみならず，その防御因子をも破壊してしまうという二重のダメージとなると指摘している。このような点からも，夫婦間の問題は，親子・家族の抱えるリスクという視点も含めてとらえることが大切である。

　さらに，環境要因，たとえば突発的な災害や事件，事故といった出来事も，親や家族にとってリスク要因となる場合がある。災害によって住む場所や職を失うといった場合もあれば，近隣地域で子どもを巻き込むような突発的な事件が起きることで，一時的に地域住民が不安の高い状況に置かれることがある。これらも広い意味でのリスク要因ととらえ，適切かつ，早期の危機介入によって家庭や地域全体が支えられることが大切である。

第2節　リスク世帯への支援

1　欧米における研究

　前節では3つの観点からリスクについて述べたが，子育てにかかわるリスクは，複数の要因が絡まってハイリスクの状況に影響することも多い。共通しているのは，どの状況も子どもや親，家族にとってストレスフルな状態であり，サポートや適切な対応をより必要としているということだろう。

　一方，こうした状況にある家族への取り組みについては，とくに欧米の実践研究から多くの知見が得られており（Powell, 2006 など），早期の介入の重要性が指摘されている（Halpern, 2000）。また，ネガティブな養育やそれによってもたらされる影響を予防するだけではなく，家族のもつ資源に注目し，子どもの発達や親子の関係に最大限活かされるための支援（Lerner et al., 2000 ; Pollard & Rosenberg,

2003),専門家主導よりもむしろ個々の家族が主体となってそのニーズや課題を意識し,そのうえで意思決定を行っていくことに主眼をおいた取り組み(Dunst & Trivette, 1997),さらに,経済的リスクを抱える家庭には,職業的スキルの習得といった就業支援も含みつつ,親子2世代の関係を支える介入など,その実践は多様であり,その効果も実証されている。

　また,そのアプローチも多様だが,ハイリスクの親への支援は家庭訪問によるものも多く,またその有効性も検証されている。米国で60年代に開始されたHead Start は代表的なプログラムである。このプログラムは主に低所得世帯の未就学児童を対象に,早期学習環境を用意するために政府レベルで創設され,多くの実証的研究によってその効果が示されている(たとえば,Halpern, 2000)。

　ハイリスクの親,家庭への支援でとくに家庭訪問という手法がとられるのにはいくつかの理由がある。ストレスを多く抱えている場合,外に出向くことや複数の人のいる場に参加することが難しい場合も少なくないため,家庭訪問はこうした支援が届きにくい親に,より積極的に介入できる。また,家庭は親や子どもがより自然にいられる日常の場である。その場で親や家族を支援するという意味に加え,子どもの育つ環境などを観察することで必要に応じた具体的なアドバイスや支援も可能になる。安梅(2009)も指摘するように,家庭訪問を通して,子どもの育ちに最低限必要な環境の現実を把握することは意味があるだろう。もちろん,家庭訪問ならではの負担や難しさもあるが,家庭訪問ならではの要素を支援の場で活かすことも重要といえる。次項では,米国におけるハイリスク世帯を対象とした家庭訪問による支援について紹介したい。

2　海外における実践の例

　ここでは,米国オハイオ州シンシナティとケンタッキー州北部を中心とした家庭訪問による子育て支援プログラム ECS(Every Child Succeeds)について述べる。これは筆者が2005年から2008年までシンシナティ子ども病院の研究員として所属していた際に,研修の機会を得たプログラムである(福丸,2009)。

　ECS は1999年に開始された子育て支援プログラムで,養育者と子どもの関係を支え,子どもの健全な発達を促し,養育者の自己効力感を高めるという目的のもと,妊娠期から生後3年間,同じ担当者(主にソーシャル・ワーカー)が週に1回(2歳以降は2週間に1回),約1時間の家庭訪問を行っている。対象者はハイリスクな親で,具体的には初めて親になる人の中で,次の条件のいずれかに該当する人を対象としている。すなわち,①10代の親,②一人親,③低収入世帯の

親，④社会的孤立傾向の親，⑤精神疾患や被虐待などの既往歴のある親，である。実際には，これらの複数の項目に該当する場合も多く2008年までに延べ1万2千件を超える世帯に22万回以上の訪問がされている。このプログラムは行政からの公的補助と，民間企業などからの寄付からなり，参加する親の負担はない。

家庭訪問の中では，最近の子どもの様子や発達のチェック，親からの相談などに続いて，その時期に見合ったおもちゃを身近な材料で一緒に作り（雑誌の切り抜きをスクラップして絵本を作るなど），子どもと一緒に遊ぶ時間もある。子どもとともにいい時間を過ごし，子育ての楽しさを実感することを重視している。また，同じ訪問者が継続してかかわるため，個別の問題に対応することが可能になる。たとえば非現実的な発達観（1歳で会話が成り立つだろう，など）をもつ親への継続的で丁寧なかかわりは，心理教育的な介入としても非常に大きな意味をもっていた（詳細・事例は福丸，2011）。

ECSの特徴の一つは，支援の担い手である子ども病院（民間機関）を中心とした，行政や地域の機関とのシステム作りである。医療機関や学校との連携によって可能になるリファー，実際の家庭訪問を担う地域の17の機関との頻繁な連絡会，効果研究のためのチームなど，多職種の専門家・スタッフが縦横につながっている。また，発達的に特別なケアが必要な場合は，より専門的なプログラムが紹介されるなど，早期の発達的スクリーニングという意味も兼ね備えている。こうしたプログラムの実践によって，乳児死亡率の減少や母親のうつ病の予防・改善，子どもの発達上の問題に対する早期の対応・改善など，すでに多くの具体的な効果が報告されている（Every Child Succeeds, 2007）。

さらに，支援者に対するサポートも手厚い。家庭訪問ならではの大変さや負担もあり，また必ずしも高い報酬を得ているとは言えない一方で，訪問者に向けた研修制度に加え，各機関における定期的かつ頻繁なスーパービジョンの制度も整っており，訪問者の満足度も高いというのが特徴的でもある（福丸，2009）。

第3節　わが国における支援と今後の課題

1　わが国における支援の現状

わが国でも，2003年制定の次世代育成支援対策推進法を受け，行政による子育て支援事業もさかんになっている。2009年度からは児童福祉法に基づいて自治体を中心に，乳児のいる全家庭を対象とした家庭訪問事業が法制化・予算化されたことは，地方自治体の努力義務のレベルではあるにせよ，ハイリスク世帯を

含めた支援の活性化の契機になっている。とくに若年妊娠や未熟児といったリスク世帯に対しては常勤保健師が訪問を行い，きめの細かい介入と連携を図るなど，訪問先の状況に応じた支援を実施する行政も少なくない（福丸，2010）。

　実践効果研究では，標準化された尺度を用いた家庭訪問による支援や（安梅，2009），母親のエンパワメント[1]を目指したアウトリーチ[2]の支援プログラム（寺村・伊藤，2008），などの有効性を検討した効果研究も増えてきた。一方，ラム（Lamb, 2004）が指摘するように，多くの子育て支援は母親に焦点を当てており，父親研究の隆盛に対し，父親への支援や実践はいまだに少ない。家族の関係性やシステムといった視点，地域との関係を含めた家族支援がますます求められる。また，リスクが高い場合はとくに，より具体的に構造化された支援プログラムも求められる。たとえばコミュニケーションに焦点をあてた心理教育的介入プログラムなどの具体的な実践と効果研究といった取り組みも重要になるだろう。

2　今後の課題

　山野（2008）も指摘するように，ハイリスク事例は，リスクの累積性という点に注目する必要がある。先述のとおり，リスクは多様な要因が影響し合っている。たとえば，貧困な子どもたちは，そうでない子どもたちより居住環境的な要因（「家の狭さ」や「本などの物理的環境」など）と心理社会的要因（「家族内外の暴力の問題」など）の双方のリスクをより抱えやすい現状が指摘されている（Evans & English, 2002）。リスクの累積性をいかに防ぎ，個々のリスクを低減させていくかという視点も重要であり，そのためには，継続的・長期的な家庭訪問といったきめの細かい対応に加え，その支援者を支えるための安定したシステムが求められる。とくに虐待などの困難事例にかかわる専門職の困難さ（たとえば，永谷，2009）を踏まえると，現場の支援者をどのように支援していくか，勤務体制などのハード面だけでなく，アウトリーチ・ワーカーなど支援者を支えるスーパーバイズや研修制度，チームワーク体制などが大切になる。

　こうした支援の領域は心理と，福祉，医療，保育など多領域との連携や，行政と民間との連携も重要である。幼児期の健康診断受診率が9割を超えるなど（厚生労働省，2009c），日本の保健所のシステムは優れた機能も有している（医療制度

---

[1]　問題や課題に注目するのではなく，その人のもっている力・能力，プラスの面に注目し，その力を引き出し，より拡大することで，課題を解決していくという考え方。
[2]　医療・福祉などの関係者が直接出向いて心理的なケアとともに必要とされる支援にとりくむこと，などと定義される。潜在的な利用希望者に手を差し伸べ，利用を実現させるような取り組みのこと。

も含めて米国とは大きく異なる)。一方,現場の機動力や柔軟性といった民間による支援の利点も活かしつつ,それぞれの持ち味を活かした協働が,ハイリスクの支援においては重要である。他職種,多領域によるタテヨコのつながりのあるチーム支援と,それに対する効果研究が今後の課題であろう。

引用文献

安梅勅江(編著). (2009). 根拠に基づく子育ち・子育てエンパワメント:子育ち環境評価と虐待予防. 東京:日本小児医事出版社.

Cicchetti, D. (1996). Child maltreatment: Implication for developmental theory. *Human Development*, **39**, 1-17.

Conger, R., & Donnellan, B. (2007). An interactionist perspective on the socioeconomic context of human development. *Annual Review of Psychology*, **58**, 175-199.

De Wolff, M. S., & van IJzendoorn, M. H. (1997). Sensitivity and attachment: A meta-analysis on parental antecedents of infant attachment. *Child Development*, **68**, 571-591.

Dunst, T., & Trivette, M. (1997). Early intervention with young at-risk children and their families. In R. Ammerman & M. Hersen (Eds), *Handbook of prevention and treatment with children and adolescents* (pp.157-180). New York: Willey.

Evans, G., & English, K. (2002). The environment of poverty: Multiple stressor exposure, psychophysiological stress, and socioemotional adjustment. *Child Development*, **73**, 1238-1248.

Every Child Succeeds. (2007). Annual report. Cincinnati Children's Hospital Medical Center 配布資料.

Fendrich, M., Warner, V., & Weissman, M. M. (1990). Family risk factors, parental depression, and psychopathology in off-spring. *Developmental Psychology*, **26**, 40-50.

福丸由佳. (2007). 家族関係の発達と子育て支援. 酒井 朗・青木紀久代・菅原ますみ(編), お茶の水女子大学 21 世紀 COE プログラム:3 子どもの発達危機の理解と支援. 東京:金子書房.

福丸由佳. (2009). 米国オハイオ州シンシナティにおけるトラウマトリートメント,家族支援の取り組み. 『そだちと臨床』編集委員会(編), そだちと臨床:7 特集 支援に活かす転回的発想と実践 (pp.143-147). 東京:明石書店.

福丸由佳. (2010). 家庭の子育てへの支援. 無藤 隆(編著), 発達の理解と保育の課題 (pp.195-205). 東京:同文書院.

福丸由佳. (2011). 子育て中の家族の絆を深める支援:米国における家族支援を通して. 平木典子・中釜洋子・友田尋子(編著), 親密な人間関係のための臨床心理学 (pp.45-57). 東京:金子書房.

Halpern, R. (2000). Early intervention for low-income children and families. In J. P. Shonkoff & S. J. Meisels (Eds.), *Handbook of early childhood intervention* (2nd ed., pp.361-386). New York: Cambridge University Press.

堀 妙子. (2003). NICU に入院している低出生体重児の母親のストレスとその対処について. 日本新生児看護学会誌, **7**, 33-41.

Isabella, R. A., & Belsky, J. (1991). Interactional synchrony and the origins of infant-mother attachment: A replication study. *Child Development*, **62**, 373-384.

岩田正美. (2007). 現代の貧困:ワーキングプア/ホームレス/生活保護. 東京:筑摩書房(ちくま新書).

Kaufman, J. (2000). Effects of early stress on brain structure and function: Implications for understanding the relationship between child maltreatment and depression. *Development and Psychology*, 13, 451-471.

Kochanska, G. (1991). Patterns of inhibition to the unfamiliar in children of normal and affectively ill mothers. *Child Development*, 62, 250-263.

小泉武宣．(2006)．NICU入院と子ども虐待．周産期医学，36，941-946．

厚生労働省．(2009a)．大臣官房統計情報部「人口動態統計」．

厚生労働省．(2009b)．国民生活基礎調査．

厚生労働省．(2009c)．大臣官房統計情報部平成19年度地域保健・老人保健事業報告．

Lamb, M. E. (2004). *The role of the father in child development* (4th ed.). New York: Wiley.

Lerner, M., Fisher, B., & Weinberg, A. (2000). Toward a science for and of the people: Promoting civil society through the application of developmental science. *Child Development*, 71, 11-20.

McKay, M. (1994). The link between domestic violence and child abuse: Assessment and treatment considerations. *Child Welfare League of America*, 73, 29-39.

森田展彰．(2010)．ドメスティックバイオレンスと児童虐待：被害を受けた母子と加害男性に対する包括的な介入．臨床精神医学，39，329-337．

Murray, L. (1992). The impact of postnatal depression on infant development. *Journal of Child Psychology and Psychiatry*, 33, 543-561.

永谷智恵．(2009)．子ども虐待の支援に携わる保健師が抱える困難さ．日本小児看護学会誌，18，16-21．

中谷奈美子・中谷素之．(2006)．母親の被害的認知が虐待的行為に及ぼす影響．発達心理学研究，17，148-158．

恩賜財団母子愛育会日本子ども家庭総合研究所（編）．(2010)．*日本子ども資料年鑑2010*．東京：KTC中央出版．

Pollard, E. L., & Rosenberg, M. L. (2003). The strength-based approach to child well-being: Let's begin with the end in mind. In M. H. Bornstein et al., (Eds.), *Well-being: Positive development across the life course* (pp.13-21). Mahwah, NJ: Erlbaum.

Powell, R. (2006). Families and early childhood interventions. In K. A. Renninger & I. E. Sigel (Eds.), W. Damon & R. M. Lerner (Series Eds.), *Handbook of child psychology: Vol.4. Child psychology in practice* (6th ed., pp.548-591). Hoboken, NJ: John Wiley & Sons.

Ross, S. (1996). Risk of physical abuse to children of spouse abusing parents. *Child Abuse and Neglect*, 20, 589-598.

斎藤 学．(1999)．現代日本の家族：その特徴と精神的問題．家族機能研究所紀要，3，12-17．

政府統計．(2007)．就業形態の多様化に関する総合実態調査：職種，性，就業形態別労働者の割合．

杉本昌子・横山美江・和田左江子・松原美代子・齊藤美由紀・薗 潤．(2008)．多胎児をもつ母親の不安状態と関連要因についての検討．日本公衆衛生雑誌，55，213-220．

杉山登志郎．(2007)．発達障害の子どもたち．東京：講談社（講談社現代新書）．

寺村ゆかの・伊藤 篤．(2008)．妊娠期から出産後までの女性のエンパワーメントを目指した実践的研究：相談・家庭訪問・地域資源を利用したアウトリーチの試みを通して．神戸大学大学院人間発達環境学研究科紀要，2，115-123．

山野良一．(2008)．子どもの最貧国・日本．東京：光文社（光文社新書）．

Yoshida, K., Marks, M. N., Kibe, R., Kumar, H., Nakano, N., & Tashiro, N. (1997). Postnatal depression in Japanese women who have given birth in England. *Journal of Affective Disorders*, 43, 69-77.

Zahn-Waxler, C., Iannotti, R., Cummings, E. M., & Denham, S. (1990). Antecedents of problem behaviors in children of depressed mothers. *Development and Psychopathology*, 2, 271-291.

第5章 虐待の防止と支援

数井みゆき

　2000年11月に，超党派による議員立法により，「児童虐待の防止等に関する法律」（通称，児童虐待防止法）が成立し，日本においても正式に子ども虐待の防止に向けたさまざまな取り組みが活発化してきた。さらに，2004年，2007年に改正を繰り返し，関係機関がより実情に合わせた機能を遂行できるように法が整えられてきた。では，それ以前に日本において児童虐待が存在しなかったのか，といえばそうではなく，古くから子どもの人身売買，かどわかし，間引き，堕胎，貰い子殺し，捨て子，子どもの年季奉公など，現在ではすべて犯罪になることが行われていたのである。東南アジアで放映されて，大変高い視聴率を取った『おしん』も，現在の法律では当然，児童虐待にあたる。そのようなことが行われた主たる原因は，貧困によるものであった。

　本章では，虐待の種類やその対応・予防のあり方を整理し，日本の現状を考えていくうえで，どのような発達的支援が必要であるのかについて提示していく。

第1節　虐待の定義と種類

　児童虐待の定義は，児童虐待防止法で規定されている。そこでは，「児童虐待とは，保護者が，その監護する児童について行う身体的虐待・心理的虐待・性的虐待・ネグレクトの行為をいう」と定められている。ここでの保護者とは，①親権者，②未成年後見人，③その他の者（祖父母，きょうだい，子の親と内縁関係にあるもの）であって，現に児童を監護する者とされている（児童とは，18歳に満たないもの）。これらの分類の概要を表5-1に示した。ここで注意しなければならないことは，多くの虐待は複数の種類にまたがって起きているという現実である。

表5-1 児童虐待防止法で定義された4種類の児童虐待と具体的な虐待行為の例

虐待の種類	定義された虐待行為	具体的な行為と結果など
1. 身体的虐待	子どもの身体に外傷を生じるような暴行を加えること。	首を絞める，殴る，蹴る，投げ落とす，タバコの火を押し付ける，熱湯をかける，冬戸外に締め出す，水攻めにする，閉じ込めるなど生命・健康に危険のある行為。
2. 性的虐待	子どもにわいせつな行為をすること，させること。	子どもに性的行為を強要・教唆する，性器や性交を見せる，ポルノグラフィーの被写体などに子どもを強要するなどの行為。他の人に話すことを禁じる脅し（例，話したら母親が悲しむ，話したら殺す）がある。
3. ネグレクト	著しい減食，長時間の放置，保護者の監護を怠ること。	乳幼児を家に残したまま度々外出する，乳幼児を車の中に放置する，適切な食事を与えない，極端に不潔な環境の中で生活させる，重大な病気になっても病院につれていかない，学校に行かせないなど保護の怠慢や拒否により健康状態や安全を損なう行為。 保護者以外の同居人による身体的・性的・心理的虐待と同様の行為を保護者が放置することも含まれる。
4. 心理的虐待	子どもに著しい心理的外傷を与える言動を行うこと。	子どもの心を傷つけるようなこと繰り返し言う，無視する，他のきょうだいとは著しく差別的な扱いをするなど心理的外傷を与える行為。 子どもに対して直接暴力を振るわなくても，眼前で配偶者に暴力を振るうことも子どもに著しい心理的外傷を与える（ドメスティック・バイオレンスの目撃）。

注：2007年度改正児童虐待防止法から抜粋。

第2節 児童虐待の現状

1990年に統計を取り始めて以来，児童相談所が児童虐待として処理した虐待件数は増え続けている（図5-1参照）。2010年では，55,000件を越えているが，通告数は50万件以上であることを考えると，まだまだ，虐待として対処されていないケースがかなりあると考えられる。実はそのことは，2007年度に報告された『低年齢少年の生活と意識に関する調査』の中で明らかにされている（数井，2007）。標準的と考えられる世帯のうちの約2割の父母が，自分が子どものときに夫婦げんかの目撃や自分が体罰を受けた経験があると報告している。また，そのような親をもつ子ども（小学校4年生～中学校2年生）は男女ともに，心理的な不安定感が強く，感情や行動の調整において問題を抱える傾向にあった。これらのことから，親自身の不適切な養育体験が現在，子どもとの関係に微妙な影を落としているということが推測されるだろう。

虐待の種類の構成割合をみると，身体的虐待，ネグレクトが約4割ずつを占め，

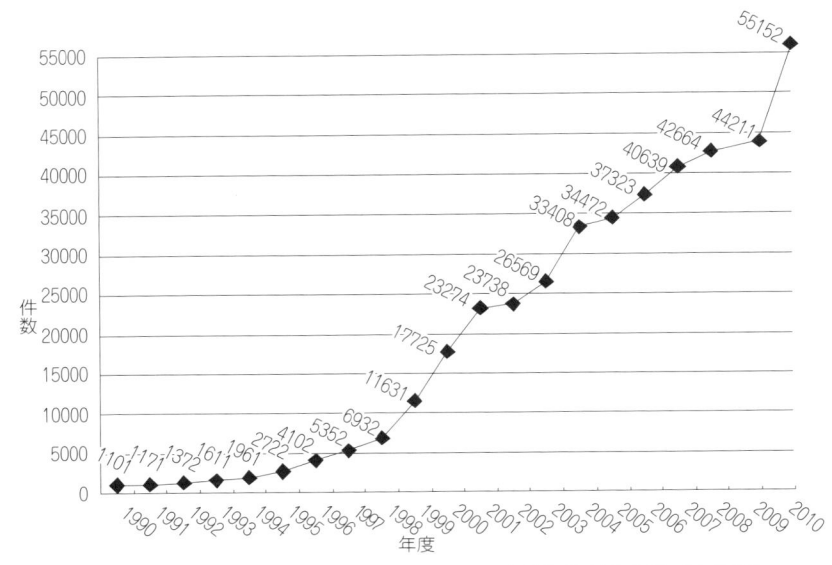

図5-1 平成22年度 児童相談所における児童虐待相談対応件数（速報値）

次いで心理的虐待が2割弱，性的虐待は0.3割になっている。しかし，この数値には留意すべき点がある。それは，把握の難易度がこの割合構成の数値に反映している場合である。身体的虐待については，外傷等から子どもが日々通う施設や医療機関等で発見しやすいが，心理的虐待については，直接関係者が視認することが難しい。また，性的虐待については，外傷を負っていない限り，本人が被虐待状況を誰かに訴えないと把握は難しい。しかも，性的虐待はとくに，他の虐待についても，子ども自身がそれを語ることは容易ではない。周囲の関係者が，気づき，子どもが語ることができるようサポートしていく必要がある。

2009年度の年齢別の構成は，0～3歳未満が18.3％，3歳～学齢前が23.7％，小学生が37.6％，中学生が14.7％，高校生・その他が5.7％となっている。以前の比率もこれらと近い。つまり，小学校に入るまでだと42％と5割近くが総数を占める。また，小学校に入学することで，4割近い子どもが新たに発見される。これは，養育者が乳児健診に行かない，保育所や幼稚園に子どもを入れないという背景がある場合に，義務教育機関に入って初めて発見されることを含む。

第3節　虐待者の構成と虐待発生における背景

　主たる虐待者の構成は，実母が60.5％と最も多く，次いで実父の24.9％となっている。実母が多いことは，それだけ子どもと直接ともにする時間が長いこと，男性の育児参加が進んでいないことを物語っている。また，継母あるいは継父がいる世帯が少ないために，実数としては実父母に比較して少ないが，継父母や内縁関係の世帯における虐待も決して少なくない。さらに，祖父母による虐待もあり，預けられていた間や短時間見てもらっている間に子どもが死亡する事件も発生している。

　虐待する保護者にはいくつかの特徴がある。まず，「孤立」と「余裕のなさ」がどの事例にも必ず認められる（金井，2009）という。また，養育者自身の問題として，未熟な人格，完全主義，対人関係の問題，支援を求めない，精神障害などがある。家庭の問題としては，夫婦関係の悪さ，経済的な問題，住宅事情，親類や実家との関係の悪さなどがあげられる。さらに，子どもが虐待を引き起こすわけではないが，子どもの状態でストレスを溜め込み，他のリスク要因と重なると虐待が引き起こされることがある。そのような子どもの要因としては，未熟児，発達障害などかかわりの難しさ，親子分離の経験，落ち着きのなさ，育てにくさなどがあげられる。

第4節　被虐待児が抱える問題

　虐待された子どもにとって最悪のケースは，結果として殺されることである。そこまでいかない場合でも，ひどい暴力やネグレクトにより，一生にわたって障害を抱えて生きることになる場合もある。ここまでの虐待ではなくとも，虐待環境で育つ子どもには，示しやすい症状や問題がある。まず，情動調整がうまくいかないために，怒りなどの衝動がすぐに表面化しやすく，些細なことがかんしゃくや暴力の引き金になる。さらに，年齢相応の生活習慣を獲得していない場合も多く，それは食事，着替え，排せつなどの基本的生活習慣にまで及ぶ。対人関係では，萎縮して他人に近づこうとしない場合や，その逆に人懐っこく接してくる場合もある（金井，2009）。しかし，後者の場合も些細なことで関係が崩れ，とたんに恨みや怒りをぶつけるなど，人と人との基本的な関係を築いたり，深めたりすることが困難な場合が少なくない。自分を低く評価していて，劣等感が強く，

被害感を抱きやすい傾向もある。心的外傷性のトラウマやアタッチメント障害に関連する症状を呈してしまい，放置されればそれが悪化し固定化してしまうこともある。

　学童期になれば，盗み，徘徊，いじめなどの逸脱行動に至ってしまう子どもや，さまざまな不健康な精神状態になっている場合がある。さらに，学校教育や学習，つまり学力に関する問題を抱えている場合が少なくない（数井，2003；玉井，2007）。

　つまり，虐待は存在を否定されるような言動を本来なら保護を与える養育者から受けることで，自尊心を傷つけられ，発達全般も阻害されやすく，児童・思春期の人格形成にも著しい影響を与えることとなる。とくに，子どもにとっては義務教育期間で育む，最も基礎的な学力を十分に養えないという問題は大きい。社会の中で生きていくには，学力は人の生活基盤の根本を支える重要な柱の一つだからである。

第5節　発達的支援と援助

　虐待として処理されたケースの約1割が児童養護施設などへの親子分離の措置となる。それ以外の9割前後は，在宅支援となるのである。さらに，通報されないケースを含めれば，かなりの家庭で不適切な養育が行われている可能性が否めない。また，現在では，重篤な虐待は児童相談所が担当するものの，中程度以下の緊急度のものは市町村レベルにおろされている。何よりも，早期発見，早期対応によって，子どもがこうむるさまざまな問題の悪影響はかなり少なくなる。

1　虐待が明らかな場合・疑われる場合

　虐待が明らかな場合でも9割は在宅での支援となる。ここでは，市町村が中心となって，子育て支援のコーディネート，育児疲れからの解放，家族療法，親子関係調整，子どもの治療，保護者カウンセリングなどにかかわっていくこととなる。乳幼児であれば，日中は保育所に措置されることが多くなった。同時に，家族の養育態度の改善などの継続的な支援の場所としての役割を期待されている（塩崎，2009）。また，親に関しては，親（子）支援グループと呼ばれる集まりで児童虐待に詳しい保健師や心理士などがファシリテイターとなり共感的なかかわりをもつミーティングを続ける中で，親の変化が促されて，子どもへの虐待が止まることもある（徳永，2009）。

このように，子どもが乳幼児のときには，とにかく親を支えることで，結果として，子どもの発達が保障されていくという循環になりやすい。

また，学童期になれば，学校を中心として，子ども本人への支援を行うことも重要となるだろう。とくにネグレクト状態の家庭において，子どもの学力が最も低いことはアメリカにおける複数の追跡型の大規模調査で明らかになっている（数井，2003）。そのことを考えれば，ネグレクト児に対する物質的な援助と学力的な支援が必須であることは自明であろう（玉井，2007）。

2　予防・防止的な活動

子どもたちに，虐待の被害者とならないように，また，なったときにはどのように対応すればいいのかを教えることはとても重要である（たとえば，森田，2003）。直接，親から暴力を振るわれたことに対する対応，という具体的なことは保護者からの反発もあるので，もっと一般的な内容，けんかやいざこざのときに，どのように自分の思いを相手に暴力を使わずに伝えるか，というところで学習を行うことは重要であろう。さらに，共感性を育む内容を含んだ保育や幼児教育，学校教育の中で，対人コミュニケーションを学ぶ機会を日常的に含むこともそれにあたるだろう。さらに，ある程度高学年になったら，虐待や暴力を避ける教育を行ったり（兼田，2006），保育者や教員向けに虐待についての基本的な知識を伝授することなどが必要であろう。

家庭相談員などが養育者のさまざまな悩みに個別にかかわったり，ヘルパーが家庭訪問をしたり，あるいは，親に現実的な育児を伝えるための教育的な支援から，虐待予防にかかわっている場合もある。また，次世代である高校生を対象とした取り組みの一例として，地域社会における健全育成活動を児童館が担い，そこの職員に心理士がスーパーバイザーとしてかかわるという事業がある（竹田，2009）。公募で集まった高校生が約1年8回にわたって，1歳未満の赤ちゃんと，離乳食作成，おむつ交換などを通して触れ合っている。このような事業が発達心理学などの専門家を巻き込んで，各地で催されれば，虐待予防という観点では非常に有効なものとなりうるだろう。

第6節　さいごに——世代間連鎖を防ぐ

ハンターとキルストロム（Hunter & Kilstrom, 1979）は最初の子を妊娠中の282名の女性に対して，生育歴の調査を行い，その女性が虐待を受けた経験があるかな

いかをまず調べた。そのうち，49名が子ども時代に身体的虐待を受けていたことがわかった。そして，1年後の追跡調査でこの282名の母親のうち，自分がわが子に虐待をした者が10名いた。この10名のうち虐待されて育った者は9名だった。この1年後の時点のみで，もし，データを収集していたら，いわゆる虐待の世代間連鎖は9割の確率だと単純に計算してしまうが，実際は子どもが産まれる前に虐待の既往歴ありと同定された49名の母親のうち，子どもが1歳までに虐待をした者は9名であり，それは虐待経験者の18%にあたるという低い確率になる。いつの時点でデータを収集するのかで，このように確率は変わってくる。

　自分が虐待を受けてきたのに自分の子どもには虐待をしない親，つまり虐待のサイクルを繰り返していない親は，安定したパートナーとの関係をもっていたり，あるいは，セラピーに一時期通っていたりした人たちだった。つまり，保護的で支持的な関係を人生の他の時点でもち，自分の課題を見直したり，助けられたりする経験を通して，変化していったと考えられる。自分が親となったときに，子どものときの虐待経験を繰り返すかどうかは，その人をサポートしてくれる親以外の他者に出会えたかどうかによるのだろう。今日本でこれほど，児童虐待が増えている背景には，このような人間関係が希薄になっていることが大きな一因であることはたしかなのである。

引用文献

Hunter, R. S., & Kilstrom, N.（1979）. Breaking the cycle in abusive families. *American Journal of Psychiatry*, **136**, 1320-1322.
金井　剛.（2009）. 児童相談所　虐待が生じる背景・メカニズムと支援. *発達*, **117**, 8-15.
兼田智彦.（2006）. *虐待から子どもを守る*. 東京：明治図書出版.
数井みゆき.（2003）. 子ども虐待：学校環境に関わる問題を中心に. *教育心理学年報*, **42**, 148-157.
数井みゆき.（2007）. 両親のマイナス要因が及ぼす子どもの行動や意識への影響：父母の生育歴と現在の心身の状態に注目して. *内閣府政策統括官（強制社会政策担当）低年齢少年の生活と意識に関する調査*, 358-373.
森田ゆり.（2003）. *しつけと体罰*. 東京：童話館出版.
塩崎尚美.（2009）. 保育所　コンサルテーション活動をして見えてきたこと. *発達*, **117**, 32-39.
竹田信子.（2009）. 虐待予防のための支援. *発達*, **117**, 81-88.
玉井邦夫.（2007）. *学校現場で役立つ子ども虐待対応の手引き*. 東京：明石書店.
徳永雅子.（2009）. 親への支援　親支援グループと個別グループ. *発達*, **117**, 66-73.

第6章
子育て支援の広がりと効果

荒牧美佐子

　近年，わが国では，少子化・核家族化の進行やライフスタイルの多様化，あるいは地域格差，経済格差などの広がりとともに，子育て世代の家庭においては，さまざまなニーズが発生している。それにともない，子育て支援がカバーすべき領域やその内容，担い手は多岐にわたるようになったと言えよう。

　中釜（2007）は，子育て支援を，発達の遅れや特定の偏り，攻撃性や怒りのコントロールの悪さなど，特殊な問題をもった子どもや親・家族を対象にした働きかけであって，介入の対象を明確に絞り込んだ"specific"（特定的）な働きかけと，ペアレンティング技能の習得や発達のメカニズムについて知るなど，どんな子育てにも通用する"general"（一般的）な働きかけの2群に分類している。そこで本章では，比較的リスクの少ない，乳幼児をもつ一般家庭を対象とした支援，またその中でも，就労支援や経済的支援（現金給付）を除いた，サービスの提供（現物給付）としての子育て支援に関する最近の研究動向についてまとめる。

第1節　子育て支援の現状

1　少子化対策・子育て支援施策の流れ

　1989年に合計特殊出生率が1.57を記録したいわゆる「1.57ショック」を契機に本格的な少子化対策が始まったのは，1994年に策定された「エンゼルプラン」および「緊急保育対策等5か年事業」からである。ここでは，主に保育施策が中心となり，多様な保育サービスの充実や保育所機能の多機能化，地域子育て支援センターの整備などが掲げられ，保育所の拡充が進められた。その後，1999年に「新エンゼルプラン」の策定，そして2002年には「少子化対策プラスワン」が公表された。ここでは，それまでの保育所の拡充だけによらず，男性を含めた働き方そのものへの見直しを含めた「ワーク・ライフ・バランス」の考え方を重

視した支援へと転換を図っている。

さらに，2003年に「少子化社会対策基本法」，2004年には「少子化社会対策大綱」がまとめられ，この大綱をもとに策定された「子ども・子育て応援プラン」（2004年）では，仕事と家庭の両立支援を目指したこれまでの保育関係事業を中心とした施策に加え，子どもの教育支援や若者の自立支援等も重視した幅広い分野における具体的な目標値が設定された。

そして2010年1月に閣議決定された「子ども・子育てビジョン」では，出産・子育てに関する個人の希望がかなえられる社会づくりを目指すという視点から，「少子化対策」から「子ども・子育て支援」への転換が提言されている。

2 幼稚園・保育所等における地域の子育て支援

こうした流れとともに，幼稚園や保育所などの保育現場，あるいは，地域子育て支援センターや児童館等では，乳幼児や児童をもつ家庭を対象とした子育て支援が充実しつつある。

まず，地域の子育て支援機関として中心的な役割を担うことが期待されている幼稚園，保育所では，在園児とその保護者だけでなく，未就園児とその保護者に対する支援も積極的に実施されるようになってきた。たとえば，園庭や保育室等の施設開放や子育て情報の提供，子育て相談，子育てサークルの支援等である。幼稚園では，預かり保育事業が全国的に拡充傾向にあり，Benesse次世代育成研究所の調べ（2009）によると，国公立の園では約半数，私立では約9割の園が実施しているとされている。しかし，幼稚園の場合，預かり保育の対象となるのは，ほとんどの園で自園児のみであり，地域の託児所としてではなく，あくまで教育課程に係る教育時間の延長上に位置づけていると言えよう。そして，未就園の親子向けの支援としては，2歳児，3歳児を対象とした親子登園などが行われている。一方，保育所では，地域の親子向けに一時保育を実施している園が約4割に上っている。さらに，すべての保育所ではないが，地域子育て支援センターが併設されるなど，延長保育，休日保育，夜間保育，病（後）児保育等を実施している園もある。

また，児童館やNPOによる親子広場といったサークル活動等の支援も広まりつつある。2007年には，これらを地域子育て支援拠点事業として統合し，「ひろば型」「センター型」「児童館型」に再編されている。

第 2 節　子育て支援の効果

　原田（2006a）は，1980 年から約 20 年間の子育て実態調査のデータを検証した結果，①親になる準備がほとんどなされぬまま親になる人の増加，②子育て家庭の孤立化の進行，③子育てへの負担感や育児不安を訴える母親の急増といった変化について指摘している。すなわち，子育て経験がなく，地域から孤立し，育児に不安を抱える親に対して，どういった支援が有効であるかを明らかにする必要がある。支援の整備が進むとともに，支援内容の紹介にとどまらず，その効果を客観的に検証しようとする研究も徐々に増えている。第 2 節では，実際に行われている支援とその効果について先行研究をもとに概観する。

1　幼稚園・保育所を中心とした子育て支援とその効果

　松岡ほか（2005）は，幼稚園児をもつ母親を対象に親子関係の改善を目的とした「子育て講座」を実施し，母親の育児不安の軽減に対する効果を検証している。これは幼稚園職員がリーダーとして参与し，親子の葛藤場面におけるロール・プレイを中心に組まれたプログラムであるが，この講座の受講者を実施群，その他，統制群を設定したうえで計 5 回の講座の事前・事後，3 カ月後の各時点で両者の育児不安を測定し，その変化について比較を行った。検証の結果，実施群において受講前と受講後 3 カ月で比較したところ，親としての「自信喪失」に関する得点が有意に減少したことが確認されているが，松岡らは講座を開催すればその効果で不安が軽減されていくような単純なものでないことを指摘している。

　また，荒牧（2010）は，幼稚園児をもつ母親の大多数を占める専業主婦が 1 年間でどのくらい「預かり保育」を利用したかという頻度と母親の育児不安の変化との関連について検証している。その結果，「預かり保育」を多く利用している母親も，そうでない母親も 1 年間での育児への負担感に変化は見られなかった。ただし，育児への負担感が高い母親ほど「預かり保育」の利用頻度が高いという傾向が確認されていることから（荒牧ほか，2007），松岡らの指摘にあるように，幼稚園における支援はその後の支援の足がかりであり，その後の支援のあり方に効果が大きく左右されるものとなると言えよう。

　一方，保育所に関しては，野原（2007）が，地域の親子を対象とした「保育所の施設開放」の利用者の育児への意識や行動の変化を検証している。ここでの「保育所開放」は，参加親子が職員や入所児と一緒にいろいろな遊びを楽しんだ

り，随時子育てについての悩みを職員に相談できたりする。この保育所開放に参加している母親らを参加群，非参加者を統制群として，両者の育児意識および行動について2度にわたるパネル調査データをもとに比較を行った結果，参加群において，「社会性」に関する得点が有意に上昇しており，このことから，保育所開放に参加することが母親の社会性の促進に寄与している可能性が示唆された。

　八重樫ほか（2007）は，児童館における活動と母親の育児不安との関連について検証している。分析の結果，弱い相関ではあるが，「子どもと一緒に遊ぶ」「しばしば子どもに話しかける」といった活動得点が高いほど，育児不安が低くなる傾向にあること，また，児童館の利用状況がよい人ほど，児童館における活動効果が高く，育児不安得点も低いという間接的な寄与が認められたことなどから，母親の育児不安を軽減するために，児童館の子育て支援活動が何らかの影響を与えていることが推察された。ただし，児童館の利用状況や利用者による活動への評価は，地域差があることなどから，活動を展開していくにあたっては，地域の実情に合わせる必要性がある。

　住田ほか（住田・溝田，2000）は，育児サークルへの参加と母親の育児不安との関連性について検証している。育児サークル活動に参加することにより，母子の友だちができたり，育児について学習できたりするなど育児不安の軽減効果も期待できるが，参加メンバー相互が比較対照されることで，焦燥感が煽られるなど，育児不安が逆に増幅される場合もあることを指摘している。

2　インターネット等ITツールを利用した支援

　近年では，幼稚園，保育所の建物や園庭等の物理的環境に依存した支援だけでなく，インターネットなどのITツールを利用した支援プログラムの開発が進んでいる。たとえば，笹田ほか（2004）は幼稚園，保育所においてモバイル対応のデジタル連絡帳，「e-子育てNETシステム」を開発した。これは，保護者と保育者間のコミュニケーション活発化を目的とし，連絡帳作成業務をデジタル化し，保護者に対して従来の紙ベースとともに，携帯電話にメールにて送信するという試みである。また，堀川ほか（2009）は，幼稚園を対象とし，保育者から保護者へ園児の園生活の様子を中心とした情報を効率的に配信するべく，インターネットを活用した「おたより配信システム」を開発・試行している。岡田（高岸）ほか（2002）は，幼稚園教諭，小児科医，発達心理の専門家等が実際の子どもたちの様子を記録した動画を作成し，地域の未就園児をもつ保護者に向けてインターネットを介して配信することにより，子どもの発達について理解を深めてもらう

という試みを行っている。

3 国内外における子育て支援プログラムの実践

2000年代前半における子育て支援プログラムとその評価に関し，内外の動向をレビューした加藤（2004）は，海外における支援プログラムの多くは，介入効果の評価を主な目的としていると指摘している。しかし，こうした海外の研究の多くは，地域ベースで取り組まれていることに特徴があるために，そのまま日本に応用できるものとは限らないとも指摘している。そこでここでは，海外で開発された数多くある子育て支援プログラムから，実際に日本で導入・実践されているものを中心に紹介する。

まず，カナダで実践されている親支援プログラム"Nobody's Perfect"（NP）は，1980年代はじめに保健師等の専門職によって，就学前児をもつ親を対象に開発されたグループワークである。参加者は20人以下の少人数かつ固定メンバーで実施するクローズドのプログラムであり，1回約2時間のセッションを原則毎週1回，連続6回以上の開催が基本となっている。子どもについては別室で一時保育を実施する。また，認定機構による研修を受けた有資格者がファシリテーターとして参与するのが特徴である。カナダでは，①若い親，②ひとり親，③孤立している親，④所得が低い，または十分な教育を受けていない親を対象としており，虐待等の予防的プログラムとして活用されている。現在，日本では公的機関や民間団体等が主催者となり，参加人数も年々増加傾向にあることが報告されている（原田，2006b）。

オーストラリア，クイーンズランド大学のサンダース（Sanders, M. R.）によって開発された「トリプルP：前向き子育てプログラム（Positive Parenting Program）」（以下，トリプルP）は，認知行動療法の理論に基づいた家族への教育的介入プログラムである（加藤，2006）。トリプルPの実践は，関与する対象，内容に応じて5つのレベルが設定されている。レベル1はメディアを利用した子育てに関する情報提供，レベル2は子どもの発達の目安や特定の行動についての電話相談や研修会の実施，レベル3は子どもの問題行動，発達問題についての短期カウンセリングの実施，レベル4は8〜13人の親（グループ）を対象とした8〜10回の講習プログラムであり，トリプルP認定の専門家が実施する。そしてレベル5では子どもの問題行動に家族の機能不全が加わっているケースを対象にした家族訪問を含めたプログラムとなっている。日本の子育て家庭におけるトリプルPの有用性について柳川ほか（2009）は，2〜5歳児をもつ親を対象に1グループ20名

前後の計 3 群にレベル 4 のプログラムを実践し，その効果を検証した。具体的な手続きとして，実践したグループを介入群とし，それぞれに対照群を設定のうえ，介入前，介入直後，介入 3 カ月後の各時点での子どもの問題行動（SDQ）の有無や親の子育てスタイル（PS），親の精神状態（DASS），子育てへの自信（PSBC），夫婦関係の質と満足度（RQI），夫婦間の意見の衝突の程度（PPC），子どもへの不適切な行為（JM）の有無に関する質問票データを比較している。その結果，SDQ，PS，DASS，RQI，JM の 5 つの領域において介入効果が，SDQ，PS，RQI，JM の 4 領域において介入 3 カ月後時点での持続効果が認められたと報告されている。

　妊娠期からの親の心理的サポートを実践するためのプログラムとして，浦山（2010）は「美徳・教育プログラム（Virtues Project）」（以下，V. P.）の理念，原理や実践方法の一部を取り入れた Virtues Approach（以下，V. A.）の効果について検証している。V. P. とは，1991 年にカナダの心理療法士のカヴェリン－ポポフ（Kavelin-Popov, L.）らによって開発され，人間の資質を表すことば（たとえば，愛，識別，誠実，名誉，共感，親切等）を「52 の美徳」で表現し，それを実践できることを目的に構成されている。V. A. の効果を検証するために浦山は，研究依頼施設で検診を受けている妊婦を対象に，従来の保健指導に加え V. A. を取り入れたマタニティークラス（介入群）と従来の保健指導のみを実践したクラス（対照群）を編成し，各群に対してクラス受講前後において，夫婦関係満足，自尊感情，特性的自己効力感の 3 尺度を用いた質問紙調査を実施し，ここから得られたデータをもとに比較分析している。検証の結果，介入群では，クラス受講前より受講後の「特性的自己効力感」得点が有意に上昇していたが，対照群では変化が見られなかった。浦山は，V. A. によって，母親らが物事を美徳の視点からとらえて考えられるようになったり，周囲から承認，肯定される経験をもてたりしたことが特性的自己効力感の高まった要因ではないかと考察している。

　同様に母子保健の領域において寺本ほか（2006）は，生後 3 カ月児の親子を対象にバーナード（Barnard, K.）が提唱し開発した育児支援プログラムの実践と効果の検証を行っている。当プログラムは親子相互作用のアセスメントを目的に開発されており，遊び場面に関する"NCAST（Nursing Child Assessment Satellite Training）"と授乳・食事場面に関する"NCAFS（Nursing Child Assessment Feeding Scale）"の 2 尺度の項目を利用し，母親の行動のよい点をフィードバックする。プログラムを利用した介入群（6〜18 カ月齢まで約 3 カ月ごとに計 5 回の家庭訪問）と対照群（9 カ月齢と 15 カ月齢時に計 2 回家庭訪問）とを比較した結果，育児ストレスの低減，言語の表出面の発達に介入効果が見られた。

倉石（2010）は，4歳から小学校中学年くらいまでの学童期の子どもをもつ親を対象とした子育て支援講座プログラム"PECCK（Parents' Empathic Communication with Children in Kobe）"の開発，実践を行っている。同プログラムは，講義，体験型学習，グループディスカッションの3部構成，計7回で一講座となっている。このうち体験型学習とは，悪循環を繰り返すコミュニケーション・パターンに気づくという認知行動理論と，パターンを変えることで家族を含む親子関係システムが変容するという家族システム理論を援用して構築されたものである。倉石は，この体験型学習に関する部分を再構成した短期実践用のプログラムをPECCK-miniとし，同プログラムの受講者に対し，受講前，受講終了時，受講終了1カ月の3時点において，参加者の意識がどのように変化したかを分析している。効果を検証するためのスクリーニング尺度の運用はまだ試行段階であるが，同プログラムを「予防型介入」，PECCKを実際に子どもに問題行動が見られる，あるいは，親子関係の改善を求められるケース等を対象とした「対応型介入」と位置づけることで，PECCK-miniへの参加者のうちリスクの高いと思われるケースに対して，より綿密かつ専門的な介入段階へと移行させることが可能となる点が特徴である。

4　まとめ

第2節で挙げた子育て支援の実践を図6-1にまとめた。まず，幼稚園や保育所，児童館等において実践されている諸支援は「一般的な家庭への支援」として位置づけられよう。残念ながら，個々の支援がもたらす効果は大きいとは言い難いようだ。しかし，支援のバリエーションを充実させ，利用しやすい環境を整えることにより，地域との関係の希薄化や核家族化などによる家庭の子育て力の低下を補い，子育てネットワークを強化していくことが可能であろう。こうしたネットワークを支える手段としてITツール等の活用も有効である。

さらに，支援の利用者の中にリスクの高い親がまぎれていないかどうかチェック可能なシステムを導入するなど，「一般的な家庭への支援」にある程度のスクリーニング機能をもたせることが必要である。たとえば，上述したように，育児への負担感が強い親ほど，預かり保育の利用頻度が高いことなどがすでに明らかになっている。リスクの高い問題を抱える家庭を専門家による個別支援等へと効率よくつなげていくことも，「一般的な家庭への支援」の果たすべき役割の一つであると言えよう。今回取り上げた子育て支援プログラムの中には，家庭が抱えるリスクの程度に応じて，虐待などの問題の防止レベルの取り組みから，より専門的な支援が必要かどうかの判別（スクリーニング），問題の性質や要因の査定

```
┌─────────────────────────────┐   ┌─────────────────────────────┐
│  "一般的な家庭"への支援      │   │  "特定的な家庭"への支援      │
└─────────────────────────────┘   └─────────────────────────────┘
╭─────────────────────────────╮   ╭─────────────────────────────╮
│ ・施設開放                   │   │ ・専門家による個別的な支援   │
│ ・子育てサークル，子育て広場 │   │ ┌─────────────────────────┐ │
│ ・親子活動                   │   │ │ 親の問題                 │ │
│ ・子育て講習会               │   │ │  (抑うつ，育児不安，虐待 等) │ │
│ ・情報提供                   │   │ │ 子どもの問題             │ │
│ ・子育て相談                 │   │ │  (障がい，問題行動 等)   │ │
│ ・預かり保育，一時保育  等   │   │ └─────────────────────────┘ │
╰─────────────────────────────╯   ╰─────────────────────────────╯
              ↓                                 ↓
       子育てネットワークの強化           問題の解決・改善

       ╭───────────────────────────────────────────────╮
       │            子育て支援プログラム                │
       ╰───────────────────────────────────────────────╯
   ◀━━━ 問題の防止　スクリーニング　アセスメント　問題への介入 ━━━▶
```

図6-1　子育て支援活動の対象・内容・目的

（アセスメント），そして問題への介入までカバーしているものもあり，こうした一貫的な取り組みが可能であるプログラムをうまく活用していくことも重要である。

第3節　子育て支援の今後の課題

　最後に，子育て支援を充実させていくための今後の課題を5点提示する。

　第1は，誰が支援の対象者であるかを明確にすることである。これは言いかえれば，それぞれのニーズに合った支援を提供するということでもある。具体的には，地域格差や経済格差といった要因も考慮し，個々の家庭の抱えるリスクの程度に応じた支援が必要となる。また，子どもの発達年齢や親のライフステージに合わせること，そして，支援の直接的な対象が親であるか，子どもであるかを区別したうえで，支援の目的を明確化することも重要である。

　第2に，誰が支援を実践するのか，あるいは，実践できるのか，子育て支援プログラムの内容に応じて，実施者としての専門性や資格を明確にしていく必要性がある。たとえば，リスクの低い一般的な家庭を対象とした支援であれば，実施者が高度なスキルや知識等を習得せずにすむような導入の簡便なプログラムの開発が求められよう。一方で，リスクの高い問題に介入する支援であれば，その実

施者が専門的な訓練や研修を受けられるよう制度を整えていくべきである。

　第3に,「ハコモノから人へ」(大日向,2008)や「施設主義からの脱出」(汐見,2008)と指摘されるように,支援の担い手である専門家の養成から,受け手である親同士の関係性の調整に至るまで,人的な資源をうまく活用していくことが肝要である。

　第4は,支援やプログラムの介入効果についての検証データを蓄積し,八重樫ほか(2007)の指摘するように,EBP(Evidence-based practice:エビデンスに基づく実践)を重視した支援の展開を図ることである。たとえば,ある特定の支援に,親の子育てスキルの向上や,子育てへの負担感・不安感の軽減効果があるかどうかを客観的データに基づき,検証することは枢要である。また,預かり保育などについては,預けられている子どもの発達に与える影響を考慮し,プログラムを組んでいく必要があるだろう。

　第5に,支援と支援をどうつなげていくかが挙げられる。これには,子育て支援を推進する諸機関の連携や制度の整備等が不可欠である。支援と支援がうまくつながることにより,個々の支援の効果が高まるだけでなく,それらが網目の細かいセイフティネットとして機能していくことが期待できよう。

引用文献

荒牧美佐子.(2010).幼稚園の子育て支援の効果に関する検証:幼稚園児を持つ母親を対象とした縦断調査より.*日本保育学会第63回大会*,369.

荒牧美佐子・安藤智子・岩藤裕美・丹羽さがの・堀越紀香・無藤　隆.(2007).幼稚園における預かり保育の利用者の特徴:育児への負担感との関連を視野に入れて.*保育学研究*,**45**,69-77.

Benesse次世代育成研究所.(2009).*第1回幼児教育・保育についての基本調査報告書*.東京:ベネッセコーポレーション.

原田正文.(2006a).*子育ての変貌と次世代育成支援*.名古屋:名古屋大学出版会.

原田正文.(2006b).カナダ生まれの親支援プログラム"Nobody's Perfect"(特集　若い親たちの子育て).*世界の児童と母性*,**61**,58-61.

堀川三好・岡本　東・菅原光政.(2009).幼稚園を対象としたおたより配信システムの構築とその効果.*情報文化学会誌*,**16**(1),79-85.

加藤則子.(2004).最近の子育て支援プログラムとその評価に関する内外の動向.*公衆衛生*,**68**,717-720.

加藤則子.(2006).前向き子育てプログラム(トリプルP)の紹介.*小児保健研究*,**65**,527-533.

倉石哲也.(2010).学齢期子育て支援講座地域(短縮)版「PECCK-Mini」の効果に関する研究:講座の効果測定尺度の開発と実施を通して.*神戸大学大学院人間発達環境学研究科研究紀要*,**3**,47-57.

松岡洋一・中道美鶴・高橋加奈.(2005).幼稚園における「子育て講座」の効果に関する研

究．岡山大学教育学部研究集録，130，107-112．
中釜洋子．（2007）．子育て支援の心理教育．日本家族心理学会（編），家族支援の心理教育：その考え方と方法（pp.34-45）．東京：金子書房．
野原真理．（2007）．母親の育児に関する意識および行動の変化：保育所での地域子育て支援事業への参加をとおして．小児保健研究，66，290-298．
岡田（高岸）由香・岸本佳子・小島昭子・村本智子・奥山登美子・五十里美和・山口悦司・葛岡美樹・船越俊介・野上智行．（2002）．インターネットによる子育て支援プログラム作成の試み．神戸大学発達科学部研究紀要，10（1），93-103．
大日向雅美．（2008）．子育て支援は地域の時代に．大日向雅美（編），地域の子育て環境づくり（pp.3-21）．東京：ぎょうせい．
笹田慶二郎・新谷公朗・井上　明・金田重郎．（2004）．子育て支援を重視したモバイル対応「デジタル連絡帳」の提案：「e子育てNETシステム」のプロトタイプ開発．同志社政策科学研究，6（1），123-138．
汐見稔幸．（2008）．子育て支援，その成果と課題：少子化対策の意義と限界．汐見稔幸（編），子育て支援の潮流と課題（pp.3-17）．東京：ぎょうせい．
住田正樹・溝田めぐみ．（2000）．母親の育児不安と育児サークル．大学院教育学研究紀要（九州大学），3，23-43．
寺本妙子・廣瀬たい子・斉藤早香枝・三国久美・岡光基子・園部真美・白川園子・田中克枝・大森貴秀・澤田和美・橋本重子・小林秀子．（2006）．NCASTに基づく育児支援プログラムの評価：母親の育児ストレスと子どもの発達からの検討．小児保健研究，65，439-447．
浦山晶美．（2010）．心理的アプローチとして「美徳・教育プログラムの方法」（Virtues Approach）を取り入れた「マタニティークラス」の編成とその効果について．母性衛生，50，620-628．
八重樫牧子・小河孝則・田口豊郁．（2007）．地域社会における子育て支援の拠点としての児童館の活動効果に関する研究．厚生の指標，54（8），23-32．
柳川敏彦・平尾恭子・加藤則子・北野尚美・上野昌江・白山真知子・山田和子・家本めぐみ・包丁高子・志村光一・梅野裕子．（2009）．児童虐待予防のための地域ペアレンティング・プログラムの評価に関する研究：「前向き子育てプログラム（トリプルP）」の有用性の検討（特集［日本子ども虐待防止学会］第14回学術集会（ひろしま大会））．子どもの虐待とネグレクト，11，54-68．

参考文献

無藤　隆・安藤智子（編）．（2008）．子育て支援の心理学．東京：有斐閣．

第7章
保育の質とは何か

秋田喜代美

　0歳児の約15%，1歳児の25%，2歳児の34%が保育所で過ごし，3歳児の80%，4歳児の96%，5歳児の98%が，保育所や幼稚園，認定子ども園など，家庭以外の集団保育を受ける場で日中の生活を送っている（平成20年，文部科学省）。保護者の就労等で，子どもたちが園で過ごす保育時間は長時間化し，保育所への待機児童も都市部では増えている。保育・幼児教育は，専門家である保育士や幼稚園教諭が乳幼児期の発達に即して保育課程・教育課程というカリキュラムを計画的に立て，その計画に沿って，ふさわしい保育環境を構成し保育を実践している場である。つまり，保育の場は，複数の保育の専門家がねらいを実現するカリキュラムを作り，環境や素材・教材を意図的に使用している点で，家庭とは異なる社会文化的構造をもった教育環境といえる。

　保育の質が問題として議論され始めたのは，女性の社会進出が進む中で，先進諸国での経済的な状況が厳しくなってきた1980，90年代からである。多人種や移民問題など，子どもたちの個人差，多様性による格差が大きい社会として，英米やアングロサクソン系諸国から議論は始まった。現在では，乳幼児の発達のための環境を考えるうえで，保育の質は重要な要因の一つとして国際的に議論されてきている。

　乳幼児期の保育・教育は小学校以上の教育との対比から「見えない教育方法」と呼ばれてきた（Bernstein, 1975/1985）。これは，園で行われている活動が，生活や遊びという総合的な内容が中心であることから，教育の目的や過程，評価が，教科の枠組みで方向づけられる小学校以上の教育に比べて第三者から見たときに可視化されにくいからである。

　質は相対的な概念であり，多元的で多様な次元とプロセスを内容として含むものと考えられてきている（秋田ほか，2008；Moss & Pence, 1994）。本章では，以下の3点から保育の質を順に考えていく。第1に，保育の質はどのように考えられ，

保育の質に影響を与える要因としてどのような点が挙げられてきているのか，第2に，保育の質の相違が子どもの発達にどのような影響をどの程度与えるのか，そして第3に保育の質を高めていくためには，どのような試みがなされているのかである。国内よりも海外での研究がより数多く実施されてきている状況にあるので，国際的動向を踏まえ考えていく。

第1節　保育の質をとらえる枠組み

1　質の次元

　保育の質は，大別して5点に分けてとらえることができる（OECD, 2001, 2006）。第1は，「方向性の質」である。保育の働きを，就学準備機能を重視して考える方向もあれば，子どもの権利の実現として児童福祉や自立を重視して考える方向もある。また女性の社会進出や子育て支援，少子化対策などの機能の重視もある。保育のどのような機能を重視するかによって目ざす保育のあり方，志向性は異なってくる。この志向性は，その国の保育の歴史や社会文化的価値観や保育政策と関係している。小学校以上の大半が公立で営まれる義務教育に比べて，保育は社会や文化の影響をうけ，民営で実施されていることが多いためにそのあり方は大きく異なっている。

　第2は，「構造の質」である。施設の制度的側面として，建物の広さや園庭，調理室設置の有無などを規制する施設基準などの物理的環境に関するものと保育者対子どもの比率，保育者資格やカリキュラムの内容基準など人的環境や社会的環境に関するものがある。そして国がどこまでこの基準を規制し，各地域や園にどの部分の決定を委ねているのかが質に関与している。

　第3は，「過程の質」である。これは，日々の実践として，子どもと子ども，子どもと保育者，子どもとそれをとりまく環境の間に，具体的にどのようなやりとりが生まれているのかである。第1の方向性，第2の構造の質を受けた園組織レベルでのあり方が大きく影響しているのが，この部分である。

　第4は，「操作性の質」である。保育実践は，子どもや地域，保護者のニーズに応じて，柔軟かつ適切に機能することができることが大事である。組織が硬直化せずどの程度機能的に変化しうるかが質にかかわる。実際の測定等はむずかしいが，OECDではこの組織の側面を，質の一つに組み込んでいる。

　そして上記4点をふまえて，第5の，「成果としての質」が生まれてくる。保育の成果をどのようにとらえるかは，第1の「方向性の質」と関係している。子

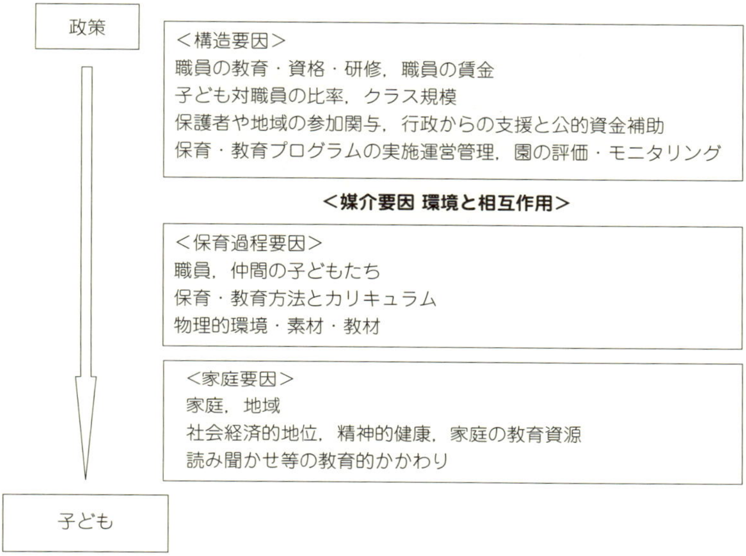

```
政策
  ↓
   ＜構造要因＞
   職員の教育・資格・研修，職員の賃金
   子ども対職員の比率，クラス規模
   保護者や地域の参加関与，行政からの支援と公的資金補助
   保育・教育プログラムの実施運営管理，園の評価・モニタリング

   ＜媒介要因 環境と相互作用＞

   ＜保育過程要因＞
   職員，仲間の子どもたち
   保育・教育方法とカリキュラム
   物理的環境・素材・教材

   ＜家庭要因＞
   家庭，地域
   社会経済的地位，精神的健康，家庭の教育資源
   読み聞かせ等の教育的かかわり
  ↓
子ども
```

図7-1 保育の質に関する要因 (Litjens, 2010)

どもにとって何がどのように保育を通して育ったか，実現したかが成果である。

2 質保障にかかわる要因

保育の質にかかわる具体的な要因としては，先行研究を整理すると図7-1の要因を挙げることができる。この図7-1は，政策を中心に考えられているため矢印が政策から子どもに向かっている。子ども側からみれば，実際には保育過程要因と家庭要因が直接子どもに働き，政策や構造要因はその背景となる間接的な要因になっている。

第2節 質が子どもの発達に与える影響

1 保育の質が幼児・児童期に及ぼす影響

保育の質を高めることは，子どもの発達のどのような側面にいかなる影響を与えるだろうか。アメリカや英国では，保育の質が子どもの発達に与える影響が長期縦断研究によって調べられてきた（秋田・佐川，2012）。

図7-2は，米国においてNICHD（アメリカ国立小児保健衛生研究所）が，3歳時点での保育の質が入学時の子どもたちの発達に影響に与える認知的影響を示した

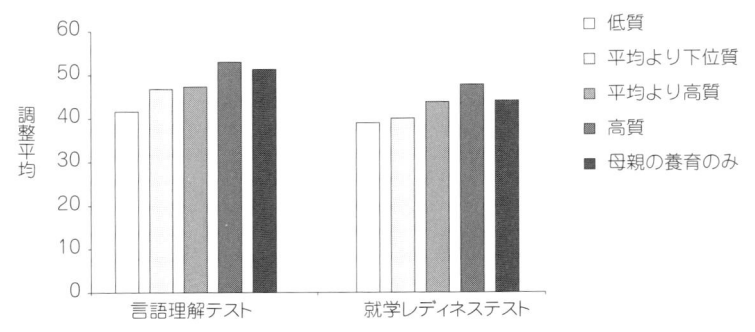

図7-2　36カ月時点での保育の質が成長発達に与える影響〔調整平均〕（NICHD ECCRN, 2000）

ものである。

　保育の質が子どもの言語理解テストや就学レディネステストと呼ばれるテストで測定される認知能力に影響を与えることが示されている。縦断調査からは，保育の質は経済的に恵まれない階層で影響が大きいが，保育の質の高さが子どもの認知的発達だけではなく，社会－情動的発達にも大きな影響を与えることがどの階層においても示されている（NICHD ECCRN, 2000）。

　また図7-3-1，図7-3-2は，英国において乳幼児期の保育の質が小学校以後の育ちにどのような影響を与えるかを約3,000人の子どもたちを11年間にわたって追跡したEPPE（Effective Preschool and Primary Education Project）研究の結果である（Sylva et al., 2010）。保育の質はECERS-E[1]と呼ばれる保育環境の質尺度で測られており，集団保育の経験がない家庭のみの子どもと質水準の差が子どもの発達に与える影響が比べられている。図7-3-1は，保育の質が低質（15%），中質（52%），高質（23%）で育った子ども，通園せず家庭で育った子ども（10%）の学力テストでの言語（英語）と算数の得点への影響を小学校教育の効果を除いて調べたものであり，図7-3-2は自己調整能力を調べた調査結果である（Sylva et al., 2010）。

　言語でも数学能力でも同様に質が与える影響があることがわかるだろう。また図7-3-2は物理的な環境をみる尺度（ECERS-R）とカリキュラム内容を含んだ質の尺度（ECERS-E）のいずれにおいても同様の結果がみられることがわかるだろ

---

[1] 保育環境の質尺度ECERS-R（The Early Childhood Environment Rating Scale, Revised）は，米国でテルマ・ハームス，リチャード・クリフォード，デビィ・クレア（Harms, Th., Clifford, R., & Cryer, D.）によって開発された2歳半から5歳の保育環境の質を測定する尺度である。日本語訳『保育環境評価スケール』（1幼児版，2乳児版）（埋橋玲子，訳，法律文化社，2008, 2009）も出されている。一方，ECERS-E（extension）は英国でキャシー・シルヴァ，イラム・シラジー－ブラッチフォード，ブレンダ・タガート（Sylva, K., Siraj-Blatchford, I., & Taggart, B.）により開発され，リテラシーや数学，科学と環境など教育内容に関してその質を問う尺度である。

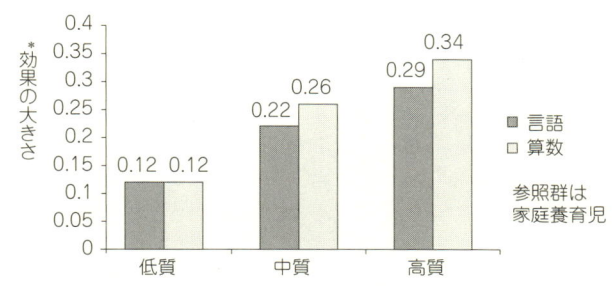

図7-3-1　保育の質が小6の言語と算数の学業成績に及ぼす影響（Sylva et al., 2010）
＊効果の大きさとは，家庭養育児の成績をベースラインとした場合の効果である。

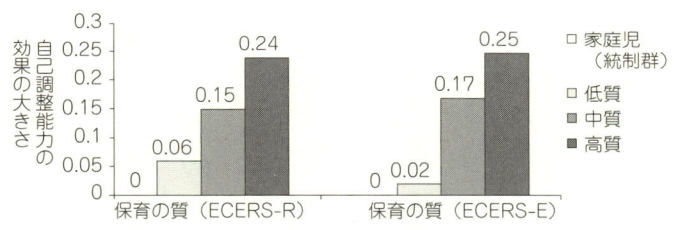

図7-3-2　保育の質が小6の自己調整能力に及ぼす影響（Sylva et al., 2010）

う。ここからは保育の質が知的な学業成績だけではなく，自己調整能力のような社会性にも影響を与えること，しかも小学校低学年だけではなく小学校6年間[2]も長期にわたり影響をもつことが示されている。

シルヴァほか（Sylva et al., 2010）は，この結果を良質の保育が新たな環境への適応のレジリエンシー（可塑性）の能力を育成していることで，家庭環境や保護者の学歴等のその他の要因の影響を取り除いても，保育の質の効果が小6（11歳）になっても表れることを指摘している。また，小学校教育が良質のものであっても経済的に恵まれない，障がい等がある等でハンディのある子どもたちには乳幼児期の良質の保育がとくに重要であることを指摘している。

2　生涯にわたる長期的な影響

保育の質は学校教育の期間にとどまらず，より長期的に良循環を生み出していくことがアメリカでの教育経済学的な視野からの複数の長期縦断研究から示されている。大きく分ければ，保育の質が，①教育の成功と経済の生産性を高めるこ

---

[2]　英国では3, 4歳児がPreschoolとよばれ5歳から小学校教育が開始される。Key Stage1が5〜7歳，Key Stage 2が11歳までである。よって小学校6年次が11歳となる。本研究では6地域141の任意抽出の園から2,800人が対象として選ばれ，家庭養育児として300人が選ばれて研究が実施された。

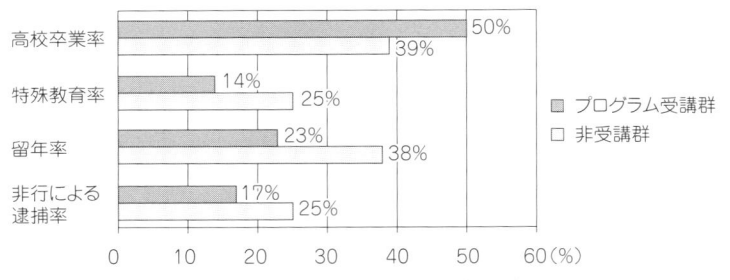

図7-4 シカゴ幼児教育プログラムの27歳での社会的投資効果 (Temple & Reynolds, 2007)

と（学業成績得点や特別支援教育を受ける比率，留年率，高校の卒業率，問題行動・非行・犯罪での逮捕率，雇用・所得・生活保護受給者率，喫煙・薬物利用・うつ率などの違いを生む），そこから子ども時代初期に投資をすることが②政府の経費の削減（学校教育にかかるコスト，社会福祉サービスにかかるコスト，犯罪対応のためのコストを減らす）につながる，という2つの効果をもたらすとしている (Camilli et al, 2010)。図7-4はシカゴでのChild-Parentセンターでの縦断的研究結果である (Temple & Reynolds, 2007)。3, 4歳児1,539名を幼児教育プログラムを受けた子どもと，近隣でプログラムを受けていない子どもとを統制して比較した成果である。27歳時になって追跡すると，特殊教育，留年，非行での逮捕率がより低く，高校卒業率がより高くなっている。

米国での幼児教育プログラムの効果に関して123の研究のメタ分析を行う (Camilli et al., 2010) と，認知能力への効果は幼児期初期，5〜10歳，10歳以上でその効果を調べると年齢とともに下がっていくものの，かなりの大きな効果をもたらすことを指摘している。また，社会‐情動的な能力や行動への効果は，認知能力への効果ほど大きくはないが，年齢によって変わることなく影響することも示されている。保育・幼児教育プログラムが良質なほどその効果も大きく，学校教育への効果（留年や特殊教育を受ける率）も年齢によって変わることなく一定の影響をもつことを示している。また米国内だけではなく，世界各国の保育・幼児教育プログラムの効果研究38のメタ分析を行った結果でも，同様に認知能力，社会情動的能力と行動，学校参加，健康のいずれの側面においても大きな効果をもっていることが明らかになっている。ノールズとバーネット (Nores & Barnett, 2010) によれば，学校教育で失敗するのは貧困層に限られるわけではなく，すべての子どもが幼児教育で効果を得ることができる。とくに，恵まれない者ほどより多くの効果をプログラムから得ることができることが示されているとしている。

また教育プログラムは教師からの影響だけをさすのではなく，園における仲間の存在もまた知的・社会的発達に与える影響が大きい点を指摘している。

第3節　保育の質を高めるために

1　子どもの経験からとらえる保育過程の質

　第2節では，質を外部から何らかの尺度で評価したり，保育を受けた子どもと受けていない子どもの比較から，保育ならびにその質の効果を示した研究を紹介した。では具体的にどのように保育の質を高めることができるだろうか。

　ラーバース（Laevers, 1994）は，保育過程の質を子どもの経験からとらえる際に，子どもがどれだけ心地よく過ごせる居場所となっているかという「安心度（well-being）」と活動にどれだけ没頭して自己発揮しているかという「夢中度（involvement）」が保育の質を示す指標となるとして，SICS（Self Involvement Scale for Care Setting）という保育の質のための自己評価ツールを開発している（秋田ほか，2010）。これは子どもの状態を観察し記述するところから始まる。そしてもし子どもの安心度や夢中度が低いと判断された場合には，①子どもに必要な知的刺激を与えているか：子どもにおける行為の連続性を生み出すような環境や課題が与えられているか，②感受性：子どもの要求を共感的に理解しているような応答ができているか，③子どもに自立性を与えているか：空間，時間，活動等が子ども側にどの程度余地が与えられているかという点から考えてみることが基本となるとしている。具体的には，その子どもの能力や発達の未熟さという内的要因，家庭環境などの外的要因に子どもの不安定さや没頭できない状況の原因を帰属させるのではなく，「環境」「活動への子どもの主体性」「保育者のかかわり」「1日の保育の流れ」「クラスの雰囲気」という5つの観点で現実の保育を振り返り，具体的に何が実践可能かを考え，実践において実際に変えられる部分を変えていくことが大事であるとするとらえ方を示している（Laevers & Heylen, 2003）。

2　カリキュラムや課題の質と保育者の役割

　1の環境や課題からの知的刺激，保育者の感受性，子どもの主体性がどのように保育の質とかかわりがあるのだろうか。図7-5は，第2節で紹介した英国 EPPE 研究の一部 REPAY（Researching Effective Padagogy in the Early Years）研究の部分的報告である。質が最も高いと評価された最優秀園と次のランクの優良園との違いは，最優秀園の方がカリキュラムにおいて子どもが主導する時間が長いことである。

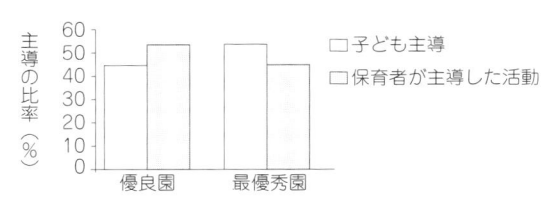

図7-5 保育の質水準と遊びにおける主導(子ども・教師)の比率(Siraj-Blatchford & Sylva, 2004)

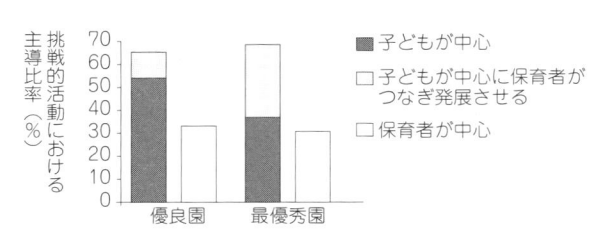

図7-6 保育の質水準と挑戦的活動での相互作用の相違(Siraj-Blatchford & Sylva, 2004)

しかしそれはただ子どもを自由に遊ばせているだけではなく,保育者が主導した活動とのバランスが取れていることだとしている(Siraj-Blatchford & Sylva, 2004)。

また活動の質として,子どもたちにとって挑戦的な課題があることが重要とされている。挑戦的課題とは子どもたちなりに自分の能力を十二分に発揮しないとできない活動のことである。そしてそこでの保育者の役割として,子ども同士が相互に考えや発想を共有できるように,ことばでつなぐ役割をしていることや,考えの共有を支える(sustained shared thinking)点にあるとしている。図7-6は最優秀園と優良園の違いは,子どもが中心のやりとりでも,子ども中心だけではなく,子どもが中心になりながらも保育者が思考や発想の共有を促し,遊びを発展させていく役割を担っている点にあることを指摘している。

3 保育者間での協働的な省察と研修

保育の質は日々の保育実践の過程の中で生まれていく。したがって,保育者が日々の日誌や実践記録等を記しながら自分の実践を振り返ったり,またビデオなどを用いて,ある視点から実践を事例として取り出し,それを園の同僚とともに相互に見合い語り合うことを通して協働的に省察を行っていくことが求められる。保育者が無意識に実施していることを意図的に行ったり変えてみることで,行為や環境設定とその結果としての子どもの動きのつながりを探究することができ,実践的見識をより深く学んでいくことができるのである。

保育の質の改善のためには，見通しをもてるようカリキュラムを組み，その内容を理解しながら応答的に動くことのできる保育者の即興的な判断と行為，そしてそれを振り返り変革していくことを園を単位として行うヴィジョンと実践が必要である。この点についての実証的研究はまだ多くはない。専門家の判断，省察，実践化の過程の解明が保育過程の質の向上のための心理的メカニズムを解明するために今後さらに必要とされるだろう（秋田，2008）。

引用文献

秋田喜代美．（2008）．園内研修による保育支援：園内研修の特徴と支援者にもとめられる専門性に注目して．*臨床発達心理実践研究*, **3**, 35-40.

秋田喜代美・芦田　宏・鈴木正敏・門田理世・野口隆子・箕輪潤子・淀川裕美・小田　豊．（2010）．子どもの経験から振り返る保育プロセス：明日のより良い保育のために．松戸：幼児教育映像制作委員会．

秋田喜代美・箕輪潤子・高櫻綾子．（2008）．保育の質研究の展望と課題．*東京大学大学院教育学研究科紀要*, **47**, 289-305.

秋田喜代美・佐川早季子．（2012）．保育の質に関する縦断研究の展望．*東京大学大学院教育学研究科紀要*, **51**, 1-18.

Bernstein, B. B. (1985). *教育伝達の社会学：開かれた学校とは*（萩原元昭，編訳）．東京：明治図書出版．(Bernstein, B. B. (1975). *Class, codes and control: Vol.3. Towards a theory of educational transmissions*. London: Routledge & K. Paul.)

Camilli, G., Vargas, S., Ryan, S., & Barnett, W. S. (2010). Meta-analysis of the effects of early education interventions on cognitive and social development. *Teachers College Record*, **112**, 579-620.

Laevers, F. (Ed.). (1994). *The Leuven Involvement Scale for young children*. Leuven, Belgium: Centre for Experiential Education.

Laevers, F., & Heylen, L. (Eds.). (2003). *Involvement of children and teacher style: Insights from an international study on experiential education*. Leuven, Belgium: Leuven University Press.

Litjens, I. (2010). Literature overview 'Encouraging quality in ECEC paper presented at the 7th OECD ECEC meeting, Paris: France.'

Moss, P., & Pence, A. (Eds.). (1994). *Valuing quality in early childhood services*. London: Paul Chapman Publishing.

NICHD Early Child Care Research Network. (2000). The relation of child care to cognitive and language development. *Child Development*, **71**, 960-980.

Nores, M., & Barnett, W. S. (2010). Benefits of early childhood interventions across the world: (Under) Investing in the very young. *Economics of Education Review*, **29**, 271-282.

OECD. (2001). *Starting Strong I*. Paris: OECD Publishing.

OECD. (2006). *Starting Strong II*. Paris: OECD Publishing.

Siraj-Blatchford, I., & Sylva, K. (2004). Researching pedagogy in English pre-schools. *British Educational Research Journal*, **30**, 713-730.

Sylva, K., Melhuish, E., Sammons, P., Siraj-Blatchford, I., & Taggart, B. (Eds). (2010). *Early childhood matters: Evidence from the effective pre-school and primary education project*. London: Routledge.

Temple, J. A., & Reynolds, A. J. (2007). Benefits and costs of investments in preschool education: Evidence from the child-parent centers and related programs. *Economics of Education Review*, **26**, 126-144.

第8章
保育の実践への支援活動とは

岩立京子

　わが国の保育システムは長い間，主に学校教育施設としての幼稚園と福祉施設としての保育所に二元化されてきたが，近年，両者の機能を併せもつ総合施設化の動きが新システムの議論の中で具体化してきている。新システムが今後，具体的にどう実現していくのかについては不透明な点もあるが，システムがどのように変化していこうとも，教育と養護の機能を併せもつ保育施設での質の高い実践は，子どものよりよい発達やメンタルヘルスにとって重要な役割を果たすだろう。

　一方，乳幼児の臨床発達支援の領域に目を向けると，幼児や保護者が病院やクリニック，相談室に出向き，相談やセラピー，訓練等を受けるクリニック型の支援から，教育，発達，メンタルヘルスの専門家が，幼児の遊びや生活，学びの場所に出向いて，その文脈において行うコミュニティ型の支援へと変化してきている。それにともなって，発達や学びの支援にかかわる専門家に期待される役割や専門性も大きく変化してきている。

　ここでは，保育実践への支援活動が重視されてきた背景を概観し，その意義と実際についてコンサルテーションという観点から述べる。

第1節　幼児を取り巻く環境の変化と支援ニーズの高まり

　わが国では，少子化，核家族化，都市化，情報化，共働きの増加などの急速な変化の中で，幼児をもつ家庭の貧困，親の離婚，虐待とネグレクトの率が高まり，社会経済的に恵まれない，あるいは，健全な養育環境がはく奪された家庭で育つ子どもが増加している傾向がみられる。

　OECDの報告によれば，日本の相対的貧困率は，OECDに加盟している30カ国の中で最上位から6番目の高さであり（OECD, 2011），とくに，10歳以下の子どもとその親である25歳から35歳までの年齢層の貧困率が上昇している（大

竹・小原，2011）。所得が高い家庭は教育の成果につながる価値の高い教育支出や時間配分を行ったり（Blau, 1999），子どもと過ごす時間が長い傾向があり（Guryan et al., 2008），所得の格差は，間接的に教育の成果に差をもたらすと考えられる。

　また，わが国の離婚家庭の数は2000年には26万件を超え，他の先進諸国と比較すると，日本の離婚率は依然として低いものの，他の国々があまり大きな変化がない中で，その上昇幅の大きさが目立っている。同一時期に生まれた人の集団別にみると，2000年時点で40歳未満の集団で顕著に離婚率が上昇しており，また，10代，20代の若年期で離婚率が高くなっている。平成21年度の離婚件数のうち，子どもがいる夫婦の離婚は57.8％である。結婚期間は5年以内が32.7％で最も多く，次いで5年から10年が21.1％となっており（厚生労働省，2010），幼児のいる家庭での離婚が多いことが推察される。

　保護者については，その多くが「子どもはかわいい」「子どもと一緒にいると楽しい」と思っている一方で，自身の成育歴の中で子育て経験がなかったり，孤立化するなど，子育てにともなうストレスや，虐待につながりやすいとされるイライラ感が増加していることが示されている（原田，2006）。虐待とネグレクトについては，平成22年度に児童相談所が対応した子どもの虐待件数は55,152件で，平成21年度に虐待により子どもが死亡した件数は認知されているだけでも47件あった（厚生労働省，2011）。

　上記のような家庭および保護者の状況は，幼児の社会・情動的適応や認知発達に深刻な影響を与えるであろう。幼児は自分を育ててくれる存在，子育てを第一義的責任として引き受けてくれる存在を喪失し，健全な発達や学びの環境もはく奪される可能性が高い。保護者や家庭が幼児に安心感や安全感を十分に与えられなくなれば，家庭外での安全基地となる保育施設や保育者が不可欠となり，今後，保育の質の向上に向けた専門家による支援が，ますます重要になると考えられる。

第2節　保育実践への支援の意義と重要性——幼児教育の役割の変化

　保育実践への支援とは，基本的には，子どもの発達を助長するために幼児が集団で生活し，遊ぶ幼稚園や保育所等の保育施設において，保育実践の質を高める支援をさす。また，教育基本法，学校教育法，幼稚園教育要領，保育所保育指針等に示されるねらいが，よりよく実現あるいは達成されるための支援ともいえる。

　保育には本来，その営み自体に子どもの発達を助長し，発達の問題解決のための臨床発達支援の機能が内在している。保育は，保育者が，幼児の発達にふさわ

しい豊かな環境を構成し，遊びを中心とした総合的指導を行い，幼児の主体的な活動を促すことにより，幼児の健やかな発達を援助，支援することを目的としている。遊びは，幼児にとっては余暇活動ではなく，学びそのものでもあり，幼児は遊び込む体験を通して，社会情動的，関係的，知的な発達を遂げていく。また，幼児が失敗や葛藤を経験しても，遊びの中で生じるカタルシスや，新たなチャレンジを通して，回復したり，それらを乗り越えることが可能となる。一人一人の特性に応じ，発達課題に即して保育が行われる点でも，保育は幼児期にふさわしい発達支援のアプローチといえる。

　今日，就学前の幼児のほとんどが，これらの保育施設で保育を受けるようになってきている。平成19年度の統計によれば（文部科学省，2009），幼児期の後期，すなわち3歳児で77.6%，4歳児で94.8%，5歳児については97.6%が幼稚園か保育所のどちらかで保育を受けている。ほとんどの幼児とその家族が日常生活の一部として，園に通い，保育を経験していることから，専門家が，幼児の発達の問題を発見し，支援を行っていくために，保育施設は幼児に最も接近しやすい場であるといえる。

　また，質の高い保育経験が，幼児のその後の発達によい効果を及ぼすことが実証されてきている。イギリスの縦断研究では，質の高い保育経験が，子どもの知的，社会的な発達を促すこと（池本，2007），とくに社会経済的に恵まれない子ども（NICHD, 1996）にとって，早期に保育を受けることによって発達面でかなりよい効果が得られることが示されている。その他多くの研究で，保育が子どもの発達を促したり，後の学校適応につながることが示されてきている。一方で，家庭での子育て環境は子どもの発達に一貫して影響力をもち，母親の精神的健康さや子どもに対する応答の敏感さ，対人関係および知的な環境の良質さが重要であることも示されている（NICHD, 2003）ことから，保育施設が家庭と連携し，質の高い保育を提供することによって，幼児の発達をよりいっそう，助長することができる。

　保育そのものに内在する臨床発達支援の機能や，子どもを取り巻く環境の変化，質の高い保育の効果が縦断研究により実証されてきたことから，保育の実践への支援は今後，よりいっそう重視されてくるといえる。

　表8-1は，保育実践の質を高めるための支援にかかわる支援者の役割である。保育室その他の場所での子どもの発達や学びのプロセス，それらのよさや問題等のアセスメント，保育者とのさまざまな協働や保育者の力量形成への支援，園の管理職への助言，保護者との連携や地域に対する活動など多岐にわたっており，

表8-1　保育の質を高める支援

1. アセスメント	保育室での個々の子ども，集団，保育，保育者の観察／情報収集
2. 保育者との協働	保育の質の向上に向けてのコンサルテーション，個別の子どもについてのコンサルテーション，保護者対応についてのコンサルテーション，特別の支援を要する子どもの指導計画やチーム・ミーティング等
3. 保育者の力量形成	園内研究・園外研修での助言，保育，発達にかかわるテーマでの講演，演習・実技講座，公開保育での助言，保育実践研究の指導等
4. 園の管理職との協働	園の運営等にかかわる管理職へのコンサルテーション，管理・運営のための講演，他機関との連携への助言等
5. 保護者との連携	保護者向けの講演会，子育て相談等
6. 地域に対する活動	入園に向けての相談・助言，未就園児とその保護者への子育ち・子育て支援，他機関との協働等

　保育施設の運営が家庭や地域へと開かれてくるにつれて，支援ニーズの広がりがみられる。

　質の高い保育実践が，一人一人の幼児の発達を促進することを考えると，支援に携わる者は，園という共同体における保育の目的や目標，ねらいや内容，指導方法，保育者の専門性や役割を理解し，保育の質の向上に向けて支援することが基本的に重要である。

　保育実践への支援は，コンサルテーションというかかわりを基本とする。コンサルテーションにはさまざまな定義があるが，「専門家（コンサルタント）が他の専門家（コンサルティ）の機能を改善しようとするとき，その専門家同士の関係」（東京発達相談研究会・浜谷，2002, p.12）あるいは，「異なった専門性や役割をもつ者同士が子どもの問題状況について検討し，今後の援助のあり方について話し合うプロセス（作戦会議）」（石隈，1999, p.92）である。コンサルテーションの中核は，保育者への支援を通した幼児への間接的な支援といえる（東京発達相談会・浜谷，2002）。

　コンサルテーションが重要なのは，コンサルティとしての保育者の専門性と独立性を尊重し，コンサルティを支援し，問題解決に至るように，別の専門家が協働する（Meyers et al., 1979）という考え方であり，そのプロセスを通して，コンサルタントとコンサルタンティとの間に相互的な学びが生まれることである。

第3節　保育実践への支援の実際

　質の高い保育が，幼児の発達によい影響を与えることから，保育施設での支援

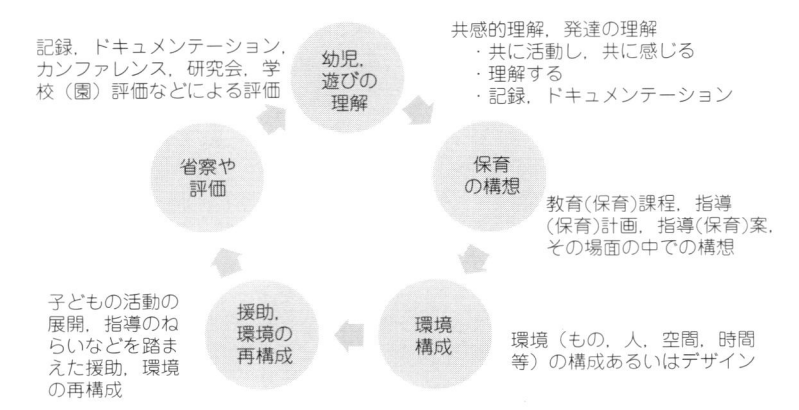

図8-1 幼児の遊びや学びを豊かにする保育者の役割

は,遊びや生活の文脈に沿った保育実践の質の向上へ向けての支援が基本となる。質の高い保育実践とはどのような営みかについては,国や文化により,また,わが国においても,考え方の違いがあるのが現状である。しかし,幼稚園教育要領や保育所保育指針等にみられる保育の基本を踏まえ,ねらいが達成されるような保育,そして,保育のプロセスにおいて保育者の役割あるいは専門性(図8-1)が循環的に発揮されているような保育であるということ,そして,そのプロセスにおいて子どもが安心して,遊びに没頭できるような保育(秋田ほか,2011)であることは,ある程度,共通していると考えられる。したがって,実践への支援は,保育者の力量や支援ニーズを踏まえて,幼児の理解,ねらいや内容についての構想や計画の仕方,環境構成・再構成,援助や相互的かかわり,評価や省察の仕方など,個々の要素と,それらの一連のプロセスはうまく機能しているのか,していないとすれば,影響している要因は何なのか,どうすれば改善されていくのかなどについて,できるだけ具体的な事例,文脈や問題状況を共有しながら,話し合ったり,助言することを通して,メンバー相互の学びにつなげていくことになる。

　保育支援の実際は,それぞれの支援者によって大きく異なるが,ここではコンサルテーションのプロセス(石隈,1999；鵜養・鵜養,1997)を参考にして,保育現場で行われている保育実践の支援について,幼稚園を例にして6つのステップから考えてみよう(表8-2参照)。これら6つのステップは①から⑥へと進行するが,必要に応じて戻る場合もある。保育支援の依頼が1日限りの場合は,①〜④で終了し,その後の保育の改善と実践,評価は保育者に委ねざるをえない。そ

表8-2　保育支援の6つのステップ

① 保育者，共同体との出会いとパートナーとしての協力関係づくり
② 面談や観察による暫定的な支援方針や目標の設定
③ 保育室およびその他の場での保育実践の観察と生態学的アセスメント
④ カンファレンスによる問題の確認と今後の保育のねらいの設定，問題への対処・解決の方針の選択
⑤ 保育者による保育の改善と実践
⑥ 評価とフォローアップ

れらの改善によって，子どもの発達の変化を評価することや，その発達をフォローアップすることはできていないことが多い。継続して支援に入れる場合は，①〜⑥を保育者のニーズや力量，保育施設の実情に応じて循環的に継続していくことになる。

① 保育者，共同体との出会いとパートナーとしての協力関係づくり

　保育の実践への支援は，まず，保育者あるいは園関係者からの依頼により始まる。誰からの，どのような依頼か，依頼者とは面識があるのか，依頼内容はどのようなものかなど，依頼を受けた段階で受けることができるか否かを検討する。

　たとえば，園内研究会の助言者としての依頼では，「保育をみてほしい。日々，保育をしていると，こうしたかかわりでよいのか，子どもの育ちはこれでよいのか，迷いがでてくる。子どもの育ちと保育者のかかわりをみてほしい」「今，ある幼児への指導で悩んでいる。友だちの遊びに突然，入っていっては，遊びを壊してしまう幼児がいるが，私の指示にほとんど耳を貸さず，従わない。どのようにかかわればよいのか，助言がほしい」といった内容で依頼されることがある。あるいは，「心が通い合えない子どもがいて，保育者の話が伝わっているようで，伝わっていないような気もする。子どもをみてほしい」「〜のテーマで推進している実践研究の進め方で悩んでいる。その助言もほしい」などと依頼されることもある。初めに，依頼内容を確認し，受けられるかどうかを判断する。

　依頼を受けたあと，支援日程の調整をする。また，あらかじめ，要覧や教育課程，中期あるいは短期の指導計画などが入手できる場合は，それらから，園環境を理解する。また，指導計画にみられる保育者の幼児理解や保育のねらいや内容，評価の観点などをみて，幼稚園でみられる，この年齢のこの時期の一般的な子どもの発達に近い姿を反映しているのか，それとも，比較的，未熟な姿が記載されているのか，その両者が混在しており，個人差が大きそうなクラスなのかなど，おおよその子どもの発達の実態，あるいは，保育者からみる幼児の発達を見取る

視点を理解する。そして，設定される保育のねらいや内容が発達にふさわしいものなのかについて，確認しておく。当日の朝に，これらの資料が得られることもあるが，その場で読んで上記のことなどをある程度，理解することになる。

　上記のような準備を経て，専門家は保育現場で保育者と出会う。専門家は自己紹介から自分の専門性について，さらにコンサルテーションという形で入る支援の意義，具体的な手順などについてわかりやすく伝える。重要なことは，専門家は保育者を評価する立場にないこと，助言者は保育者の専門性を尊重して，対等な立場で共同的に問題解決に向かうコンサルテーションというかかわりをしたいこと，そして，守秘義務を遂行することなどについて説明することである。管理職から依頼があったが，担任保育者は専門家による支援を望んでいないなど，共同体全体のニーズが一致しているかどうかに配慮する。また，専門家に相談すればすぐに解決策がみつかるというような「過剰な期待」（石隈，1999）を保育者がもっていたり，専門家を過度に権威づけたり，依存したりすることがある。そして，それらに無意識に影響されて，専門家が保育者を救いたい，役に立ちたいという救済者コンプレックスをもち，保育者と「共依存」関係に陥ってしまうことなどに注意を払う必要がある。

　現場の保育者が専門家とのかかわりについての手順や内容について明確なニーズをもっている場合には，できるだけそれに沿って進めるようにする。現場への支援は，保育者の力量や置かれている状況，ニーズに応じて行うのが基本であるが，保育者側のニーズが明確でない場合は，話を傾聴することにより，ニーズを整理し，主なニーズについて確認していく。

②　面談や観察による暫定的な支援方針や目標の設定

　このステップでは，主に面談や施設の観察などを通して，支援の方針や具体的な手立てを考えるうえで，必要な情報収集やアセスメントを行う。

　保育の領域では，アセスメントということばではなく，「理解」ということばが使われる。発達臨床領域におけるアセスメントは本来「人の発達を理解し，発達を支援するために行われる測定や評価」（本郷，2008, p.3）である。アセスメントは，専門家が一方向的に対象を理解する方法ととらえられがちであるが，専門家と保育者が具体的な文脈に沿って協働してアセスメントを行っていく場合もある。保育における理解は，遊びや生活の文脈において，自ら環境に働きかける主体としての子どもをあるがままに，共感的に理解することや，子どもを対象化し，子どもの行動の変化や発達を具体的な指標で理解することが含まれる。また，保

育は意図的，計画的な営みなので，さまざまなモノ，人，空間・時間などから構成される環境については，保育者の指導や環境構成の意図との関係で理解していく。

　保育者との面談を通して，主訴を確認したり，必要な情報を入手し，暫定的な支援方針や目標を設定する。たとえば，保育者との面談の中で，子どもの遊びの姿に関する情報が十分に得られないときに，保育者が見ていないのか，見ることが難しい環境にあるのかは定かでない。園舎の観察によって，2階建てで，それぞれの遊びの空間が独立していて，保育者が幼児を見る際に死角が必然的に多くなり，遊びを見取れない可能性が高い場合，この園舎での環境構成や遊びの援助についてともに考え，手立てを見出していくという支援方針を設定することができる。

③　保育室およびその他の場での保育実践の観察と生態学的アセスメント

　保育室およびその他の場で幼児の発達や特性と，保育者という人的環境を含む幼児を取り巻く環境について観察し，問題の生態学的アセスメントを行う。

　近年，標準化された検査を手引書通りの方法で使用して幼児の発達を個別に評価することに対する問題が指摘されている。幼児は，言語を媒介として解答する検査は不慣れで，苦手である一方，現実の文脈における活動において能力を発揮しやすい。さらに，検査の実施については，本人あるいは保護者などの代諾者から合意を得ることが不可欠だが，幼児の発達の問題を保育者と保護者が共有することがむずかしい場合もある。幼児の日常の生活や遊びの文脈での観察などを通して，生態学的にアセスメントすることが重要である。特別な支援ニーズをもつ幼児で，保護者の検査へのニーズがある場合などは，発達や臨床発達心理学の専門家が標準化された検査による発達のアセスメントを行うこともある。

　保育者の実践への助言や支援のためのアセスメントについては，保育の観察を通して，保育者の幼児理解→保育の構想（指導計画）→環境構成→実際の援助，指導→環境の再構成→評価という保育実践のプロセス（図8-1参照）の各要素や，それらの関係性，たとえば構想は具体的になされているか，具体的で子どもの発達にふさわしいねらいがたてられているか，環境の構成は子どもの自発性や主体性を引き出すものになっているか，保育者は一人一人の幼児に敏感に応答しているかなどについてできるだけ具体的な文脈や幼児の行動に沿って，見取っていく。

　幼児の経験を理解するために，行動の観察のほか，幼児の作品，行動の記録，写真などからなるポートフォリオあるいはドキュメンテーションを用いることも

ある。人的環境を含む保育環境の質をみる視点を得るために，ポジティブな養育のチェックリスト（NICHD, 1993；日本子ども学会，2009），幼児教育環境評価尺度（Harms et al., 1998/2008, 2003/2009），保育のプロセスにおける子どもの経験を理解する指標（秋田ほか，2011）など，保育の質に関する指標なども参考になる。

④ カンファレンスによる問題の確認と今後の保育のねらいの設定，問題への対処・解決の方針の選択

保育の実践の観察は，目にみえる動きや行動だけでなく，指導案に示された明示的な保育者の意図や構想および，暗黙的な意図と実践との関係なども推論しながら，みていく。観察者は筆記記録だけでなく，カンファレンスのみに使用するという条件で，許可が得られた場合に限り，写真やビデオで，重要な論点にかかわるシーンを撮ると，複数のメンバーで特定のシーンを共有することができ，より具体的な文脈に沿って振り返りが可能になる。

保育後のカンファレンスにおいて，まず，ねらい，環境構成，実際の指導，振り返りなどについての担任保育者の話を聴く。その際，文字記録，写真やビデオなど観察時の記録をもとに，参加者それぞれが感じたこと，考えたことを伝え合い，かかわりの実際やその有効性について話し合う。観察し合ったり，記録を書くこと，議論することを通して，メンバーが課題を確認したり，新たな課題を発見したり，明日の保育につながる幼児理解の視点や改善の手立てを選択することができる。

⑤ 保育者による保育の改善と実践／⑥評価とフォローアップ

一日限りの保育実践の支援に入る専門家は，保育者がコンサルテーションによる学びを保育に反映させた結果，どのような変化が起こったのかを確認する評価はできていないのが現状であり，その後の保育の改善や子どもの発達の見取りを保育者や保育者集団に委ねることが多い。したがって，1回限りの支援の依頼については，カンファレンスでの学び合いの結果を保育者がどのように受け止めて，実践に活かしていくのかを確認できず，保育実践への支援や，それを通しての子どもの変容の評価および，それらのフォローアップが大きな課題といえる。複数回，支援にかかわれる場合には，①から⑥を循環的に繰り返しながら，保育の向上へと支援を継続していくことになる。

支援の効果の評価については，前回のカンファレンスで確認された課題や，改善への手立てがどの程度，実現したか，その結果，子どもはどのように変化した

かなどについて聞き取りや観察によって評価する。その際，目に見える指導計画や物的，空間的環境の変化などの評価だけでなく，目に見えにくい変化も見取るようにしたい。たとえば，保育者の子どもへのかかわりについては，行動レベルでは顕著な変化は読み取れないが，構成された環境と子どもとのかかわりの観察や，保育後の面談で，かなり具体的な保育の構想を描いていることがわかるなど，変化しつつあることが評価できることがある。保育行為は，常に発達し続ける子どもとのかかわりの中で生成されるので，保育者側が一方的に改善することはできない。幼児教育における幼児理解や教育評価と同じように，結果としての行動の変化だけでなく，常に変化し続けるプロセスでの評価をベースにして，「できる」，「できない」と単純な二分法で決めつけず，一人一人の保育者を尊重し，肯定的に見て，育ちつつある面やよさに目を向けたり，長い見通しで変化を見取っていく。そして，行動が改善されない場合は，コンサルテーションのあり方も含めて，その要因を多視点で考察していく。

　今後は，保育実践への支援が1回のみであろうと，複数回であろうと，事例を収集したり，情報交換をすることを通して，支援の効果を評価するための方法を考案したり，評価システムを開発していくことが課題といえる。

第4節　今後の保育実践への支援に向けて

　これからの乳幼児の発達支援については，保育施設での保育支援が重要になってくる。そこでは，臨床発達支援の機能が本来，内在している保育実践の質の向上へむけての保育支援が重要となる。そのために，支援者には幼児教育と臨床発達心理学の知識や，それをベースにした保育実践への支援が求められるだろう。

　また，保育の専門家には，保育の質の向上や，保育を通しての問題解決にあたり，他の専門家や保護者との協働についての実践事例の収集やそれらを共有するための交流の機会が必要である。今日，保育施設においては，開かれた園経営のもと，保育者が保護者やさまざまな専門家と協働し，それぞれの資源を有効に活かし合って保育が行われている。協働が有効に機能し，保育の質の向上につながるためにも，保護者や複数の専門家をつなぐ新たなパートナーシップのあり方や，その実践の役割を，各園がもつ資源に応じて，また，具体的な保育の文脈に沿って明らかにしていくことが求められる。

引用文献

秋田喜代美・芦田　宏・鈴木正敏・門田理世・野口隆子・箕輪潤子・小田　豊・淀川裕美．(2011)．子どもの経験から振り返る保育プロセス：明日のより良い保育のために　実践事例集．平成 22 年度児童関連サービス調査研究等事業報告書．

Blau, D. M. (1999). The effect of income on child development. *The Review of Economics and Statistics*, 81, 261–276.

Guryan, J., Hurst, E., & Kearney, M. S. (2008). Parental education and parental time with children. NBER Working Paper, No.13993.

原田正文．(2006)．*子育ての変貌と次世代育成支援：兵庫レポートにみる子育て現場と子ども虐待予防*．名古屋：名古屋大学出版会．

Harms, Th., Clifford, R. M., & Cryer, D. (2008). *保育環境評価スケール①幼児版*（改訳版）（埋橋玲子，訳）．京都：法律文化社．(Harms, Th., Clifford, R. M., & Cryer, D. (1998). *Early childhood environment rating scale* (rev. ed.). New York: Teachers College Press.)

Harms, Th., Clifford, R. M., & Cryer, D. (2009). *保育環境評価スケール②乳児版*（改訳版）（埋橋玲子，訳）．京都：法律文化社．(Harms, Th., Clifford, R. M., & Cryer, D. (2003). *Infant/Toddler environment rating scale* (rev. ed.). New York: Teachers College Press.)

本郷一夫（編）．(2008)．*子どもの理解と支援のための発達アセスメント*．東京：有斐閣．

池本美香．(2007)．乳幼児期の子どもにかかわる制度を再構築する．*日本総研 Business and Economic Review*，12 月号．

石隈利紀．(1999)．*学校心理学*．東京：誠信書房．

厚生労働省．(2010)．*人口動態調査*．

厚生労働省．(2011)．*子ども虐待による死亡事例等の検証結果（第 7 次報告概要）及び児童虐待相談対応件数等*．http://www.mhlw.go.jp/stf/houdou/2r9852000001jiq1.html

Meyers, J., Parsons, R. D., & Martin, R. (1979). *Mental health consultation in the schools*. San Francisco: Jossey-Bass.

文部科学省．(2009)．*「幼児教育の無償化について」中間報告書*．今後の幼児教育の振興方策に関する研究会．

NICHD Early Child Care Research Network, & Duncan, G. J. (1996). Characteristic of infant child care: Factors contributing to positive caregiving. *Early Childhood Research Quarterly*, 11, 269–306.

NICHD Early Child Care Research Network, & Duncan, G. J. (2003). Modeling the impacts of child care quality on children's preschool cognitive development. *Child Development*, 74, 1454–1475.

日本子ども学会（編）．(2009)．*保育の質と子どもの発達：アメリカ国立小児保健・人間発達研究所の長期追跡研究から*（菅原ますみ・松本聡子，訳）．東京：赤ちゃんとママ社．

OECD. (2006). *Starting Strong II*. Paris: OECD Publishing.

OECD（編）．(2011)．*OECD 対日経済審査報告書 2011 年度版*．東京：明石書店．

大竹文雄・小原美紀．(2011)．貧困率と所得，金融資産格差．岩井克人・瀬古美喜・翁百合（編），*金融危機とマクロ経済*（pp.137-153）．東京：東京大学出版会．

東京発達相談研究会・浜谷直人（編）．(2002)．*保育を支援する発達臨床コンサルテーション*．京都：ミネルヴァ書房．

鵜養美昭・鵜養啓子．(1997)．*学校と臨床心理士*．京都：ミネルヴァ書房．

第9章
保育者と研究者の協働のあり方

中澤　潤

第1節　保育者と研究者の協働

1　保育をめぐる保育者と研究者相互の学び

　保育所や幼稚園で行われる保育とは，乳幼児期の子どもの発達や適応を支援するために，乳幼児期にふさわしい養育や教育を与える活動である。そこでは，乳幼児期の発達特性を踏まえ，かつその後の発達や学びの基礎を作る活動が設計展開される。保育では，発達の理論や発達心理学から得られたさまざまな知見がその実践の基礎として用いられてきており，発達研究ときわめて密接な関係をもってきた。同時に，研究者も，保育の場からさまざまな子どもの発達における発達理論や研究課題を見出してきた。

　保育の専門家である幼稚園教諭や保育士は，具体的な日々の子どもの姿やその背景にある保護者の姿を見ている。また保護者とは異なり，多様な子どもを見ており，子どもの発達の一般的過程や発達における個人差を理解している。そしてもちろん保育における実践知を蓄積している。したがって，発達研究者にとって，保育者から学ぶことは多い。

　一方，発達研究者のもつ発達理論やそれに基づき子どもを見る視点，日々の保育の中で感じていたことや印象で終わっていたことや記録の段階にとどまっていたことを分析し，何らかの結論を見出すさまざまな研究手法，さらに最新の発達研究の成果からもたらされる情報は，保育者にとってよりよい支援を行ううえでのアイデアやガイドとなる。

　本章では，子どもの発達や適応の理解とその支援を共通の目標とする保育者と研究者の協働のあり方や意義，また今後のあり方について論じる。

2 保育研究

　毎日の保育を行う中で，保育者はさまざまな点で問題を感じ，それらを改善したい，より高い質の保育を行いたいという思いをもつ。この思いに応えるものが保育研究である。保育研究では，保育者が日常気になっている事柄すべてが対象となる。たとえば，遊びが個別化しているようなので，少し集団的な遊びを導入してみたらどうだろうか。単調な園庭に何らかの変化をもたらして，子どもの遊びに刺激を与えたい。帰りの会で子どもの座る位置にはどのような意味があるのだろう。扱いの難しい子どもへの適切な対応の仕方を明らかにしたい。保育者はこれらの問題に対し，日々の実践を工夫し改善している。それが「保育研究」と呼ばれるには，その成果を単に個人の感覚や感想にとどめるのではなく，記録をとり，それをまとめ，何らかの一般化を図ること，そして何らかの形で公表することが重要となる。それによって実践の中で得られた知識や原理が他の保育者の実践の参考となる。

　保育研究を行うことを通して，保育者の子ども理解や保育スキルの向上が得られ，またその成果を他の同じような課題を抱えている保育者と共有し，解決への示唆を示すことができる。さらに，発達や保育の理論に基づくトップダウン型の実践とは逆に，保育研究の中からボトムアップ的に保育の理論が生成されていくことも重要な意義である。

　保育研究は基本的に保育者自身が行うものであるが，関心をともにする研究者の参加や援助により協働の研究チームを作ることもできる。保育に専念することが第一義である保育者にとって，保育の記録や分析などに人手や時間を割くことは難しい。その点で，外部の研究者の援助を受けることは有効である。基礎研究等で子どもの観察や実験を行うために幼稚園や保育所に出入りし，保育という実践の中でさまざまに変化していく子どもの姿や，子どもの変容に果たす保育者の役割を見る中で，保育の意義や成果を学びたいと思うようになる研究者も多い。また自分のもつ発達理論や研究手法を，保育の実践の中で保育者とともに検証していきたいと願う研究者も多い。こうした研究者が保育研究の有力なパワーとなる。

第2節　保育者と研究者の協働のあり方

1　保育者と研究者

　保育者は保育の専門家であり，個々の子どもの日常や背景，またその園で行わ

れる保育の実際をよく知っている。保育の中でさまざまな問題を感じることができる。しかし，あまりに当然のこととして行っている実践の意味を，ときに理解していないということもある。

研究者はある程度一般化可能な発達や個人差の基礎理論を知っている。また量的，質的な分析を行うための研究手法や，結果のまとめ方を知っている。しかしそれらは概念的であったり，抽象的であったりし，具体的な子どもの姿や保育の実践との対応が十分でない場合が多い。一方このような保育に対する素人感覚は，外部者として保育実践への素朴な疑問をもつことを可能とする。

2 現場からの研究課題と研究者からの研究課題

保育研究は，保育者がもつ疑問や問題を保育者自身が保育にかかわる中で解決し，解明していく過程である。研究者は現場の問題解決のサポーターにすぎず，保育者の代わりに研究者が解決するというものではない。研究者は自らのもつ知見や研究技法を提供することで研究を支える。とはいえ，研究者にとってその問題に対し興味や関心がもてない場合やその意義が理解できない場合は，単なるサービスに終わってしまいかねない。保育者はその提起した問題の意味や意義を伝えることが重要である。同時に現場に通うにつれ研究者も保育者のもつ問題意識が共有できるようになるものである。問題意識を共有できたとき，研究のモティベーションも上がり，積極的な展開が期待できる。

一方，研究者が保育の場で感じた疑問や問題を解明したい，また自己の保育研究課題を実践の中で検証したいという場合もあるかもしれない。研究者のもつ問題意識や研究課題が，保育者にとっても関心があり保育に還元されれば意義のあるものと考えられる場合には，協働研究となる。こうした研究者の関心や問題の場合，それを保育者側が自分たちの課題として理解し引き受けてくれるのでなければ，単なる押しつけになってしまう。ここでも両者の問題意識の共有が重要である。

部外者である研究者の目は，毎日の保育を当たり前のこととしている保育者には気がつかないことがらをあぶり出してくれる。たとえば，日本の保育のビデオを見た米国や中国の研究者や保育者は，年上の子が年下の子の世話をするという場面を疑問に思った (Tobin et al., 2009)。これは，彼らが子どもの世話をするのは教師の役割であり責任であると思っているからであった。一方，日本の保育者は，年長児の共感を育むことは保育における重要な目標であると考えていた。海外の保育者・研究者の視点は，日本という文化に浸っている日本人にとってあまりに

日常的で気づくことのない保育への考えを意識させる。このように現場の実践の意味を改めて問い直す機会を外部の視点をもつ研究者は与えてくれる。それもまた，保育実践の省察を惹き起こし，保育を発展させるものである。

3 協働研究の目指すもの

保育における協働研究においては，保育者と研究者それぞれが対等の立場で，専門性を生かした協働が行われることが重要である。そして，研究を通して，保育者と研究者双方の子どもや保育に関する理解が深まること，保育者は自己の実践の意味を理解し，他者に説明できるようになること，研究者は発達心理学の理論や研究成果が保育の現場とどのように結びつくのかを体感することが期待される。そして，その結果として保育の質の改善向上が得られ，子どもに貢献できること，個々の研究チームメンバーの成長と，その成果の中から保育への実践知や，子どもや発達，保育の科学的知見が得られることが理想である。

第3節　協働の進め方

1 チームの形成まで

保育者と研究者は各種の保育研究会，園内研究や公開研究などで出会う。また指導教員と元指導学生という場合もあるだろう。いずれにせよ，共同研究を行うまでに保育者と研究者は互いを理解しあうことが重要である。とくに，保育観や子ども観がある程度一致していることが，問題のとらえ方や研究の方向を決めるうえで支障なく研究を展開できる要因の一つである。したがって，研究のための協働チームを新たに作るというよりも，日頃から交流のある保育者と研究者が共通に関心のある課題の解決に協働してあたるというチームの組み方が理想である。

2 研究計画の立案と倫理

まず，研究の目的，方法の立案を行う。研究の実施にあたっては，各園の状況に応じて柔軟な対応が求められる。研究のための研究となって，保育に不適切な影響を与えたりすることがないように，十分な配慮が必要である。協働研究者それぞれの役割分担もここで明確にしておく。とくに，園の物理的人的環境や保護者との関係等は，研究を行ううえで十分に配慮しなければならない。また当然であるが，実践にあたる保育者に過度な要求をしたり，対象となる子どもに負担になるものであってはならない。可能な範囲で最大の努力をするというバランス感

覚が求められる。保育者と研究者が対等で互いに自己の意見を主張できる関係でないとどちらかに無理がいき，研究者の意向を過度に反映した保育者にとっては不自然な保育実践が求められたり，研究としては内容や記録が不十分な実践に終わってしまったりすることになる。

　研究計画が立案されたら園長をはじめとする教職員に研究内容を説明し，研究実施の許諾を取ることが重要である。園の保育の最終責任者である園長などの管理職が了解していない形で研究を進めることは不適切である。また保育は園全体のチームとして展開されており，園内で行われる研究の影響（たとえば，外部者がビデオ撮影を行う）は対象となるクラス以外の他のクラスの子どもにも影響する。そのためにも，他のクラスの保育者も研究の実施を了解しておく必要がある。また，特定の保育者や子ども個人が対象である場合は，当人（子どもの場合は保護者）に研究の目的を示し研究参加の同意書を得ておく必要があろう。さらに研究開始に先立ち，その成果の公表の仕方についても明らかにしておく必要がある。学会等での公表を目指す場合は，研究対象者へのインフォームド・コンセントがとられているのか，また公表にあたってのオーサーシップをどうするかについてもきちんと詰めておく必要がある。

3　協働研究の展開

　アクションリサーチ：保育研究は，保育実践の中での問題を実践の改善を通して解決していくという手法をとる。このような実践改善のための研究手法で最も一般的なものはアクションリサーチである。アクションリサーチとは，「よりよい実践づくりをめざして，そのあり方を行為を生成しながら研究し，また次の行為を生成していく発展的な実践研究の方法」（秋田，2001, p.99）をいう。保育者と研究者は協働してカンファレンスを行い，問題を共通理解し，実践的解決法を生成し，園に応じた適切な方法を決定し，保育者がそれを実践する。そして，その成果を評価するとともに，この一連の研究の過程を省察する（図9-1：中澤，2011）。

　問題の発見と意識化：保育者が日常の保育の中で感じる問題や疑問を同定する。研究者から，疑問や問題が提起される場合もある。いずれにせよ，前述のように，その問題が相互の共感や関心を生むことが協働研究では重要となる。

　問題の理解：問題の理解では，問題点の整理と研究チームによる共通理解（共有と明確化）が必要となる。

　解決法の生成と決定：次に，その問題に対する適切な研究方法や実践的解決方

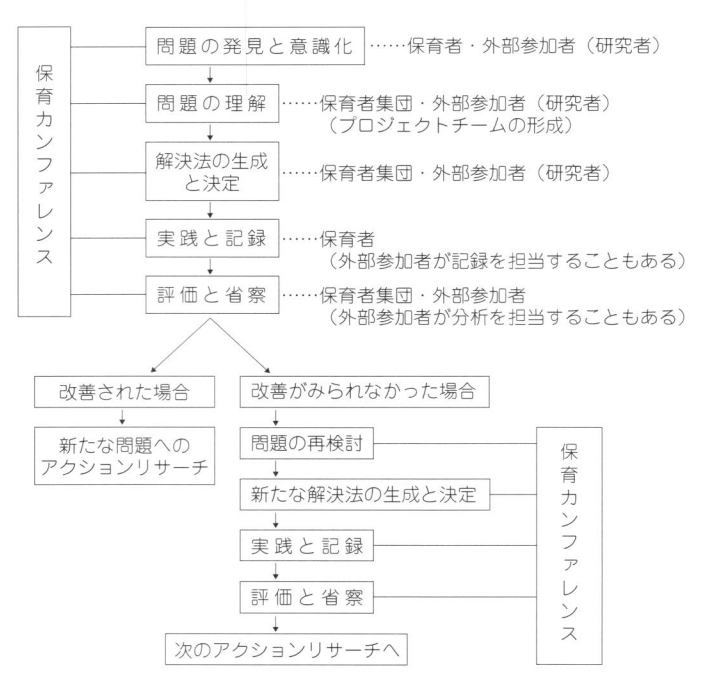

```
┌─────┐  ┌──────────────┐
│ 保  │─→│ 問題の発見と意識化 │……保育者・外部参加者（研究者）
│ 育  │  └──────────────┘
│ カ  │  ┌──────────┐
│ ン  │─→│ 問題の理解 │……保育者集団・外部参加者（研究者）
│ フ  │  └──────────┘   （プロジェクトチームの形成）
│ ァ  │  ┌──────────┐
│ レ  │─→│ 解決法の生成 │……保育者集団・外部参加者（研究者）
│ ン  │  │  と決定   │
│ ス  │  └──────────┘
│     │  ┌──────────┐
│     │─→│ 実践と記録 │……保育者
│     │  └──────────┘   （外部参加者が記録を担当することもある）
│     │  ┌──────────┐
│     │─→│ 評価と省察 │……保育者集団・外部参加者
└─────┘  └──────────┘    （外部参加者が分析を担当することもある）
```

図9-1　保育研究におけるアクションリサーチの流れ（中澤，2011を修正）

法のアイデアの出し合いや話し合いを通して，問題解決のための園環境に適した計画を立案する。研究上の役割分担なども決める。

　実践と記録：決定された実践的の解決法を保育者が実践する。その様子は記録され，それをもとに実践過程の適切さや結果を分析する。あるいは保育者や保護者への質問紙調査，子どもへの調査等により実践の効果を分析することもある。

　評価と省察から次の研究へ：最後に，実践が問題や疑問を解決したかどうかの評価と，この研究活動から得られたことや不十分だったこと等，研究過程総体についての省察を行う。ここでは，実践が適切に行われたか，実践された解決法が有効であったか，有効でなかった場合その原因は何かを検討する。問題が改善されたならば，さらに話し合いをとおして次の課題が明確化され，それへの対応が行われる。問題が改善されなかった場合には，その原因を検討する中から次の解決方法の生成と決定がなされ，さらに実践が続けられる。このような持続的発展的な実践の積み重ねがアクションリサーチの特色である。この過程で得られた経験や実践的な知識は，保育者個人や保育者集団，また研究者の共有の財産となり，保育の質の改善に有効な蓄積となる。また，他の保育者・研究者にもその過程や

成果を公表するならば，実践の中から得られたさまざまな知識の広い共有化が可能となる。

第4節　協働の例

1　園庭環境を豊かにする試み

保育者たちは，平坦で固定遊具と砂場のある園庭では幼児の活動が単調になりがちであることに問題を感じ，園庭の環境改善を試みてきた。当初，自由に泥団子が作れる場を作ろうと 1 m³ の土を入れたところ，わずか高さ 50cm の小山でも幼児は上に立ち「ヤッホー」と叫んだり，両手を広げて鳥のように飛んだりした。そこで，さらに土を増やし，子どもが土山にかかわる姿から，「環境としての土山の意味」を検討する実践研究を始めることとした。発達研究者（観察，ビデオ撮影，分析を担当）の参加を求め，カンファレンスを重ねた（當銀ほか，2002；當銀ほか，2004）。

土を増やしブルーシートを土山にかけて園児とともに土を固める作業を行った。シート山はつるつる滑り，山頂に登ることは大きな挑戦となり，山頂からどの方向にも滑ることのできる滑り台ともなった。その後シートをはずすと遊びの内容や参加するメンバーも代わった。そこでシートをかけた山とはずした山でのそれぞれの遊びの記録から，その環境としての意味を考えることとした。

カンファレンスでは，研究者は観察データの分析結果を報告し，保育者は土山をめぐる子どもたちのエピソードを報告した。それらを総合し，仮説を生成し，討議し，理論を協働産出した。土山でみられた行動を「生起場面」「環境特性」別に整理したところ，土山の「山頂の高さ」「斜面の存在」「土質」が，幼児にさまざまなイメージ，身体的な動き，感覚的な楽しみを与えていることが明らかとなった（図 9-2）。保育者への調査から幼児にとっての土山の魅力や意味は表 9-1 のようであった。また，保育者・研究者の観察した幼児の事例を表 9-2 に示す。

2　保育者はどこを見ているのか

大学院生でもある保育者が，実習生の指導に生かせる協働の保育研究をしたいという希望をもった。この保育者，他の大学院生，大学研究者がカンファレンスを行い，アイデアを出し合う中からエキスパートの教員と教育実習生は保育中に視野に映るものをどのように見ているのか，なぜそのような見方をするのかを調べることとした（浅川ほか，2008）。同僚の保育者2名（保育経験が 21 年と 16 年），

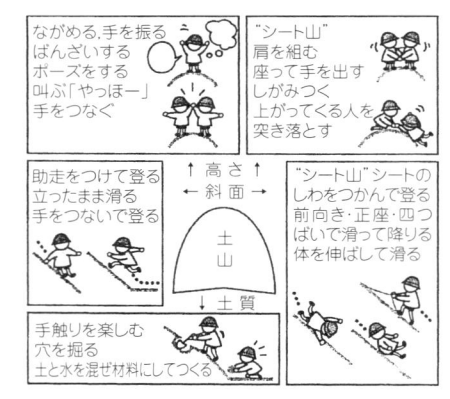

図9-2 土山で観察された姿 （當銀ほか，2004）

表9-1 土山の意味 （當銀ほか，2004）

異空間である	視点の高さ	→	イメージ・優越感
目標となる	山は登頂をうながす	→	達成感・効力感
にぎわいの場である	身体接触	→	相互作用・楽しさ
宝の山である	土の感触・性質	→	造形・発見
夢中になれる	全身運動・滑る	→	めまい的遊び
健康増進の場である	運動量	→	発散・心身の健康
学びの場である	仲間関係・身体知・土の性質		
育ちの場である	表出・くり返し	→	成長
表現の場である	ステージ	→	喜び・空想・ふり
発見の場である	幼児・環境の新たな可能性		

表9-2 土山・シート山でみられた事例 （當銀ほか，2002）

B児 （5歳）	汚れることをきらい，砂遊びもしないB児が，友だちとともに両手を泥にうずめチョコレートづくりに励んだ。また慎重で人が群がるところをきらうB児が，自ら裸足になり何度もくり返してシート山登りに挑戦する姿に保育者は驚く。
C児 （4歳）	自分の思いのみで遊ぶので，友だちが離れてしまうC児は，1人ではシート山に登れず，保育者の手を借りて頂上に登り大よろこびする。しかし，後から登ってくる友だちを次々と突き落とし，逆に友だちに落とされる。C児は泣きながら必死に自力で登ろうとする。そのC児に友だちが手を差しのべ，友だちの手を借りて再び頂上に登れる。その後C児は登ってくる友だちに手をさしのべいっしょに落ちても怒ったりはしない。その後も，遊びのなかで友だちの思いや考えを少しずつ受け入れられるようになった。

保育実習生6名が協力し，目の高さにつけた小型カメラで保育中に見ているものを5～10分録画した。6秒ごとに記録された視野画像を提示しながらその都度，「どこを見ていたか」「なぜそれを見ていたか」を尋ねた。保育現場の実感に応じた分析カテゴリーの設定や数値的な結果の解釈にあたっては，保育者の体験的な解釈基盤を優先した。

　保育者は多くの時間を全体の把握に費やし，どこかに焦点を当てている場合は子どもを見ていることが多い。一方実習生は，全体を見ることは少なく，子ども以外に焦点を当てていた。これは実習生が子どもを援助するという視点ではなく，子どもと同じ視点に立ち，子どもが見るものを見ていることを示唆している。保育者は全体を見ているときには教育的意図はないが，対象が明確な場合は教育的意図を有していた。たとえば，虫採りの場面で，保育者からは「虫採りの様子を見ようと思った」「子どもに教えようと思った」など子どもの活動を発展させるため，その機会をうかがう教育意図が感じられる回答が得られたが，実習生は単に「虫を捕まえたい」「虫が採れたみたいだった」という事実をそのまま述べていた。実習生は保育の展開の見通しがもてておらず，どのような援助をどのようなタイミングで行えばいいかの基礎的な知識に欠けていることによるのだと考えられた。

　この保育研究から，教育実習生の指導にあたり，個々の活動のねらいや教育意図を十分理解させることが重要であること，それによって，自ずと何を見る必要があるかが明確になっていくと考えられた。

第5節　協働研究の今後

　少子化社会において，個々の子どもの発達への保護者の期待は大きい。また，多様な子どもへの発達支援も保育現場においてはますます重要な課題となっている。さらに乳幼児期の家庭養育の補完や，就学後の教育の基盤構築のため，より質の高い保育や幼児教育への期待が大きくなっている。このような期待に応える質の高い保育実践を確立し，保育者や保育者集団の力量を向上させるために，保育研究は今後ますます重要なものとなる。さらに，今後は保育の成果のエビデンスベースによる実証もますます求められるであろう。とくに，保育者と研究者の協働はそれぞれのもつ能力や資源を交流しあうことで，問題の発見，実践的解決，実践的一般化に有効である。保育研究において研究者は，保育の実践から何を学び，保育の実践を支援するために何を提示できるかが問われることになる。同時

に，協働の中でよりよい保育を保育者とともに開拓できることは，大きな楽しみをもたらす。

引用文献

秋田喜代美．(2001)．教室におけるアクションリサーチ．やまだようこ・サトウタツヤ・南博文（編），*カタログ現場（フィールド）心理学*（pp.96-103）．東京：金子書房．

浅川繭子・泉井みずき・加藤麻里恵・中澤　潤．(2008)．エキスパート幼稚園教員の視点分析から見た保育者の専門性：実習生との比較．千葉大学教育学部研究紀要，**56**，105-110．

中澤　潤．(2011)．発達を明らかにする．無藤　隆・藤﨑眞知代（編），*保育の心理学Ⅰ*（pp.141-161）．京都：北大路書房．

Tobin, J., Hsueh, Y., & Karasawa, M.（2009）. *Preschool in three cultures revisited: China, Japan, and the United States*. Chicago, IL: The University of Chicago Press.

當銀玲子・横　英子・高梨智子．(2002)．園庭環境を豊かにする試み：土山から生まれる幼児の活動．日本保育学会第*55*回大会研究発表論文集，782-783．

當銀玲子・中澤　潤・横　英子．(2004)．土山とシート山の利用から生まれる幼児の活動：研究者と保育者による現場研究の試み．日本保育学会第*57*回大会研究論文集，726-727．

参考文献

森上史朗・大場幸夫・無藤　隆・柴崎正行（編）．(1988)．*乳幼児保育実践研究の手びき*（別冊発達7）．京都：ミネルヴァ書房．

日本保育学会倫理綱領ガイドブック編集委員会（編）．(2010)．*保育学研究倫理ガイドブック*．東京：フレーベル館．

第10章
困難を抱える子どもの保育への支援

藤崎春代

　障害の早期発見や早期療育の取り組み，さらには統合保育の取り組みがはじまってから，早い自治体では約30年が経過し，乳幼児期に障害の診断がつく子どもの保育については，一定の蓄積がなされてきているように思われる。それに対して，近年，保育者を戸惑わせているのは，保育上の困難を感じるものの，障害児と考えてよいのかどうか迷う子どもの存在である。こうした子どもについては「気になる子」と呼ぶことも多く，1990年ごろからさまざまな検討がなされてきた。本章では，困難を抱える子どもやその保育の特徴を整理したうえで，困難を抱える子どもの保育に対して発達支援者は何ができるかを述べる。

第1節　困難を抱える子どもとその保育の特徴

　障害をもつ子どもを保育する場合，保育者はまずそれらの障害の特徴を知り，そして，その障害特徴を組み入れた保育の取り組みを考えて実践する。それに対して，困難を抱える子どもの保育に取り組む場合，そもそも何が困難なのか，何が気になるのか，を整理することが最初の検討課題となる。そして，どのような整理がなされるのかにより，保育の取り組みは異なる特徴をもつ。

1　子ども像や問題像を整理することが困難
　保育者は目の前にいる子どもについて「何か気になる」とは思いつつ，そもそも気にすることが適切かどうかについて悩むことが多い（藤崎，2005；藤崎・木原，2010）。しかも，気になり方が保育者間で一致しないことも多く（本郷ほか，2007），保育者はよりいっそう戸惑う。しかし実は，研究したり支援したりする側においても，「困難を抱える」とはどのようなことなのかについて，統一された見解があるわけではない。

たとえば,「気になる子」を論文題目に含む研究は数多いが,これを英訳しようとするとき,どのように表現するかは定まっていない。最近の論文を概観すると,「気になる子」の英語表現には大きく2つの流れがある。

ひとつは,children with special needs（池田ほか,2007）や children with special educational needs（斎藤ほか,2008）などのように,「特別なニーズ」がキーワードとなる研究である。これらの研究は,2007年の特別支援教育開始前後から増加し,診断されている・いないにかかわらず,障害,とくに発達障害を念頭において,子どもの側に困難の源を想定しているようである。こうしたとらえ方を背景とした場合,保育者は,保育の取り組みを考える前提として,専門機関での受診,さらにできるならば専門の治療・教育を受けてほしいと願う。そして,保育者自身も発達や障害の専門家から保育への示唆を得て,保育に取り組んでいこうとする。

それに対して,もう一方は,difficult children（刑部,1998；請川,2006）と表現する研究である。各論文において明記されてはいないものの,「難しい子」という表現は,トマスとチェス（Thomas & Chess, 1980/1981）の気質研究のタイプの一つを連想させるものである。実際,これらの論文においては,健常範囲内における子どもの特徴と周囲からのかかわり方との相互規定的相互作用の考え方を反映する保育の分析がなされ,保育者が保育の取り組みをふりかえり,子どもの特徴を受け入れつつ自らの子ども観や保育観を変容させていく過程に着目がなされている。

困難を抱える子どもについての研究は数多くなされているものの,「特別なニーズをもつ子」ととらえる研究と「難しい子」ととらえる研究とが,同じ特徴をもつ子どもに対する異なる視点に立つ研究であるのか,そもそも異なる特徴をもつ子どもに対する研究であるのかについては十分な検討がなされておらず,今後の課題である。

2　保育者と保護者との間で共通理解が困難

1990年代から,気になる子どもの問題は指摘されてきているが,前述のように「困難」や「気になる」についての統一見解がないことを反映して,「そもそも保育者はどのような子どもが気になるのか」を整理する実態調査研究が,現在も多く行われている（久保山ほか,2009；郷間ほか,2008；斎藤ほか,2008）。そして,結果として,発達障害の疑われる子どもの特徴が抽出されることも多いが,それと同様に,あるいはそれ以上に指摘されることが多いのが,困難を抱える保護者や気になる保護者の存在である。これは,近年,家庭や地域の子育て力の低

下にともない，保護者や地域への子育て支援も保育の取り組みに含みこまれるようになってきている状況に対応するものであろう。なかには，杉山（2007）が「第四の発達障害」とよぶ児童虐待の疑われる場合や，保護者自身が心理的問題を抱えている場合もある。こうした場合は，保育の取り組みだけでは不適切であり，他機関・他職種との連携を図ることとなる。

しかし，困難を抱える子どもの保護者とかかわる際の保育者の悩みの多くは，「保護者が子どもの問題を認めようとしない」や「保育者の感じている問題をどのように保護者に伝えればよいのかわからない」という共通理解のもちづらさに関する悩みである（藤崎，2005；藤崎・木原，2010）。この共通理解の難しさの源としては，前述のように，保育者自身が子ども像や問題状況を整理しにくいという，困難を抱える子どもの特徴が反映されているといえる。保護者と保育者との関係構築の前提として，子どもの状態や困難な状況の整理への支援がなされる必要がある。

3 周囲の子どもの抱える困難

保育者は，保育を進めていくにあたって，困難を抱える子どもの保育のみに悩むわけではない。当該児と周囲の子どもたちとのかかわりにも悩む（郷間ほか，2008）。とくに，当該児が対人面での問題行動を特徴とする場合，周囲の子どもは，当該児とコミュニケーションがうまくとれず不全感をもつのみでなく，攻撃行動を向けられたり，保育活動に参加しづらい当該児に保育者が対応している間は待たされたりすることもある。しかも，当該児が難しいことばづかいをしたり，豊富な知識をもっていたりすることも多く，困難を抱えていることが周囲の子どもにわかりにくい。自分たちと変わらないように思えるのに，でも，なんだかよくわからない仲間を前にして戸惑い，保育者が行う特別な配慮に対して，なぜ，あの子だけが許されるのかという疑問や不満を保育者に問うてもくる。保育者は，そうした子どもたちの問いに対して，どう応えていくのか，深く悩むこととなる。

相川・仁平（2005）は，小学校以降の教育の場で，周囲の子どもに障害のある子どもについて語る際の12の要素を整理している。しかし，実際には，園の4歳児クラス頃から，当該児についての疑問や不満を保育者に伝える子どもが出てくる。こうした場合，保育者は，自らの保育の取り組みを見直すと同時に，当該児の保護者との協議を経て，クラスの子どもに説明をして理解を求めることも多い。ただし，幼児期におけるそうした取り組みについての研究は少なく，今後の課題である。

第2節　困難を抱える子どもの保育への発達支援

　困難を抱える子どもの保育への支援は，コンサルテーションの形態をとることが多い。コンサルテーションとは，専門家（コンサルタント）が，クライエント（困難を抱える子ども）に直接にかかわる他の専門家（コンサルティ：たとえば，保育者や教師）の機能を改善しようとするとき，その専門家同士の関係をいう（Gutkin & Curtis, 2009）。コンサルタントからとらえれば，クライエントへの支援のあり方は他の専門家を介した間接的なものであり，直接的支援とは異なる特徴をもつ。

1　子どもや問題状況や保育の取り組みについてのアセスメント

　発達支援を行う場合には，困難の源をどこに求めることが適切なのかということから始める必要がある。前述のとおり，保育者は，悩みつつも，なにがしかの源を想定して，子どもや保護者そして周囲の子どもへの取り組みをすでに行っているが，その源の想定が適切であるのかどうかを吟味するための資料収集とアセスメントの作業が支援者に求められる。アセスメントが適切に行われ，保育者が子ども像や問題状況の全体像を理解できたとき，保育者のもつ専門家としての力が発揮され，さまざまな保育の取り組みが試みられるようになる。

　支援者が子どものアセスメントを行う場合のひとつのツールは，発達検査や知能検査である[1]が，学習障害などのように乳幼児期に診断がつきにくい発達障害もあり，乳幼児期には障害が顕在化しない子どもも少なくない中では，検査結果の解釈には特別な配慮が必要である（川畑ほか，2005；上野ほか，2005）。たとえば，学習の困難や落ち着きのなさを主訴として心理相談室に来所した児童・生徒のウエクスラー式知能検査（WISC-Ⅲ）結果を分析した研究（佐藤ほか，2010）では，全体IQが平均以上であり，言語性と動作性のIQ間の有意差もない子どもが約4割いた。ただし，こうした子どもも，言語理解・視覚統合・注意記憶・処理速度といった群指数間においては有意差がみられており，こうしたずれが児童の臨床像を表している可能性が示唆されている。この結果は，乳幼児期のみでなく学齢期になっても，本人の抱える困難が周囲から認識されにくいという特徴と対応するものであり，群指数や下位検査まで丁寧に吟味してアセスメントする必要があ

---

[1]　発達支援者がアセスメントを行うという支援ではなく，保育者自身がアセスメントできるようにチェックリストを開発するという方法での支援もある（本郷，2006）。

るといえよう。

　検査を実施しない場合はもちろん，実施する場合でも，保育場面での観察に基づくアセスメントは重要である。通常，初めての大人（検査者）とやりとりする検査場面よりも，慣れ親しんだ保育場面における方が有能にふるまえると考えられるが，困難を抱える子どもの中には，求められる活動が明確な検査場面での方が有能さを発揮できる子どももいて，保育者を驚かせる。

　保育場面でのアセスメントの際には，子どもの抱える問題と保育の問題との絡み合いについてアセスメントを行う必要がある。このアセスメント作業においては，支援者は保育の専門家ではないことも多く，保育者との協働が不可欠である。この協働は，支援者が検査結果や観察に基づいて提示したアセスメント仮説を保育者とともに精緻化していく過程であり，両者が納得のできるアセスメントを作り上げていく過程である（藤崎・木原，2005）。このアセスメントの精緻化のあとに，新たな保育の取り組みが検討される。なお，アセスメントは，支援の計画を立てるためのみでなく，支援の成果やコンサルティのさらなる取り組みのためのフィードバックを行うためにも継続される必要がある（Schaughency et al., 2010）。

　なお，通常，コンサルテーションについて検討する文献の多くは，コンサルタントが外部の人間であることを想定しているが，園の内部者が発達支援者の場合もある（たとえば，園が雇用している心理の専門家や，保育者の中で発達支援について専門的に学んだ者など）。外部の人間であることの利点として，コンサルティとは異なる視点をとることができ，利害関係なく協働ができることがあげられるが，内部知識の不足が問題点として指摘されることも多い。一方，内部者の場合には，組織内の人間でありながら組織に対して働きかけるという二重役割から来る葛藤が問題点として指摘されるが，内部者としての知識を含みこんでアセスメントや支援計画立案を行うことができ，長期的にかかわって成果のフィードバックを行えるという利点もある。両者のメリットとデメリットを踏まえた協働のあり方を模索する必要がある。

2　保育者の保育のふりかえりを促す

　前節のアセスメントは，問題に焦点化したアセスメントであり，支援であるが，コンサルティである保育者に焦点化した支援もある。いわゆる障害児に対する保育も，保育者にとって大きな危機となりうるが，しかし，健常児対障害児という二元的なとらえ方をする限りにおいて，障害児に対する保育は健常児に対する保育のプラスαとなったり，保育上の工夫を生みだす契機となったりはしても，自

分の保育観自体を揺るがすものではない。それに対して，困難を抱える子どもの保育は，困難がとらえにくく，保育者間や保護者との間で共通理解を得られないことも多いため，保育者は，子ども・保護者・保育者自身という三者が織りなす保育という営みをふりかえらざるをえない（藤崎・木原，2010；正岡，2007；山川，2009）。しかし，そのことが，保育者としての成長を促す契機となるという側面がある。

　鯨岡（2000）は，保育者の専門性として計画・立案の専門性，実践の専門性，ふりかえりの専門性の3種を指摘しているが，保育者は，子どもの次への育ちを願うあまり，計画・立案や日々の保育実践に比べ，自らの取り組みのふりかえりを行う機会が少なくなりやすい。しかも，ふりかえった場合にも，遅れている部分やうまくいかない部分に注目することが多い。この場合，支援者が保育の取り組みと絡めた子どもや問題状況のアセスメントを行うことは，保育者のふりかえりを支援することにつながる可能性がある。なお，このとき，担任・担当のみでなく，保育者集団という園内組織に注目することが必要である。園長や主任，あるいは他クラス保育者という立場の人々がそれぞれにふりかえることにより，保育者という大括りではない役割分担に基づいたふりかえりができる（藤崎・木原，2005）。また，ふりかえりは支援者にとっても自らの専門性向上のために必要であり，そのふりかえりは，保育者のふりかえりと絡めて行う必要がある。

3　システムとしての保育支援

　保育というと子どもと担任保育者とで営まれていると思われがちだが，保育は多くの人々や機関からなるシステムとして営まれており，保育に対する支援もシステム構築の視点から行う必要がある（藤崎ほか，2000）。

　システムというとき，まず，園内も一つのシステムと考えることが必要である。園においては，園長・主任・担任・担当そして他クラス保育者といった多様な役割の保育者が集団として保育にあたっており，その他，看護師や栄養士をはじめとする専門職，事務担当者など多様なスタッフで構成されている。さらには，周囲の子どもや保護者も構成員と考えることができる。支援者としては，こうした人々で構成されている園内組織におけるリーダーシップの有り様，グループの問題解決方法の特徴などといった，組織の力動的な過程にも注目しなければならない（Meyers et al., 2009）。

　さらに，園外を含めてシステムを考えることも必要となる。従来，困難を抱える子どもを目の前にした保育者にとっては，「どこに相談すればよいかわからな

い」という状況が多かったが，発達障害者支援法の制定や特別支援教育の開始などに代表される社会システム面での発達障害への取り組みの開始を背景として，園外の支援者や支援機関が増えてきた。しかし，保育システムの構築は，その構成要素である機関が増えるだけでは十分ではなく，諸機関が有機的に協働することが必要である。シェリダンほか（Sheridan et al., 2010）は，諸機関を越えた協働（cross-system collaboration）を「子どものための成果を高めるために，多様な支援システムが互いに結び付いて，ニーズを同定し，資源を蓄え，目標に到達する過程である」(p.532)と定義し，さまざまなやり方でシステム構築が図られる必要があると指摘する。医療，教育，福祉，心理などにまたがる諸機関を含むシステム構築の際には，発達支援者のもつ特徴――心理的側面だけではなく，生物的な側面や社会的な側面を含めた発達的観点からアセスメントを行い，支援方針を立てようとする――が，最大限に生かされる必要がある。

　従来から検討されてきたコンサルテーションにおいては，主にコンサルタントとコンサルティとの二者関係を想定しており，保育支援においても，暗黙のうちに，該当児の担任あるいは担当保育者にのみ焦点化して検討がなされてきた。しかしながら，園外諸機関を含みこんだ保育システム構築にあたっては，園内組織の要であり，また園外諸機関との連携を図る際の要でもある園長や主任といったキーパーソンへの注目が不可欠である。今後は，園内組織および園外諸機関を含みこんだコンサルテーションのあり方を検討していかなければならない。

引用文献

相川恵子・仁平義明．(2005)．子どもに障害をどう説明するか．東京：ブレーン出版．
藤崎春代．(2005)．「気になる」とはどのようなことか．土谷みち子・太田光洋（編著），「気になる」からはじめる臨床保育（pp.221-243）．東京：フレーベル館．
藤崎春代・木原久美子．(2005)．統合保育を支援する研修型コンサルテーション：保育者と心理の専門家の協働による互恵的研修．教育心理学研究，53，133-145．
藤崎春代・木原久美子．(2010)．「気になる」子どもの保育．京都：ミネルヴァ書房．
藤崎春代・木原久美子・倉本かすみ・長田安司・今西いみ子．(2000)．統合保育において子どもと保育者を支援するシステムの研究．発達障害研究，22，120-128．
郷間英世・圓尾奈津美・宮地知美・池田友美・郷間安美子．(2008)．幼稚園・保育園における「気になる子」に対する保育上の困難さについての調査研究．京都教育大学紀要，113，81-89．
Gutkin, T. B., & Curtis, M. J. (2009). School-based consultation: The science and practice of indirect service delivery. In T. B. Gutkin & C. R. Reynolds (Eds.), *The handbook of school psychology* (4th ed., pp.591-635). Hoboken, NJ: John Wiley & Sons.
刑部育子．(1998)．「ちょっと気になる子ども」の集団への参加過程に関する関係論的分析．発達心理学研究，9，1-11．

本郷一夫（編著）．（2006）．保育の場における「気になる」子どもの理解と対応：特別支援教育への接続．東京：ブレーン出版．
本郷一夫・杉村僚子・飯島典子・平川久美子．（2007）．「気になる」子どもの保育支援に関する研究 15：保育者間の認識差の変化について．第 49 回日本教育心理学会総会発表論文集，216．
池田友美・郷間英世・川崎友絵・山崎千裕・武藤葉子・尾川瑞季・永井利三郎・牛尾禮子．（2007）．保育所における気になる子どもの特徴と保育上の問題点に関する調査研究．小児保健研究，66，815-820．
川畑　隆・衣斐哲臣・大島　剛・笹川宏樹・伏見真里子・菅野道英・宮井研治・梁川　恵．（2005）．発達相談と援助：新版 K 式発達検査 2001 を用いた心理臨床．京都：ミネルヴァ書房．
久保山茂樹・斉藤由美子・西牧謙吾・當島茂登・藤井茂樹・滝川国芳．（2009）．「気になる子ども」「気になる保護者」についての保育者の意識と対応に関する調査：幼稚園・保育所への機関支援で踏まえるべき視点の提言．国立特別支援教育総合研究所研究紀要，36，55-76．
鯨岡　峻．（2000）．保育者の専門性とはなにか．発達，83，53-60．
正岡里鶴子．（2007）．軽度発達障害・気になる子にかかわる保育士の危機と克服と意味づけについての一考察．教育学研究（明星大学大学院人文学研究科教育学専攻通信課程），7，11-21．
Meyers, J., Meyers, A. B., Proctor, S. L., & Graybill, E. C.（2009）. Organizational consultation and systems intervention. In T. B. Gutkin & C. R. Reynolds（Eds.）, *The handbook of school psychology*（4th ed., pp.921-940）. Hoboken, NJ: John Wiley & Sons.
斎藤愛子・中津郁子・粟飯原良造．（2008）．保育所における「気になる」子どもの保護者支援：保育者への質問紙調査より．小児保健研究，67，861-866．
佐藤昌子・木村あやの・藤崎春代．（2010）．大学付属の心理相談室における知能検査を核としたアセスメントシステム：ウエクスラー式知能検査を活用した心理臨床活動における臨床心理士養成．昭和女子大学生活心理研究所紀要，12，25-38．
Schaughency, E., Alsop, B., & Dawson, A.（2010）. The school psychologist's role in assisting school staff in establishing systems to manage, understand, and use data. In G. Gimpel Peacock, R. A. Ervin, E. J. Daly Ⅲ, & K. W. Merrell（Eds.）, *Practical handbook of school psychology*（pp.548-565）. New York: Guilford Press.
Sheridan, S. M., Magee, K. L., Blevins, C. A., & Swanger-Gagne, M. S.（2010）. Collaboration across systems to support children and families. In G. Gimpel Peacock, R. A. Ervin, E. J. Daly Ⅲ, & K. W. Merrell（Eds.）, *Practical handbook of school psychology*（pp.531-547）. New York: Guilford Press.
杉山登志郎．（2007）．子ども虐待という第四の発達障害．東京：学習研究社．
Thomas, A., & Chess, S.（1981）．子供の気質と心理的発達（林　雅次，監訳）．東京：星和書店．（Thomas, A., & Chess, S.（1980）. *The dynamics of psychological development*. New York: Brunner/Mazel.）
上野一彦・海津亜希子・服部美佳子（編）．（2005）．軽度発達障害の心理アセスメント：WISC-Ⅲの上手な利用と事例．東京：日本文化科学社．
請川滋大．（2006）．保育者は"気になる子"をいかに支えているか：入園時からの縦断的観察を通して．日本女子大学紀要家政学部，53，23-33．
山川ひとみ．（2009）．新人保育者の 1 年目から 2 年目への専門性向上の検討：幼稚園での半構造化面接から．保育学研究，47，31-41．

第11章
学校教育の発達的な基礎と学習者としての育ち

岸野麻衣

　現在の日本では，小学校教育6年間と中学校教育3年間という区切りで義務教育が制度化されている。これには近年，さまざまに問題提起もなされており，小中一貫教育の取り組みの中では5・4制等の試みもなされつつある。そもそも，年齢という枠組みで区切って，子どもを生活文脈から切り離した「学校」という施設で教育を行うようになったのは，産業の発展にともなってのことである（Rogoff, 2003/2006）。国によってその区切り方や学校システムも異なり，制度や文化によって発達がつくられるともいえる。本章では，子どもの発達の基盤ともいえる日本の学校教育の特質と，そこで子どもが「学習者」になっていく過程について検討していきたい。

第1節　小・中学校における発達を支える学習環境

1　小学校教育の特質

　幼稚園・保育所から小学校への移行においては，さまざまな側面で相違があり，ときとして小学校に入学した子どもが席に座っていることができず騒ぐ等の問題が生じており，しばしば「小1プロブレム」とも呼ばれている。こうした問題が生じる背景には，小学校特有の空間・時間の枠組みや教師の意識の違いといった学校文化があるといえる。

　まず空間の相違については，幼稚園や保育所では，通園において保護者やバスによる送迎が行われるのが一般的だが，小学校では登校班などはあるにせよ，子どもが自分で登校していく。就学後の保護者の最も大きな心配は登下校であり（堀越・久田，2010），これは子どもにとっても生活空間が大きく広がる出来事であるといえる。学校に着いてからは，一人一人に机と椅子が割り当てられ，主にそこで学習活動を行う。幼稚園や保育所でもテーブルに向かって座り，集団で活

動を行うこともあるが，その割合は小学校に比べると少ない。小学校では空間が個々人に区切られ，個々の子どもが自分で身の回りを管理していくことが求められることになるといえる。時間の枠組みについては，時間割が大きなものとして挙げられる。幼稚園や保育所でも，1日の生活について，自由遊びや集団遊び，食事や午睡など，大きな枠組みは存在している。これが小学校になると，1時間を単位として細かく活動内容が決められていく。それにより，さまざまな課題を細分化して少しずつ取り組んでいくことになるといえる。

　教師の意識も異なるとされている（野口ほか，2007）。たとえば教師の指導のあり方において，幼稚園では教師が子どもの行動から思いをくみ取って共感的にかかわり子ども主導で活動を展開しようとすることが多いのに対して，小学校では，教師が子どもと直接やりとりをして明確に方向づけ，知識を伝達する役割を担おうとすることが多いとされている。子ども同士のトラブルについても，幼稚園の教師は，自分を主張し人間関係を形成していく「成長の機会」としてとらえるのに対して，小学校ではこれらの点は達成されたものとして，攻撃やけが，いじめなどの「問題」としてとらえることが多くなる。

　このように幼稚園・保育所と小学校の間にはさまざまな相違があり，菊池（2008）はその移行プロセスについて，子どもが能動的に環境と相互に調節し合う関係に注目し，「発達的ニッチ理論」（Super & Harkness, 1986）を援用して，学校という発達の場で生じる相互調節過程を分析している。5人の子どもたちの幼小移行を追跡した結果，子どもによって相互調節の仕方が異なり，相互調節に対する積極性の差異が問題を生じやすくすることが明らかにされている。空間や時間などの環境や教師の意識について，子どもがそれをどう体験しどう相互調節していくのかということも含みこんで検討していく必要があるといえる。

2　中学校教育の特質

　小学校から中学校への移行においても，さまざまな側面で相違があり，中学校1年生で最も子どもが不適応を起こしやすいことから，その問題はしばしば「中1ギャップ」とも呼ばれている。こうした問題の背景には中学校教育のどのような特質があるのだろうか。

　まず空間という点では，学区が広くなり，子どもの行動範囲も広がっていく。携帯電話やインターネットの普及にともなって，子どもによってはネットワークがさらに広がっていく。時間の点でも，夜遅くまで起きるようになるなど，活動範囲は時間的にも広がっていくといえる。

学校内のことについていえば，小学校では主に学級担任制であったのが中学校では教科担任制となることが大きな変化として挙げられる。つまり，いつも教室に担任教師がいる空間から，教科によって教師の出入りのある空間になる。教科ごとに授業の進め方や関係性が異なり，異なる授業空間が展開されることになる。また，小学校よりも1コマの授業時間が少し長くなる。その区切りも，小学校のときは担任教師の裁量で緩やかにされることがあったのが，中学校では授業をする教師が入れ替わる分，はっきりと区切られるようになることが多い。

　教師の意識の相違も指摘されている。酒井ほか（2002）は，小中学校で理科の授業観察と聞き取りを行って言説の違いを検討した結果，学校段階の違いによって鮮明に指導観の違いが現れていた。小学校の教師には，主体的学習や生きる力などの言説が多く取り込まれていたのに対し，上の学校段階になると，知識の体系化や法則性といったことが支配的になっていた。小学校の教師は思考のプロセスを大切にしながら授業を進めるのに対し，中学校の教師は教科の専門性に優れ，学問の系統性を意識した授業を進めていることも指摘されている（西川，2006）。

　このような背景のもと中学校では，子どもにとっては教師との距離が大きくなり，関係を築くまでに時間がかかるうえに，授業のスピードは早くなるため緊張が続き，学校生活全体の慌ただしさに適応する必要もあることが指摘されている（児島，2006）。

第2節　学習者としての適応と教師のかかわり

1　小学校における学習者としての育ち

　前節で述べたように小学校では，個々人に空間が与えられ，自律を課されつつ，多様な課題に少しずつ時間をかけて集団で取り組んでいき，教師も自由な思いに寄り添うよりは指導的になっていく。こうした中で子どもは明示的な「学習」に向かっていき，「学習者」としての振る舞いを身につけていくといえる。幼稚園や保育所では，さまざまな遊びの中で文字や数，社会の仕組みに触れ，他者とのかかわり方について学んでいくが，それは無自覚なものである。小学校に入ると，それが自覚的なものになっていくといえ，ここではその過程を，低・中・高学年という段階に分けて述べていきたい。

　低学年では，集団で円滑に学習を進めていくために，ルールやルーティンがさまざまに導入される。学習の準備・あと片づけに関するものや話し方・聴き方に関するもの等，一斉授業を成り立たせるためのさまざまなルーティンやルールが

時期に応じて導入されていく（香川・吉崎，1990）。教室全体でのやりとりも，入学直後は教師と一人一人の子どものやりとりが中心だが，一対多のやりとりがさまざまな方法で少しずつ導入されていく。たとえば清水・内田（2001）は，対話参加へのはじめの一歩として朝の会に注目し，入学直後から夏休みまでの様子を追っている。その結果，教師は場面や時期に応じて指示や説明等の直接的な働きかけや子どもたち自身による進行を支援する働きかけを行っており，子ども主導で朝の会が行われるようになっていく過程が明らかにされている。また授業においても，教師が主導し（initiation），それに対して子どもが反応し（reply），それを教師が評価する（evaluation）という，I-R-E 連鎖が導入され定着していく（Mehan, 1979）。磯村ほか（2005）は，教師が「みんな」という聞き手を導入し，一対一から一対多へと場の参加構造を転換していく過程について，発話の宛先の修正，「聞こえ」の修正，「見え」の修正という場面を取り上げ，言語的・非言語的振る舞いを明らかにしている。このようにして子どもが授業に参加する過程では，絶えずルーティンが生み出され，修正されながら形成されていく（無藤・本山，1997）。そこでは教師は，単にルールやルーティンを徹底して指導するのではなく，学習内容の指導や学級内の人間関係の調整にも結びつけながら，総合的に指導していく（岸野・無藤，2005）。子どもは，授業を通して学習活動を行いながら，同時に学級の人間関係を形成していき，こうした中で，集団で学習していくためのルールやルーティンを学んでいく。それは，集団で学習していく姿勢を身体化していく過程であるともいえる。おおよそ低学年の段階で，座って課題に向かい，他者の話に耳を傾け，授業に特有の仕方で自分の考えを発するといった，教室で学習する身体的構えが形成されていくのである。

　中学年になると，基本的なルールやルーティンがある程度前提のものとなっていき，学級の規範が形成されていく。ちょうど段階的にも，学級の中にいくつかの部分集団ができ，学級への所属意識も生まれていく時期である（中島，1993）。大人から社会性の基本や価値を教わって生活上必要な習慣や技能を身につけていく段階から，社会的な規範や道徳的な価値について子どもたちが自分なりに形成していくようになる（川島，2004）。授業の中でもこうした様子は見られるようになっていく。たとえば，教師の主導に対して子どもが答える場面で子ども同士で「じゃんけん」をして答える（保坂，1998）というように，学年が上がるにつれて，ルーティンが子ども独自の方法で変更されうる。本山（1999）もまた，総合的な学習での子どもの様子から，「ちゃかし」という一見ふざけているように見える振る舞い方を示していながらも，子どもなりに学習に参加している過程を明らか

にしている。さらに岸野・無藤（2009）は，学級目標として教師が提示した学級規範の原則を子どもたちが遊びながら使用していき，受け入れていく過程を明らかにしている。学習に向かう振る舞い方は，教師が指導したやり方を受け入れて身体化する段階から，子どもたちなりに修正され，共有されて学級に特有の価値が形成されていくといえる。

　高学年になると，教師の働きかけに児童が応答するという授業の中での暗黙的なルールはほとんど定着するようになる（岸・野嶋, 2006）。むしろ授業の中で求められるルールの質が変化していき，より学習活動に結びついて分化したルールになっていくと考えられる。たとえば一柳（2009b）は，小学校5年生の2学級の国語の授業を検討し，物語文の読解の授業で，テキストを引用した発言や他児の発言に言及した発言がテキスト理解の聴き合いを促進していることを示している。このような発言は学級間で頻度が異なり，話し合いのグラウンド・ルールの共有度が談話スタイルや聴き合いに影響していることを示唆している。また一柳（2009a）は，小学校5年生の2学級の社会科の授業で，子どもの発言に対して口頭や板書により教師が再発話するリヴォイシングの違いが子どもの発言の聴き方に影響することを示している。発言が主題に沿って位置づけられると授業の文脈に沿って統合的に理解されるが，位置づけされないと個々の発言内容が著者性を維持したまま自らのことばでとらえて理解されることを明らかにしている。このように，授業において単に教師の働きかけに応答するというレベルでなく，発言の際にどのような根拠をもって発言するのか，あるいは他者の発言を聴く際に何をどう聴くのか，というような，学習活動に密接に関連するレベルで暗黙のルールが分化していく。さらに，このような授業への参加の仕方について子どもがメタ的に理解できるようにもなってくる。たとえば松尾・丸野（2008）は，小学校5年生から6年生に上がった子どもたちを対象に，話し合いを支えるグラウンド・ルールの意味についての認識の変化を検討している。その結果「考えのわずかな違いも重要だと考えるようになった」「自分の意見にこだわりじっくりと考えることで学びが深まることを実感した」「他者の考えを聴いて学ぶことが重要であると考えるようになった」などの学びがあり，実際の授業過程にも反映されていた。

　このように小学校においては，学習者としての振る舞い方について，身体的なレベルのものから学習に密接に結びついたものまでさまざまに獲得されていき，子どもは学習者として環境に適応するとともに学習内容そのものも深まっていく。このような過程を背景に，教室全体が参加し，ともに新しい知を構築していくような対話が形成されていく（佐藤, 1999）といえる。

2　中学校における学習者としての育ち

　前節で述べたように，中学校では，子どもの活動範囲やネットワークの広がりを背景に，学級担任制から教科担任制への変化により，教科ごとに時間が区切られ，多様な教師と学んでいくようになる。教師の意識としては，子どもの思考のプロセスを重視して主体的な学習を促そうとするよりも，教科の専門性が重視され体系的な知識の獲得が目指されるようになる。

　こうした特質を背景に，発話スタイルや挙手行動など学級で学ぶうえでのルールやルーティンは定型化して前提になっていき，むしろ授業の中での子どもの自由度が少なくなっていくことが指摘されている。大谷（1997）は，中学校と小学校の数学の授業における相互作用を検討し，教師が期待する相互作用が起きなかったり混乱したりした場面で，回復のために教師がどのような発話や行為を行うかを調べている。その結果，小学校では児童は自分らしさをもって問題を構成し，問題に対する見方や考え方を創意工夫していたが，中学校では教師が明に暗に生徒の自由度を少なくするようにかかわっていることが明らかにされている。中学校になると学習内容が教科ごとに専門化していき，その到達度も定期試験で測られるようになる。そのため，特定の知識・技能の理解や習得が重視されるようになる傾向があり，学習活動への参加の仕方も規定されてくるとも考えられる。

　子どもの学習スタイルも小学校とは異なってくる。授業に臨むうえでの予復習や定期試験のための勉強が必要になってくる。たとえば山森（2004）は，中学校1年生の英語学習に対する学習意欲の持続性とその要因の検討から，とくに2学期に学習意欲が低くなる生徒が顕著に多く，その要因は，試験での成績よりも，自己効力の減退が大きな影響を及ぼすことを明らかにしている。一方で意欲の上昇する生徒は学習方法に気を配っていることが明らかになり，適切な学習方法を教えて自分で学習を進められるように援助する必要性が示唆されている。中学校になると，教室の中で学習を進めていくだけでなく，教室外でも自律的に学習を進めていくことが求められ，学習者として自ら学習方法をコントロールしていくことも求められるといえる。中学校に入学した生徒にとって，とくに学習面でのストレスや不安が大きなものとなっていることも指摘されており，中学校進学前後の教師の連携等により，教科指導の連続性をもたせることも必要といえる（小泉，1992）。

　このように教科での学習が中心になる一方で，協同での学習や探究的な学習の意義も大きい。無藤（2007）によれば，青年期の友人関係は，親密な数名の仲間を作り，そこでのやりとりが自己形成の場となり，気持ちの安定の所在ともなる。

さまざまな自分の異なる面に気づくようになり，その統合の試みが行われるが，自分の相矛盾する面の分裂に悩むことも増える。その統合を支え促す意味で大きな集団での共同の経験が意味をもち，そこに自分を位置づけることが自己の統合を補うことにもなるという。

こうした過程で，中学校段階ではさまざまな側面で個人差がかなり大きくなっていく。思春期は抑うつも高くなり，子どもによっては反社会的行動も活発化してくる。学習者として自律していくと同時に，自己形成の点でも学習活動が大きな意味をもつといえる。

3　教師の支援に向けて

ここまで述べてきたように，小学校・中学校教育の特質を基盤に，子どもは教室において学級集団の一員として自覚的に学習に向かうようになっていき，次第に教室を越えて個々の子どもが自律的に学習を進めていくようになっていく。このような過程で教師に支援が必要になる場合として，学級崩壊や学級の荒れなど教室での学習が成立しない場合について考えておきたい。

河村（2002）は，子どもが学級に自分の居場所を見いだし，学級が集団としてまとまりをもって学習に取り組んでいくには，学級でルールが共有されることと良好な人間関係とが両立して確立することが重要であるという。こうした学級をつくるうえで教師は，受容的で親近感を抱かせる対応により児童とよい人間関係を築くと同時に，価値観に支えられた一貫した指導を自信をもって継続することが重要とされている（三島・宇野，2004）。また大西ほか（2009）によれば，受容的で親近感をもつことができ，自信をもって客観性の高いコミュニケーション方略をとる担任教師のもとにいる子どもは，いじめを否定する学級規範を強く意識しており，学級規範がいじめに否定的であると認識している子どもほどいじめを行ったあとに高い罪悪感を抱くという。このように教師のかかわりは学級づくりに大きな影響をもつが，一方で近藤（1994）は，教師によって児童個々の見方や評価は大きく異なるものであり，教師の求める振る舞い方に沿わない子どもは不適応を起こしうると指摘している。教師は子どもを見る目やかかわり方を客観的に見直しながら指導していく必要があるといえ，その手がかりとして，たとえばRCRTやQ-Uテストなどのテストが開発されており，これらを用いたコンサルテーションも行われている（伊藤・三島，2006；河村ほか，2004）。また，生徒と教師との関係や生徒同士の関係，授業や行事への態度など多面的に学級の風土を把握し，コンサルテーションに活用する試みもなされている（伊藤・松井，2001）。

学級崩壊に陥った場合の再建事例もさまざまに報告されている。田代（2000）は，「いじめ・差別・暴力の禁止」という生活目標により規則の明確化と秩序化を徹底し，学習が成立するようになると「助け合うみんなの心ただ一つ」という学級目標を用いて社会的理想に対する愛着を利用した過程を明らかにしている。一方で校内支援体制も重要であり，浦野（2001）は，学級の荒れを改善するために，教師へのコンサルテーションとTT（ティーム・ティーチング）による支援を中心に行った事例を報告している。コンサルテーションでは教師の子ども認知や子どもとの対応のあり方の変容をめざした話し合いが繰り返され，また学級に指導補助者が入り込んで荒れの中心メンバーとかかわりを深め，学習活動を支えていくことで，荒れた状態が消失していったという。

　学級が荒れると問題生徒への対応が焦点化されがちだが，問題生徒以外の子どもへの対応の重要性も指摘されている。加藤・大久保（2006）は，困難学級の生徒のほうが通常学級の生徒よりも，不良少年との関係を求め，彼らがやっていることを肯定的に評価し，一方で学校生活への肯定感が低いことを明らかにしている。授業や行事の不成立には，問題行動をする生徒だけでなく，問題行動はしないし不良少年と積極的に親しくしようとはしない生徒が，問題行動を起こす生徒への支援感情をもち，学校生活に対する否定的な感情が間接的に問題行動を支持する雰囲気を作り出していることを指摘している。また加藤・大久保（2009）は，学校の荒れが収束していく過程と生徒指導の変化について縦断的に調査し，指導する者／される者という二者関係だけでなく，一見問題や荒れには関係ないと思われる第三者を含めた関係の中でかかわりを考える必要性を述べている。

　このように，学級づくりにおいて予防的にかかわりつつ，問題が生じた場合には校内連携のもと，多層的に対応していくことが必要であるといえる。

4　今後の展望

　最後に今後の展望を3つに分けて述べたい。第1に，今後の制度変革と子どもの発達との関連である。現在，幼小連携や小中一貫教育など，校種を越えたさまざまな取り組みがなされつつある。制度の転換が，学習者としての子どもの発達にどのような影響を及ぼすのか検討していく必要があるだろう。第2に，生涯にわたって学習していくという視点である。生涯にわたって多様な状況で学び続けていくことを考えると，小中学校では学習者として何をどのように確立していく必要があるのか，改めて問い直していく必要があるといえる。第3に，教師もまた学び続けていく存在であるという視点である。教師への支援を考えると，対症

療法を処方するのではなく，教師が自身の実践を省察しながら協働していく学校が教師の学びの基盤になると考えられる。本章では子どもを対象に学習者としての育ちの過程を検討してきたが，子どもの育ちを支える教師についても検討していく必要があるといえる。

引用文献

堀越紀香・久田知佳．(2010)．幼小移行期における保護者の意識(2)．*日本発達心理学会第21回大会発表論文集*, 295.

保坂裕子．(1998)．教室学習場面における動機とアイデンティティの物語的構成：教室の解釈的参加観察研究．*教育方法学研究*, *24*, 36-48.

一柳智紀．(2009a)．教師のリヴォイシングの相違が児童の聴くという行為と学習に与える影響．*教育心理学研究*, *57*, 373-384.

一柳智紀．(2009b)．物語文読解の授業談話における「聴き合い」の検討：児童の発言と直後再生記述の分析から．*発達心理学研究*, *20*, 437-446.

磯村陸子・町田利章・無藤　隆．(2005)．小学校低学年クラスにおける授業内コミュニケーション：参加構造の転換をもたらす「みんな」の導入の意味．*発達心理学研究*, *16*, 1-14.

伊藤亜矢子・松井　仁．(2001)．学級風土質問紙の作成．*教育心理学研究*, *49*, 449-457.

伊藤崇達・三島美砂．(2006)．教師の学級集団経営を支援する：「教師用RCRT」を用いて．*日本教育工学会論文誌*, *29*, 93-96.

香川文治・吉崎静夫．(1990)．授業ルーチンの導入と維持．*日本教育工学会雑誌*, *14*, 111-119.

加藤弘通・大久保智生．(2006)．〈問題行動〉をする生徒および学校生活に対する生徒の評価と学級の荒れとの関係：〈困難学級〉と〈通常学級〉の比較から．*教育心理学研究*, *54*, 34-44.

加藤弘通・大久保智生．(2009)．学級の荒れの収束過程と生徒指導の変化：二者関係から三者関係に基づく指導へ．*教育心理学研究*, *57*, 466-477.

河村茂雄．(2002)．学級崩壊をどう克服するか．無藤　隆・澤本和子・寺崎千秋（編著），*子どもを見る目を鍛える* (pp.66-88)．東京：ぎょうせい．

河村茂雄・藤村一夫・粕谷貴志・武蔵有佳．(2004)．*Q-Uによる学級経営スーパーバイズ・ガイド：小学校編*．東京：図書文化社．

川島一夫．(2004)．生徒指導・教育相談を考える．川島一夫・勝倉孝治（編著），*臨床心理学からみた生徒指導・教育相談* (pp.2-9)．東京：ブレーン出版．

菊池知美．(2008)．幼稚園から小学校への移行に関する子どもと生態環境の相互調節過程の分析：移行期に問題行動が生じやすい子どもの追跡調査．*発達心理学研究*, *19*, 25-35.

岸　俊行・野嶋栄一郎．(2006)．小学校国語科授業における教師発話・児童発話に基づく授業実践の構造分析．*教育心理学研究*, *54*, 322-333.

岸野麻衣・無藤　隆．(2005)．授業進行から外れた子どもの発話への教師の対応：小学校2年生の算数と国語の一斉授業における教室談話の分析．*教育心理学研究*, *53*, 86-97.

岸野麻衣・無藤　隆．(2009)．学級規範の導入と定着に向けた教師の働きかけ：小学校3年生の教室における学級目標の標語の使用過程の分析．*教育心理学研究*, *57*, 407-418.

小泉令三．(1992)．中学校進学時における生徒の適応過程．*教育心理学研究*, *40*, 348-358.

児島邦宏．(2006)．小・中の接続・連携にどんな問題があるか．児島邦宏・佐野金吾（編

著），中1ギャップの克服プログラム（pp.11-15）．東京：明治図書．
近藤邦夫．(1994)．教師と子どもの関係づくり：学校の臨床心理学．東京：東京大学出版会．
松尾　剛・丸野俊一．(2008)．主体的に考え，学び合う授業実践の体験を通して，子どもはグラウンド・ルールの意味についてどのような認識の変化を示すか．教育心理学研究，**56**，104-115.
Mehan, H.（1979）．*Learning lessons : Social organization in the classroom*. Cambridge, MA: Harvard University Press.
三島美砂・宇野宏幸．(2004)．学級雰囲気に及ぼす教師の影響力．教育心理学研究，**52**，414-425.
本山方子．(1999)．社会的環境との相互作用による「学習」の生成：総合学習における子どもの参加過程の解釈的分析．カリキュラム研究，**8**，101-116.
無藤　隆．(2007)．幼小連携，小中連携の意義と今後．指導と評価，**53**，4-8.
無藤　隆・本山方子．(1997)．子どもはいかに授業に参加するか．お茶の水女子大学人間文化研究年報，**20**，1-9.
中島　力（編著）．(1993)．子どもの社会的発達．東京：ソフィア．
西川信廣．(2006)．習熟度別指導・小中一貫教育の理念と実践．京都：ナカニシヤ出版．
野口隆子・鈴木正敏・門田理世・芦田　宏・秋田喜代美・小田　豊．(2007)．教師の語りに用いられる語のイメージに関する研究：幼稚園・小学校比較による分析．教育心理学研究，**55**，457-468.
大西彩子・黒川雅幸・吉田俊和．(2009)．児童・生徒の教師認知がいじめの加害傾向に及ぼす影響：学級の集団規範およびいじめに対する罪悪感に着目して．教育心理学研究，**57**，324-335.
大谷　実．(1997)．授業における数学的実践の社会的構成：算数・数学科の授業を事例に．平山満義（編），質的研究法による授業研究：教育学／教育工学／心理学からのアプローチ（pp.270-285）．京都：北大路書房．
Rogoff, B.（2006）．文化的営みとしての発達：個人，世代，コミュニティ（當眞千賀子，訳）．東京：新曜社．(Rogoff, B.（2003）．*The cultural nature of human development*. Oxford: Oxford University Press.)
酒井　朗・金田裕子・村瀬公胤．(2002)．教師のビリーフと教授行為との関連からみた授業の教育臨床学：小・中学校における理科の授業の比較分析にもとづいて．お茶の水女子大学人文科学紀要，**55**，167-191.
佐藤公治．(1999)．対話の中の学びと成長．東京：金子書房．
清水由紀・内田伸子．(2001)．子どもは教育のディスコースにどのように適応するか：小学1年生の朝の会における教師と児童の発話の量的・質的分析より．教育心理学研究，**43**，314-325.
Super, M. C., & Harkness, S.（1986）．The developmental niche: A conceptualization at the interface of child and culture. *International Journal of Behavioral Development*, **9**, 545-569.
田代勢津子．(2000)．学級社会の秩序に対する教師の指導性：E. デュルケムの社会理論からみた「学級崩壊」再建事例の分析．教育法学研究，**26**，21-29.
浦野裕司．(2001)．学級の荒れへの支援の在り方に関する事例研究：TTによる指導体制とコンサルテーションによる教師と子どものこじれた関係の改善．教育心理学研究，**49**，112-122.
山森光陽．(2004)．中学校1年生の4月における英語学習に対する意欲はどこまで持続するのか．教育心理学研究，**52**，71-82.

第12章
不登校・学級集団の逸脱への支援

伊藤美奈子

　学校現場は今，不登校やいじめ，校内暴力や非行など，さまざまな指導上の課題が噴出している。そしてその背景に見え隠れするのが，虐待をはじめとする家庭の問題や発達障害に苦しむ子どもたちの姿である。このような「問題」を理解するとき，「その『問題』とされる現象を取り除けばそれで終わり」ではなく，その行動や症状に隠された「意味」を理解し，子どもたちの心の叫びに耳を傾けることが重要になる。

　まずは学校現場での支援の際に求められることを「つながり」という観点から3点挙げた。第1は「働きかけやかかわりに求められる『つながり』」である。とりわけ昨今多様化する不登校に対しては，目の前の子どもがどのような背景を抱えているのか，どんな対応を必要としているのかについて正しくアセスメントしたうえで，適時適切な働きかけを行うことが重視されるようになってきた。第2は「校内相談体制という『つながり』」である。担任教師が抱え込んで孤立してしまうのではなく，チームでかかわるという視点である。そして3つは「アセスメントに必要な『つながり』」である。校内のチーム支援体制と同時に，学校と専門機関との連携，そして校種を超えた学校間の連携などが大切である。

　また，不登校の子どもにかかわる際に必要となるのが発達的視点である。思春期という時期固有の発達課題や特徴を理解し，その成長を支えるという視点が重要である。他方，さまざまな悩みを抱える子どもたちを最前線で支える保護者へのかかわりも大切である。この保護者支援が期待される役割の一つにスクールカウンセラーがいる。こうした支援者と教師とが協働する際に必要なことは，スクールカウンセラーが外部性（心理臨床の専門性）と同時に内部性（教職員の一員となること）を獲得し，外と内の狭間という立場を生かして学校外の専門機関ともつながっていく「架け橋的役割」であろう。

第1節　さまざまな指導上の課題

　従来，子どもが抱える指導上の課題（いわゆる「問題行動」）をとらえる際の切り口として，「反社会的行動」「非社会的行動」という区分があった。前者は攻撃性が社会や他者に向けられる行動であり，たとえば非行や校内暴力，喧嘩や器物破損行動などが含まれる。一方，後者は自分の殻に閉じこもったり社会からひきこもった状態像を示す行動であり，その例として不登校（神経症的不登校）や自傷行為，極端な引っ込み思案や人間関係からの退却などがある。

　しかし昨今，子どもたちが示す指導上の課題を見ていると，「反社会的 vs 非社会的」という単純な分類は意味をなさないこともわかってきた。たとえば，ひと昔前なら非社会的行動の代表とされた不登校にも，さまざまなタイプが出現している。非行や暴力をともなう不登校や，怠けや甘えの要素が強い不登校など，反社会的要素も併せもつタイプが多く含まれるようになってきた。他方，反社会的行動にくくられる非行の中でも，家出や薬物乱用などは，家庭環境（親子関係の歪みや絆の乏しさなど）や社会環境（飲酒や喫煙，薬物などが身近に存在している生活環境など）が関与している可能性が高いのであり，さらにその背景にストレスや不適応感，劣等感や無力感など，それまでの生育歴の中で形成されてきた否定的な感情が巣くっているケースが多い。つまり，表面的な現れ方は「反社会的」「非社会的」と相反するような行動に結びついていたとしても，その根底にある問題は互いに通底していることが少なくない。そのため，表面的な不適応行動のあり方にのみ目を奪われるのでなく，その裏に隠された「本当の問題」に目を向け，そこに支援していくという対応が重要なのである。

第2節　意味を読み取るという見方

　子どもたちが学校現場で見せるさまざまな逸脱行動（問題行動）は，心の中のストレスや悩みなどの否定的な感情や不適応状態が，適切でない行動に表現されたものであることが多い。心に溜まったモヤモヤしたうっぷんや攻撃性を，ナマの形でそのまま行動化してしまう子どもたち。暴力や非行のように派手な形で行われることもあれば，いじめや薬物という形で地下に潜行して広がり続ける行動もある。他方，人との関係を断ち切り，自傷という形で自分に刃を向けるケースもある。これら目に見える形で外在化される「行動化」に対し，身体化という形

で訴える子どもも増えている。これは，頭痛や腹痛，吐き気などの身体症状として表出するケースであり，過敏性大腸症候群や過換気症候群のような心身症と重なり合う。これらの行動や症状にはさまざまなことばが込められている。ところが自傷のようなケースの場合，「どうしてやめないの」という大人と，「どうしてわかってくれないの」という子どもの心はすれ違う。そこに隠された真の気持ちが受け止められないままに，通り一遍の励ましや説教で対応してしまうと，メッセージとしての行動は本来の目的を遂げるために何度も繰り返されることになる。表に現れた問題性に惑わされず，「その行動をどう理解するか」という目をもち心の叫びに耳を傾ける対応が，親や教師に求められるのであろう。

第3節　学校としての対応に求められること

　行動化にせよ身体化にせよ，大人にとって冷静に受け止めにくい形で表現されるのが心のサインの特徴である。大人の目には「問題」と映る行動の背後に隠された心のサインをしっかり受けとめ，その意味を理解すること（アセスメントすること）が，あらゆる「問題行動」に対応する際の出発点であり，その後の対応の成否を左右すると言っても過言ではない。

　ただし，日々さまざまな「問題」に追われる学校現場において，担任教師が一人で解決しようと思っても，それは簡単なことではない。以下，不登校を一つの切り口として，「つながり」をキーワードに対応の実際について論じていきたい。

1　働きかけやかかわりに求められる「つながり」

　学校に行くことに大きな葛藤を抱え，登校時間になると頭痛や腹痛などの身体症状を出す神経症的な不登校に対しては，「待つこと（＝登校刺激を控えること）」を重視するという見方もあった。しかし昨今のように不登校の裾野が広がり，心理的な問題だけでなく，いじめが原因になっているもの，虐待などの家庭の問題が背景にあるもの，発達障害などが原因になっているものなどが複雑に絡む現状に対しては，ただ「待つ」のみではなく，不登校の児童生徒がどのような状態にありどのような支援を必要としているのか，その都度アセスメントを行ったうえで，適切な働きかけやかかわりを考えることが必要になる。ただし，ただ単にかかわればいいというものではなく，「この子どもはどんなタイプの不登校か？」「どのようなニーズを抱えているのか？」を見極め，そのうえで「誰が，いつ，どんなかかわりをすべきか？」が判断されるべきだといえよう。

2　校内相談体制という「つながり」

　不登校に対応するときの鉄則の一つに「一人で抱え込まない」ということがある。教師には，自分のクラスの生徒の問題は自分で解決したいという思いが強い。これは，教師の使命感から生まれてくる場合もあれば，周りの教員に批判されたくないという不安が背景にある場合もある。しかし，不登校をはじめとする学校現場で起こっているさまざまな事象に対する場合，「抱え込み」は危険である。校内でチームを作って取り組むことが望ましい。

　チームを組むメリットとしては，まずは「多面的理解」や「多面的かかわり」が容易になるという点がある。担任教師の目だけでは子どもの一面しか見えないが，何人かの教師の目を持ち寄ることで，児童生徒の理解も深まる。また，関係している教師の中で役割分担をすることで，今必要なかかわりが速やかに行いやすくなる。ただし，その場合も，担任教師が「心理的抱え込み」から脱していることが重要である。難しいことではあるが，クラスの生徒がほかの教師に相談に行ってもこだわりなく見守ると同時に，その教師と協力体制を組めるという柔軟な姿勢が求められる。そのためにも，学校内に協力し合う体制と，「一人の生徒をみんなで育てる」という空気が育っていなくてはならないだろう。もう一つのメリットは「支えあい」の機能である。担任クラスに不登校の児童生徒がいる場合，教師の肩にかかる心と時間の負担は相当に重くなる。どう理解し，どのように対応すればいいかわからなくなることも多いだろう。養護教諭や生徒指導主任，相談係，そしてスクールカウンセラーなど，多くの目が集まることで子ども理解も深くなる。一人では行き詰ってしまうような場合でも，互いに役割分担することで長期戦を乗り越える力を備えることも可能だろう。

　こうした校内でのチーム援助を行おうとする際，その要となるのがコーディネータの役割であろう。コーディネータとは，「関係者間の連携や調整に当たる人」のことである。不登校だけでなく，特別支援についても学校内でコーディネータ教員が指名され，その役割が求められている。具体的には，まず校内では，チーム支援にかかわる教職員（管理職，相談担当者，生徒指導担当者，養護教諭，担任教師など）の間で関係調整を図ることを主たる役割とする。また校外の専門機関との間では，学校側の窓口としてパイプ役を果たすことが期待される。そのため，コーディネータには，教育相談に関する専門知識だけでなく，校内の人間関係をスムーズに調整できるだけの力量と人望（信頼感）を有することも必要不可欠とされる。

3　アセスメントに必要な「つながり」

　以上のような対応を適切に選択するためにも，子ども理解を深めるための的確なアセスメント（見極め）や専門的知見がますます必要とされるようになった。とりわけ，精神的疾患や発達障害，虐待の有無など，専門的なアセスメントが求められるケースも増えている。こうした現状に対して，学校内での対応については個々の担任だけに任せるのではなく，学校全体でチーム支援体制を組むことが大切になっている。また，それと同時に学校が家庭や地域と連携ネットワークを組むことが必要とされる。教育センターや教育支援センター，児童相談所などの公的機関だけでなく，民間施設やNPO等とも積極的に連携し，相互に協力・補完しつつ対応にあたることが重要である。それと同時に，子どもの発達段階に応じた指導を継続的に行うためにも，幼（保）・小・中・高等学校間で連携を深め，適時適切なかかわりができるような情報の共有が求められる。

第4節　子どもと保護者への対応

　では次に，不登校の子ども本人や保護者への対応の実際について，具体的に考えてみたい。

1　子ども本人へのかかわり

　不登校本人にかかわる場合，思春期特有の問題を避けては通れない。思春期とは，集団や組織という社会への帰属（社会化）と自分らしさの獲得（個人化）という二項対立的な発達課題を，調整しながら達成していくことが求められる時期である。たとえば，いじめによる不登校は，一時的にではあれ社会（学級・学校という集団状況）から退却し，自らの殻の中で立て直しを図ろうとしている状態である。そうしたケースにかかわっていると，クラスという集団への同一化と，自分さがしの作業とが，統合の難しい課題であることが見えてくる。
　また，思春期は家庭の中でもさまざまな問題に巻き込まれやすい。相談室で出会う不登校の子どもたちの中には，両親の不和や嫁姑争い，リストラによる失業や祖父母の介護による両親のストレスなど，家族の問題に巻き込まれてしまっている者も多い。思春期というのは，家族の波を最もこうむりやすい時期なのだろう。しかも，そういったストレスをことばにして解消する術をもたない者も多い。思春期特有のプライドや大人への反抗心・不信感により，自分の心の内をことばにすることを嫌う者もいる。とくに思春期的な特徴が発達する中学生くらいの子

どもたちにおいては，悩みがことばという形に結晶化していくには時間がかかる。

　そのため，カウンセリング現場においては，不登校児の苦悩に寄り添いそこに「成長に必要な危機」を読みとろうというアプローチを取ることが必要になる。その一つが山中（1979）の思春期内閉論である。この内閉論では，不登校を「外的には社会的自我の未成熟とされる消極面を持ちつつも，内的には『退行』，しかもそれは次なる『新生』をもたらすための『蛹(さなぎ)の時期』とでもいうべき積極面を併せもっている」(p.45) とみなす。内閉を「できる限り保障し」「彼らの話に耳を傾け，しっかりと患者の『内的な旅』の同行者としてつきあい，ひたすら彼らの『内的成熟』を待つ」(p.45) という姿勢が治療の基本線として提起された。

　ただその一方で昨今は，本人を超えた家族や学校，社会の諸要因から不登校になるケースもある。非行や怠学など，学校教師が積極的にかかわりをもたなくてはどんどん長期化してしまうケースも多い。早期発見・早期対応を心がけ，必要に応じて専門機関とも手を組める柔軟なあり方が求められる。また他方，本人にかかわりたくても部屋から一歩も出られないというケースもある。そのようなときに有効となるのが，保護者を通しての間接的支援である。

2　保護者へのかかわり

　保護者面接の一番の目的は，保護者自身の安定化を図ることであろう。保護者の多くは，家の中で学校に行けない子どもたちと向き合い，多くのストレスを抱えている。「ほかの子たちは平気で学校に行っているのに，どうしてうちの子だけ行けないんだろう」「これから将来，この子はどうやって生きていくんだろう」，そんな不安でいっぱいである。子どもに対しては気を遣って過ごしているが，午後から起きだしてきて平気でテレビを見ている（ように見える）子どもを目の前にして，平静ではいられないこともあるだろう。そんなとき，その不安ややり場のない怒りの気持ちを吐き出す相手が必要となる。保護者面接は，たまったガスを抜き，気分をリセットして新たな気持ちで子どもに対応してもらうために必要な時間となっている。

　ただし日々忙しさに追われる教師には，こうした保護者の思いにじっくり耳を傾ける時間が取れない場合も少なくない。保護者の側からしても，教師に話したい内容と，教師には言いにくい内容とがあるだろう。そんなとき，教師とは違った立場で保護者に対応できるのがスクールカウンセラーなどの支援者である。学校と家庭をつなぐ立場を生かし，教師と子ども，あるいは教師と保護者の関係を修復する役割が求められる。

第5節 教師と支援者（スクールカウンセラー等）との協働に際し必要なこと

さいごに，教師とスクールカウンセラーをはじめとする支援者との連携のあり方について検討しておきたい。

①外部性を活かす：学校現場では，不登校の多様化やいじめによる自殺，虐待や非行，また最近では発達障害への対応というさまざまな「問題」が次々と波のように起こってきた。こうした現状に対し，教師とは違った専門性（外部性）からかかわる支援の手が必要とされたのである。その意味からも，教師とは異なるスクールカウンセラーの専門性に対する期待は大きい。そうしたニーズに対応するためには，まず，子どもたちが抱える「問題」や学校が抱える「問題」を客観的な目でアセスメントしなくてはならない。個人臨床ではクライアントのアセスメントが重要となるが，学校臨床ではクライアントを含め，それを取り巻く学校環境そのもの，さらには家庭を含む地域社会がアセスメントの対象となる。まずは，その学校の児童・生徒や教師の特徴，その保護者の思いや家庭環境，そして，その地域がもつ空気（地域の教育力や学校親和性など）を知ること，つまり「今，ここ」の学校を正しくアセスメントすることが重要である。その際，学校現場で働くスクールカウンセラーとしては，病名をつけるためのアセスメント（診断）ではなく，具体的な支援につなげるための「生きたアセスメント」が，より求められることになる。

②教師との関係作り（内部性の獲得）：こうした「異なる専門性をもち外部から学校に入る」という特徴は，反面で，教師との距離を拡大し仲間意識をもちにくいという弊害につながる危険性もある。教職員から「内部の者」として苦楽を分けてもらうためには，日頃からの教師との関係作り（内部性の獲得）が大きな課題となる。教師との関係を築くために，まずはふだんのコミュニケーションが基盤となる。相談室にこもることなく，職員室にも居場所を開拓し，教室や保健室，事務室などに自ら出て行くことで，教職員全体とかかわるチャンスは広がっていく。子どもや保護者との相談のあとも，担任教師等との情報共有が大切である。教職員とのコミュニケーションで気をつけるべきことは，専門用語で壁を作らないという点である。もちろん，心理臨床の専門知識をきちんと有し，それを活用することは不可欠である。しかし，教師と共有できない専門用語を使いすぎると，伝えるべきことが教師に理解されないだけでなく，教師との間に心理的な壁まで

作ってしまう。それに加え「守秘義務」を盾にとってカウンセラー一人で抱え込むことも，教師との間に深い溝を作ることになる。学校という土俵の上では，教師と共有できる「学校のことば」で，互いにとって必要な情報を，場を共有しながら話し合えるような努力が必要だといえる。

　③つなぐ：外部性と内部性の狭間に立つスクールカウンセラーにとって，「中立的な立場を生かしたつなぐ役割」を取ることも大切な役割の一つである。たとえば，子ども同士，子どもと教師，子どもと保護者の間に入り互いを仲介したり関係調整したりすることが重要な役割となる。さらには，学校と家庭，学校と地域というように，学校の内と外を結ぶ「架け橋的役割」を期待されることも多い。とりわけ昨今は，虐待や発達障害など学校内だけの対応では解決できない問題も増えている。一つ一つのケースを見立て，このケースではどういう手だてが必要か，どの専門機関を紹介し連携することが必要かを適切に判断し，学校外に対しても上手につなげることが必要となる。子ども本人や保護者に専門機関を紹介するときも，本人たちが「学校に見捨てられた」という感情を抱かないよう，十分なインフォームド・コンセント（その必要性と有効性を納得できるだけの十分な説明）が求められる。またつながってからも，学校と専門機関との間を橋渡ししながら一緒にかかわり続けていくという姿勢が大切である。そういうつなぎ役を果たそうとするとき，さまざまな人間関係が渦巻く学校の中で学校内の事情も理解しつつ外との接点をもちながら中立的に動けるスクールカウンセラーの立場がきわめて重要になる。

　以上のようにスクールカウンセラーという立場で教師支援を行う際には，「組織外」の人間であるがゆえの難しさも少なくない。しかしこの難しさは，乗り越え方いかんで学校臨床固有の強みにもなる。新しい領域に一人で踏み込んでいくスクールカウンセラーにとって，その学校に必要な自分なりの理論と技法を開発する努力も必要である。対立の構図に巻き込まれがちな教師との関係についても，最終的な目的である「子どもたちの健全な育成」をめざして，学校組織の一員になれるかどうかが大きな鍵になるといえよう。

第6節　おわりに

　ますます多様化・複雑化が進む不登校をはじめとする教育現場の課題に対し，学校現場にも教育以外の専門性が求められるようになっている。担任教師が抱え込むのではなく，学校内でチームを組み，その中に学校内外の専門的な目を上手

に取り込んでいくことも必要である．教師自身だけでなく，学校にかかわる専門機関すべてが視点の転換を図り，さまざまな立場が加わったネットワークを構築していく時代となった．そのためにも，「担任一人で子どもを抱え込まない」「学校内だけで難しいケースを抱え込まない」という体制を作るとともに，「一つのクラスの課題を学校全体で抱える」「学校が抱える課題は，専門機関や地域社会との連携の中で解決しよう」という空気を作ることが大切である．

引用文献

山中康裕．(1979)．思春期内閉 Juvenile Seclusion：治療実践よりみた内閉神経症（いわゆる学校恐怖症）の精神病理．佐治守夫・神保信一（編），登校拒否（現代のエスプリ，**139**，pp.42-58）．東京：至文堂．

参考文献

American Psychiatric Association. (2000). *Diagnostic and statistical manual of mental disorders* (4th ed., text revision) (DSM-IV-TR). Washington, D. C.: American Psychiatric Association.
Berg, I. (1992). Absence from school and mental health. *British Journal of Psychiatry*, **161**, 154-166.
Elliott, J. G. (1999). Practitioner review: School refusal: Issues of conceptualization, assesment, and treatment. *Journal of Child Psychology and Psychiatry*, **40**, 1001-1012.
Galloway, D. (1985). *Schools and persistent absentees*. London: Pergamon Press.
石隈利紀．(1999)．学校心理学．東京：誠信書房．
伊藤美奈子．(2009)．不登校：その心もようと支援の実際．東京：金子書房．
小林正幸．(2003)．不登校児の理解と援助．東京：金剛出版．
小泉令三（編）．(2010)．よくわかる生徒指導・キャリア教育．京都：ミネルヴァ書房．
水野治久（編）．(2009)．学校での効果的な援助をめざして．京都：ナカニシヤ出版．
森田洋司．(1991)．「不登校」現象の社会学．東京：学文社．
森田洋司（編）．(2003)．不登校－その後．東京：教育開発研究所．
齊藤万比古（編）．(2007)．不登校対応ガイドブック．東京：中山書店．

第13章
教師への支援と教師との協働のあり方

藤江康彦

第1節　現場とかかわる研究のあり方

　学校現場などのフィールドに心理学者がかかわる際の動機のあり方には，学究的動機と実践的動機がある（鹿毛，2002）。実践現場においてデータを収集し，実践の場の構造や，実践場面での人間の学習や発達のありようについて一定のモデル構築やその修正を目指す研究は学究的動機に基づく「実践についての研究」であるといえる。他方で，実践現場を内側から理解し，教育的価値と向きあい，そこで生きる人々と協働してよりよい実践を創出することを目指す研究は実践的動機に基づく「実践を通しての研究」であるといえる。実践上生じた課題を解決するにあたり，研究の蓄積としての理論や方法論を適用する研究も当然ありうる。研究者による教師への支援や教師との協働は，教師からの支援要請による場合が多いが，研究者自身の実践的動機が高くなければ成立しない。実践上生じた課題を教師とともに探究していく研究は，研究者にとっては「実践を通しての研究」といえるであろう。

　実践を通しての研究の中でも，教師を支援したり協働ですすめる研究には，実践の現場に根ざし，その場や社会を変革するとともに，その過程で得られたデータから理論を生成していこうとする「アクションリサーチ」（矢守，2010 など）や，研究者が，被支援者の専門性や責任性，追究しようとしている課題とその方向性を尊重して（山本，2000），被支援者自身が課題解決に向かうことを促し，自己実現を支援していく「コンサルテーション」（小林，2009 など）などがあげられる。研究者は実践の中の理論と教育学や心理学の理論との往還の過程で課題の構造を可視化したり考えられうる解決策の選択肢を提示する。教師間の対話を促すファシリテーター（調整者，媒介者）としての役割を担うこともある（Feldman & Atkin,

1995)。

　なお，研究者による教師への支援や教師との協働においては，当該の課題を解決することだけにとどまらず，教師にとっての学習の機会となるよう場の設定をするという点も心がけなければならない。教師の学習の機会には，自らの教育実践，他教師との相互作用，外部の専門家とのかかわりなどがあるが（Bransford et al., 2000/2002），その基盤にあるのは，事例から学ぶこと（Shulman, 2004）である。実践上何らかの課題が生じ，他教師や外部の専門家である研究者と協働してその対応にあたる局面は，教師の学習の好機であるといえよう。本章では，研究者による教師への支援や協働について，教師の学習という点からも事例を検討していく。

第2節　教師への支援，教師との協働の実際

　研究者と教師との協働について事例を通して検討する。いずれも，教師や学校が抱える課題の解決に向けた取り組みである。課題は，授業づくり，生徒指導・学級経営，カリキュラム開発である。また，実践上の課題解決に際して研究者がとる手法は，研究者側が研究フレームをもち込むもの，児童生徒への直接的な関与を含むもの，教師間の意見調整や学校外との連携に向けた環境整備を主とするもの，などが想定される。事例もそのようなものを示した。

　研究者による教師への支援に関する研究においては，必ずしもその成果が短期間のうちに端的に示されるわけではない。なぜなら，①教師が直面する課題は，さまざまな要因が複雑に絡み合う中で生成しているため，多面的な支援を試行錯誤的に行うことになる。②よって，支援は比較的中長期的なものとなる。その過程で，課題の構造が変化することはありうるし，支援を受ける側の教師自身も支援とは無関係に変容をとげることがある。③何らかの変化が見られたとして，その変化を生じさせた要因を特定することは不可能である。課題自体が複雑な要因によって生じるのと同様にその変容や解消も複雑な要因が絡み合って生じる。④よって，外部者の関与のみがその変化をもたらしたと断ずることはできない。それゆえ，以下で概観する事例も必ずしも支援の成果やその要因が特定できているわけではない。しかし，支援者が何らかの変容にかかわったことは事実であり，その点で変容をもたらした要因の一部であるということはいえるだろう。

　なお，学校をフィールドにした教師と研究者の協働による研究は，発達心理学においては蓄積が不十分である。それゆえ，ここで紹介する研究は発達心理学研

究にとどまらないものである。

1　授業づくりへの支援

　心理学においては，問題解決や知識獲得，言語発達などの研究が蓄積されており，近年の心理学における実践への関心の高まり，質的研究法の興隆，学習科学の進展（Bransford et al., 2000/2002；Sawyer, 2006/2009）により，研究者が教材研究や授業づくり，授業のコミュニケーションシステムの改善に関与する機会が増えつつある。

　授業のコミュニケーションシステムの改善にむけた取り組みは，子どもの言語能力の育成についての学校教育への期待を背景として，主として協働学習への導入のかたちで拡がりをみせている。比留間ら（比留間・伊藤，2007）は，ドーズら（Dawes et al., 2000）が開発した協働活動中の話し合いの質を変化させる協働思考プログラムを日本の小学校の教室に導入して，協働学習の質を高めるとともにその効果を把握しようとした。協働思考プログラムは，話し合いのグラウンド・ルールを作る点にその特徴がある。本来グラウンド・ルールは暗黙的に機能するものであり（Edwards & Mercer, 1987），子どもたちの独自の解釈によって談話空間のあり方が規定される。それを，意図的明示的に構築することを目指すのである。プログラムは，子どもたちが自らの話し合いの作法に気づき自分たちのグラウンド・ルールを作り上げる「導入レッスン」と自分たちが作り上げたルールに沿って協働思考ができるようになる「展開レッスン」からなる。年度当初からほぼ1学期間が導入レッスンに充てられ，2学期には教科において展開授業の単元開発と実施が進められた。

　結果として，導入レッスンでは，対象となったいずれの学級でも，探究型の話し合いを促すグラウンド・ルールが作成された[1]。また，年度当初と展開授業終了後とを比較すると，実際の話し合いにおいては，取り組み前に比べてターン（発話の番）数が増加し，とくに難しい課題でよりターン数が増加する傾向がみられた。加えて，自発的発話の出現，説明，傾聴といった探究型の話し合いに特徴的な言語行動がみられるようになった。そして，「考えを述べる」，「理由をいう」，「同意を求める」，などの機能をもつことばが有意に増加したが，「理由を尋ねる」機能をもつことばの発話数が全体に少なく「共感型の話し合い」（Mercer,

---

[1]　たとえば，4年生の学級では，①友だちの意見をきちんと聞く。②相手に正確に伝わるように話す。③相手の顔を見て話す。④意見をまとめる。⑤理由を聞き取る。⑥全員で協力する。という，グラウンド・ルールが生成された。

1995)に近いスタイルであった。ただし，これは各クラスにおいて作られたグラウンド・ルールを忠実に反映していたという。

　プログラムの理念や手法をもち込んだのは研究者側である。コミュニケーション力の育成は協力校の校内で共有されていた研究テーマに沿うものであったが，当初は研究者と教師との間で，子どものコミュニケーションの実態に対する見解の相違や，協働学習の導入についての意思の相違があったという。比留間らは，子どもの学習の姿についてのビデオクリップを作成して，教師に提示し，それを媒介としてもちい丁寧に議論を重ねた。この過程は，教師にとっては，授業中の子どもの姿の新たな一面に気づく契機となったといえる。

　比留間らの研究は，学校が抱える授業上の課題の解決であり，かつ研究者側が理論的枠組みや手続き的枠組みをもち込み，データを取りつつ解決過程をデザインしていく協働のあり方である。教師と研究者が双方の専門性に基づいて協働的に活動を進める場合，研究者がもち込む概念や用語，ツールは必ずしも教師側にとって親和性の高いものであるわけではない。そのことが，研究者のかかわりへの忌避感情を喚起する場合もあれば，無批判に研究者の介入を受け入れることにつながる場合もある。こういった契機が，単に実践の改善につながるだけではなく，教師にとって新たな概念や用語，指導法の習得による知識ベースの拡張を促すことにもつながるよう，研究者には情報提示のあり方として実践の変容を「見せる」工夫が求められるといえるだろう[2]。他方，教師の用いる概念や用語は研究者にとってはしばしば曖昧に感じられる。しかし，それらのことばが指し示すことがらや使用のあり方を丁寧に分析していくことが，研究者にとっては教師の知識や思考の様式を知ることにつながるだろう。そこから生成されるローカルセオリーが実践の改善につながることもある。教師の語りに耳を傾け，対話できるような場の構成を心がける必要があるだろう。

2　生徒指導・学級経営への支援

　生徒指導は学習指導とならぶ教師の重要な仕事である。児童期，青年期の子どもが学校において適応的にふるまうこと，自己効力感を高め将来展望をもつことを支援し発達課題を克服することを支援する営みである。とりわけ小学校におけ

---

[2]　たとえば，藤江・上淵（2007）は，ある小学校における「自己学習力」の育成を目指した授業づくりの取り組みに先立ち，その小学校のある自治体で実施した「自己学習力」の質問紙調査結果を，レーダーチャートにしてフィードバックを行った。教師はその結果をふまえて，授業の目標設定や授業の展開を修正した。当初は，子どもの「自己学習力」のありようについての質問紙調査であったがフィードバックの工夫により，授業デザインの改善につながったのである。

る生徒指導は，不適応行動への対処よりもむしろ，学級集団における規範意識の涵養や仲間関係，教師との関係の基盤づくりが中心となる点で，学級経営と軌を一にする営みであるといえる。

　自身も小学校教諭である浦野（2001）は，小学6年の図工の授業において，教師へのコンサルテーションとTT（ティーム・ティーチング）による支援を中心に，荒れてしまった学級に対しどのような介入が有効かを，教師-子ども関係の改善，他教師による介入，の点から探っている。

　浦野はまず，教師と子どもの人間関係改善のための資料にするとともにその変容や有効なはたらきかけを確認するために，教師の子ども認知や子どもの教師認知に関するアセスメントを行った。また，TTによる支援では学級に入りこんだ指導補助者である浦野が，アセスメントの結果と図工教師の印象，浦野自身の観察の結果から集中的に支援する必要のある5名の子どもを同定し，その5名が図工を楽しいと感じられ，教師との良好な関係性形成を促すようなはたらきかけを行うこととした。また，図工教師は子どもたちを「自分との関係がよいか悪いか」で認知していたことが明らかとなり，コンサルテーションでは「図工の教科特性が生きるような目で子どもたちを見ていく姿勢が必要ではないか」と伝えた。授業では，子どもと図工教師がよいかかわりをもてる場面を5名の子どもを中心に意図的に作るようにした。よい状態のときには指導補助者である浦野が教室を出た。さらに，5名の子どもが少しでも図工が楽しくなるような直接的な支援として，彼らの近くに座り「居てくれると助かる存在」になるよう心がけた。教師へのコンサルテーションにおいては，コンサルタントである浦野（＝研究者）からは子どもたちとのかかわり方について，コンサルティ（コンサルテーションを受ける側）である図工教師からは図工の教科特性を活かした学習内容の工夫や制作活動への具体的支援内容などについてそれぞれアイデアが出される相互コンサルテーションのかたちがとられた。コンサルテーションにおいて話し合われた内容はKJ法によると，「広い視野で子どもを見るようにすること」，「受容的態度を増やすこと」などであった。

　以上のような介入の結果，第1に，TTによる支援をフェードアウトしたあとも介入前のような荒れた状態は消失した。子どもたちから教師へのあからさまな反抗的態度はなくなり，教師のことばがけを受け入れ，呼び捨てをやめ「〇〇先生」と呼ぶようになった。第2に，子どもからみた教師の特性として，「要求的態度が高く受容的態度が低い」と見られていた介入当初と比べて「それほど要求的ではない」という認知に変わった。第3に，教師から見た子どもの姿として，

「教師との関係」の善し悪しで子どもを見ていた状態から図工の専科教師としての視点で子どもを見るようになった。第4に，教師自身も自分の子どもに対する要求的態度が低下し受容的態度が上昇したととらえていた。

専科の教師の授業において授業が円滑に進行しなくなった事例であるが，子どもと教師の関係性の変化が学習集団としての荒れを低減することが示された。その背景にある着目すべき点は，教師の子どもを見る際の視点が子どもとの関係性の善し悪しから教科専任としてのそれに変容した点である。この点に，コンサルティの側の教師としての学習と熟達がみられる。外部の教師の介入からコンサルテーションの過程が，学習の機会となっているのだといえるだろう。

このように，研究者を含む外部の専門家が直接的に教師個人と一対一の関係性に基づいて支援を行ったり，児童生徒に直接的にかかわりつつ課題解決を進めていく場合に，臨床的支援に係る倫理的な配慮はもちろんのことであるが，それとともに研究としてどのように進めるかという意識，そこに研究的視点をもち込んだり学界への貢献を引き出したりすることへの志向が必要となろう。事例ではアセスメントと観察を組み合わせて，介入の前後でその様子を比較している。研究者自身が研究的な手続きを踏み，研究の俎上に自らの活動を乗せることがアクションリサーチやコンサルテーションをメタ的にみることを可能にし，研究者自身の省察のみならずピアレビュー（研究者同士の検証や批評）を可能にするのである。

3　カリキュラム開発への支援

研究者によるカリキュラム開発への支援もアクションリサーチとしてはしばしば行われている。酒井と藤江（2006）は，「幼小連携」[3]の取り組みへの支援を行った。取り組みにおいて課題となっているのは教師間の相互理解とカリキュラムの開発や運営についての合意形成であった。研究者には，カリキュラム開発という実践者の研究目的の遂行自体を支援することとともに，実践者間の相互理解や合意形成に向けた支援を行うということが課題となったのである。

幼稚園と小学校の話し合いの過程においては，「ねらい」という概念の用い方の差異が顕在化したり，実際に幼稚園と小学校双方のカリキュラムを包摂する一貫したカリキュラムの構成や表現の困難が生じ，その都度，話し合いが停滞した。だが，次第に幼小の教諭が互いにカリキュラムや評価について，個人の思いやそ

---

[3]　幼稚園と小学校が連携して「子どもの発達の連続性に応じた教育課程の実現」を目指そうとする取り組みである。

れぞれの校種の制度的特質だけを述べるのではなく，自らの実践の意味や慣習，信念を対象化するとともに相手の側の実践を理解し「幼稚園と小学校の違い」という観点から対比させながら議論する様子が見られるようになった。たとえば，「ねらい」という概念のとらえ方も，「子どもの育ちへの思い」(幼)と「教科学習の目標」(小)という差異を超えて，子どもの学習や発達に向けた教師や社会の期待や願い，発達支援の方針へと拡張された。

　研究者は，毎回の話し合いに参加し記録を採取し，大学に戻って振り返りを行った。話し合いの進展やその時々で課題となっていることを研究的にとらえて理論化すること，研究者としての部会の話し合いへの参加や支援のあり方について議論することを行った。さらにケースカンファレンスと先進校園への視察とを実施した。ケースカンファレンスでは，年長児と1年生がともに水遊びをした交流活動のビデオ記録を幼小の教師がともに視聴しながら，同一の場面や子どもの姿について語り合った。教師たちは授業の場では意識していなかった自分の姿や，とらえきれていなかった子どもの存在に気づくとともに，相互に疑問点や違和感を語った。先進校園への視察においては，具体的な取り組みや研修組織，経営方法，環境設定などを目の当たりにし，その後の報告会では，きわめて具体的な構想が話し合われた。具体的な先進事例に触れたことで，カリキュラム概念の転換や，自校園の取り組みの対象化が進んだ。

　ここで，概念の用い方の差異をめぐる相互作用によって概念の拡張が促されたことは教師としての学習の成果である（藤江，2008）。それぞれの校種において実践を語る概念として用いられてきたものは，文化的歴史的文脈に根づいており強固なものである。異なる校種間の話し合いの中で概念変容が生じたこと自体は大きな成果であったといえよう。また，教師自身の変容は，幼小それぞれの教諭であるとともに，プロジェクトチームの一員でもあるという，多重成員性（Wenger, 1999）のもとで「プロジェクトとしてのローカルな課題解決の次元の談話」を獲得し運用したといえる点で，教師の学習の過程といえるだろう。

　この過程で研究者側が留意したのは，子どもへのかかわり方の成否や視点の善し悪しを断ずることではない。幼稚園の教諭も小学校の教諭もともに自分たちの目の前にいる子どもたちの姿，指導の見通し，それぞれの学校がもつ制度や文化に照らして対応を考えている点で，いずれも合理的な判断がなされているといえる。ここで研究者が果たした役割として重要なことは，幼小の教師それぞれが自分の見方や相手のやり方に対する違和感を出し合い，対話する場をしつらえること，そこでの出来事を意味づけ，理論化することを通して教師の学習環境を整え

ることであった。

第3節　発達科学研究としての意義

　以上，授業づくり，生徒指導・学級経営，カリキュラム開発における研究者と教師との協働について具体例をみてきた。これまで述べてきたことを受け，研究者と教師との協働や支援の，研究としての意義について考えたい。

1　教師の学習や熟達への支援

　研究者と教師との協働は，当該の課題解決の取り組みであることに加えて，教師の学習や熟達の支援でもあらねばならない。教師には，不確実な状況，ジレンマ状況の中で子どもの学習を保障し，自らも専門家として力量を高めていく適応的熟達者（Hatano & Inagaki, 1992）であることが求められている。波多野ら（Hatano & Inagaki, 1992）は，適応的熟達に向けた動機づけ的基盤として，①絶えず新奇な問題に遭遇すること，②対話的相互作用に従事すること，③緊急な（切迫した）外的必要性から解放されていること，④理解を重視する集団に所属していること，を挙げる。研究者との協働が，教師にとってこれらの要件を満たすものとなることが望ましい。教師の仕事の特質から考えれば，常に新奇な課題に遭遇している点で，適応的熟達への萌芽はすでに職業に内包されている。重要なことは，それまで経験のない実践上の課題に直面することで生じた違和感や当惑を解消するために，課題の構造や学習者のおかれている状況についてさまざまな角度から理解することができるような環境，課題への対処を他の教師と対話的に進めていくことができるような環境が整っていることである。このことは，研究者が課題の整理や各種調査に基づいて取り組みを支援したり，第三者として媒介することで可能である。同時に，教師が直面する課題の多くは，緊急な外的必要性に基づいている。その場合は，自己効力感を高め動機づけの低下を防ぐような研究者からの専門的な支援も必要であろう。すなわち，これらの課題について，自らの能力の低さに帰属させるのではなく，熟達の過程では起こりうる課題として周囲も含め認識できるよう課題の構造を示したり類似の事例を示したりすることを通して支援していくのである。直接的な介入も求めに応じて可能な体制を整えておく必要があろう。以上のようなことが，学校が「理解を重視する集団」となること，すなわち，効率主義に走らず，精緻に子どもを理解し，不確定な問題状況と対話しながら実践を探究していく革新性や創造性の発揮を保障していく集団となることを支援す

るのである。子どもと教師，双方の発達を促し支援する生活システムとしての学校教育システムの構築に資することを目指すのである。

2　研究としての可能性

アクションリサーチやコンサルテーションは，いずれも研究者の営みに即していえば，「実践の場で起こる問題，実践から提示された問題を分析して探究し，そこから導かれた仮説にもとづき次の実践を意図的に計画実施することにより問題への解決・対処をはかり，その解決過程をも評価していく研究方法」（秋田，2001, p.167）であり，「問題意識－計画－実行－評価」の循環からなる。つまり，実践を支援することと同時に実践をとらえるという調査研究もその過程に含んでいる。その点で，授業や教職についてのきわめて総合的な研究となりうるといえよう。具体的には，研究者が，データ収集，分析，支援，理論化，省察のプロセスを統合的に行うことができるということである。教師への支援を行う際に研究者に求められるのは，教師の要請に応じてデータの収集や分析，カンファレンスを行える機動力である。同時に，研究者も自らの実践への関与を対象化し反省的にとらえることを通して支援の諸活動の理論化を志向する。学校や学級の状態の調査と分析と教師への支援，それらに基づく理論構築を，リニア（直線的）な過程としてみるのではなく，それぞれの活動が同時進行的かつ連動的に進行するという視点，実践にかかわりつつ，研究者としての自己を対象化するという視点に立つ研究的態度は，実践研究のモデルとなるだろう。

3　研究としての課題

以上のような可能性の反面，研究者として検討し留意すべき課題もある。1つには，学校現場の目標や志向，教師の仕事，子どもの活動の複雑性に対応するということである。一般に研究者はある特定の領域についての専門的知見を豊富かつ限定的に有している。そのため，ともすると，その知見（＝理論的枠組み）のみで，現場で生じる課題をとらえ，教師と共有しようとしてしまいがちである。しかし，現場のもつ社会文化的な複雑性のもとで生じる課題は，単一の理論では解決され難い。単純に理論を実践に適応するという志向を変えるとともに，他方で，研究者としてより広い多様な領域にわたる研究上の知見に精通していることが求められる（無藤，2007）。そのことが，教師への支援や教師との協働による研究としての学術的水準の担保にもつながる。

2つには，教師の語りや使用することばに敏感になるということである。実践

者の使用することばや語り，談話の様式は必ずしも科学的でない場合が多い。しかし，実践者の使用することばや語り，談話の様式は，学校教育という制度や文化の文脈に影響を受け，文脈化されており，その文脈でしか通用しない。と同時に，学校教育の実践は教師の使用することばや語り，談話の様式に規定され，「学校としての」文脈をなしている。その点で，教師のことばは，学校教育の社会文化的文脈に規定されるとともに，学校教育の実践を形作る文化的道具であるといえるだろう。教師がどのように語り，どのように課題を認識するのかに，学校現場で生じる課題固有の構造や文脈を読み解く手がかりがある。

　3つには，教師との関係性のあり方である。教師との協働においてフィールドとの関係性は，調査者－研究協力者といった単純な図式では説明できず，実践者も研究者に理論や評価面での専門性を期待する点で，権力関係をあらかじめ内包して成立しているともいえる。それゆえ，現場や実践への興味関心，研究的な動機だけでは継続できず，研究者には取り組みの成果や実践者の成長，さらには，研究成果に対する責任が求められる。これは，研究者自身の志向性の問題ではない。現場と学界への倫理的問題である。研究者にとって，教師への支援，教師との協働の過程は，対象者との直接的なかかわりの中で，研究者，調査者としての「私」のもつ信念体系や志向性が問い直され，再構築される過程でもある（鹿毛，2002）。調査研究は「実践がどうなっているか，そこで何が行われているかを知りたい」という問いから始まるが，教師や現場とかかわりながらの研究は「ここで私は何ができるだろうか」という問い（秋田，2001）から始まり，研究者としての自分自身を問い続ける過程なのである。

引用文献

秋田喜代美．(2001)．教育・発達における実践研究．南風原朝和・市川伸一・下山晴彦（編），心理学研究法入門：調査・実験から実践まで（pp.153-190）．東京：東京大学出版会．

Bransford, J. D., Brown, A. L., & Cocking, R. R. (Eds.). (2002). 授業を変える：認知心理学のさらなる挑戦（米国学術研究推進会議，編著，森　敏昭・秋田喜代美，監訳，21世紀の認知心理学を創る会，訳）．京都：北大路書房．(Bransford, J. D., Brown, A. L., & Cocking, R. R. (Eds.). (2000). *How people learn: Brain, mind, experience, and school* (Expanded ed.). Washington, D. C.: National Academy Press.)

Dawes, L., Mercer, N., & Wegerif, R. (2000). *Thinking together: A programme of activities for developing thinking skills for children aged 8-11*. Birmingham: Questions Publishing.

Edwards, D., & Mercer, N. (1987). *Common knowledge*. London: Routledge.

Feldman, A., & Atkin, J. M. (1995). Embedding action research. In S. E. Noffke & R. B. Stevenson (Eds.), *Educational action research: Becoming practically critical*. New York: Teachers College Press.

藤江康彦．(2008)．幼小連携の話し合いと教師の学習．秋田喜代美・ルイス，キャサリン（編著），授業の研究 教師の学習：レッスンスタディへのいざない（pp.132-150）．東京：明石書店．

藤江康彦・上淵　寿．(2007)．子どもの自己学習力の発達と支援．酒井　朗・青木紀久代・菅原ますみ（編著），お茶の水女子大学 21 世紀 COE プログラム「誕生から死までの人間発達科学」：3 子どもの発達危機の理解と支援：漂流する子ども（pp.121-142）．東京：金子書房．

Hatano, G., & Inagaki, K. (1992). Desituating cognition through the construction of conceptual knowledge. In P. Light & G. Butterworth (Eds.), *Context and cognition: Ways of learning and knowing*. London: Harvester/Wheatsheaf.

比留間太白・伊藤大輔．(2007)．協働を通した学習 2：中高学年用協働思考プログラムの開発と実践．*CHAT Technical Reports*, **5**, 27-49.

鹿毛雅治．(2002)．フィールドに関わる「研究者／私」：実践心理学の可能性．下山晴彦・子安増生（編著），*心理学の新しいかたち：方法への意識*（pp.132-172）．東京：誠信書房．

小林朋子．(2009)．*子どもの問題を解決するための教師へのコンサルテーションに関する研究*．京都：ナカニシヤ出版．

Mercer, N. (1995). *The guided construction of knowledge: Talk amongst teachers and learners*. Clevedon, UK: Multilingual Matters.

無藤　隆．(2007)．*現場と学問のふれあうところ：教育実践の現場から立ち上がる心理学*．東京：新曜社．

酒井　朗・藤江康彦．(2006)．幼小連携の今日的課題．お茶の水女子大学附属幼稚園・小学校（著），子どもの学びをつなぐ：幼稚園・小学校の教師で作った接続期カリキュラム（pp.107-124）．東京：東洋館出版社．

Sawyer, R. K. (Ed.). (2009). *学習科学ハンドブック*（森　敏昭・秋田喜代美，監訳）．東京：培風館．(Sawyer, R. K. (Ed.). (2006). *The Cambridge handbook of the learning sciences*. New York: Cambridge University Press.)

Shulman, L. (2004). *The wisdom of practice: Essays on teaching, learning, and learning to teach*. San Francisco, CA: Jossey-Bass.

浦野裕司．(2001)．学級の荒れへの支援の在り方に関する事例研究：TT による指導体制とコンサルテーションによる教師と子どものこじれた関係の改善．*教育心理学研究*, **49**, 112-122.

Wenger, E. (1999). *Communities of practice: Learning, meaning, and identity*. New York: Cambridge University Press.

山本和郎．(2000)．*危機介入とコンサルテーション*．京都：ミネルヴァ書房．

矢守克也．(2010)．*アクションリサーチ：実践する人間科学*．東京：新曜社．

第Ⅲ部
発達的ニーズへの支援

第14章
乳幼児の社会性・情動発達の障害と支援：自閉症児における研究より

別府　哲

　ここでは乳幼児期における，社会性と情動発達の障害と支援を，自閉症に関する研究を中心に検討する。それは自閉症が現在，脳の機能障害は認めつつその一次障害が社会性の障害にあるとされているためである。この社会性における中核的障害は，他の障害から自閉症を弁別する指標となるともいわれている。

　社会性（sociability）とは，遠藤（2004）によれば，「他者との間に有意味な関係を築き，その中で互いの欲求や意志などを円滑に，また深く効率的に交わし合うためのあらゆる性質や能力」（p.145，傍点筆者）と定義される。自閉症で問題にされるその「性質や能力」には多様なものがあるが，ここでは通常の発達で乳幼児期にみられるものとして，以下の4つを取り上げ論ずることにする。1つは心の理論（theory of mind）であり，2つはその発達的前駆体（precursor）と考えられる共同注意（joint attention）や模倣（imitation）などの社会的行動である。3つは心の理論の前提となっている自他分化（self-other differentiation）についてである。4つは，上記3つが社会性のどちらかといえば認知的なものに焦点をあてたのに対し，情動伝染（emotional contagion）や情動理解・表出，情動調整といった情動（emotion）の問題を取り上げ検討することとする。

第1節　心の理論

1　心の理論欠損仮説

　自閉症児者の社会性障害についての論究は1980年後半以後，心の理論（theory of mind）研究を中心に展開してきた。これは，心の理論を調べる誤信念（false-belief）課題の考案という方法論的な発展により，それ以前はブラックボックスとされていた他者の欲求や願望，信念といった心の理解を，実証的研究の俎上にあげる大きな意味をもっていた。

心の理論とは，信念などの心を推測する心的メカニズムとして想定されるものであり，定型発達児では4歳後半で獲得される。知的障害児も精神年齢が4歳後半であれば定型発達児と同様に心の理論を形成できるのに，同じ精神年齢でも自閉症児のみがそれを獲得できないことを示したバロン・コーエンほか（Baron-Cohen et al., 1985）の研究を嚆矢とし，同様の結果が世界各国で報告されてきた（日本の初期の研究には，Naito et al., 1994 などがある）。

　誤信念課題は，対象が移動させられた（場所Xから場所Yへ）のを知らない登場人物の誤った信念（今は場所Yにあるが場所Xにあると信じている）を推測させるものである。自閉症児者に心の理論が欠損しているならば，彼・彼女らが他者の気持ちをうまく読めず場違いな言動をする社会性の問題がそれによって説明可能だということで，多くの研究者や実践者の注目を集めたのである。

2　心の理論欠損仮説に対する反論

　一方，その後，自閉症の心の理論欠損仮説には反論が出されている。この仮説が自閉症の診断特徴の一つであるこだわりなどを説明できないこと，すべての自閉症児者が誤信念課題を通過できないのではなく，言語精神年齢が9歳を超えると通過できるようになること（Happé, 1995），誤信念課題は4歳以後に形成されるがそれ以前の自閉症の発達を説明できないことなどが，主な論点である（たとえば，別府，2001）。ここでは乳幼児期に焦点をあてるため，最後の，誤信念課題を通過する以前の発達に関する問題について論じる。

　①直観的心理化——視線の動きを手がかりに：1つは，誤信念課題で測っている心の理論とは何かという視角から，誤信念通過以前の心の理解を検討したものである。フリス（Frith, 2004）は，他者の心を読む能力を心理化（mentalizing）と呼んだ。そのうえで，誤信念課題のように心を理解する手がかりを限定・明示的に提示された場面での心理化と異なり，手がかりが曖昧な日常では，推論を充分意識化していないが直観的に他者の心を推測する直観的心理化（intuitive mentalizing）を用いるとした（Frith, 2004）。この直観的心理化は以下に述べるように，定型発達児においては誤信念課題に通過する以前から可能と考えられる。そして自閉症児者は，この直観的心理化に障害をもつと仮説したのである。

　この仮説を支持する研究の一つは，直観的心理化の指標として視線の動き（eye tracking）を取り上げたものである。たとえば，誤信念課題は，登場人物の誤信念（今は対象がない場所にそれがあると信じている）を推測し，登場人物が対象を探すであろう場所を実験参加者に指さしで答えさせる。しかし，指さしでその

課題に正答できない25カ月の定型発達児でも，ストーリーを見終わった際に登場人物が誤信念に基づいて探すであろう場所を注視することが明らかにされた（Southgate et al., 2007）。この注視は相手の行動の正確な予期であり，25カ月児が直観的心理化の能力をもっていることの証左となる。しかしこの月齢の子どもは，正しい場所を注視できるのに，通常の誤信念課題では，自分が知っている今対象が存在する場所の知識に影響され誤答してしまう。彼らはこれをもとに，同様の課題を定型発達成人とアスペルガー症候群成人に施行した（Senju et al., 2009）。その結果，両群とも誤信念課題には正答できるが，登場人物の誤信念による行動を予期した注視は，定型発達成人のみにみられ，アスペルガー症候群成人にはみられなかった。これは，定型発達児者が直観的心理化をもちながら誤信念課題に通過する心理化を形成するのに対し，アスペルガー症候群児者は直観的心理化を欠いたまま誤信念課題に通過する心理化を獲得することを示唆したのである。

クリンほか（Klin et al., 2003）は，映画を見るときの視線の動きという日常生活に近い状況での直観的心理化を検討した。その結果，誤信念課題に正答できる定型発達者は，映画の中で登場人物が相手に「あの絵は何ですか」と言いながら指さす場面で，それに反応して指さされた方向に視線を移動し，かつ後で指さしの意図（「あの絵を見てほしい」）を正確に答えることができた。しかし，誤信念課題に正答する自閉症者は，あとで指さしの意図を正確に答えられるのに，映画を見ている最中に指さしに反応して視線を移動することはできなかったのである。これは，指さしで示された「あの絵を見てほしい」という他者の心の理解が，言語的にあとで推論するレベルのものと，指さした方向を見るという身体反応にみられる直観的心理化のレベルがあること，そして自閉症児者は，後者に障害をもつ可能性を明らかにしたのである。

②直観的心理化――誤信念課題での理由づけにより：2つは，誤信念課題において，「なぜそちらを登場人物は探すと思うのか」と質問した際の理由づけを取り上げたものである。別府・野村（2005）は，言語による理由づけが可能なレベルを命題的心理化（propositional mentalizing），それに対し言語による理由づけはできないが誤信念課題そのものに正答するレベルを直観的心理化とした。その結果，定型発達児は木下（2008）が明らかにしたように，誤信念課題そのものに誤答するレベルから，直観的心理化（4歳頃）を経て，誤信念課題に正答しかつ理由づけも可能な命題的心理化（6歳頃）に発達することが明らかになった。ところが高機能自閉症児の結果は，直観的心理化がなく，誤信念課題に誤答するレベルから命題的心理化に直接移行するという，定型発達児者とは異なる発達経過をたど

```
定型発達児
[誤った信念なし] → [直観的心理化] → [命題的心理化]
                                    [直観的心理化]

高機能自閉症児
[誤った信念なし] ─────────────────→ [命題的心理化]
```

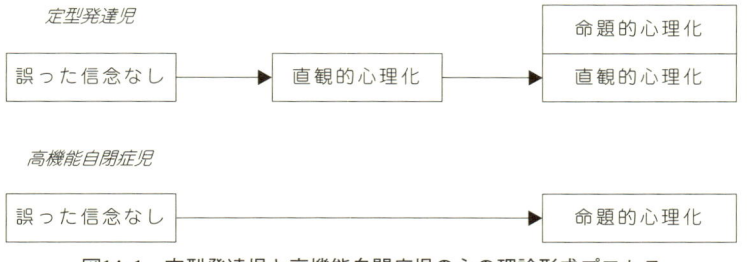

図14-1　定型発達児と高機能自閉症児の心の理論形成プロセス

ることを示唆したのである。

　定型発達児者は直観的心理化をもったまま命題的心理化を獲得するとすれば，直観的心理化で予測されたのと異なる行動（たとえば誤信念課題で，最後に登場人物が，対象が移動された場所——登場人物は移動を見ていないから知らないはず——をすぐに探す；木下，2008 が考案）を相手がとった際に，驚きや戸惑いが生じるはずである。野村・別府（2009）はこの課題を，誤信念課題で理由づけができた（命題的心理化）定型発達児と高機能自閉症児に施行した。その結果，両群とも知らないはずの場所を登場人物が探した理由（「部屋の外から，対象が移しかえられるのを見ていた」など）を答えることは可能であった。しかしこの続きのビデオを最初に見た際の驚きや戸惑いの表情・言動は，定型発達児ではみられたが高機能自閉症児ではみられなかったのである。

　③心の理論の研究課題と支援：以上の研究で把捉されている直観的心理化は，千住ら（Senju et al., 2009）が誤信念課題に通過する以前の発達レベルとしているのに対し，別府・野村（2005）では誤信念課題に通過できるが理由づけができない発達レベルを想定しており，両者は同じではない。直観的心理化を最初に使ったフリス（Frith, 2004）自身，その発達レベルについては明言しておらず今後の検討が求められるところである。ただこの一連の研究は，手がかりが限定的に明示された特殊な課題構造（代表例が誤信念課題）での意識的な心の推論以外に，他者の心と行動を無意識に予期して身体反応が生じるレベルの心の理解があること，そしてその発達は後者が前者に取って代わられるのではなく，たとえば図14-1の定型発達児に示されるように後者の発達的土台の上に前者が形成される可能性を示唆している。これはやはり注視を指標として心の理論が15カ月の定型発達児にあるとした研究（Onishi & Baillargeon, 2005）や，情動をともなう身体的記憶が類似した場面の他者の行動予測を引き起こすとしたソマティク・マーカー（somatic marker）仮説（Damasio, 1999）とも相通じる視点をもっている。他者の心

の理解は，誤信念課題にみられるものと直観的心理化の2つのレベルを想定し，障害を両者との関連で把捉することが今求められている。

このように自閉症児者の心の理解の発達と障害をとらえた場合，支援には2つの方向が示唆される。1つは自閉症児者が形成可能な命題的心理化に依拠して，他者の心の理解を教える支援である。具体的にはソーシャル・ストーリー（安達・笹野，2003；Gray, 2000/2005）やSST（social skill training）などの活用である。2つは直観的心理化に対する支援である。直観的心理化は上でも述べたように，身体反応や情動と密接に関連する（別府，2012）。一方，自閉症児者も独自な形であれ情動や身体反応を有していることを考えれば，自閉症児者は直観的心理化を「もっていない」のではなく，定型発達児者と「異なる」直観的心理化をもちそれが周囲とずれている（gap）可能性を示唆する。自閉症児者の直観的心理化を定型発達児者の側が共感的に理解をし共有経験を作り出すことが，自閉症児者が自らの直観的心理化を意識化し，定型発達児者の直観的心理化を理解する契機となることが予想される（別府，2012）。

第2節　心の理論の発達的前駆体

バロン・コーエン（Baron-Cohen, 1995）は，心の理論を可能にする4つのモジュールを提案した。そのうち，心の理論を可能にするToMM（Theory of Mind Mechanism）は4歳頃発現するが，自閉症児は生後9, 10カ月頃に発現するSAM（Shared Attention Mechanism）に障害をもつことが，ToMMをうまく作動させない原因としたのである。生後9, 10カ月頃は，定型発達児で三項関係（やまだ，1987）が成立する時期である。この時期に可能となる共同注意や模倣は，他者と対象や行為に対する注意を共有するという意味で，SAMを必要とする。それが自閉症児者においてどう障害されるのかを以下でみていくことにする。

1　共同注意の障害

大人が犬を見つけて「ほら，わんわん」と言い指さしをすると，一緒にいた子どもも犬を見ることがある。ここでは大人と子どもの間で，犬という対象に対する注意が共有されている。これを共同注意と呼ぶ。9, 10カ月頃はただ同じ対象に注意を向ける（simultaneous looking）だけだが，1歳すぎの子どもは意図的行為者（intentional agent）として大人を理解するため，犬を見たあと大人を振り返りその意図を確認したりする（Tomasello, 2001）。注意や意図という心の理解が含まれ

る共同注意は，社会性の発達にとって重要な発達的指標となる。

　自閉症児者は，定型発達児が共同注意を獲得する9, 10カ月から1歳の知的能力があっても共同注意の応答・始発を行わないこと，定型発達児が三項関係として同時期に形成する要求行動や社会的相互作用行動は行うのに共同注意行動だけ行わないことから，ここに障害をもつことが指摘された（たとえば，Mundy & Sigman, 1989）。加えてその後の研究は次の3つを明らかにしてきた。

　1つは，自閉症児において定型発達児より発達的に遅れるが，共同注意行動の形成は可能であること，2つはしかしそこで形成した共同注意行動に質的ずれ（deviant）がみられることである。定型発達児はたとえば指さしを他者にする際，対象に対するポジティブな情動評価（たとえば，犬を見つけた喜び）を共有したいため，微笑みなどのポジティブな情動をともなうことが多い。しかし，自閉症児にはたとえ指さしをするようになっても，ポジティブな情動はともなわない（Kasari et al., 1990）。また自閉症児は先に述べた対象を相手と同時に見ることは可能でも，その際の相手を意図的行為者と把捉する共同注意は困難である（別府，2001）。このように形式（form）としての共同注意（Charman, 1998）は自閉症児も可能だが，質的な面では他者との情動評価の共有や意図的行為者としての他者の把捉がともなわないという特異な機能連関が示された。

　3つはそこから，自閉症児に特有な共同注意の形成メカニズムが存在するという提起である。トラビスとシグマン（Travis & Sigman, 2001）は，自閉症児における指さしの理解では，相手が指さした方向を見たら面白い対象があるという関係を発見し，それを強化される働きかけによって可能となるという仮説を提唱した。それは汎用学習ツール（general-purpose learning tools）と呼ばれる。どの状況でどの手段を使えば目的が達成されるかを，手段－目的関係の詳細な分析とそこでのオペラント条件づけの積み重ねで，自分の行動と相手の行動の随伴関係を把捉し汎用可能な関係を学習するのである。重要なのは，そこでは他者の意図や注意といった心の理解は不要となる点にある。自閉症児者の共同注意は形成可能であるが，そのプロセスと形成された質は特異的であることが示唆されてきた。

　ここから導かれる支援には，共同注意行動についての汎用学習ツールを応用行動分析の手法を用いて教えること（Yamamoto et al., 2001）がある。一方もう一つの支援は，シラーとシグマンらの研究グループ（Hutman et al., 2009；Siller & Sigman, 2002）が示した，支援者が自閉症児の行動に同期する（synchronize）かかわりの有効性である。そこでは自閉症児がミニカーを動かし遊んでいる際に，大人が箱を用意して「車庫に入れようか」と次の行為を要求するかかわりではなく，「ブッ

ブー，速いねえ」と共感的にことばをかける非要求的（undemanded）かかわりが，10年後の共同注意や言語発達の促進につながることを明らかにした。非要求的かかわりは，非侵襲的であり，激しい不安や不快を抱えやすい自閉症児（Bemporad, 1979）にとって安心感を与える。自閉症児の共同注意の障害は，他者理解などの認知の問題だけでなく，他者を含めた世界とかかわる不安感といった情動の側面からもアプローチが必要なのである。

2 模倣の障害

模倣は，相手の動作や対象の操作を真似ることであり，通常9, 10カ月頃からみられる。従来の模倣研究では，たとえばコップの使い方を模倣によって学習するというように，文化学習における模倣の重要性が指摘されてきた。

しかし近年の模倣研究は，模倣に2つの機能――学習機能とコミュニケーション機能――があるとしたうえで，コミュニケーション機能に焦点を当てるようになってきた（Nadel, 2006）。たとえばコップの使い方の模倣は，道具の文化的学習でありコップを使って水を飲むといった目的的行動のために必要となる。その目的からすれば，コップの持ち上げ方が勢いよくかゆっくりかの違いは重要ではない。しかし目の前の相手を模倣するときは，その持ち上げ方も真似ようとする。なぜなら，そうすれば相手は自分が模倣されたことに気づき，それが相手の喜びや，からかわれたと思えば怒りを引き起こす，つまりコミュニケーションが開始されるからである。模倣は目的的行動の学習だけでなく，それを通して相手とコミュニケーションするために行うのである。そのため，目的につながる動作や操作だけでなく，スタイル（上記でいえばコップを持ち上げる勢い）や，その背景にある他者の意図の理解も，模倣にとっては重要な要素となる。この相手の行動スタイルや意図も模倣することを，ホブソン（Hobson, 1993, 2002）は「他者の身になる（identify with others）」と呼んだ。

雑誌 *Journal of Experimental Child Psychology*（2008）では，この論点から定型発達児と自閉症児の模倣の特集が組まれた。その中で，自閉症児は目的的動作の模倣は定型発達児と同様に可能だが，相手の動作スタイルの模倣は定型発達児のようには行わないこと（Hobson & Hobson, 2008），模倣するために相手の行為を見るとき，行為を見る時間には違いはないのに，相手の顔を見る時間のみ自閉症児は定型発達児より有意に短いこと（Vivanti et al., 2008），すなわち定型発達児は模倣する際に相手の顔を見ることで相手の行為の意図を確認しようとするのに，自閉症児はそれを行わないことが示された。このように，自閉症児は行為や操作の模倣は可

能だが，行為や操作を行う「他者の身になる」点に障害をもつ可能性が示唆されたのである。

この模倣障害の把捉は，模倣のコミュニケーション機能を重視し，「他者の身になる」能力を育てる支援を生み出す。この点で示唆を与えるのは，自閉症児者が他者を模倣するのではなく，自閉症児者の行為が他者によって模倣される（be imitated），逆模倣（mirroring）の研究である。多くの研究で自閉症児は，定型発達児と同様に，逆模倣されるとポジティブな情動や反応が増え，逆模倣をする他者に対する気づきが増大することを示している（Nadel, 2006）。他者に対する反応や気づきの増大は，動作の目的以外の他者の意図，情動，行為スタイルへの気づきを増大させることでもある。その意味でこれは「他者の身になる」能力につながる可能性を有しており，両者の関連の検討が待たれる。

第3節　自他分化

ここまで述べてきた他者の心の理解や共同注意，模倣はいずれも，他者が自分と同じように心や注意を有する主体であるという同型性と，しかし他者は自分と異なる心や注意をもちうるという個別性（麻生，1992）の理解を前提としている。そしてこの自他の同型性と個別性の理解は，通常の発達では9, 10カ月から3歳頃までに多様なレベルでなされる自他分化（このあたりは，木下，2008 の整理が詳しい）を可能にするものである。これにより，客観的な自己理解も可能になる。しかし，心の理論が自他分化を暗黙の発達的前提としていたという批判（子安・木下，1997）にみられるように，自他分化のプロセスとその障害については近年まで充分検討されてこなかった。それに対し実証的研究を試みているのが，ホブソンらによる一連の研究である。

1つは，対面した他者の動作模倣課題を用いたものである（Hobson & Hobson, 2008；Meyer & Hobson, 2004）。たとえば，対面した実験者が自分の前方に蛙の玩具を置き，棒でそれを自分の方へ引き寄せる動作を見せ，続いて自閉症児に蛙の玩具を渡して模倣させる。すると自閉症児は蛙の玩具を押す動作は模倣できるが，自らの方へ引き寄せるのでなく実験者の方へ押す形で行ったのである。2つは，次のような課題である。そこでは対面した状態で実験者が自閉症児にシールを渡し，「ここに貼ろうか」と実験者が実験者自身の身体部位（たとえば肩）を指さして指示する。すると3歳以後の定型発達児も自閉症児もその指示で，実験者の肩ではなく自分の肩にシールを貼ることはできた。そこで続けて実験者がシールを

もう1枚とり「私はどこに貼ったらいい？」と子どもに尋ねる課題である。3歳以後の定型発達児はこの文脈で自分の身体部位を指さすことで実験者が貼る場所を伝えるが，自閉症児はそれをほとんどせず，実験者の身体部位を直接指さしたり触ったりした（Hobson & Meyer, 2005）。これはいずれも自閉症児が，身体に基点をおいた心理的・コミュニケーション的スタンス（the bodily-anchored psychological and communicative stance）をもつ存在として自他を把捉する能力に障害があることを示すものであった。

　ホブソンらはこれを，自閉症児が「他者の身になる」ことの障害を有する結果として解釈した。この「他者の身になる」ことは，自他の同型性と個別性の両者を把捉する重要な契機であり，その障害は自他分化の障害を示唆する。また上記の研究は知的障害のある自閉症児を対象としているが，就学前の高機能自閉症児に行った研究でも同様の結果が得られており（別府，2010），これが知的な遅れに拠るものとは考えにくい。フリスほか（Frith & de Vignemont, 2005）は，egocentrismとallocentrismという概念を用いて，自閉症児における自他関係の特異性の説明を試みた。自他分化と自他関係の特異性はこれまで等閑視されてきた領域であるが，社会性の障害を理解するうえで本質的な問題を含んでおり，今後方法論的発展も含めて積極的な検討が行われることが期待される。

第4節　情動認知

　最初に述べたように情動は，他者を理解し自分を伝えるコミュニケーションにおいて欠くことができない。また他者と円滑なやりとりをするうえで，怒りを抑えるといった情動調整の果たす役割も大きい。しかしこれまでの情動理論が情動を単なるエネルギーとしたり，認知を妨害する機能を強調するものであったこと（詳しくは遠藤，2006）と，自閉症の心の理論欠損仮説が認知的な心（mind）を扱うものであったことにより，自閉症児者の情動の問題はあまり取り上げられてこなかった。一方，近年の情動の再評価と，心の理論研究の進展により自閉症児者の心の認知的な面にとどまらず，情動が注目されるようになった。そのことにより，この10年間，国内外（とくに国外）で自閉症の情動に関する研究は急激な増大の一途をたどってきた。

　情動には多くの機能があるが，現在の研究の大半はコミュニケーション機能としての情動認知に関するものである。そこでここでは別府（2009）にのっとり，この情動認知を意識的な情動処理と無意識的な情動処理に分けて検討する。

1 意識的な情動処理

　意識的な情動処理は，表情写真や動画を見せ，それがあらわす情動を判断させる課題で調べられる。就学前の定型発達児は，表情をあらわす線画や写真から情動を理解することができる（菊池，2009）。しかしこれを自閉症児に行った結果は，定型発達児と比較して障害がないとする研究（たとえば国内では武澤ほか，2008）もあれば，障害の存在を指摘する研究（たとえば，菊池・古賀，2001）もあり，一致した見解が得られていない。この矛盾した知見について以下のような仮説が提示された（Grossman et al., 2000）。それは，自閉症児者は定型発達児と同じようなやり方で情動理解をすることには障害があるが，認知発達にともない言語的媒介（verbal mediation）による補償的方略（compensatory strategy）によって定型発達児とは異なる形で情動理解が可能になるというものである。これはたとえば，「この文脈で眉が上がり口元が下がる表情をすれば『怒っている』」というように言語での定式化に依拠した理解である。そのため，これを可能にする言語能力の有無，表情刺激が言語での定式化が容易かどうかによって，情動処理の異なった結果を生み出すことになったと考えられたのである。これは，自閉症児者に表情や情動を教える支援（たとえば，井上，2004；越川，2004）の有効性を示すものと考えられる。

2 無意識的な情動処理

　一方それでは，定型発達児者は，言語能力に依拠したやり方とは異なった，どのような情動理解をしているのか。神尾（2007）はこれについて次のような仮説を提出した。それは，定型発達児者は表情を見てまずその情動的意味を無意識的に自動的評価し，次にその情動を意識的に評価・判断する。それに対し自閉症児者は情動的意味の無意識的な自動的評価をしないまま，言語による定式化で意識的に評価・判断する。つまり無意識的な自動的評価，つまり情動の自動性（automacity）に自閉症児者は障害をもつとしたのである。そして自閉症児者における情動の自動性の障害は，以下の研究からも示されてきた。

　1つは，表情などの自動模倣（automatic mimicry）や情動伝染の研究である。具体的には，相手の恐れや喜びの表情を見た際に自分にも同様の表情が自動的に生起する自動模倣を検討した（McIntosh et al., 2006）。そこでは，定型発達者と高機能自閉症者にある表情映像を見せ，その後同じ表情をするように求めた。その結果，定型発達者も高機能自閉症者も，意識的処理による表情模倣は可能であった。しかし映像を見ている最中に映像と同じ表情になる自動模倣は定型発達者にみられ

るのに，高機能自閉症者ではみられなかったのである。これは8～13歳の児童を対象とした研究でも同様の結果が得られた（Beall et al., 2008）。この自動模倣は，単なる運動模倣ではなく情動が強く関与したものであり，情動の自動性と関連する。また類似した現象である情動伝染も自閉症者に生じにくかった（Scambler et al., 2007）。

　2つは，感情プライミングを用いた研究である。そこではたとえば，表情写真（たとえば，恐れ表情写真や喜び表情写真）を閾下提示（意識的な知覚をともなわない，ごく短時間の提示）でプライム（先行刺激）として出し，あとで無意味図形（たとえば欧米の人に対する漢字）の好悪評価をしてもらう。表情写真は閾下提示なので，被験者は表情そのものを意識的処理しない。しかし定型発達児は，プライムが恐れの表情写真のときは無意味図形をネガティブに，喜びの表情写真のときはポジティブにそれぞれ評価するのである。これは，閾下提示された表情写真の無意識的な情動処理が，あとの無意味図形の判断にバイアスをかけることを示しており，この現象を感情プライミングと呼ぶ。しかし高機能自閉症児の場合，児童期において感情プライミングがみられなかったのである（たとえば，神尾ほか，2003）。

　ただこれらが就学前の乳幼児でもみられるのかはまだ検討されていない。しかしこの情動の自動性の障害は，直観的心理化の障害と密接な関連が予想される。その意味でこの解明は，第1節で述べた支援にも大きな意味をもつのである。

　紙幅の関係で触れられなかったがこれ以外にも，上記の4つの能力の発達を促進する重要な要因であるアタッチメントの問題（別府，2007）や，自己認知（別府，2001）の問題など社会性を検討するうえで重要な領域は多く存在する。一方今回概観したものに共通していえるのは，自閉症児者はただ社会性に障害があるのではなく，定型発達児者と質的に異なる「独自の社会性」を形成している可能性の示唆である。近年，社会性の障害について，自閉症児の知覚的バイアスや反応傾性（遺伝的要素）が特定の養育環境を引き寄せ，その相互作用によって特定の社会性障害（の一部）が「形成される」とする視点が提出されている（たとえば，遠藤，2005）。自閉症児者の「独自の社会性」の解明は，定型発達児者が自閉症児者の内面世界に寄り添う可能性を強めることで，この相互作用の質を変えることにつながることを期待させる。定型発達児者の社会性を絶対的基準とするのでなく，独自の社会性を認め合うインクルージョン（inclusion）社会の形成という実践に寄与する研究がいっそう強く求められていくと考えられる。

引用文献

安達 潤・笹野京子．(2003)．高機能広汎性発達障害の就学前女児が示すパニック反応に対する社会的ストーリーの適用．小児の精神と神経，**43**，241-247.

麻生 武．(1992)．身ぶりからことばへ：赤ちゃんにみる私たちの起源．東京：新曜社．

Baron-Cohen, S. (1995). *Mindblindness: An essay on autism and theory of mind*. Cambridge, MA: MIT Press.

Baron-Cohen, S., Leslie, A. M., & Frith, U. (1985). Does the autistic child have a "theory of mind"? *Cognition*, **21**, 37-46.

Beall, P. M., Moody, E. J., McIntosh, D. N., Hepburn, S. L., & Reed, C. L. (2008). Rapid facial reactions to emotional facial expressions in typically developing children and children with autism spectrum disorder. *Journal of Experimental Child Psychology*, **101**, 206-223.

Bemporad, J. R. (1979). Adult recollection of a formerly autistic child. *Journal of Autism and Developmental Disorders*, **9**, 179-197.

別府 哲．(2001)．自閉症幼児の他者理解．京都：ナカニシヤ出版．

別府 哲．(2007)．障害を持つ子どもにおけるアタッチメント．数井みゆき・遠藤利彦（編著），アタッチメントと臨床領域（pp.59-78）．京都：ミネルヴァ書房．

別府 哲．(2009)．特別支援教育に関する教育心理学的研究の動向と展望：自閉症児者の感情に関する研究を中心に．教育心理学年報，**48**，143-152.

別府 哲．(2010)．高機能広汎性発達障害幼児における自他関係理解の障害．LD研究，**19**，259-268.

別府 哲．(2012)．心の理論の障害と支援．本郷一夫（編），認知発達のアンバランスの発見とその支援（pp.31-56）．東京：金子書房．

別府 哲・野村香代．(2005)．高機能自閉症児は健常児と異なる「心の理論」を持つのか：「誤った信念」課題とその言語的理由付けにおける健常児との比較．発達心理学研究，**16**，257-264.

Charman, T. (1998). Specifying the nature and course of the joint attention impairment in autism in the preschool years. *Autism*, **2**, 61-79.

Damasio, A. R. (1999). *The feeling of what happens: Body and emotion in the making of consciousness*. New York: Harcourt Brace.

遠藤利彦．(2004)．子どもに育てたい社会性とは何か．児童心理，**800**，145-153.

遠藤利彦．(2005)．発達心理学の新しいかたちを探る．遠藤利彦（編著），発達心理学の新しいかたち（pp.3-52）．東京：誠信書房．

遠藤利彦．(2006)．感情．海保博之・楠見 孝（監修），佐藤達哉ほか（編），心理学総合事典（pp.304-334）．東京：朝倉書店．

Frith, U. (2004). Confusions and controversies about Asperger syndrome. *Journal of Child Psychology and Psychiatry*, **45**, 672-686.

Frith, U., & de Vignemont, F. (2005). Egocentrism, allocentrism, and Asperger syndrome. *Consciousness and Cognition*, **14**, 719-738.

Gray, C. (2005). ソーシャル・ストーリー・ブック：書き方と文例（服巻智子，監訳，大阪自閉症研究会，編訳）．京都：クリエイツかもがわ．(Gray, C. (2000). *The new social story book*. Arlington, TX: Future Horizons.)

Grossman, J. B., Klin, A., Carter, A. S., & Volkmar, F. R. (2000). Verbal bias in recognition of facial emotions in children with Asperger syndrome. *Journal of Child Psychology and Psychopathology*, **41**, 369-379.

Happé, F. G. E. (1995). The role of age and verbal ability in the theory of mind task performance of subjects with autism. *Child Development*, **66**, 843-855.

Hobson, R. P. (1993). *Autism and the development of mind*. Hove, UK: Lawrence Erlbaum.
Hobson, R. P. (2002). *The cradle of thought: Exploring the origins of thinking*. London: Pan Books.
Hobson, R. P., & Hobson, J. A. (2008) Dissociable aspects of imitation: A study of autism. *Journal of Experimental Child Psychology*, **101**, 170-185.
Hobson, R. P., & Meyer, J. A. (2005). Foundations for self and other: A study in autism. *Developmental Science*, **8**, 481-491.
Hutman, T., Siller, M., & Sigman, M. (2009). Mothers' narratives regarding their child with autism predict maternal synchronous behavior during play. *Journal of Child Psychology and Psychiatry*, **50**, 1255-1263.
井上雅彦．(2004)．自閉症児者の感情理解とその指導可能性に関する行動分析学的検討．発達障害研究，**26**，23-31.
神尾陽子．(2007)．自閉症スペクトラム障害における顔処理．心理学評論，**50**，31-39.
神尾陽子・Wolf, J.・Fein, D. (2003)．高機能自閉症とアスペルガー症候群の児童青年の潜在的な表情処理．児童青年精神医学とその近接領域，**44**，276-292.
Kasari, C., Sigman, M., Mundy, P., & Yirmiya, N. (1990). Affective sharing in the context of joint attention interactions of normal, autistic, and mentally retarded children. *Journal of Autism and Developmental Disorders*, **20**, 87-100.
菊池哲平．(2009)．*自閉症児における自己と他者，そして情動*．京都：ナカニシヤ出版．
菊池哲平・古賀精治．(2001)．自閉症児・者における表情の表出と他者と自己の表情の理解．特殊教育学研究，**39**，21-29.
木下孝司．(2008)．*乳幼児期における自己と「心の理解」の発達*．京都：ナカニシヤ出版．
Klin, A., Jones, W., Schultz, R., & Volkmar, F. (2003). The enactive mind, or from actions to cognition: Lessons from autism. In U. Frith & E. L. Hill (Eds.), *Autism: Mind and brain* (pp.127-161). New York: Oxford University Press.
越川房子．(2004)．発達障害者の表情識別訓練．発達障害研究，**26**，15-22.
子安増生・木下孝司．(1997)．〈心の理論〉研究の展望．心理学研究，**68**，51-67.
McIntosh, D. N., Reichmann-Decker, A., Winkielman, P., & Wilbarger, J. L. (2006). When the social mirror breaks: Deficits in automatic, but not voluntary, mimicry of emotional facial expressions in autism. *Developmental Science*, **9**, 295-302.
Meyer, J. A., & Hobson, R. P. (2004). Orientation in relation to self and other: The case of autism. *Interaction Studies*, **5**, 221-224.
Mundy, P., & Sigman, M. (1989). Specifying the nature of the social impairment in autism. In G. Dawson (Ed.), *Autism: Nature, diagnosis and treatment* (pp.3-21). New York: Guilford Press.
Nadel, J. (2006). Does imitation matter to children with autism? S. J. Rogers & J. H. G. Williams (Eds.), *Imitation and the social mind: Autism and typical development* (pp.118-137). New York: Guilford Press.
Naito, M., Komatsu, S., & Fuke, T. (1994). Normal and autistic children's understanding of their own and other's false belief: A study from Japan. *British Journal of Developmental Psychology*, **12**, 403-416.
野村香代・別府　哲．(2009)．高機能広汎性発達障害児は他者の行動の意図を予測する際に情動反応を伴うのか．小児の精神と神経，**49**，131-139.
Onishi, K. H., & Baillargeon, R. (2005). Do 15-month-old infants understand false beliefs? *Science*, **308**, 255-258.
Scambler, D. J., Hepburn, S., Rutherford, M. D., Wehner, E. A., & Rogers, S. J. (2007). Emotional responsivity in children with autism, children with other developmental disabilities, and children with typical development. *Journal of Autism and Developmental Disorders*, **37**, 553-563.
Senju, A., Southgate, V., White, S., & Frith, U. (2009). Mindblind eyes: An absence of spontaneous theory of mind in Asperger syndrome. *Science*, **325**, 883-885.

Siller, M., & Sigman, M. (2002). The behaviors of parents of children with autism predict the subsequent development of their children's communication. *Journal of Autism and Developmental Disorders*, **32**, 77-89.

Southgate, V., Senju, A., & Csibra, G. (2007). Action anticipation through attribution of false belief by 2-year-olds. *Psychological Science*, **18**, 587-592.

武澤友広・三橋美典・清水　聡・平沢美智夫．(2008)．高機能広汎性発達障害児の表情ならびに音声からの感情推測能力の評価．*LD 研究*，**17**，152-160.

Tomasello, M. (2001). *The cultural origins of human cognition*. Cambridge, MA: Harvard University Press.

Travis, L. L., & Sigman, M. (2001). Communicative intentions and symbols in autism: Examining a case of altered development. In J. A. Burack, T. Charman, N. Yirmiya, & P. R. Zelazo (Eds.), *The development of autism: Perspectives from theory and research* (pp.279-308). Mahwah, NJ: Lawrence Erlbaum Associates.

Vivanti, G., Nadig, A., Ozonoff, S., & Rogers, S. J. (2008). What do children with autism attend to during imitation tasks? *Journal of Experimental Child Psychology*, **101**, 186-205.

やまだようこ．(1987)．ことばの前のことば．東京：新曜社．

Yamamoto, J., Kakutani, A., & Terada, M. (2001). Establishing joint visual attention and pointing in autistic children with no functional language. *Perceptual and Motor Skills*, **92**, 755-779.

第15章
仲間関係の発達支援

本郷一夫

　本章では，乳幼児の仲間関係の研究の歴史を簡単に概観したうえで，近年の保育の場における仲間関係の研究動向を眺めるとともに，保育所・幼稚園における障害をもつ子ども，「気になる」子どもの仲間関係の特徴とその支援について検討する。

第1節　乳幼児の仲間関係の研究動向

1　仲間関係の研究の歴史

　乳幼児の仲間関係に関する研究の起源は1930年代に求めることができる。この時代は，発達のさまざまな領域に関心がもたれ研究が始められた時期でもある。仲間関係に関する代表的な研究としては，ブリッジス（Bridges, K. M.）やモードリーとネキュラ（Maudry, M. & Nekula, M.）の研究などがあげられる。彼女らの研究は，特定の理論的背景に基づくものではなく，目の前の子どもの姿を記録し，検討したいという興味から出発していた。しかし，その背景には，子ども同士の関係は本来「否定的」であり，それが社会化されるにつれて次第に「肯定的」になっていくといった暗黙の仮定があった。したがって，その仮定に合うような事実が発見されたとき，この領域に対する興味は急速に失われていった。

　その後，約40年を隔てて再び1970年代に仲間関係の研究がさかんになった。この時代の研究は，その目的によって大きく3つの流れに分けられる。第1に否定的な仲間関係だけでなく，肯定的な仲間関係も比較的早い時期から成立することを示すことを目的とした研究である。これは，乳児には高い能力があることを示そうとした他の領域の研究とも共通する流れである。第2に仲間関係の成立に影響を与える要因を明らかにすることを目的とした研究である。なかでも，おもちゃの存在や種類が子ども間の相互作用に及ぼす影響に関する研究がさかんに行

われた。第3に，仲間関係の発達をモデル化し，子どもの社会性発達に関する理論を作り上げることを目的にした研究である。この背景には，ボウルビー（Bowlby, J.）に代表される母子関係論への反論の意図が含まれていた（本郷, 2006）。

2 日本における仲間関係の研究の歴史

欧米の仲間関係の研究の影響を受ける形で，1970年代後半から1980年代にかけて日本でも仲間関係の研究がさかんに行われるようになった。1990年代になると子どもの社会的行動を細かく分類し，その頻度や割合の変化から子どもの仲間関係をとらえようとするいわゆる分析的（splitter）研究は減少した。それに代わって，実験場面における子どもの対人関係調整能力に焦点を当てた研究，日常場面における仲間関係の成立と展開に焦点を当てた研究がさかんになってきた（本郷，1994）。

このうち，保育所・幼稚園の仲間関係に焦点を当てたものとして，大きく3つのテーマがあった。第1に，すでに遊んでいる子どもの中に，あとから参加しようとする子どもの行動を明らかにしようとした「仲間入り行動」の研究があげられる。これに関連して，引っ込み思案傾向が強い子どもは遊びに入る前に多くの時間を要すること，他児から拒否された場合，遊びに入ろうとせず1人でいる傾向があることなどが示されている。

第2のテーマは，子ども間のいざこざ，トラブルである。しかし，1930年代の研究とは違い，単に子ども同士の否定的関係を描くことを目的としているわけではなかった。むしろ，子どもはどのようにトラブルを解決していくか，それを通して子ども間でどのようなルールが共有されるようになるかといった点に関心をもち，子ども同士のトラブルを通した社会性の発達を明らかにしようとしていた。

第3のテーマは，仲間内地位に焦点を当てた研究である。これらの研究は，ダッジ（Dodge, K. A.）の社会的情報処理理論に基礎を置くものが多い。また，研究方法としてソシオメトリックテストが用いられることが多かったが，実施にともなう倫理的問題などから，近年ではそのようなアプローチはほとんど用いられなくなっている。

3 保育の場における仲間関係に関する近年の研究

近年の保育の場における仲間関係に関する研究では，再び幼児期の否定的仲間関係と環境移行の問題に焦点が当てられるようになってきた。この背景には，子

どもの実態とそれについての保育者の認識の変化が関係していると考えられる。この点について，足立ほか（2001）は1977年度から1997年度の期間における幼稚園の「個人指導記録」を分析し，仲間関係に関する記述を整理している。その結果，年々，肯定的表現の割合が減少し，拒否や孤立などにかかわる否定的な表現の割合が増加していることが示されている。とりわけ，1990年代後半では，「小1プロブレム」などの問題と関連してか，「友だちとのトラブル」「環境への慣れにくさ」が増加していることが報告されている。

このうち子ども間のトラブルについては，身体的・言語的な攻撃行動だけではなく，他の子どもを排除したり，無視したりするいわゆる関係性攻撃にも関心が向けられている。たとえば，磯部・佐藤（2003）の研究によると，これまで主に児童期以降に出現すると考えられていた関係性攻撃は幼児期でも比較的見られることが示されている。また身体的攻撃はしないが関係性攻撃をする子どもは，規範性スキルに欠けるものの友情形成スキルと主張性スキルの得点は比較的高いことが示されている。このことは単純なスキル欠陥仮説では子ども仲間関係の不全を説明できないことを示していると考えられる。さらに，子ども同士のトラブルという枠を超えて，幼児期のいじめに焦点を当てた研究もある。畠山・山崎（2003）の研究では，1年間の参与観察を通して，年長児ではいじめとしての3つの要素（①加害者の人数，②攻撃・拒否的行動の継続性，③被害者の精神的苦痛）を満たす行動が出現することが示されている。

環境移行が幼児の仲間関係に及ぼす影響については，進級によるクラス替えの影響（小島，2008）や集団で他の保育所に移行した子どもの仲間関係の変化（本郷ほか，2001）について検討したものがある。このような研究の背景には，先に述べた子どもの新しい環境への慣れにくさについての保育者の認識，保育所の建て替え問題などが関連していると考えられる。これらの研究から，環境移行に当たっては，以前からの仲よし，あるいは既知の関係が核となって新たな仲間関係が形成されてくることが示されている。しかし，元の集団で仲間関係がうまく形成できていなかった子どもの中には，むしろ環境移行が新たな仲間関係の契機となる場合があることも示唆されている。

第2節　障害児の仲間関係

1　障害をもつ子どもの仲間関係の成立に及ぼす環境要因

障害をもつ幼児の仲間関係については，大きく2つの観点から研究が進められ

てきた。第1に障害をもつ幼児と他児の相互作用の成立過程を明らかにしようとする研究，第2に障害幼児の他児との相互作用を促進させるための働きかけに関する研究である。

　第1の領域では，行動観察によって仲間関係の成立過程やその変化についてエピソードを示す形で追跡した研究が多い。この種の研究は統合保育が広がりつつあった1980年代から比較的多く見られる。しかし，近年では，単なる変化の記述だけではなく，仲間関係の成立にかかわる要因に焦点を当て，保育の改善につなげようとする研究が多くなってきた。たとえば，足立・京林（2002）は障害児に対する健常児の感情に着目している。その結果，知的・言語的側面に遅れがある障害児に対して，4歳児は「かわいい」「赤ちゃんみたい」という肯定的感情と「〜ができない」「どうして○○ちゃんだけが特別扱いなのか」といった否定的感情があるため，必ずしも同等な「仲間」と見なしていないことが示されている。また，5歳児になると障害理解ができてくる一方，障害児に対する「好き・嫌い」が明確になるという。

　また，藤井（2005）は，ダウン症男児の幼稚園での仲間関係を3年間縦断的に観察している。その結果，障害児の特徴だけではなく，保育場面の設定と保育者の働きかけ，健常児の母親の障害に対する考え方や理解の程度，障害児と健常児の母親同士の関係などが健常児の対象児に対するかかわり方に影響をすることを示唆している。

　これらのことから，障害をもつ幼児と他児との仲間関係の成立には，障害をもつ子どもの行動特徴，言語・コミュニケーション能力，行動調整能力などの障害児自身の要因だけでなく，障害児に対する他児の感情，保育環境や保育者の働きかけといった障害をもつ子どもを取り巻く直接的な環境が影響していることがわかる。それに加えて，他児の母親の障害理解の程度や母親同士の関係など子どもを取り巻く間接的な環境も仲間関係に影響していることが示されてきている。これは，障害を本人の心身機能の障害だけではなく活動や社会参加という観点からとらえ，それに影響する環境要因に焦点を当てているWHOの「国際生活機能分類：国際障害分類改訂版」（International Classification of Functioning, disability and health：ICF）の考えとも一致する。また，その環境の範囲も子どもを取り巻く直接的環境だけでなく，いわゆるブロンフェンブレンナー（Bronfenbrenner, U.）の生態学的モデルで示されるような多層的な社会・文化的環境も考慮する必要性を示していると考えられる。

2　相互作用の形成と促進に関する研究

　障害をもつ子どもは、一般に他児との相互作用の成立や仲間関係の形成に困難さをもつことが多い。自閉性障害を含む広汎性発達障害児の場合はその対人関係の困難さにより、多動・衝動型のADHD児の場合は行動統制の困難さやそれに基づく他児とのトラブルなどのため、知的障害をもつ子どもの場合は興味や遊びの共有の難しさなどのために、仲間関係が形成しにくいことがある。

　そのような子どもたちに、他児との相互作用を促進するような働きかけを試みている研究がある。しかし、外国では自閉症幼児にビデオを用いた援助行動を試みたリーブ（Reeve, S. A.）の研究、統合保育環境において4歳の自閉症児に他児とのおもちゃの貸し借りのスキル形成・維持を試みたソーヤーほか（Sawyer, I. M. et al.）の研究などが散見されるものの、日本における研究はほとんどが児童期以降の発達障害児を対象としている（杉村, 2009）。これには、認知発達により子どもがプログラムを受け入れられやすくなることなども関係しているであろうが、なによりも特別支援教育の推進による部分が大きいと考えられる。

　また、訓練・指導場面としては、障害をもつ子どもたちから構成される小集団場面が多い。たとえば、中学校の特殊学級（特別支援学級）の生徒を対象とした研究（小島, 2001）、8歳女児を含む小集団を対象に、集団随伴性による社会的スキル訓練を行った研究（涌井, 2002）、多動性・衝動性の高い発達障害児を対象としたグループセラピーを行った研究（中村ほか, 2008）などがあげられる。また、直接の仲間関係は扱っていないが、ソーシャルスキル訓練としては困っている大人を含む集団場面で他者への援助行動を生起させる行動の形成を扱った須藤（2008）の研究などがある。これらの研究では、一定の成果は報告されているものの、ソーシャルスキル訓練は日常場面における障害児の相互作用の促進、仲間関係の形成といった点については難しさをもっていることが示唆される。その点で、先に述べたように、環境的な影響を考慮し、障害幼児を取り巻く環境からのアプローチとの併用が必要となってくると考えられる。

第3節　「気になる」子どもの仲間関係

1　「気になる」子どもの特徴

　近年、いわゆる「気になる」子どもの保育・教育が問題になってきている。ここで言う「気になる」子どもとは、「知的には顕著な遅れがないものの、行動や感情のコントロールが難しく、集団に適応するのが難しい」と保育者・教師が感

じる子どものことである。このような子どもたちは「クラス活動」「友だちとのかかわり」といった保育活動で「気になる・困っている行動」を示すことが多いと報告されている（平澤ほか，2005）。

これに関連して，「気になる」子どもの行動特徴の一つとして「対人的トラブル」があげられる。他児との関係においては，「ちょっとしたことでも意地悪されたと思ってしまう」「他児の行為に対して怒る」といった直接的に対人関係にかかわる行動のほかに，「遊びのルールを破って自分勝手に振る舞う」「順番を守らないで，横から入り込もうとする」などのルール違反などがその原因としてあげられる（本郷ほか，2007）。

一般に，「気になる」子どもの対人的トラブルは年齢とともに増加する。しかし，これは「気になる」子ども自身の行動特徴によるものだけではなく，他児の発達が関係している。すなわち，年齢が高くなるにつれて，「気になる」子どものルール違反に対して他児が注意することが多くなるためトラブルになるということである。また，「ちょっとしたことでも意地悪されたと思ってしまう」などの「気になる」子ども自身の特徴にしても，他児との関係がうまく形成できないことにその原因の一部があると考えられる（本郷，2010）。これに関連して，小学生の学級適応感を検討した研究においては，4～6年生の上学年になると，1～3年生の下学年では見られなかった「被侵害得点」が増すことが報告されている（相澤・本郷，2011）。具体的には，「クラスにいたくないと思うことがある」「嫌なことを言われたり，からかわれたりしてつらい」「休み時間などに，ひとりぼっちでいることがある」などの項目において，「気になる」児童の得点が高くなっている。このように，年齢が上がるにつれて，「気になる」子どもが他児から受け入れられていないという感覚をいっそうもつようになり，これが仲間関係の形成・維持をいっそう難しくすると考えられる。

2 「気になる」子どもの仲間関係の改善

上述のような行動特徴から，「気になる」子どもの仲間関係については，仲間関係の成立というよりも，他児との相互作用の改善を目指した研究や実践が中心となっている。その際，子ども同士のトラブルを減少させ，集団への適応を促進させるためには，「気になる」子どもへの働きかけだけではなく，子どもを取り巻く物的環境の調整やルール遊びの実施が有効であることが示唆されている。たとえば，子どもを取り巻く物的環境の調整としては，朝のお集まり時の座席配置の工夫や製作課題場面でトラブルを起こしやすい子ども同士を離れた位置に座ら

せるなどトラブルを少なくするための予防的対応があげられる。また、ルール遊びは自由遊びに比べて、何をすべきか、何をしてはいけないかが明確なため、「気になる」子どもや障害をもつ子どもが参加しやすいという特徴をもつ。そのようなルール遊びを通して、①子ども同士の肯定的なかかわりが増加すること、②ルールを守って遊びに参加すると楽しいという経験を通してルールを守るという意識が育つこと、③遊び場面での活動を通して行動や情動のコントロールが可能になること、などの効果が期待される（本郷，2010）。

「気になる」子どもの行動変化、仲間関係の変化には、他児の役割が大きい。保育環境の整備、保育者の働きかけの変更によって最も大きく変化するのはむしろ他児である。そのような他児の行動変容によって「気になる」子どもの適応が促される。また、集団参加や仲間との肯定的な相互作用の成立が「気になる」子どもが有能感を獲得することにつながる。さらには、有能感に支えられて、「気になる」子どもの行動・情動調整をする力が育ち、それが仲間関係の形成につながると考えられる（本郷，2011）。

子どもは、親や他の大人との相互作用だけではなく、仲間との相互作用を通して、さまざまなことを学んでいく。子どもの発達にともなって親子関係から仲間関係へと力点が移るといった単純な移行仮説ではなく、どの発達段階においても家族のシステムと同年齢の仲間同士のシステムが相互に影響を及ぼしながら、子どもの社会的行動を形成すると考えられる。乳幼児期の親子関係がその後の対人関係を決定づけるわけではないのと同様に、乳幼児期の仲間関係がその後の対人関係を決定するわけでもない。しかし、幼児期からの仲間関係や対人関係の不全とそれに対する働きかけの不十分さが高校における適応（本郷ほか，2009）や成人期のQOL（神尾，2010）に影響することも示唆されている。その点で、乳幼児期から仲間関係を形成し、その中で社会的行動を身につけていくことは、障害児や「気になる」子どものその後の社会的自律につながると考えられる。

引用文献

足立里美・京林由季子．(2002)．統合保育における健常幼児と障害幼児の仲間関係．宇都宮大学教育学部教育実践総合センター紀要，**25**，191-200．

足立智昭・村井憲男・細川　徹・西田充潔・仁平義明・高橋ゆき・柏葉美緒．(2001)．幼児期の仲間関係の発達の年代的変化．宮城学院女子大学発達科学研究，**1**，23-28．

相澤雅文・本郷一夫．(2011)．「気になる」児童の学級集団適応に関する研究：「気になる」児童のチェックリストとhyper-QUを通して．LD研究，**20**，352-364．

藤井和枝．(2005)．統合保育における障害幼児と健常幼児の社会的相互作用について：ダウ

ン症児の事例から仲間関係に及ぼす要因の検討．関東学院大学人間環境学会紀要，4，27-43．
畠山美穂・山崎　晃．(2003)．幼児の攻撃・拒否的行動と保育者の対応に関する研究：参与観察を通して得られたいじめの実態．発達心理学研究，14，284-293．
平澤紀子・藤原義博・山根正夫．(2005)．保育所・園における「気になる・困っている行動」を示す子どもに関する調査研究：障害児群からみた該当児の実態と保育者の対応および受けている支援から．発達障害研究，26，256-266．
本郷一夫．(1994)．仲間関係．橋口英俊・稲垣佳世子・佐々木正人・高橋惠子・やまだようこ・湯川良三（編），児童心理学の進歩 1994 年版（pp.227-253）．東京：金子書房．
本郷一夫．(2006)．社会的行動の発達変化．海保博之・楠見　孝（監修），心理学総合事典（pp.471-482）．東京：朝倉書店．
本郷一夫（編著）．(2010)．「気になる」子どもの保育と保護者支援．東京：建帛社
本郷一夫．(2011)．仲間との関わりという視点からの保育支援．秦野悦子・山崎　晃（編著），保育のなかでの臨床発達支援（pp.158-167）．京都：ミネルヴァ書房．
本郷一夫・相澤雅文・飯島典子・半澤万里・中村佳世．(2009)．高校における「気になる」生徒の理解と支援に関する研究．東北大学大学院教育学研究科教育ネットワーク研究室年報，9，1-10．
本郷一夫・飯島典子・平川久美子・杉村僚子．(2007)．保育の場における「気になる」子どもの理解と対応に関するコンサルテーションの効果．LD 研究，16，254-264．
本郷一夫・鈴木智子・松村友宇子・稲垣宏樹・小泉嘉子・猪原裕子．(2001)．保育所間の移行が幼児の仲間関係に及ぼす影響．東北教育心理学研究，8，41-53．
磯部美良・佐藤正二．(2003)．幼児の関係性攻撃と社会的スキル．教育心理学研究，51，13-21．
神尾陽子．(2010)．ライフステージに応じた広汎性発達障害児に対する支援のあり方に関する研究：支援の有用性と適応の評価および臨床家のためのガイドライン作成．平成 21 年度厚生労働科学研究費補助金総括・分担研究報告書．
小島　恵．(2001)．集団随伴性による発達障害児集団内の相互交渉促進に関する研究：知的障害児と自閉症児の比較から．国立特殊総合研究所研究紀要，28，1-8．
小島康生．(2008)．進級によるクラス替えにともなう環境移行が幼稚園児の仲間関係に及ぼす影響：仲の良いお友達の存在が関係の広がりにもたらす効果とその個人差．中京大学心理学研究科・心理学部紀要，8，1-15．
中村真樹・小澤永治・飛永佳代・遠矢浩一・針塚　進．(2008)．多動性・衝動性の高い発達障害児の対人関係の発達を促す臨床心理学的援助に関する研究：プログラムにおける児童の内的経験と他児への意識に関する検討．発達研究，22，117-126．
須藤邦彦．(2008)．自閉性障害児における援助行動を生起させる条件の検討：援助者の観察反応を通して．教育心理学研究，56，268-277．
杉村僚子．(2009)．発達障害をもつ子どもの向社会的行動に関する研究動向：広汎性発達障害を中心に．東北大学大学院教育学研究科研究年報，57，239-254．
涌井　恵．(2002)．仲間同士の相互交渉に困難を示す児童への集団随伴性（Group-oriented Contingency）による社会的スキル訓練：自発的な援助行動への副次的な効果も含めた分析．発達障害研究，24，304-315．

第16章
学齢期の社会性の学習支援

中村　晋

　現在，特別支援教育においても人間関係や社会性支援の必要性が協調されるようになってきた。平成21年3月に改訂された特別支援学校学習指導要領には，領域「自立活動」に「他者とのかかわりの基礎に関すること」，「他者の意図や感情の理解に関すること」，「自己の理解と行動の調整に関すること」，「集団への参加の基礎に関すること」の4項目を盛り込んだ新区分「人間関係の形成」が設けられた。

　これらの動向は，社会の変化や幼児児童生徒の障害の重度・重複化，発達障害を含む多様な障害に応じた指導を充実させるためのものである。一方で，「自立活動」の目標の項の記述は「障害に基づく種々の困難」から「障害による学習上又は生活上の困難」と改められている。これは，2002年にWHO（世界保健機関）において採択された「ICF（国際生活機能分類）」モデルを反映したものであり，教育現場においても「個と環境」の相互作用の中で障害をとらえようという転換が図られたことによるものである。

　障害のある子どもにとっては，自己の要求や拒否，主張を他者に伝えることや自分自身をポジティブにとらえる自尊感情をもつこと，自己効力感を抱きながら主体的に社会・文化的活動に参加できることが重要である。このような社会性の発達を支援する教育現場では，将来の社会参加と自立に向けた適応スキルの獲得のみならず，他者との関係性の構築・維持を基盤にさまざまな活動の場を共有しながら個性ある自己の育ちを支援することが望まれる。しかし，自閉症はじめ発達障害のある子どもにとっては，対人関係の困難さが顕著にあり，彼らの社会性を「関係（環境）」への支援も含め，どのように支援したらよいのかが課題となっている。

　本章では，自閉症児における社会性の発達をどのように支援するのかについて，近年の社会的認知発達研究を背景に開発された「自閉症児のための初期社会性発

達支援プログラム（Early Social Program for Autism：E-SPA）」（長崎ほか，2009）の理論的背景と概要，具体的実践の紹介を通して，学齢期における社会性の支援のあり方とその意義について述べる。

第1節　社会的認知の発達と障害

　社会性の基盤となる社会的認知は，子どもが他者を通して言語やコミュニケーション，社会的マナーや習慣など，さまざまなことを学んでいくうえで必要不可欠とされる能力である（Tomasello, 1999/2006）。トマセロほか（Tomasello et al., 2005）は，乳児，霊長類，自閉症児を対象にした実証的研究の中で，典型発達児における「意図共有（joint intentionality）」の発達過程は，0歳から8カ月の「行動と情動の共有」段階，9カ月から12カ月の「目標と知覚の共有」段階，1歳台の「意図と注意の共有」段階があることを示している。

　「行動と情動の共有」段階は，二項関係の中で成立する相互的な反応であり，身体・表情の同期（原会話：protoconversation）や情動の交換，相互凝視（mutual gazing）を行う。これらの行動は，子どもが，人が相互に生きた行為者（animate agency）であり，情動を共有できる存在であることを理解できていることを示している。

　「目標と知覚の共有」段階は，三項関係の活動に参加し，目標志向的な存在としての他者を理解する段階である。ここで，子どもは他者が何に注意を向けているか，他者が次に何をするかを相互に知ること（「目標の共有」）が特徴的な行動である（例「ボールのやりとり」でちょうだいというとボールを渡す，一緒に片づけをするなど）。

　「意図と注意の共有」段階は，互いに相手の意図（プラン）を理解し，自分自身の意図（プラン）に，相手の意図を協応（incorporate）させてゆく（「意図の共有」）段階である。この段階では，三項関係への能動的参加（大人がやりとりを中断すると，再開を促す；Ross & Lollis, 1987），相互に独立した役割であることの理解（役割反転模倣；Carpenter et al., 2005），協調活動（cooperative activity）をこの時期の特徴的な行動として位置づけている。

　しかし，近年の自閉症児の発達研究では，共同注意の障害（Mundy et al., 1986），「心の理論」障害（Baron-Cohen, 1995/1997），情動共有の障害（Kasari et al., 1990）などが明らかにされている。「意図の共有」に関しては，一定の意図の理解はできるが，意図の共有に大きな困難を示すことが指摘されている（Tomasello et al.,

2005)。こうした研究を背景に，自閉症の本質的な障害を「社会的認知（social cognition）発達障害説」とするカナー（Kanner, 1943）への回帰は，対人関係に困難さをもつ自閉症児に対する指導法の転換を意味するものである。

最近の自閉症研究においては，「社会性」の能力の有無をめぐる議論から，自閉症は自閉症独自の内容をもった「社会性」を独自のプロセスで形成していくことを明らかにする研究に移行してきていることが指摘されている（別府，2005）。別府（2005）は，自閉症児における共同注意行動が，どのような機能連関と発達連関において，障害されあるいは形成されていくのかを明らかにしようとした。こうした発達機序の解明は，自閉症児における社会性発達の可能性を示唆するものである。

第2節　初期社会性発達支援プログラムの概要

トマセロほか（Tomasello et al., 2005）の知見に基づいて開発された「自閉症児のための初期社会性発達支援プログラム（Early Social Program for Autism：E-SPA）」（長崎ほか，2009）は，主に社会性の発達が2歳～3歳前後までの自閉症児を対象に，社会性の発達支援を目的としたプログラムである。本プログラムは評価部門である「初期社会性発達アセスメント（Assessment of Early Social development：AES）」と支援・教育部門である「初期社会性発達支援課題（Tasks of Early Social development：TES）」からなり，初期社会性発達アセスメントに基づいて社会性の指導課題を選択し，家庭や教室など子どもが生活する場で支援することができる（図16-1）。

1　初期社会性発達アセスメント（AES）

「初期社会性発達アセスメント（AES）」は，トマセロほか（Tomasello et al., 2005）等によって提案された初期社会的認知発達の考え方に基づき，「Ⅰ. 行動と情動の共有（11項目）」「Ⅱ. 目標と知覚の共有（12項目）」「Ⅲ. 意図と注意の共有（12項目）」の3レベル，合計35項目によって評価する（表16-1）。

レベルⅠ（行動と情動の共有）は，通常6～9カ月の時期で，生後半年間の発達の基盤をもとに，行動や情動などの身体的な活動を共有できる段階である。ここでは，物を介した大人の行為の模倣，アイコンタクトやアイコンタクトにともなった情動の共有などが可能であるか，またリーチングやジェスチュアーなどによって要求を伝えることができ，大人に声を出したり，大人の身体を触ったりなどして注意を喚起することができるかなどを評価する。

```
┌─────────────────────────┐
│  発達レベルのアセスメント  │
└─────────────────────────┘
         │
         ▼
    ┌┄┄┄┄┄┄┄┄┄┄┄┄┄┄┄┄┄┄┄┄┄┐
    ┆ 1.「初期社会性発達アセス ┆
    ┆   メント(AES)」への記入 ┆
    ┆ 2.発達レベルの決定      ┆
    ┆   ①得点化              ┆
    ┆   ②「レベル達成率」の算出┆
    ┆   ③「発達レベル」の決定 ┆
    └┄┄┄┄┄┄┄┄┄┄┄┄┄┄┄┄┄┄┄┄┄┘

┌─────────────────────────┐
│  発達支援                │
└─────────────────────────┘
    ┌┄┄┄┄┄┄┄┄┄┄┄┄┄┄┄┄┄┄┄┄┄┐
    ┆ 1.「発達支援レベル」の決定←「発 ┆
    ┆   達レベル」の一つ上のレベル    ┆
    ┆ 2.初期社会性発達支援課題(TES)  ┆
    ┆   の選定                       ┆
    ┆   →ステップA,B,C              ┆
    └┄┄┄┄┄┄┄┄┄┄┄┄┄┄┄┄┄┄┄┄┄┘
```

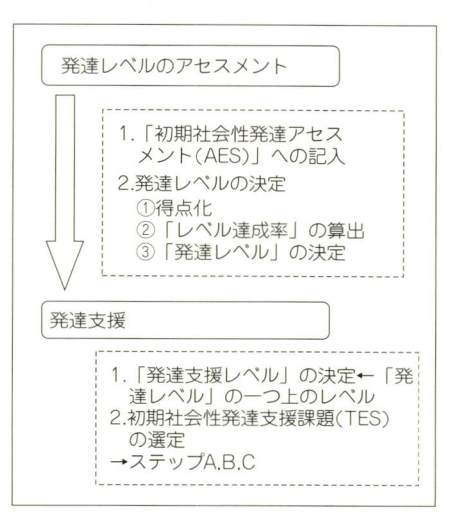

図16-1　自閉症児のための初期社会性発達支援プログラム

表16-1　初期社会性発達アセスメントの概要

レベル	Ⅰ．行動と情動の共有〔二項関係〕	Ⅱ．目標と知覚の共有〔三項関係〕	Ⅲ．意図と注意の共有
模倣・役割理解	□事物模倣（2）（物1つ）	□事物模倣（2）（物2つ） □行為模倣（2）	□役割反転模倣（4）
共同注意	□アイコンタクト（3）	□受動的共同注意(2)（参照視：他者間の交互注視）	□能動的共同注意(2)（叙述の指さし，showing, giving）
情動共有	□アイコンタクト＋情動（2）（身体感覚）	□共同注意＋情動(2)（物を介した活動）	□相手の情動を能動的に引き出す（3）
コミュニケーション	□要求（2） □相互反応（2）	□物の要求（2） □やりとりあそび（2）	□行為の要求（2） □ルールあそび（1）

　レベルⅡ（目標と知覚の共有）は，ボールのやりとりや，大人がおもちゃをかごに片づけ始めると，その行為の意図と目標を理解して，ボールを投げ返したり，かごにおもちゃを入れたりするといったことを始めるなど，通常9～12カ月の時期である。ここでは，大人と同じ物を見ることで知覚を共有することが可能かどうか，大人が指さした方向に注意を向け，見ている物の共有（共同注意）が可能かどうか，バチで太鼓をたたくなど，2つの物を用いた動作模倣が可能かどうか，また，共同注意の際に，相手に微笑みかけるなどのかたちで情動を共有することができるか，イナイイナイバーなど簡単なゲームを楽しむことができるかなどを

評価する。

　レベルⅢ（意図と注意の共有）は，通常12～24カ月前後の時期である。レベルⅡで可能になる「ボールのやりとり」などのあそびが中断されると，子どもは大人に声を出して，「早くボールを返して」と訴えることができるか，一本橋こちょこちょなどのフォーマットあそびでも，動作を受ける役割だけでなく，自分から大人をくすぐってみるなどの，動作の行為主の役割を交替したあそびができるか，また，ボールを大人と運ぶなどの協同活動や音楽が止まると歩くのを止めるなどの簡単なルールのあるあそびを楽しめるかなどを評価する。

　初期社会性発達アセスメントの特長は，各レベルが「模倣・役割理解」，「共同注意」，「情動共有」，「コミュニケーション」の4領域で構成されている点にある。「模倣・役割理解」領域におけるレベルⅠでは，物1つを用いた大人の動作の模倣，レベルⅡでは，物2つを用いた模倣や大人の動作の模倣，レベルⅢでは，大人の役割の模倣などが可能であるかを中心に評価する。「共同注意」領域におけるレベルⅠでは，アイコンタクト，レベルⅡでは，大人からの働きかけに応じて成立する受動的な共同注意，レベルⅢでは，提示行動など子どもから大人に注意の共同を促す能動的な共同注意が可能であるかを中心に評価する。「情動共有」領域におけるレベルⅠでは，アイコンタクトにともなった情動の共有，レベルⅡでは，共同注意や大人との物を介したあそびの際に情動を共有することができるか，レベルⅢでは，子どもが大人を笑わそうとするなどの子どもからの能動的な情動共有が可能であるかを中心に評価する。「コミュニケーション」領域においては，要求伝達と相互伝達を評価し，レベルⅠでは，リーチングなどの要求，大人の身体を触るなどの能動的な働きかけ，レベルⅡでは，伝達手段（指さし，サイン，発声，視線）を組み合わせた要求，ボールのやりとりあそび，レベルⅢでは，行為の要求，簡単なルールのあるあそびが可能か，といった項目で整理されている。

　アセスメント方法は，日常における自然な場面での観察を中心に行い，必要に応じて子どもに関与しながら評価することを基本とする。複数の観察者がいる場合は，協議による判断や合議制をとることが望ましい。「発達レベル」は，「レベル得点率」が80％以上のレベルの中で，最も高いレベルを，「現在の発達レベル」とする。どのレベルの達成率も80％に満たない場合，「発達レベル」は特定できない。たとえば，レベルⅠが90％，レベルⅡが85％の場合，「現在の発達レベル」はレベルⅡとなる。さらに「発達レベル」の次のレベルを「発達支援レベル」（発達の最近接領域）とし，どのレベルの達成率も80％に満たない場合には，

最も高い達成率のレベルを「発達支援レベル」とする。

2 初期社会性発達支援課題（TES）の選定

自閉症児の発達を促す環境づくり（かかわり方）において，遠藤・伊藤（2007）は，あえて巻き込まれることと巻き込まれないことの必要性を述べている。特異な行動傾向に対して大人が意識的に「あえて」巻き込まれることによって自閉症の本質的な理解を促し，そのうえで「あえて」巻き込まれず，ときには積極的に大人から巻き込んでいくことが自閉症の生育環境を徐々に発達促進的なものにするということである。

本プログラムにおける TES の各レベルは，ABC の3ステップで構成されており，自閉症の障害特性に応じて段階的に課題が設定される。たとえば，レベルIとレベルIIでは，随伴模倣による社会的応答性や注視を高める手続き（Dawson & Adams, 1984）によって活動の共有化を図るステップ A，フォーマットやスクリプト（Bruner, 1983/1988；長崎ほか，1998）といった指導の枠組みを導入し，受動的共同注意を促すステップ B，さらに大人主導で展開した活動の共有による能動的共同注意を促すステップ C へと高次化させていく。このように TES では，「あえて巻き込まれる」関係を前提に，「あえて巻き込む」ための枠組みとしてフォーマットやスクリプトを用いた課題設定をしている点が特長である（表 16-2）。

第3節　初期社会性発達支援プログラムの適用

1 対象児の実態

ゆうたくん（仮名）は，特別支援学校小学部1年生に在籍する自閉症の男子である。新版 K 式発達検査では発達年齢2歳6カ月と診断された。初期社会性発達アセスメント（AES）による各レベルの達成率は，レベルIが82％，レベルIIが46％，レベルIIIが8％であった。したがってレベルIの行動と情動の共有を発達レベル，レベルIIの目標と知覚の共有を発達支援レベルとした。

〈領域別プロフィール〉

模倣・役割理解：物を介したあそびや机上での操作課題等では，大人があそび方や課題の手続きを示しても大人の顔は注視するものの媒介する物に注意が向かない。そのため模倣することが難しい。新奇な場面や経験したことのない活動の中で大人の行為を参照しながら模倣することは難しいが，「太鼓を叩く」，「ボールを投げる」，「シールを貼る」など経験的に学習した活動であれば教員と一緒に

表16-2　初期社会性発達支援課題の概要

レベル		ステップ	ステップ目的
Ⅰ. 行動と情動の共有	A	子どもの好むあそびへの参加 ・子どもの好むあそびの中で子どもの快情動にあわせる	①大人が子どものあそびを観察し、適度な距離を保ちながら近寄り、大人への注意を促す。 ②子どもの行為や身体の動き、発声や表情の真似をし（逆模倣）、同期することで大人への注意を促す。
	B	身体フォーマットへの受動的な参加と情動共有 ・大人が誘いかけた身体フォーマットに参加し、快情動を共有する。	①子どもの好む身体を使ったあそびの中で大人が誘いかけた身体フォーマットに参加する。 ②誘いかけた身体フォーマットの中で大人の行為に注目し、視線を合わせる。 ③身体フォーマットの中で笑いかけると笑い返すなどの、快情動を共有する。
	C	身体フォーマットへの能動的な参加と情動の共有 ・自分から身体フォーマットを誘いかけ、快情動を共有する。	①大人を見たり接近したりすることによって、身体フォーマットを要求する。 ②フォーマットの中で視線を合わせ、快情動を共有する。
Ⅱ. 目標と知覚の共有	A	支えられた共同注意 ・子どもの好む「物を介したあそびや活動」に大人が合わせることによって共同注意を促す。	①子どもの好む「物を介したあそびや活動」に大人が参加する。 ②子どもの見ている物に大人が視線を合わせることで「支えられた共同注意」を促す。
	B	物を介したフォーマットでの受動的共同注意と行為の模倣 ・大人が誘いかけたあそびのフォーマットの中で、活動の目標を共有し、大人の行為を模倣する。	①大人が誘いかけた「物を介したあそびの型（あそびのフォーマット）」に参加する中で、相手の行為に注目し、対象となる物を見る。 ②あそびのフォーマットに参加する中で、活動の目標（goal）を理解し、大人の行為を模倣する。
	C	表象の共有 ・イメージやルールを介したフォーマットやスクリプトの中で、活動の目標を共有し、大人の行為を模倣する。	①「イメージやルールを介したあそびの型（あそびのフォーマット）」に参加する中で、ふりやリズム・テンポなどの表象（意味するもの）に注意を向ける。 ②あそびのフォーマットに参加する中で、活動の目標を理解し、大人の行為を模倣する。 ③「スクリプト（あそびや生活の型）」に参加する中で、活動の目標を理解し、大人の行為を模倣する。
Ⅲ. 意図と注意の共有	A	役割理解と交替を含む社会的ゲームへの参加 ・あそびのフォーマットやゲームルーティンの中で、役割を理解したり、交替したりしながら意図と注意を共有する。	子どもが好きな手あそびなどのフォーマットやルーティンの中で、他者の行っていた役割を自発的に行う。
	B	協調活動 ・ルーティン活動の中で、他者の意図（plan）を理解し、他者と協同して問題解決を行う。	ゲームや生活ルーティンの中で、活動の目標（goal）達成に向けて自己と他者の未来志向的な意図（plan）を共有し、協同して問題解決を行う活動をする。
	C	能動的な共同注意 ・ルーティン活動の中で、自発的に注意を共有しようとする。	①他者と物や出来事への注意を共有するために、自発的に指さしや物の提示またはアイコンタクト（物と他者）を行う。 ②他者の行為を援助するために、自発的に指さしや発話を行う（情報提供）。

行う。大人に注目することができるが，動作模倣は見られない。

　共同注意：1対1で向き合った場面で，名前を呼んだり，くすぐりあそびをしたりするときには大人に視線を合わせることができる。日常生活の文脈の中で，自分が落としてしまった物を大人が指さして注意を促すと床を見て探すことができる。しかし前方など，視界にある物を指さしながら「ほら，見て」と注意を喚起しても，ときどき大人に視線を合わせることはあるが，大人が指さした方向（対象物）を見ることがない。

　情動共有：「一本橋こちょこちょ」，「パン屋さん」などのくすぐりあそびを好み，アイコンタクトをとりながら，期待した表情や笑顔が見られる。おんぶや抱っこをしながら身体を左右に揺さぶるあそびや一緒にトランポリンを跳んでいるときにも大人に視線を向けながら快の情動を表出する。物を介したあそびや活動が成立した直後に，大人がオーバーなリアクションでほめると視線を合わせ，喜びながらハイタッチすることがある。

　コミュニケーション：ことばの表出がないが，身体あそびをしているときに大人へ視線を合わせながらサインで行為の要求を表出することがある。おやつの選択場面では，食べたいお菓子の写真をたたきながら（指さしではなく）伝えることができる。生活の中で自分から大人の注意を喚起し，伝えようとする場面は見られないが，クレーンハンドでとってほしい物やあそびの要求をしてきた際，「何？」と声がけをするとサインを表出することがある。

2　支援の実際

　TES支援課題：レベルⅡステップB「物を介したフォーマットでの受動的共同注意と行為の模倣」を選定。ステップの目的／①大人が誘いかけた「物を介したあそびの型（あそびのフォーマット）」に参加する中で，相手の行為に注目し，対象となる物を見る。②あそびのフォーマットに参加する中で，活動の目標（goal）を理解し，大人の行為を模倣する。

　支援計画：学習場面の形態／児童8名で構成する学級で毎日行われる日常生活の指導「あつまり」の活動の中で設定した。1回40分の学習に，10分程度のパペットによるやりとり場面を構成し，1学期間（5月から7月）の学習を計画した。場面設定／「友だちの扉（箱）」の中に「犬」，「イルカ」，「鳥」のパペットを用意し，「犬」には草原，「イルカ」には海，「鳥」には空の背景（1m×0.8m程度の段ボールに装飾したもの）を準備した。それぞれの背景に動物が顔を出す穴を開け，期待感をもたせながら箱を開きパペットを背景の穴から飛び出させる。

表16-3 「友だちの扉あそび」フォーマット

1) 動物が扉（箱）から飛び出す。
2) あいさつをする。
3) 動物をなでる。
4) 一本橋こちょこちょあそびをする。
5) くだもの（模型）を食べさせる。
6) さようならをする。

フォーマットの内容／表16-3に示した内容を繰り返す。

支援目標：目標1／くだものの模型をパペットに食べさせるふりをする。目標2／パペット，くだものの模型，大人（パペットをあやつる大人）に注目する。目標3／大人と快の情動を共有する。※ここでの「情動の共有」は，パペットを介したやりとりあそびに主体的に参加し，笑顔，笑い声等を表出しながら，大人に視線を向けることと定義する。

支援手続き：目標1に対して／自発的に行為を行えない場合は，以下のような段階的な援助を行う。段階1：時間遅延。段階2：言語教示。段階3：言語教示＋指さし。段階4：モデル提示。段階5：身体援助。目標2に対して／視線がパペット，くだものの模型から外れていた場合は，ゆうたくんへの注意を喚起し，視線が大人に向いていることを確認しながら，目の前でパペットを動かしたり，顔や身体に触れたりしながら注意を促す。目標3に対して／パペットによるやりとりの様子を強調した動きやことばの表現によってプレイフルな雰囲気に巻き込む。

支援の結果：第1期（5月）／教員が「友だちの扉（箱）」のテーマソングを歌うと，身体を揺らしながら笑顔で教員に視線を合わせていた。この時期は，パペットが飛び出してから視線を教員からパペットへと移していた。パペットで身体をくすぐると快情動を表出するが，視線はパペットではなく教員に向けられていた。くだもの模型を食べさせるふりのやりとりでは，くすぐりの要求サインを表出し，くだもの模型を用いたパペットとのやりとりには興味を示さなかった。そこで，くだものを食べさせるふりをしたあと，お礼をいいながらパペットの動物が子どもの顔をペロペロとなめるという展開を導入し，その様子をゆうたくんに見せるという手続きを行った。第2期（6月）／パペットにくすぐられているときの様子は表情よく，快の情動を表出していた。しかし，「友だちの扉（箱）」フォーマットが開始される際，教員が箱を取り出しても飛び出してくるパペットに期待しながら大人と箱を交互に注視するような様子は示さなかった。第1期では，くだものを食べさせるふりのやりとりに興味を示さなかったが，他児が食べさせるふりをしたあとに顔をなめられて喜ぶ姿を見ると，自分にもやってほしそうな様子が見られ，要求サインを表出するようになってきた。教員は「おなか空いたよ。バナナちょうだい」とことばがけをしながらかごの中のバナナ（模型）を指さすと，自分でそれを取り出してパペットの口元に運べた。「食べさせる-

くすぐってもらえる」というフォーマットを理解すると，徐々に自分からくだものの模型を食べさせるふりをすることができるようになった。第3期（7月）／教員はくだものを食べさせてくれたお礼に子どもの顔をなめる展開を止め，動物は「おいしかったよ，ありがとう」と言いながら大げさな動きとことばの表現を行い，教員は「よかったね」などと言いながら，教員と動物のパペットがやりとりする様子を見せて交互注視を促した。やがて，「もっと食べたいな」という動物のことばがけに，かごから別のくだもの模型を取り出して食べさせてくれるようになった。その後，くだもの模型が入ったかごを座席の後方にある机の上に置くように設定したところ，教員が子どもの後方を指さしながら「かごはあそこだよ」と伝えると，教員の指さす方向に振り向き，自分からくだもの模型の入ったかごを取りに行けるようなった。

　本支援によって，本児は指さしへの応答性が高まり，日常生活のさまざまな場面で大人が指さした物を理解して持ってくることができるようになってきた。こうした共同注意行動（指さし理解）を獲得できた背景には，二項関係による身体あそびなどの中で情動を共有できたことが基盤となっていたと考えられる。さらに，二者間のかかわりの中で新たに導入したあそびのフォーマットに本児が巻き込まれるように参入し，パペットあそびによる物を介したあそびの型を通して，受動的共同注意の獲得と，行為の模倣を学習していった。

第4節　自閉症児における社会性発達の可能性

　情動の共有や共同注意，意図共有といった社会的な認知能力は，意図的な学習場面を設定することによってその発達支援が可能であると考えたい。支援者である大人は，子どもの発達に合わせて「足場づくり（scaffolding）」を行い（Wood et al., 1976），子どもが主体的に他者とのかかわりを通してその能力を獲得することができるよう，徐々にその「足場はずし」を行いながら段階的に援助していくことが基本である。

　紹介した初期社会性発達支援課題（TES）において目標とされている「行動と情動の共有」，「目標と知覚の共有」，「意図と注意の共有」では，単なるアイコンタクトや快情動の表出，協同活動のような相手に合わせた行為そのものの獲得を目指すのではない。最も意識したいことは，子どもが共同行為を通して他者の存在を意識し，自分以外の他者の行動や情動に関心を示していく中で，意図的行為

者としての他者（Tomasello, 1999/2006）への「気づき」を促していくことであると考えたい．自閉症において本質的な障害特性である対人関係の形成を支援するということは，子どもたちが人との関係の中で自己と他者の価値を見いだし，主体的な社会参加や文化の共有を支えるということである．

引用文献

Baron-Cohen, S.（1997）. *自閉症とマインドブラインドネス*（長野　敬・長畑正道・今野義孝，訳）. 東京：青土社．(Baron-Cohen, S.（1995）. *Mindblindness: An essay on autism and theory of mind*. Cambridge, MA: MIT Press.)

別府　哲．（2005）. 障害児発達研究の新しいかたち：自閉症の共同注意を中心に．遠藤利彦（編），*心理学の新しいかたち：6 発達心理学の新しいかたち*（pp.215-236）. 東京：誠信書房．

Bruner, J. S.（1988）. *乳幼児の話しことば*（寺田　晃・本郷一夫，訳）. 東京：新曜社．(Bruner, J. S.（1983）. *Child's talk: Learning to use language*. London: Oxford University Press.)

Carpenter, M., Tomasello, M., Striano, T.（2005）. Role reversal imitation in 12 and 18 month olds and children with autism. *Infancy*, **8**, 253-278.

Dawson, G., & Adams, A.（1984）. Imitation and social responsiveness in autistic children. *Journal of Abnormal Child Psychology*, **12**, 209-226.

遠藤利彦・伊藤　匡．（2007）. 自閉症児の発達を促す環境づくり：あえて巻き込まれることと巻き込まれないこと．*発達*，**112**，77-88.

Kanner, L.（1943）. Autistic disturbances of affective contacts. *Nervous Child*, **2**, 217-250.

Kasari, C., Sigman, M., Mundy, P., & Yirmiya, N.（1990）. Affective sharing in the context of joint attention interactions of normal autistic and mentally retarded children. *Journal of Autism and Developmental Disorders*, **20**, 87-100.

Mundy, P., Sigman, S., Ungerer, J., & Sherman, T.（1986）. Defining the social deficits of autism: The contribution of non-verbal communication measures. *Journal of Child Psychology and Psychiatry*, **27**, 657-669.

長崎　勤・宮崎　眞・佐竹真次・関戸英紀．（1998）. *個別教育計画のためのスクリプトによるコミュニケーション指導*．東京：川島書店．

長崎　勤・中村　晋・吉井勘人・若井広太郎．（2009）. *自閉症児のための社会性発達支援プログラム：意図と情動の共有による共同行為*．東京：日本文化科学社．

Ross, H. S., & Lollis, S. P.（1987）. Communication within infant social games. *Developmental Psychology*, **23**, 241-248.

Tomasello, M.（2006）. *心とことばの起源を探る：文化と認知*（大堀壽夫・中澤恒子・西村義樹・本多　啓，訳）. 東京：勁草書房．(Tomasello, M.（1999）. *The cultural origins of human cognition*. Cambridge, MA: Harvard University Press.)

Tomasello, M., Carpenter, M., Call, J., Behne, T., & Moll, H.（2005）. Understanding and sharing intentions: The origins of cultural cognition. *Behavioral and Brain Sciences*, **28**, 675-691.

Wood, D., Bruner, J. S., & Ross, G.（1976）. The role of tutoring in problem solving. *Journal of Child Psychology and Psychiatry*, **17**, 89-100.

第17章
乳幼児期の言語発達の障害と支援

秦野悦子

　言語発達の遅れはいつ，どのように気づかれるのか，また言語発達の遅れが気づかれない場合，それはなぜなのかを丁寧に解き明かすことにより，その支援の方向性を見いだすことができる。子どもの言語発達の障害は，子どもが育ってくる過程で，そのときどきの年齢に期待される発達や言語表出がみられないことから気づかれることが多い。養育者からの言語発達に関する主訴としては，「もう1歳の誕生日を過ぎたのに，この子は，ことばらしいことばを言わない」「2歳を過ぎると，周りの子どもはことばをつなげてしゃべっているのに，この子は，まだ単語をいくつかしかしゃべらない」「なんど言っても言われたことが理解できないようだ」「発音が全体に不明瞭で聞き取りにくい」「話したいことがあるのに口がまわらず，つっかえたり，同じ音を何度も重ねてどもる」「話しかけても応答性が低い」「ことばでのやりとりが続かない」などが典型例としてあげられる。

　これら養育者の主訴からわかるように，言語発達の障害は，子どもが育っていく中で明らかになり，その対応が求められることが一般的である。しかしながら，ことばの準備期は，ことばをしゃべり始めるずっと前から始まっている。したがって，言語発達支援に求められる基本姿勢は，支援対象の子どもに対して，他者とコミュニケーションを作り出していく仕組みを支援することである。

第1節　乳幼児期の言語発達の障害と支援

　言語障害とは，言語の適切な理解と表現が困難な状態をいう。母語獲得途上における乳幼児期の言語発達の障害とは，通常その年齢に期待される言語発達に到達していない状態をさす。ことばを話すには唇，舌，口蓋，口腔機能の成熟とともに，耳で聞いたことばの意味を理解できること，身近な他者に何かを「伝えたい」という意欲，すなわち伝達欲求をその前提とする。

通常，子どもの発達に個人差があることは知られている。乳幼児期は，生理的，身体的な諸条件や生育環境の違いにより，一人一人の心身の発達の個人差が大きい。子どもは一人一人異なる資質や特性が，その生育環境によって大きく影響するので，家庭ではどのような生活を送っているか，これまでにどのような経験をしてきたかなどによって，発達の個人差は生じる。

　乳幼児期の言語発達も個人差が大きいので，同じ月齢の子どもを比較した場合でも，ある特定時期の言語発達の状況だけを取り上げて，言語障害の有無を判断することは難しい場合がある。言語発達の障害については，子どものそれまでの発達経過と現在の言語発達の状態などを総合的に判断することが求められる。したがって，乳幼児期の言語発達の現状に対して，日常の生活の中で必要とされる支援をしながら経過をみていく対応が求められる。

第2節　言語発達障害の分類

　言語発達の障害を大別すると，音声や構音（発音）と話し方の障害である音声機能の障害と，同年齢の子どもに比べことばの理解や表現が遅れている言語発達遅滞がある。音声機能の障害は，表17-1に示すように機能性構音障害，運動性構音障害，器質性構音障害にわけられる。表17-1には，それぞれの説明，具体例，対応を表した。子どもの構音障害がどのようなものか知っておくことは，言語発達への対応，支援にかかわるので重要である。

表17-1　音声機能障害の分類

分類	説明	例	対応
機能性構音障害	原因がないのに構音（発音）の誤りが固定化。	「さかな」→「たたな」のように，「サ行」が「タ行」に，「カ行」が「タ行」に変わる。	正しい構音の仕方を再学習。
運動性構音障害	発語器官の麻痺や運動の低下により生じる。脳性麻痺，ダウン症，事故や病気による脳障害により運動障害をともなう場合。	筋力がないために，発音が不明瞭になる。	発語器官の力をつけながら聞きやすい音にしていく。
器質性構音障害	口唇・口蓋裂など発語器官の構造上の異常による構音障害。	本来作られる器官で音を作らないため，不正確で，ほかの人には誤った音に聞こえる。	構造上の問題を医学的に解決した後に異常な音（誤った音）を正しい音に直していく。

表17-2 言語発達遅滞の分類

分類	説明	対応
知的発達にともなう言語発達遅滞	知的・社会・言語など発達全般の遅れ。	発達全体を促進させる。
自閉傾向をともなう言語発達遅滞	言葉をコミュニケーションの道具として使うことが困難。	言葉をコミュニケーションとして使えるようにする。

　表17-2には，言語発達遅滞の分類を示した。この表では，知的発達にともなうものと，自閉傾向，すなわち自閉症スペクトラム障害（autism spectrum disorders：ASD）にともなうものに分類してその対応を示した。もちろん知的障害，自閉症スペクトラム障害の両方を合わせもつカナー型自閉の場合などは，発達全体への対応とあわせて，コミュニケーション支援が必要とされる。

第3節　乳幼児期の言語発達支援者

　乳幼児期の言語発達支援は，医療機関では言語聴覚士によって行われている。保健所および保健福祉センターでは乳幼児健康診査の事後指導として，心理職が個別の発達相談で親の悩みに応じる。また事後指導として，心理職や保健師がかかわる親子グループでは，同年齢の子どもが親子で参加し，遊びを通して相互にかかわる体験の場を設けている。乳幼児を対象とした療育施設では言語聴覚士，心理職，保育士などが携わる。保育所および幼稚園など幼児集団保育・教育施設では，保育士や幼稚園教員が遊びや生活を通して子どもの育ちにかかわる。また，幼児期の言語発達支援には家族や養育者の存在が欠かせない。乳幼児期の日常生活の中で，養育者が子育てで良好な親子コミュニケーションを維持できるように，それぞれ専門機関での支援者がかかわることになる。

　言語発達支援に限ったことではないが，乳幼児期の発達支援の対象は，子どもへの直接的支援という側面よりも，日常の子どもの生活にかかわる養育者や保育士，教員が，子ども理解を深め，それぞれの力量発揮ができるような日常的なかかわりへの支援が必要とされる。

第4節　言語発達とその背景にある要因

1　就学までの母語の獲得

　どの言語を母語（mother-language）として育つ子どもたちでも，言語獲得は一定

の発達過程をたどる。母語における言語獲得や言語使用は，日常生活の行為やふるまいの中に組み込まれ，無意識に行われる。一般的な言語発達では，生後一年を経ると多くの子どもたちは，立ち上がり歩き始め，育った国や地域で使用されている母語をしゃべり始める。しゃべりはじめの数カ月は限られた数語に過ぎないが，自発的に話すことができることばの数が50語を超えた頃から，語彙の獲得は爆発的に進み，生後20カ月頃には，単語と単語を組み合わせ「ワンワンイタ」などのいわゆる2語発話が可能になり，言語の文法規則を使えるようになる。

　3歳頃には，およそ1,000語を話し，就学前には14,000語を話すようになると言われる。単純に計算しても3歳過ぎの子どもは1日平均9個の新しい語彙を獲得していくことになる。このように，言語の本質は一定の発達過程をたどることにある。就学までの母語の獲得は，使える語彙数を増やし，表現できる複雑な文法規則とあいまって，思考力を高めていく。これらの言語使用の実践は，身近な親しい人との関係の中で，遊んだり，生活をともにしたりする共同行為（joint attention）を通して行われる相互交渉そのものである。

2　言語獲得の背景にある要因

　言語発達の遅れという養育者の主訴からとらえることのできる子どもの背景はさまざまである。なぜならば言語は高次脳機能の頂点にあるので，認知・感情・意思などのすべての領域の発達にかかわり，相互に影響を及ぼし合うからである。したがって支援者は，養育者による子どもの言語発達に関する主訴から，その要因を特定していくことが求められる。

　また，子どもの言語発達の初期においては，ひとり一人の発達の個人差の幅は6カ月以上という広い範囲に及ぶので，表面的にとらえることのできる発語数だけから言語発達の障害や発達予測を見極めることが難しい場合もある。また言語は「知覚－記憶－意識」など他のさまざまな認知機能と結びついているので，言語機能だけを取り出して言語障害の問題を論じることはできない。

　図17-1は，「言語発達の遅れ」という主訴から，どのような問題点がとらえられるのか，その問題点とされることがらは，日常の言語コミュニケーションにおいて，子どもにどのように現れるのか，そこから，どのような障害が関連すると考えられるのかを図示した。これは主訴からとらえた問題点の分析，評価（アセスメント）を経て初期支援目標にいたるときに行われる手順である。

　たとえば，「言語発達に関する遅れや不適応」として「全体的に構音が未熟で

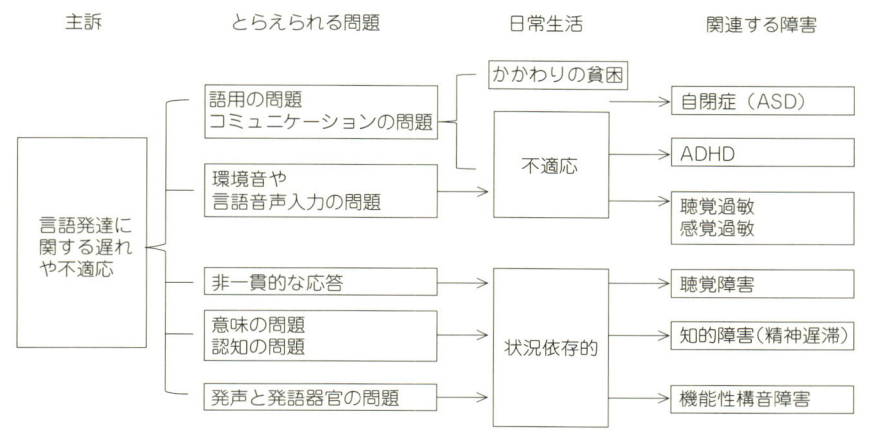

```
主訴            とらえられる問題         日常生活        関連する障害
                ┌─────────────────┐   ┌─かかわりの貧困─┐ ┌─────────┐
              ┌─│語用の問題        │──→│              │→│自閉症（ASD）│
              │ │コミュニケーションの問題│   │  不適応      │ ├─────────┤
              │ └─────────────────┘   │              │→│ADHD       │
┌─────────┐ │ ┌─────────────────┐   │              │ ├─────────┤
│言語発達に │─┤ │環境音や          │──→│              │→│聴覚過敏    │
│関する遅れ │ │ │言語音声入力の問題 │   └──────────┘ │感覚過敏    │
│や不適応  │ │ └─────────────────┘                  └─────────┘
└─────────┘ │ ┌─────────────────┐   ┌──────────┐ ┌─────────┐
              ├─│非一貫的な応答    │──→│              │→│聴覚障害    │
              │ └─────────────────┘   │              │ ├─────────┤
              │ ┌─────────────────┐   │ 状況依存的   │→│知的障害（精神遅滞）│
              ├─│意味の問題        │──→│              │ ├─────────┤
              │ │認知の問題        │   │              │→│機能性構音障害│
              │ └─────────────────┘   └──────────┘ └─────────┘
              │ ┌─────────────────┐
              └─│発声と発語器官の問題│──→
                └─────────────────┘
```

図17-1　言語発達に関する遅れや不適応の背景にあるもの

　発音が不明瞭でわかりにくい」という主訴があった場合、そこでとらえられる問題は図17-1に示される「発声と発語器官の問題」となる。日常生活においては、子どもの不明瞭な発話は、その前後の状況や文脈の中で解釈されるので「状況依存的」である。全体構音の未熟さだけでなく、①働きかけへの応答の非一貫性や、無反応などが指摘される場合は、「聴覚障害」を視野に入れる必要がある。②言語理解が低いなどを合わせもった場合は、発声がことばか、それ以前の喃語（なんご）状況なのかの確認を経て、「知的障害（精神遅滞）」を視野に入れる必要がある。③知的障害がなく全体構音が未熟で発語開始が遅かった子どもの場合は、幼児期には発声器官の未熟さが残ることがあることから「機能性構音障害」との予測での支援対応が必要となる。

　あるいは「掃除機やハンドドライヤーなどのモーター音、特定のコマーシャル音、スピーカー放送音などを恐がる」という主訴があった場合、そこでとらえられる問題は図17-1に示される「環境音や言語音声入力の問題」となる。日常生活において、子どもは、嫌悪刺激を回避して、保育室から出ていく、活動から外れる、パニックになり奇声を発する、泣き騒ぐ、養育者にしがみついて離れない、耳ふさぎ行動をするなどという「不適応」行動がみられる。特定の声や音が苦手なだけでなく、①対人関係障害、コミュニケーション障害、などもあわせもった場合は、「自閉症スペクトラム」への対応が求められる。②不注意や多動、衝動などあわせもった場合は「注意欠陥多動性障害（attention deficit / hyperactivity disorder：ADHD）」としての対応が求められる。③「聴覚過敏・感覚過敏」は、感覚に対す

る大脳の情報処理過程に問題があって，日常のありふれた音を耐え難く認識してしまうわけで，感覚統合療法を用いた対応や環境整備が求められる。

3　母語の獲得の基礎となる使用基盤モデル

　言語は脳に組み込まれた生得的な能力として，緩やかに初期設定（デフォルト）されていることが考えられる。したがって子どもが日本語環境で育つと，日本語に関するパラメーター（変数）が働き，日本語に対して，より識別性や敏感性が高くなる。また，生後9カ月を過ぎた子どもは，他者の視線，表情，身振り，行為を手がかりとして，相互的コミュニケーション場面から他者の意図を推測する能力が進み，他者と同様の心的意味を生じさせる言語の獲得を促す契機になると考えられる。

　母語獲得の特徴をまとめると，第1に自然に言語に触れる経験の結果として生じる。これは使用基盤モデル（usage-based-model；Tomasello, 1995）に基づく考え方で，子どもは毎日の生活の中で繰り返されることばのやりとりという一連の事象をひとつの脚本（script）として理解しつつ，ことばの意味を知る。また，その中で使われることばから，事象知識（event knowledge）としての心的表象をもつようになる。さらに，養育者とのコミュニケーションを通じてことばの伝達機能を習得する。その点では母語獲得は，偶発的学習（incidental learning）に依拠するといえる。第2に乳幼児期の言語獲得は，子どもにとっては，コミュニケーションのための言語を身につけることであるといえる。

第5節　乳幼児期の言語発達の問題への気づきとその支援

1　家庭生活で気づく言語発達の問題とその支援

　0歳台は，前言語期といわれ，言語発達の基礎である情動的コミュニケーションが養育者との間で形成されてくる時期である。前言語期の子どもは，意味のあることばをしゃべるわけではないが，養育者の語りかけにじっと口元や眼を見つめ，働きかけに注目し，養育者があやすと声をあげて笑い，非言語的相互作用が生じる。また，いないいないばぁを喜び，繰り返し遊んでもらううちに，大人の働きかけに対して，期待のシステムができあがり，あやしてもらうのを期待して待つことができる。

　この時期に視線が合いにくい，養育者からの働きかけに身を反らせて回避する，など人に対する関心が低いという一方で，人見知りがなくて誰にでも平気で抱か

れたり，母親への後追いが乏しかったりする子どもは，相互的コミュニケーションの力が伸びにくいことが指摘される。

　しかしながら，通常の場合，親は一般的に子どもの言語発達の問題に気づきにくいといえる。その理由として考えられることは，①第1子の場合，親は自分の子どもの育ちに対する比較対象がいないために遅れに気づきにくい。②子どもがしゃべり始める前の前言語期においては，たとえば，人指向性が弱く，育児に手のかからない赤ちゃんに対して，親は，おとなしすぎるという多少の気がかり感があったとしても，育児困難感がないためむしろ育てやすいと感じるなど，発達上の問題をとらえにくい。

　逆に，育児書に書かれた年齢相応の子どもの姿とわが子の成長との違いに親が過度に不安を高めたりすることもある。あるいは，実家の親など周囲の身近な人が，親に対して子どもの発達の遅れなどを指摘することもある。実際に年齢が低いほど発達の個人差が大きいことから，ある時点の子どもの発達の姿に対して，その要因が発達の未熟さという遅れ（未学習）なのか，育ちの中での経験不足（未経験）なのか，環境の貧困なのかなどを含めた総合的判断が必要とされる。

2　乳幼児健診で気づく言語障害とその対応

　乳幼児健康診査の実施方法は自治体によって違いがあるが，1歳までに2回以上，1歳6カ月児健診，3歳児健診を実施することになっており，早期発見とその後の支援につながる。表17-3には，乳幼児健康診査の言語発達関連項目を抽出した。0歳台は，情動共有に基づく，人とのかかわりを中心とした社会性の中でコミュニケーションの育ちに注目している。この時期は，重度（発達指数29以

表17-3　乳幼児健康診査の言語発達関連項目

時期	問診項目
1カ月児健診	音や光に反応
3〜4カ月児健診	追視，人の顔，声などによく反応する
6〜7カ月児健診	人に声をだす，あやされて笑う，後ろから呼んでふり向く
9〜10カ月児健診	動作のまね，禁止の理解
1歳6カ月児健診	有意味語，持ってきて応じる，身体各部指示理解
3歳児健診	歌をうたう，「これなあに」と聞く，文章を話す（3語文以上），ごっこ遊び，年齢や名前をいう，色名，親の言うことを聞く
5歳児健診	会話になりにくい，しゃべり過ぎ，指示が入りにくい，呼んでも無視する，落ち着きがない，こだわりが強い，かんしゃくを起こしやすい

下）および中度（発達指数 30〜49 以下）の知的障害，自閉症スペクトラムが気づかれ支援につながる。

1歳6カ月児健診以降，表出言語をとらえる項目が置かれ，1歳6カ月児健診では，発語の確認，応答性の言語理解項目が置かれている。この時期は，発語開始の遅れ，知的には境界線（発達指数 70〜84），軽度（発達指数 50〜69），中度，重度知的障害の対応が可能となる。子どもの育ちの経過をみながら，言語・コミュニケーション発達に必要な生活の中でのことばかけ，情動共有や共感を高めるような遊びなどの経験により，相互的コミュニケーションを促進させるようなかかわりをめざす。

3歳児健診では，語彙，統語，言語の初期概念や属性理解，語用をとらえようとしている。この時期はしゃべるかしゃべらないかという水準で言語発達をみるのではなく，簡単な単語はいくつか言えたり，日常で習慣的に使用される決まり切ったことばの理解や使用は可能であることを前提として，言語による世界の切り分けとも言える思考としての言語の育ちが問われる。この時期は軽度知的障害が気づかれ対応される。

5歳児健診は，どの自治体でも実施されているわけではないが，言語生活の中のことばの使用である語用の問題が全面的に問われる項目が置かれている。幼児期やこれからの学童期の集団での適応と大きくかかわる項目であり，高機能自閉症（HFASD）やアスペルガー症候群，ADHD など知的障害をともなわない，いわゆる発達障害が気づかれ対応される。

3　保育集団で気づく言語障害とその対応

5歳児健診で指摘されるような語用の問題は，健診受診者の 9% が気づかれ対応される（文部科学省，2002）。筆者らは首都圏の保育者調査を行い 3, 4, 5 歳児担当の保育士から回答を得た結果，明らかな知的遅れがないにもかかわらず，特別支援が必要な子どもは，11〜12% であった（秦野，2011）。このことは，個別の健診よりも保育集団の場の方が，語用の問題を多くもつ，発達障害の把握がしやすいことを意味する。

知的障害をともなわない幼児期後半以降のことばの問題は，保育や教育の場での活動参加，課題への取り組みの中で指摘されやすい。幼児期の集団において，①保育士や教師と子どもとのやりとりの中で，先生が皆に話しているときには，勝手に歌を歌ったり，離席したり，おしゃべりをしない，②子ども同士のやりとりの中で，自分の要求が通らなくても，泣き騒いだり，相手を突き倒したりしな

いで，自分の気持ちをことばで表現する，③自分の要求を通すためには，自分の視点からだけでは相手は納得しないので，相手の気持ちを理解したうえでことばを使って説明する，④自分の得意な知識をしゃべりつづけても相手が興味をもつわけではないことを理解する，⑤自分がそうしたいからといって相手が嫌がっていることをしない，などの社会的相互作用の問題は，語用の障害として現れてくる。

　保育や教育集団での対応としては，そのときその場で，周りの子どもの気持ちに気づかせたり，今，何をする場であるかについての注意を調整したり，本人の気持ちは理解したうえで，どのようなふるまいが求められるかを繰り返し伝えていくなどの心理社会的アプローチを基本とした教育的配慮が求められる。ときには療育センターでのソーシャルスキルトレーニング（SST）も併用していく。

第6節　コミュニケーションを作り出していく仕組みの支援

1　言語発達支援におけるエコロジカルな視点

　乳幼児期における言語発達の支援は，通常の子どもの生活での機会利用型指導（incidental teaching）が一般的である。つまり，子どもと生活をともにする養育者，保育者，教育者が，その子どもの言語理解のレベルに合わせた子どもの好きなことや，かかわれる活動の機会をとらえ，相互コミュニケーションが生じるような環境を設定して，意識的に働きかけたり，「今，ここ」で行われている活動に子どもが参加しやすいように環境を調整したりすることができるように，言語発達支援におけるエコロジカル（生態学的）な視点を重視しつつ，専門家は間接的支援を行うのが特徴といえる。

2　言語発達を支える大人のかかわり——大人はことばと世界を結ぶ

　さて，生活の中で母語を獲得していく過程においては，子どもは，ひとりで言語獲得に取り組むわけではない。言語能力は個人のスキルとしてとらえることができるが，言語発達支援をとらえるときには，実際には他者との社会的相互作用の文脈の中でとらえることができる。図17-2に示すように，一次的ことば（岡本，1985）といわれる，誕生から幼児期に獲得される生活言語において，養育者は子どもに対してことばの成り立つ場を作り出している。子どもの日常にあるいろいろな事物は，どのようなときにどのように使い，それを何と言い表すのかを子どもに示すのは大人である。ボールは「ぽーん」と言いながら転がす，金槌は

ことばの成り立つ場とは何か

図17-2 大人はことばと世界を結ぶ

「とんとん」と言いながら叩く，というように，ことばを獲得していく暗黙の前提としての事物や環境に対して「重みづけしたアフォーダンス」を大人はあたりまえのように提供する。アフォーダンス情報は擬音語・擬態語により容易に言語化されることによって，幼児にとっても正しい名称の獲得につながっていく（小林，2008）。

私たちは，椅子に座り，ボールを転がすのであって，けして椅子を転がし，ボールに座るのではない。本来の意味でのアフォーダンスとは「動物と物の間に存在する行為についての関係性そのもの」である。たとえば引き手のついたタンスについて，このタンスと私の間には引いて開けるというアフォーダンスが存在する。私たちが事物や環境のどこに注意をはらい，どのような機能に注目し，どのようなものであるとみなしているのかということを，日常生活の中で子どもに示しているからこそ，同じような視点で子どもも事物や環境にかかわれるようになる。

このように，ことばと行為をとりまく世界の間に他者（大人）が介在していくのは日常の家庭生活だけでなく，幼児期の集団においても同様であり，子どもが活動にどのようにかかわるのか，お絵かき場面と紙芝居場面と，制作場面とでは，どのようなふるまいや言語行動が求められるのか，自分の要求はどのように表現したら他者に適切に伝わるのか，という語用能力を身につけていくにも，大人の介在が必須となる。

3　mind-mindedness（マインド・マインデッドネス）

　養育者が乳児の言動の背後に，大人と同じような複雑な心的世界があることを仮定する mind-mindedness という概念は支援の基本である。すなわち，乳児をすでに心的世界を有した存在であるとみなし，幼い乳児が，実際には大人のように明確にあるいは複雑な形で，意図や予測，願望や信念をもっていないとしても，乳児のつたない発声や身体の動きに触れた養育者はついつい，乳児の心の世界の存在を想定してしまうという現象である（Meins, 2002, 2003）。複数の論者が共通して「子どもの視点から物事を見る能力（see things from the child's point of view）」の重要性を強調している。これは言語発達支援ではブルーナー（Bruner, 1986）が提唱した言語獲得サポートシステム（language acquisition support system：LASS）と共通する。すなわち大人は，常に子どもが言語習得をしやすいように最適なかかわりができるようなシステムを備えているという考え方である。

　乳幼児期の言語・コミュニケーション障害の多様性，とくに幼児期後期の語用の障害に対しては，保育教育現場での対応には，厳しい現実が存在するが，認知の偏りや外界情報のとらえ方や認識の仕方に偏りのある子どもたちの言語障害に対する解決策も，かかわる大人が子どもに対する深い対象理解に基づいた適切な対応を繰り返すことに尽き，その中で子どもの言語・コミュニケーションの改善や発達がみられる。

引用文献

Bruner, J. S.（1986）. *Actual minds, possible worlds*. Cambridge, MA: Harvard University Press.
秦野悦子.（2011）. 保育教育困難幼児に対する認知特性を生かした保育支援. 平成 20〜22 年度文部科学省科学研究費補助金報告書.
小林春美.（2008）. 語彙の獲得. 小林春美・佐々木正人（編），新・子どもたちの言語獲得（pp.89-109）. 東京：大修館書店.
Meins, E., Fernyhough, C., Wainwright, R., Clark-Carter, D., Das Gupta, M., Fradley, E., & Tuckey, M.（2003）. Pathways to understanding mind: Construct validity and predictive validity of maternal mind-mindedness. *Child Development*, **74**, 1194-1211.
Meins, E., Fernyhough, C., Wainwright, R., Das Gupta, M., Fradley, E., & Tuckey, M.（2002）. Maternal mind-mindedness and attachment security as predictors of theory of mind understanding. *Child Development*, **73**, 1715-1726.
文部科学省.（2002）. 通常の学級に在籍する特別な教育的支援を必要とする児童生徒に関する全国実態調査.
岡本夏木.（1985）. ことばと発達. 東京：岩波書店（岩波新書）.
Tomasello, M.（1995）. Joint attention as social cognition. In C. Moore & P. J. Dunham（Eds.）, *Joint attention: Its origins and role in development*（pp.103-130）. Hillsdale, NJ: Erlbaum.

第18章
学齢期の「聞く・話す」の障害と支援

大井　学

　　「人間はつねにすでに語る存在ではないということ，人間は言語活動をもたない存在であったし，今もなおそうであるということ，これが経験ということなのだ」
　　（Agamben, 2001/2007，訳書，p.89）

　学齢期の言語発達の主たる局面は語用論にある。本章では，高機能自閉症スペクトラム障害（HFASD）の語用論の障害とその支援について述べる。語用論については加藤（2004），HFASDの語用障害に関しては大井（2009）が入門向きである。アセスメント法としてCCC-2日本語版（Bishop, 2003；大井ほか，2009）がある。比喩と皮肉に絞った「比喩皮肉文テスト（MSST）」（安立ほか，2006）は，刺激文が大学生には芝居じみてみえ，HFASD児たちが非字義的に理解しないのは当然である（Oi et al., in preparation）。
　論述の前提が2つある。1つに日本語は主語省略が可能なpro-drop languageの一つであり，英語と比べ聞き手責任言語（Hinds, 1987）で，メッセージを暗示的に伝達して曖昧さを残し，聞き手が「いわれなかったこと」＝文脈から推測する余地を残す。現代日本の求める言語・コミュニケーション教育改革も，伝統の制約から自由でない。暗示に価値を置く，多様な思想と対人関係のあり方を受け入れる文化社会である（佐藤，2008）日本は，明示的伝え方を育て，激しいグローバル化の荒波を生き抜くことと自国の伝統の継承との調和とを問われている。語用障害支援でも上記は無視できない。HFASDの個人は言語文化共同体への帰属を脅かされており，文化固有なコミュニケーション習慣理解が，定型発達者に比べ大きな意味をもつからである。
　2つに，学齢期語用障害の的確な理解と支援の前提となる基礎研究，臨床研究の蓄積が，日本においてはあまりに乏しい。にもかかわらず，英語圏（おもに米国製）のSST（ソーシャルスキルトレーニング）やソーシャル・ストーリーが輸入

され，全盛を極めている（大井，2010）。国産の「ソーシャルスキルトレーニング絵カード」も含め，これらは大人の提示した社会的場面に対する反応を子どもから引き出し，不適切な場合に解説や修正を試みる。大人にとっては，社会的に適切な言動を「教えた気になれる」都合のよい方法である。果たしてそれは当事者の真の学習につながるのか？　高機能当事者は，芝居のセリフのようにはいくらでもことばを覚えられるが，それを現実生活で用いるうえで不安が残るとしばしば口にする。綾屋・熊谷（2008）の著者である綾屋紗月氏も，「（SSTで）いわれればなんでも演技はするが，それで別に満足のいくコミュニケーションが出来るわけではない」（日本発達心理学会第 20 回大会における藤野博氏インタビュー）と疑念を表す。

　SST もソーシャル・ストーリーも有効性のエビデンスがほとんどない（McConnell, 2002；Rao et al., 2008；Reynhout & Carter, 2006）。コミュニケーションを過度に単純化し，事前指定的な行動系列（いわゆる「正解」）として暗記させると，「正解」が当てはまらない場面で新たな困難をうみだし，当事者を二重苦に陥れる。「社会的場面絵」による「指導」が原理的に無意味である可能性について，実証的検討を第 2 節で示す。

　SST には信頼できるものもある。英国モーズレー病院での成人グループでは，会話の開始と維持が有意に改善し，不適切応答が減り，よりよい仕事に就き家庭から自立した事例が多く見られた（Howlin & Yates, 1999）。ソーシャル・ストーリーもまれに効果がある。2003 年以前に単一事例実験デザインで行われた 10 の指導研究のうち 2 つについて，独り言の減少，注意の確保，コメントの開始，要求の開始，相手のことばへの随伴的応答の増加が認められた（Sansosti et al., 2004）。合衆国では規則の詳細な明示化が重要であり，ソーシャル・ストーリーは大学生の授業態度指導にまで応用されている（Baker & Welkowitz, 2005）。日米で子どもが学ばねばならないものが同じとは限らない。

第 1 節　語用障害とは何か？――言語行為・会話の協力・文脈との関連

　HFASD と読み書き，音韻，意味，統語，形態の障害を合併するケースは珍しくない。英語について言語学的諸指標と脳機能計測指標と遺伝子変異との関連のマルチ・レイヤードの検討が始まっている（Bishop, 2009）。が，コミュニケーション問題の中核は語用論の障害である（大井，2001，2006）。幼児期に言語の遅れのある事例では，しばらくエコラリアや奇妙な言語使用が残っているが，4, 5

歳を境に急速に言語発達の遅れをとりもどす（Howlin, 2003）ので，学齢期以降は問題が見えにくくなる。アスペルガー症候群ではさらに語用障害が気づかれにくい。語用障害を「比喩・皮肉」「冗談」がわからない問題に単純化するのは間違いで，事態はそれをはるかにこえている（Oi, 2005；大井，2009）。言語使用現象はヒトの言語生活のすべてにわたるので障害像も多岐にわたる。これをロスとスペックマン（Roth & Spekman, 1984）は言語行為，会話の協力，文脈との関連の3つに集約した。以下ではこれに沿い，少年Xの小学校高学年期から高校生期までに観察された会話エピソードを3つ紹介する。Xは平均以上の知能をもち，学力も中クラス以上である。彼の言語使用の失敗はほとんど周囲には気づかれなかった。

　第1に言語行為である。人はことばを用いて何かをなそうとする。「お醤油とって」という直接的表現はHFASDの人に理解が容易だが，繁華街で「コーヒー飲まない？」というのが「スタバかどっかに寄っていこう」という意味であるとHFASDの成人にわかりにくい場合がある。一方，HFASDの人は，過去に覚えたことばを芝居のせりふのようにいうことがあり，相手に奇妙な印象を与えたり，意図を伝えそこねたりする。Xの11歳時点の言語使用はその典型である。友人Aとふざけあい，ボールをぶつけあったり，首をしめあったりしている途中でXは次のように話した。

　A：Xじゃんけんしよう。
　X：<u>あんた誰？</u>
　A：おれ，X。
　X：じゃあ，おれXっていうの？
　A：ああん？
　X：じゃあなんでXって呼んだの？
　A：はあ？　何，ばかじゃねえの。

　ビデオを見せて一人ずつインタビューしたところ，AはXの下線部の発話をふざけていっているものと考え，自分もふざけて，相手の名を名乗ったとこたえた。しかし，Xの真意は自分を押さえつけたりボールを投げつけたりするのをAに止めてほしいというものであった。この由来がわからない。Xもどこで覚えたか「忘れた」といっていたが，コミック本の類と思われる。Xは，場面にそぐわないこうした奇妙な発話の出所がコミックのどの巻かを覚えていることがときお

りあった。

　第2は会話の協力である。人は話し手と聞き手の役割を割り当てあう。新たな話題を始める合図を送り，話題が変わることを知らせる。質問には答え，相手の発話には関係したことをいう。HFASDがあると低年齢であるほど，返事をせず無視しているように見えたり，勝手に話し始めたり，断りなしに話題を変えたり，自分ばかり話し続けたりすることがある。

　11歳時点で，居間のテレビで見ていたアニメに出てきたことばの意味を説明する母親に対するXの態度は，ほめられたものではなかった。

　　X：（テレビを見ている）
　　母：わかってないんでしょ，見たいんでしょ，これ。
　　X：ん？（テレビを見ながら）
　　母：テレビ見たいんだ。だから聞いてないんでしょ。
　　X：（母を見て怒り）「聞いてるよ！」（テレビと母のあたりを見る）

　母親の「聞いてないんでしょ」にはXが文字どおり「聞いていない」＝聴覚刺激を受容していないという疑念，母親を無視したような態度への苛立ちなどが含まれる。これは会話の協力がX側で十分でないためである。母親は誤解しXを非難する。Xは事実「聞いている」ので，「聞いてるよ！」と怒りだす。母親が聞き手としてふさわしい態度を求めていることはXには伝わっていない。この問題についての会話分析を通じた当座の解決については第4節に示す。

　第3は言語を状況や会話の文脈と関連づけることである。HFASDの人たちは聞き手が戸惑うようなことを口にしたり，話し手のことばを状況と関連づけて理解できなかったりする。Xが高校2年生のとき，HFASDの小中学生のグループ活動の催しで，子どもたちがフリーマーケット風の店を開いた。Xは兄貴分として品物が売れないのは可哀そうだと思ったとのことで，相当量の買い物をした。買い込んだ多数の品物を持ちあぐねているXをみかねた女性が「この袋使えば」とスーパーのレジ袋を差し出した。彼は「いいです，いいです」と断り，「いいのよ。あいてる袋だから使って」といわれても固辞し続け，最後になんとこういった。「母に聞いてみないと」。

　母親が「貰っとけばいいのに，どうして断ったの？」と尋ねると，「だって○○君のお母さん（レジ袋を与えようとした女性）は他人だし，他人からものを貰ってはいけない」と答えたという。使い古しのレジ袋一つもらうのに「母に聞いて

みる」必要はない。小学生がいうなら，品物の贈答儀礼を使いこなせない可愛さが漂うが，彼の年齢にはふさわしくない。

断りのことばと関連づける文脈の要素は，話し手と聞き手との社会的地位関係である。断り方の丁寧さが，贈答される品物の価値と二者間の社会的地位関係との積にフィットしないと奇妙さが残る。文脈の要素はほかにも，会話者と指示物との空間的・時間的な距離関係，会話中の情報の新旧関係，個人のあるいは共同体共有の世界知識，話し手が聞き手について想定している事柄などがある。

第2節　HFASDにおける語用障害の基本性格

語用障害はHFASDのみならず右半球損傷，外傷性脳損傷，認知症，失語症，ウィリアムズ症候群，水頭症，知的障害，特異的言語障害，学習障害，聴覚障害（話しことば使用の場合）等多様なコミュニケーション障害群，定型者の第2言語使用でも見られる（Perkins, 2007）。近年の研究の示す自閉症の神経生物学的背景の予想以上の複雑さは，HFASDの語用障害を「心の理論」など少数の能力障害に還元することが妥当でないと示唆している。何ダースもの遺伝学的異常が報告され，その数は月単位で増加している。現時点で自閉症の脳内機構を特定することはできない（Geschwind, 2008）。

一方，HFASDの語用障害の多彩さと深刻さは彼らの人格構造に深く根ざすと考えないと，説明がつかない。世界初の自閉症倫理学を試みたバーンバウム（Barnbaum, 2008）は，自閉症では正義の感覚（論理）が，定型では共感の感覚（感情）が道徳性を形成するとし，西欧哲学の観念論と経験論の対立になぞらえる。彼女の立場では語用障害は共感の困難に由来する。語用論は他者が理解しえぬことの理解，察知，補償を含むからである。また，人をことばと経験の裂け目を埋め続ける存在とみなすアガンベン（Agamben, 2001/2007）に依る，鈴木（2008）のinfantia（ことばを持たない状態）仮説は，進化論的神経学のエーデルマン（Edelman, 2004）のいう一次意識（出来事の value-category-memory）の高次意識による未統合で説明できる。彼らは「永遠の赤子」として自己のために語れても「他者のための言語」を操れない。言語に基づく論理が社会性と分離された状態として想定すると，社会脳仮説とよくマッチする（大東，2006，2009）。彼らの言語能力は社交目的では発揮されにくく，物事の論理的かつ正確な記述から離れがたい。これが自閉症者と「神経学的定型」との行き違いをもたらすと予想される。

筆者（Oi, 2010a）はこれらを踏まえ，語用障害を自閉症の3つ組に関連づける

仮説を提案した。一次と高次の意識の離断により他人のための言語が成立せず、自己の感情の内省困難ゆえに他者に共感できず、認識は一次意識の断片的 value-category-memory に依存し、語用障害はこれらすべてに関連する。大井ほか（Oi et al., 2011）は HFASD 児の多義表現理解における過剰字義性と過剰非字義性同時出現という逆説的事態が、断片的 value-category-memory という同じコインの表裏であると考えた。

　HFASD の質問‐応答困難に関する筆者の研究（Oi, 2010b）では、複文構造を含む大人の疑問詞質問に、HFASD 児が提供すべき情報を知っているにもかかわらず、しばしば適切に応答できなかった。統語意味的なレベルでの処理に問題がない疑問詞構文への不適切な反応は、高次意識の鳥瞰的視点から一次意識を見渡すことができない問題の可能性がある。HFASD 児は、はい・いいえ質問（台湾語の場合は A-not-A 質問および選択質問）への応答では定型発達児と差がないだけでなく、疑問詞質問で答えられなかった情報を自発的に談話に組み入れてくる。高次意識の不全が、ここでも傍証される。

　大井・田中（2010）は、アニメを見たあとのナラティヴ（母親への再話）において、HFASD 児が主要なプロットと詳細を熟知しているにもかかわらず、母親からの質問後直ちに語る者が例外的で、多くは数回以上の再質問を経てようやく語り始め、それでも語らない者が3割近いことを見出した。3年間の縦断的観察により若干の変化が見えたものの、根本的には解消しなかった。HFASD 児は経験を物語に符号化できず、人同士が伝達可能な慣習的意味を作り出すべく文化が組織するナラティヴをもてない（Bruner & Feldman, 1993）。これらもエーデルマンにもとづく高次意識不全仮説に符合する。

　筆者らの間接発話理解研究（田口ほか、投稿中；矢田・大井, 2009）では、「社会的場面絵」に対する HFASD 児の反応は定型発達児と遜色なかった。理解語彙能力でマッチした学齢児たちは、間接要求、間接的非難、皮肉の意味を選択肢の中から選ぶことに定型発達児と差を示さなかった。漫画のみならず、文章、ビデオ（出演者2名の片方の間接発話）による提示でも同様であった。泉（2005）の、映画の登場人物同士の会話理解には困らないが、同じ会話が現実で起きると対応できないという体験と類似する。疑似現実の社会的場面映像も、撮影者の目を通して利用文脈情報が現実よりもはるかに精選されて与えられている可能性が高い。

　一方、絵、文章、ビデオにおける間接発話理解では定型発達児と遜色のなかった HFASD 児が、実際に対面して実験者が発した間接要求に従う割合は定型発達児に比べて有意に低かった。「社会的場面絵」による学習が実際の会話には役に

立たない可能性を示唆する。

第3節　語用障害がもたらす悲哀・落胆

　語用障害をきっかけに悲哀や落胆が幼児期から成人期にいたるまで生じている。迫害感や絶望感がのしかかり，精神疾患すら発症しうる。3つ例を挙げよう。
　まず6歳の幼稚園児である。彼女は同級生の保護者にHFASDと信じてもらえなかったほどに外見は適応的であった。高校生の今も学力はトップクラスである。次の会話は，仲よしの2名の定型発達の同級女児が大学のプレイルームでお医者さんごっこの玩具を棚から引っ張り出し，中味を点検しているシーンでのものである。（お医者さんの箱を持ったDがEに近づく。D, Eが定型発達，BがHFASD）

D：（Bの肩を叩き）B, ほらお医者さんごっこ。
B：（箱を床に広げるDを振り返る）
E：あEも（トランポリンから降りる）お医者さん。
B：（Eと入れ替わりでトランポリンに乗る）
E：（胸を押さえながら苦しそうな口調で）すみません。（Dに近づく）
D：（箱がうまく開かず）あれ？
E：こっち（箱を開けるのを手伝い）E, お医者さん, なんか。（大きな聴診器を取る）
D：（小振りの聴診器のような物をとり）これ何や？
E：それ知らない。
B：（トランポリンの上から指さして）それ，Dが持ってるのそれ，お医者さんやよ，Dが持ってるの。
D：（一瞬Eと顔を見合わせる）
E：（聴診器を耳につけ）はいお医者さん, Dさんどうしたんですか？

　D, Eにとって，Bの下線部はあまりに自明である。Bのことばを耳にした2人は一瞬キョトンとした直後あたかもBのことばを聞かなかったかのように遊びに戻る。一方，2人への働きかけに肩すかしを食らったBはこのあと，直前まで3人で楽しんだトランポリンに注意を戻すようにしつこく求め，2人からたしなめられた。こうしたエピソードが1時間に数十回みられた。日常会話におけるBの悲哀と落胆の重量が容易に推定される。彼女は小学校高学年でノイローゼになった。

次の女性例 A は 30 代まで診断されなかった。小学校 5 年生で重い睡眠障害を発症，授業中も寝てばかりで，偏差値が急落し東大進学コースからはずれ，早慶指定校女子中入学後も睡眠障害にともなう成績低下持続により高校は芸術コースとなった。高校では自殺企図，うつ病，入院を繰り返している。A が筆者におくってきたメールを引用しよう。

　私，目が悪くて小学校 4 年生まで黒板が見えてなかったの。今それを親に言うと，なんで言わなかったの？って言われるんだけど，見えてないことがおかしいと思わなかったの。教科書見てれば出来るし，勉強には困らなかったから。それが小 5 で日本史の授業が入って分からなくなったのね。5, 6 年はうちは受験校だったので，本来の小学校カリキュラムじゃない授業が入っていたの。だからテキストがなくて，先生が黒板に書くようになったのよ。それで見えないと覚えられないことに気がついたの。一応 4 年生のとき眼鏡は作ったんだけど，初めであまり強く作らなかったのか，私の視力が進行したのか，かけてもあまり見えないし，何よりも頭痛がするの。この頭痛はコンタクトに変えるまで続いた。それで席替えのときに，眼鏡かけないと全く見えないし，かけてもあまり変わらないんですって先生に伝えようと思ったの。そしたら前半部分を言ったら，それなら眼鏡かければいいじゃないかって言われて終わってしまったの。通じなくて哀しかった。その頃から学校の成績が少しずつ下がり始めたから行きたくなくなったのもあるかも。眠り姫って小学校の卒業文集に書いてあるから，最後の 2 年間はホントにいつも寝てたのかも。

　A は芸術系大学卒業後に某大手企業に就職するも，半年でうつ病が悪化し離職，以後定職にはついていない。精神疾患は今もなお治療継続中である。語用障害→落胆・悲哀→精神疾患というパスを考えるべきケースである。
　3 つめの例は第 1 節でふれた X の小学 5 年の様子についての母親の回想である。

　小学 5 年生の秋頃から荒れ始めたのですが，その理由を聞くと，それまでクラスメイトなどから「バカ」などと悪口を言われていても，自分が悪くて責められていると思って「ごめん」と謝っていたのですが，夏休みに漫画雑誌で，悪口を言われた当人が怒っている場面を見て，「悪口はバカにされていることなんだ」と気づきました。それ以降は，クラスメイトと肩がぶつかっただけでも，そのお友だちが 1 年生のときに言った悪口，2 年生のときに言った悪口と，どんどん思い出されて止まらず，イスを投げつけたりしたということなどを話してくれるようになりました。「俺は暴れた

くない。母さん，俺の記憶を消してくれ」と泣かれたこともあります。当時の長男は，夜も眠れなくて，本当につらそうでした。

3事例は特別なケースではない。語用障害がHFASD児・者を精神的危機にさらしている可能性は非常に高く，社会的適応に致命傷となりかねない。

第4節　自閉症者と「神経学的定型」者との会話を通じた共生

クリンとフォルクマー（Klin & Volkmar, 2000）がHFASDにともなう語用障害へのアプローチの課題を5つに整理している。①他者とのより柔軟な相互作用，②他者の話題に反応しそれを広げるなど話題管理の技能，③他者の視線や身振りなどの非言語的な手がかりの知覚技能，④各々の場面が社会的に期待する意味の理解，⑤精神状態言語の習得である。問題は方法論である。語用障害の説明理論とエビデンスによって立つ支援が追究されねばならない。

会話分析による語用障害の正確な記載が理論的説明への第一歩である。膨大な労力を費やし，直観と知識を総動員し，語用障害の特徴の把捉とその発現機構を推定する。大人の会話行動がHFASD児との相互理解を助ける可能性もみつかる。臨床家はもちろん保育者や教師，保護者もできる。ビデオ記録の活用が有用で，会話分析の特殊型であるINREAL（大井・大井，2004）を推奨する。ただし一般的再現性はない。一般化のためには会話分析で得られた知見の実験研究による検証が必要である。大井（2001），大井（Oi, 2008）は下記のエクストラクトを含む6歳のHFASD児と大人との約1分弱の会話を分析し，大人の疑問詞質問とはい・いいえ質問の違いが子どもの応答の適切性を左右している可能性を見出した。以下の「=」「((」は会話分析の標準的な表記法（好井ほか，1999）の一部である。

1D／ちょっとこのところで（（立ってボウルを頭上にかかげ，次にそれをドリブルしながら，ボウルを目で追う））＝またがんばればいいけど。（（さらにボウルをドリブルする））もうゲームはおしまいなんだけど。（（ボウルを両手で頭上にかかげ前方を見る））
2R／もうボウリングおしまい？（（Dの横から顔を覗き込む））
3D／うん。（（前に突きだしたボウルを見ながら無表情に小声で））おしまいなんだけど。
4R／おしまいなんだけど，なあに？
5D／もうゲームはおしまいなんだけど。（（ボウルをおいて，Rに背を向ける））おしまい。おしまいなんだけど。おしまい。（（玩具棚の方に歩いていく））

子どもの定式化されたことばと視線の回避（1D，3D）が大人を混乱させ，意図の明確化要請（2R，4R）につながっており，それが疑問詞質問の場合は子どもの意図の内省報告（4R）など認知的な事柄に言及され，はい・いいえ質問では特定行為に言及（2R）されていること，この違いが明確化の成功失敗を左右しているという仮説を導いた。さらに大井（Oi, in press）は7歳から15歳のHFASD児が語彙と性別，年齢が同レベルの定型発達児に比べ，疑問詞質問応答がはい・いいえ質問より不適切性が高いことを見出した。
　Xの母親は会話分析を経験して，自らのメッセージの過不足ない伝え方を工夫するようになった。分析の焦点は第1節に示した「聞いてないんでしょ」である。親子喧嘩になりかけたこの会話を分析した結果，3カ月後の類似場面の会話では母親が率直にわかりやすくXに話しかけていた。場面はXの算数の宿題を見ているところである。

　母：はははは，ちょっと待って，ちょっと待って（子の腕を軽く叩きながら），どして？
　　　だってほんとにわかんないんだもん。
　X：ひでー（ドリルを見てかく），ひでーなー。万福丸は。（聞き取れない）
　母：え？（子を見る）
　X：ひどいなあ。（ノートに書きながら）
　母：<u>こっち向いて言ってくれる？</u>
　X：ひどい。（母を見てふくれる）

　下線部の母親の発話は3カ月前の「聞いてないんでしょ」に比べ意図が明示的である。万福丸は戦国時代，近江の小谷城攻めの際に信長の家臣に処刑された浅井長政嫡男で，母のことばはそれほどひどいことだというX独特の表現である。
　会話分析は仲間関係にも影響する。5年生3学期から6年生3学期までXと友人W，Y，Zとの遊びをビデオにとった。トラブルが生じている場面の会話を分析し，その場面を再生して見せたうえでインタビューした。
　トラブルをもたらすXの発話は1時間に20回以上あった。次はその一例で，ボールプールにXがつかっているとき，囲いにYが誤ってぶつかり，軽い衝撃を与えたところである。

　X：何すんだばか，（小声でつぶやくように）ぶっ殺すぞ。

W：ぶっ殺すやって。
X：うそ。
Y：おれにゆったろ。
X：<u>ただの独り言だよ，ばかたれ。</u>
Y：（Xを叩く）

　下線部の発話はXによればYが怒らないようにするためであった。Yの言い分はXが怒るほどぶつかったわけではなく，下線部のXは態度が悪いということだった。数週間後この例を含め，Xのことばの不適切な選択をきっかけとしてトラブルが起きていることを友人たちにフィードバックした。1カ月後に大学にやってきた彼らがXを強い口調で非難することはなくなっていた。4人の友だち関係は中学時代Xの学校適応を支え，大学1年の現在も続いている。

第5節　自閉症共生社会の環としてのスモールグループ

　スモールグループでのコミュニケーションならびにソーシャルスキル促進アプローチはTEACCHにおけるソシアルグループ（Schopler & Mesibov, 1984）に始まる。しかしHFASD児・者主体のグループの意義はなお未解明である（Koenig et al., 2009）。コミュニケーション・スキルや社会的スキルは非常に複雑な構成物で，芝居の台本を覚えるようなやり方はなじまない。日戸ほか（2009）は4，5歳のアスペルガー症候群児に，「合意」，「向社会的行動」，「役割分担」，「傾聴」の4つを目標とするスモールグループを提供している。10年に及ぶ，ほぼ同じメンバーでの年齢別集団（小中，中高，大学生から30代後半までの社会人）における「冷静な対応」「さりげない気づきへの促し」によるコミュニケーション・スキルの向上の印象もある（大井，2005；田中，2007；田中・大井，2009）。高橋（2005）は学齢期の仲間同士のコミュニケーションへの介入方法を会話分析的に検討している。ボストン大学におけるプログラム（Abele & Grenier, 2005）は，社会的な慣習について「淡々」としていることは，物事をあからさまにいわない普通の人々には難しいが，「語用論グループ」では「淡々」とした雰囲気を作り出し，静かに，直接的に，あからさまに話すことがリーダーの仕事であるとしている。スコットランドのストラスクライド大学では，遊びや外出によるソーシャルスキル促進活動を6から16歳の子どもに12〜16週，放課後1時間半／週行った。視点取得，話しかけへの承認，他者への興味，自己思考，不規則発言，会話の開始と維持，

熟知していない人との会話，自己話題，ターン（発話の順番），友人スキル，他者の知識，規則，他者の空間，音調効果などが取り上げられ（Dunlop et al., 2004），社会性評定尺度で効果が確認されている（MacKay et al., 2007）。また，カリフォルニア大学デービス校 MIND インスティテュートでは 1 回 1 時間半，会話の練習，討論とゲームによる感情理解のセッションを 8～12 歳男子に 20 週間行い，表情再認の改善が見られた（Solomon et al., 2004）。

　スモールグループでは自閉的コミュニケーションと非自閉的コミュニケーションの接近遭遇が起きる。自閉症者側の「改善」に目を向けるばかりでは，グループの価値は半減する。彼らにとっての「改善」は役者が身にまとうかりそめの「適切」スキルになりかねない。HFASD を定型者の価値基準に照らして一方的に「治療」するのか，それとも相互理解を通じた共生を模索するのかという根本問題がグループでは問われなければならない。

引用文献

Abele, E., & Grenier, D. (2005). The language of social communication: Running pragmatic groups in schools and clinical settings. In L. J. Baker & L. A. Welkowitz (Eds.), *Asperger's Syndrome: Intervening in schools, clinics, and communities* (pp.217-239). Mahwah, NJ: Lawrence Erlbaum Associates.

安立多惠子・平林伸一・汐田まどか・鈴木周平・若宮英司・北山真次・河野政樹・前岡幸憲・小枝達也．(2006)．比喩・皮肉文テスト（MSST）を用いた注意欠陥／多動性障害（AD／HD），Asperger 障害，高機能自閉症の状況認知に関する研究．脳と発達, **38**, 177-181.

Agamben, G. (2007)．幼児期と歴史：経験の破壊と歴史の起源（上村忠男，訳）．東京：岩波書店．(Agamben, G. (2001). *Infanzia e storia: Distruzione dell'esperienza e origine della storia.* Torino, Einaudi.)

綾屋紗月・熊谷晋一郎．(2008)．発達障害当事者研究．東京：医学書院．

Baker, L. J., & Welkowitz, L. A. (Eds.). (2005). *Asperger's syndrome: Intervening in schools, clinics, and communities.* Mahwah, NJ: Lawrence Erlbaum Associates.

Barnbaum, D. (2008). *The ethics of autism.* Bloomington, IN: Indiana University Press.

Bishop, D. V. M. (2003). *Children's communication checklist-2.* London: Harcourt Assessment.

Bishop, D. V. M. (2009). Genes, cognition and communication: Insights from neurodevelopmental disorders. *The Year in Cognitive Neuroscience: Annals of the New York Academy of Sciences*, **1156**, 1-18.

Bruner, J. S., & Feldman, C. (1993). Theories of mind and the problem of autism. S. Baron-Cohen, H. Tager-Flusberg, & D. J. Cohen (Eds.), *Understanding other minds: Perspectives from autism* (pp.267-291). Oxford: Oxford University Press.

Dunlop, A.-W., Knott, F., & MacKay, T. (2004). Developing social interaction and understanding in individuals with autism. In collaboration with the National Autistic Society, Scotland.

Edelman, G. (2004). *Wider than the sky: A revolutionary view of consciousness.* London: Penguin Books.

Geschwind, D. H. (2008). Autism: Many genes, common pathways? *Cell*, **135**, 391-395.

Hinds, J. (1987). Reader versus writer responsibility: A new typology. In U. Connor & R. B. Kaplan

(Eds.), *Writing across languages: Analysis of L [2] text*. Reading, MA: Addison-Wesley.

Howlin, P. (2003). Outcome with high-functioning adults with autism with and without early language delays: Implications for the differentiation between autism and Asperger syndrome. *Journal of Autism and Developmental Disorders*, **33**, 3−13.

Howlin, P., & Yates, P. (1999). The potential effectiveness of social skill groups for adults with autism. *Autism*, **3**, 299−307.

泉　流星．(2005)．僕の妻はエイリアン：「高機能自閉症」との不思議な結婚生活．東京：新潮社．

加藤重広．(2004)．日本語語用論のしくみ．東京：研究社．

Klin, A., & Volkmar, F. R. (2000). Treatment and intervention guidelines for individuals with Asperger syndrome. In A. Klin, F. R. Volkmar, & S. S. Sparrow (Eds.), *Asperger syndrome* (pp.340−366). New York: Guilford Press.

Koenig, A., Andres, A., Cicchetti, D., Scahill, L., & Klin, A. (2009). Group intervention to promote social skills in school-age children with pervasive developmental disorders: Reconsidering efficacy. *Journal of Autism and Developmental Disorders*, **39**, 1163−1172.

MacKay, T., Knott, F., & Dunlop, A. (2007). Developing social interaction and understanding in individuals with autism spectrum disorder: A groupwork intervention. *Journal of Intellectual and Developmental Disabilities*, **32** (4), 279−290.

McConnell, S. R. (2002). Interventions to facilitate social interaction for young children with autism: Review of available research and recommendations for educational intervention and future research. *Journal of Autism and Developmental Disorders*, **32**, 351−372.

日戸由刈・本田秀夫・須田恭平．(2009)．はじめてのソーシャルスキルその1：幼児期からはじめるアスペルガー症候群の社会参加支援プログラム．リハビリテーション研究紀要，**19**，11-15．横浜：横浜市総合リハビリテーションセンター．

大東祥孝．(2006)．神経心理学の新たな展開：精神医学の「脱構築」にむけて．精神神経学雑誌，**108**，1007−1028.

大東祥孝．(2009)．Asperger障害の神経心理学："Infantia"仮説の検討．日本言語聴覚学会第10回大会教育講演．

大井　学．(2001)．高機能広汎性発達障害をもつ子どもとの会話．発達，**85**，68-75．

大井　学．(2005)．青年期のグループ活動がもつ意味：仲間がいて成長がある．杉山登志郎（編），アスペルガー症候群と高機能自閉症：青年期の社会性のために（pp.168-173）．東京：学習研究社．

Oi, M. (2005). Interpersonal compensation for pragmatic impairments in Japanese children with Asperger syndrome or high-functioning autism. *Journal of Multilingual Communication Disorders*, **3** (3), 203−210.

大井　学．(2006)．高機能広汎性発達障害にともなう語用障害：特徴，背景，支援．コミュニケーション障害学，**23** (2)，87-104．

Oi, M. (2008). Using questions words or asking yes/no questions: Failure and success in clarifying the intentions of a boy with high-functioning autism. *Clinical Linguistics and Phonetics*, **22**, 814−823.

大井　学．(2009)．アスペルガー症候群の言語発達．榊原洋一（編著），アスペルガー症候群の子どもの発達理解と発達援助（別冊発達30，pp.129-136）．京都：ミネルヴァ書房．

大井　学．(2010)．高機能自閉症スペクトラム障害の語用障害と補償：伝えあえない哀しみと共生の作法．子どものこころと脳の発達，**1** (1)，19-32．

Oi, M. (2010a). Language and mind in autism: A perspective to relate the triad of autism to Social Brain Hypothesis. Paper presented at International Conference on Social Brain: Autism and Neuroethics, Kanazawa.

Oi, M. (2010b). Do Japanese children with high-functioning autism spectrum disorder respond differently to wh-questions and yes/no-questions? *Clinical Linguistics and Phonetics*, **24** (9), 691-705.

大井　学・神尾陽子・小山智典・権藤桂子・高橋和子・田中優子・藤野　博・松井智子．(2009)．子どものコミュニケーションチェックリスト．http://kodomokokoro.w3.kanazawa-u.ac.jp/ccc2/ ccc2gltop.html

大井　学・大井佳子（編）．(2004)．子どもと話す：心が出会う INREAL の会話支援．京都：ナカニシヤ出版．

大井　学・田中早苗．(2010)．高機能自閉症スペクトラムのある子どもの多義的表現の理解．コミュニケーション障害学，**27**（1），10-18．

Oi, M., Tanaka, S., & Taguchi, A. (2011). When do Japanese children with autism spectrum disorder comprehend ambiguous language over-literally or non-over-literally? *Asia Pacific Journal of Speech, Language, and Hearing*, **14** (1), 1-12.

Perkins, M. (2007). *Pragmatic impairment*. Cambridge: Cambridge University Press.

Rao, P. A., Beidel, D. C., & Murray, M. J. (2008). Social skills interventions for children with Asperger's syndrome or high-functioning autism. *A Review and Recommendations Journal of Autism and Developmental Disorders*, **38**, 353-361.

Reynhout, G., & Carter, M. (2006). Social Stories™ for children with disabilities. *Journal of Autism and Developmental Disorders*, **36**, 445-469.

Roth, F. P., & Spekman, N. J. (1984). Assessing the pragmatic abilities in children: Part 1. Organizational framework and assessment parameters. *Journal of Speech and Hearing Disorders*, **49**, 2-11.

Sansosti, F. J., Pwell-Smith, K. A., & Kincaid, D. (2004). A research synthesis of social story intervention for children with autism spectrum disorders. *Focus on Autism and Other Developmental Disabilities*, **19** (4), 194-204.

佐藤　優．(2008)．国家と神とマルクス：「自由主義的保守主義者」かく語りき．東京：角川書店（角川文庫）．

Schopler, E., & Mesibov, G. B. (Eds.). (1984). *Social behavior in autism*. New York: Plenum.

Solomon, M., Goodlin-Jones, B. L., & Anders, T. F. (2004). A social adjustment enhancement intervention for high functioning autism, Asperger's syndrome, and pervasive developmental disorder not other specified. *Journal of Autism and Developmental Disorders*, **34**, 645-668.

鈴木國文．(2008)．広汎性発達障害概念が統合失調症の病理学にもたらしたもの：「Infantia」概念を通して見る精神活動．臨床精神病理，**29**（3），305-317．

田口愛子・大井　学・高橋和子．(投稿中)．伝達条件の違いが高機能広汎性発達障害児の間接発話理解に及ぼす影響．

高橋和子．(2005)．高機能広汎性発達障害児集団でのコミュニケーション・ソーシャルスキル支援の試み：語用論的視点からのアプローチ．教育心理学年報，**44**，147-155．

田中早苗．(2007)．成人期の方の支援で考えていること：コミュニケーション支援から．アスペハート，**5**，3，22-26．

田中早苗・大井　学．(2009)．高機能 ASD 児者のグループ活動における当事者同士のやりとりとサポーターの関わりの検討．日本特殊教育学会第 47 回大会発表論文集，631．

矢田愛子・大井　学．(2009)．高機能広汎性発達障害児に対する間接発話理解の検討，LD 研究，**18**，128-137．

好井裕明・山田富秋・西阪　仰（編）．(1999)．会話分析への招待．京都：世界思想社．

第19章
認知発達の障害

小池敏英

　認知とは，人間が外界に適応していくうえで大切な心理機能であり，刺激の意味を知るということに対応する。われわれ人間は，眼前に特定の刺激がなくても，その刺激を表象することができ，その意味に基づいて行動することができる。発達期のさまざまな障害では，認知発達に特徴が認められることが明らかになってきた。発達臨床場面では，子どもが理解できる状況を設定することが大切である。また，周囲の大人が発達心理学の知識をもたない場合に，子どもに無理強いすることがある。そのような場合，「子どもがどのように状況を理解しているのか」を周囲の大人に説明し，環境調整を図ることは，支援の一つとして大切である。本章では，知的障害，ウィリアムズ症候群，学習障害において認められる認知発達の障害とその支援に関して述べる。

第1節　知的障害

1　定義

　知的障害の定義として広く用いられているものに，アメリカ知的発達障害協会（AAIDD）の定義がある。第11版の定義では，「知的障害とは，知的機能および適応行動の両方の有意な制約によって特徴づけられる能力障害である。この能力障害は，18歳までに生じる」とされている。また，「知的機能を測定する基準はIQテストである。IQテストの得点が約70または，75までが，知的機能の制約である」とし，「適応行動は，概念的スキル，社会的スキル，および実用的スキルを含む」と述べている。知的機能が平均より低いこと，適応行動の困難，発達期の発症の3つの要素は，日本における知的障害の判定基準においても用いられている。アメリカ精神遅滞協会（AAMR，AAIDDの前身）の1992年の第9版定義では，障害を「サポートをどれだけ必要としているか」でとらえるサポートモデ

ルが提出された。このモデルは，2001年のICF（世界保健機関による国際生活機能分類）の見解——「社会参加する上での制約」を障害としてとらえ，「制約の程度は，個人と環境の因子に影響される」——と通ずる。

2 認知の特徴と支援

　知的障害における認知発達の代表的な特徴として，ここでは，知覚，概念形成について論じる。特徴的な認知発達が見られる領域としては，ほかに，学習，音声言語の理解と表出，コミュニケーション，言語の行動調整機能，数概念，記憶，問題解決，注意，動機づけ，運動など多岐にわたる（小池・北島，2001）。

(1) 知覚

　知覚とは，外界の情報の取り込みのプロセスに関するものであり，認知過程の中の初期のプロセスである。私たちの視知覚は，刺激の構成要素によって決まるのではなく，刺激相互の関係（布置）によって大きく影響される。知覚に影響を及ぼす刺激の布置は，ゲシュタルトの法則として知られている。

　図形は，ゲシュタルトの法則にしたがってまとまる傾向が強い。複雑な図形から特定の図形を抽出（分節化）するためには，特定図形の輪郭線を知覚し，図形相互を弁別することが必要になる。知的障害に関しては，重なり図形や埋もれ図形の課題を通して，検討がなされている（田中，1969）。

　重なり図形に関しては，事物の図形（コップ，お皿などの輪郭の線画）と幾何学図形（円，三角などの線画）の課題が検討された。対象児には，標準図形と比較図形を示し，標準図形を構成する形を，比較図形の中から選ぶよう求めた。その結果，重なり事物図形を標準図形とした場合，精神年齢（以下，MA）5歳の知的障害児の成績は，5歳の健常児と比べてわずかに低いのみであった。それに対して，重なり幾何学図形を標準図形とした場合，MA5歳の知的障害児は，5歳の健常児と比べて成績が著しく低く，有意差が認められた。

　埋もれ図形に関しては，標準図形の形を比較刺激中に探しだして，赤鉛筆でなぞるよう求めた。その結果，MA5歳の知的障害児の成績は，4歳の健常児および5歳の健常児と比べて成績が著しく低く，有意な差があった。

　知的障害児の重なり図形の分節化に関して，日常経験する事物図形と，経験しない幾何学図形との間に差があることが明らかとなった。また埋もれ図形のように，全体としてまとまっている形態から一部の図形を抽出する図形思考的な課題では，知的障害児はとくに困難を示すことが明らかとなった。知的障害児にとっては，幾何学図形刺激よりも，日常経験する事物図形の方が，わかりやすいこと

が指摘できる。また，知的障害児に対する働きかけをプログラムするうえで，複雑な図形刺激は効果的でないことが指摘できる。

　図形を抽出して知覚する力や，図形を弁別する力をアセスメントする検査としては，フロスティッグ視知覚発達検査があげられる。この検査は，Ⅰ「視覚と運動の協応」Ⅱ「図形と素地」Ⅲ「形の恒常性」Ⅳ「空間における位置」Ⅴ「空間関係」の5領域から構成されており，視知覚能力のプロフィールを評価することができる。

　四日市（1992）は，実年齢（CA）15〜18歳の知的障害児を対象として，知覚年齢のプロフィールとIQとの関連を検討した。その結果，IQが60以上の者はどの領域でも知覚年齢が高いことを指摘した。それに対してIQが37〜59の者では，「形の恒常性」と「空間における位置」の知覚年齢が低く，個人差が大きい傾向を認めた。誤答分析の結果，図形と素地が類似した場合の図形選択，図形が複数配置された場合の小さな図形の選択，立体図形の類同視，斜めの関係に基づく模写が困難なことが明らかになった。

　四日市（1992）は，さらに視知覚課題の反復練習の効果について検討した。練習は週3時間で2カ月にわたって行われた。練習にはフロスティッグ視知覚発達検査の練習課題を用いた。改善の効果は知覚年齢に認めることができた。領域によって知覚年齢の落ち込みが大きかった2名の事例では，練習後，知覚年齢は明瞭な増加を示した。空間関係における知覚年齢が低く，反復練習によっても改善しなかった事例1名も認めた。四日市（1992）は，視知覚課題の練習が，特別支援学校の進路指導で活用できることを指摘した。知覚年齢の改善を示した事例のうち1名は，細かい電子部品を扱う仕事に就職し，就労状況も良好であることが報告された。

　読み書き指導を行う上で，視知覚能力を考慮することは有効である。そのような事例に対しては，フロスティッグ視知覚発達検査は有用である。視知覚課題の反復練習により，改善が見られた事例が報告されたことから，対象児の視知覚の特性に合わせた指導を行うことが大切である。

(2) 概念形成

　ブルーナー（Bruner, J. S.）は，人が現実世界を表象する仕方（ブルーナーの用語では方略）の発達に関心をもった。彼は，表象の作り方として，3つの方略を指摘した。第1は運動反応による方略であり動作的表象が形成される。第2は知覚像による方略であり映像的表象，第3は言語や記号による方略であり象徴的表象が形成される。子どもの表象は，動作的表象から順次発達し，それぞれの発達段

階を特徴づける。ブルーナーは多様な事象から意味のあるクラス（カテゴリ）を作り出す過程を概念形成とした（Bruner et al., 1966/1968-1969）。

知的障害児は、このような概念形成に遅れを示すことが分類課題で指摘された。清水（1962）は、絵カードの分類とその言語化を通して、知的障害児の概念形成の特徴を検討した。絵カードは、6種のカテゴリに分類可能な色つき絵カード20枚とした。対象はMA4歳〜9歳の知的障害児とした。対象児では、各カードの名前を言うことができることを確認した。はじめに「この中から、あなたが同じ仲間だと思うカードを一緒に集めてください」と教示し、分類させた。その後、「これはどうして同じなのですか？」と問い、理由の説明を求めた。

清水（1962）の結果から、知的障害児は、MA増加にともない概念形成能力の発達を示し、その経過は健常児と基本的には異ならないことが指摘された。知的障害児では、概念の実質的内容を伴わなくとも、その言語を使用する傾向が高いことがわかった。また色による分類と「お話」による分類が多いことが、知的障害児の特徴とされた。

寺田（1970）も同様な検討を行い、知的障害児では、言語概念による分類は、健常児に比べてMAで1〜2年の遅れが見られることを報告した。寺田（1970）はさらに、カテゴリ名を教示して、要素（カード）を選択させる課題を行った。これは、絵カード分類課題（要素からカテゴリ名を抽出）とは、逆の関係になる。寺田（1970）は、分類の言語化が困難であった事例の中に、「花」「野菜」などのカテゴリ名の指示に対してカードを取り出すことが可能である事例（MA4歳・IQ60）を認めたことを報告した。これより知的障害児では、カテゴリ名を語彙として有していても、分類に際し、自発的に使用することに困難を示すことが指摘できる。

刺激の共通的属性に基づき自発的にカテゴリ分類し、言語化する力は、記憶機能の促進につながり、日常生活上、大切な能力である。日常生活で出会う単語については、分類でき、カテゴリ名を言うことができるように、生活場面での機会をとらえた指導が大切であろう。

第2節　ウィリアムズ症候群

1　定義

ウィリアムズ症候群は、遺伝子に起因する病気であり、その発生頻度は低いことが報告されている（約2万人に1人）。遺伝情報は、染色体を構成する塩基の配

列によってきまる。人では，23対の染色体がある。ウィリアムズ症候群は，第7染色体の片側の染色体において，一部の遺伝子が欠けていることが知られている。これらの欠けた遺伝子の一つひとつが，身体や脳，性格に至るまで影響を及ぼす。目や鼻など顔の相貌が特徴的であり，西洋の妖精に似ていると表現されることがある。心臓の大動脈弁上狭窄を中心とする心血管系の異常をともなう。合併する症状としては，カルシウム代謝異常，聴覚過敏などが知られている。

2　認知の特徴と支援

　ウィリアムズ症候群は，軽度から中度の知的発達の遅滞をともなう。言語能力に関しては，知的発達の遅滞から予想される程度を超えて，言語の表出が流暢であり，難しい言い回しを好むことが報告されている。

(1) 視覚認知

　ウィリアムズ症候群は，認知能力の偏りが大きいことが知られている。

　ウィリアムズ症候群の子ども（小学3年生　事例A）について見てみよう（小池ほか，2001）。この事例では，認知処理尺度の標準得点が68であるのに対して，習得度尺度は78と高い値を示した。認知処理尺度では，継次処理は80であるのに対して，同時処理は58と著しく低かった。継次処理の検査課題では，「手の動作」6，「数唱」7，「語の配列」7であった。また，同時処理の検査課題では，「絵の統合」4，「模様の構成」4，「視覚類推」3，「位置さがし」3であった。これより，視覚情報の細部を相互に関連づけ，全体との関係を判断する力や，視覚情報全体の把握と意味づけに弱さを指摘できる。田中ビネー検査の結果では，IQは85であった。学校では，担任の先生から，「学習上の努力が足りない」と評価されていた。

　ウィリアムズ症候群では，階層刺激による模写が困難であることが報告されている。階層刺激とは，小さな図形で構成された大きな図形である。図19-1は，「Pで構成されたMの形」の模写を行った事例Aの結果を示している。結果では，Pの文字は模写されているが，Mの形の崩れが大きいことが指摘できる。

　視覚認知の神経基盤に関して，視覚野で処理された情報は，さらに，大脳皮質の腹側経路での処理（色，物の形，顔などの認知）と背側経路での処理（運動視，位置，三次元知覚）にわかれて処理されることが知られている。アトキンソンほか（Atkinson et al., 1997）は，動きの方向を検出する課題（背側経路が関与）と形の変化を検出する課題（腹側経路が関与）をウィリアムズ症候群に実施し，統制群と比較した。その結果，ウィリアムズ症候群では，動きの検出が弱いものが多い

ことを指摘した。また，視覚情報を，形の比較のために知覚する課題（腹側経路が関与）と比べて，対象者自身の運動のために知覚する課題（背側経路が関与）では成績が低いことを指摘した。これより，腹側経路に比し，背側経路の障害が強いことを報告した。

中村（2010）は，格子状に並べた点の間を結ぶ線を模写する課題で，点が黒い場合にはどの点を選んだらよいかわからず模写ができない場合でも，点を彩色することによって課題の遂行が可能になったことから，苦手な背側経路の機能に対して，色の認知という腹側経路の機能による補完が効果的であるという支援を提案した。

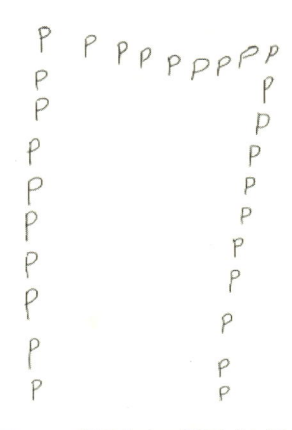

図19-1　階層文字の模写（事例A）

(2) 学習障害

ウィリアムズ症候群では，また，学習障害を示すことが指摘されている。オハーンほか（O'Hearn & Luna, 2009）は，ウィリアムズ症候群では，数字を呼称することは比較的得意であるが，量の概念（magnitude representation）の形成は困難をともなうことを指摘した。また，この量の概念は，言語に依存する側面が小さく，頭頂葉の背側部の活動と関連することを指摘した。中村（2010）は，臨床場面で，数を数えることや九九，四則計算は得意であるのに対して，数の概念を必要とするお金の計算などにつまずくことが多いことを指摘している。

学習障害の特徴として，漢字の書字困難が顕著であることが指摘されている（中村，2010）。図19-2は，事例A（図19-1）の書字結果を示した。「妹」「数」は書字できているが細部が整っていないことが指摘できる。「馬」は，字全体の形は類似しているが，細部の誤りが見られる。

中村（2010）は，部首を覚えて構成要素を組み合わせるというプロセスに沿って各パーツを練習させることは，ウィリアムズ症候群の子どもに効果的でないことを指摘した。また，漢字の要素を色分けして強調させる方法も，効果的でないことが多い。個々の構成要素に注意をひきつけることになり，個々の要素を組み

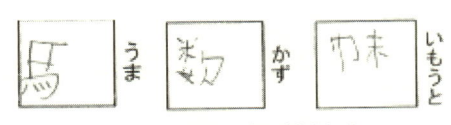

図19-2　書字の例（事例A）

合わせて構成することが難しいという特徴を助長することになってしまうことを指摘した。この点に関して，構成の困難という視空間認知障害に配慮することが必要であることを指摘した。支援の手続きとして，各パーツを「どこに配置するか」に関して色の援助を加えてわかりやすくすることが効果的であることを提案している。具体的な方法の一つとして，漢字の背景となる下地を4象限に区分して，各象限を赤，黄，青，薄みどりのように色分けし，その上に漢字を呈示し，子どもが書きつける用紙にも同じように，4象限に区分し色分けする手続きを提案した。この手続きにより，書字の改善を示した事例を報告した（中村，2010）。

　学習障害として，文字と音の変換に困難を有する読み障害が注目されているが，他方，文字と音の変換に困難をもたなくても学習障害を示す事例が報告されている。ウィリアムズ症候群はそのひとつである。書字のみの障害，早産児における学習障害，脳性まひ児における学習障害など，読み書き障害とは異なる認知障害を有する障害について，その支援方法の開発が望まれている。ウィリアムズ症候群では背側経路の障害関与が強く，その支援方法に関する知見は，他の学習障害の支援を考えるうえで示唆に富むものである。

第3節　学習障害

1　定義

　学習障害の定義には，教育的定義（learning disabilities）と医学的定義（learning disorders）がある。教育的定義の代表としては，文部科学省の定義（学習障害及びこれに類似する学習上の困難を有する児童生徒の指導方法に関する調査研究協力者会議，1999）がある。それによれば，「全般的な知的発達に遅れはないが，聞く，話す，読む，書く，計算する又は推論する能力のうち特定のものの習得と使用に著しい困難を示す様々な状態」を学習障害としてとらえている。原因として「中枢神経系に何らかの機能障害があると推定されるが，視覚障害，聴覚障害，知的障害，情緒障害などの障害や，環境的な要因が直接の原因となるものではない」と付記されている。行動の自己調整（注意集中や多動），対人関係などの社会的適応性の問題については，それのみが生じたり，そのことが原因で学習が遅れる場合には学習障害でないことから，中核症状からはずされた。これらの問題は，一時的に学習障害と重複して現れる場合と，学習上の困難の結果，二次的に生じている場合があることが指摘されている。

　他方，医学的定義としては，世界保健機関のICD-10の中では，学習障害は，

発達障害のうち，学習能力の特異的発達障害に分類されている。それはさらに，「特異的読字障害」「特異的書字障害」「特異的算数能力障害」「混合性障害」等に分類されている。このように医学的定義は，教育的定義と比べて限定したものとなっている。

2 認知の特徴と支援

日本語における読字障害の特徴として，文字を一つ一つ読む逐次読みなどがあり，拗音・促音・助詞などの誤りが多く，文章の読み理解に困難を示すことがあげられてきた。読字障害の背景には，音韻意識の障害とともに，視覚でとらえたものを速やかに音声化する能力（rapid naming）の障害が関与する二重障害仮説が提案されている（若宮，2010）。稲垣ほか（2010）は，読字障害の診断に際しては，単音連続読み課題（ひらがな50文字を連続して音読する課題），単語速読検査（有意味語30語，無意味語30語それぞれの連続音読課題），単文音読検査（トークンテストに採用されている3つの指示文の音読課題）が有効であることを提案し，小学校各学年の標準値を報告した。これらの課題の音読に要する時間（音読時間）と読み誤りのエラーを計測した。読みの検査課題において，音読時間が平均＋2SDを超える所見が，2種類以上の課題で見られる場合には，異常ととらえるとした。

学習障害の支援に関しては，読字障害のタイプとの関連で（大石，2007），また聴覚記憶，視覚記憶などの認知情報処理の偏りとの関連で（小池，2007），従来の研究が概観された。

近年，読字障害の発達支援においては，RTIモデルによる介入が注目されている。RTIモデルは，診断を先に行うのではなく，困難に対する対策を講じていき，その効果をみながら必要に応じて診断を行うというものである。具体的には，通常学級の学習で，読み書きなどに困難のある子どもに配慮した学習指導を行い，それでもなお困難が続いた子どもには補完的な学習指導を行い，それでも改善が得られにくい場合には診断を行い，個別的な指導を実施するという3段階で，介入がなされる（小枝ほか，2010）。

海津ほか（2008）は，RTIモデルによる特殊音節の指導の効果が，学習につまずく危険性のある子どもを含む，種々の学力層の子どもに見られるか検討を行った。対象は1年生の児童であった。第1段階では，特殊音節指導パッケージ（視覚化や動作化を用いて音韻認識や特殊音節のルール理解を促す指導，視覚的なかたまりとして読むことのできる語を増やす指導，語彙の拡大を促す指導を含む）を用いて，クラス全員に実施した。第2段階では，第1段階の指導での伸びが乏しい子ども

を対象に，通常学級内での補足的指導として，特殊音節指導パッケージが用いられた。第3段階では，第1段階と第2段階で伸びが乏しい子どもを対象として補足的，集中的，柔軟な形態による特化した指導が行われた。RTIモデルの参加群は，統制群と比べて，学力検査を始めとする読み書きに関する検査の成績で高い値を示した。

小枝ほか（2010）は，RTIモデルによる介入を行い，1年生の7月までの通常学級での指導の効果と音読検査から読字障害児の診断を行い，その後に続く2段階方式の指導によって音読の改善が生じた事例について報告した。第1段階の指導では，文字から音への変換（decoding）の改善を指導した。第2段階の指導では，単語や語句をひとかたまり（module）として音読する学習を指導した。2段階方式の指導の結果，単音連続読み課題の音読時間の改善がみられ，誤読数も定型発達の範囲内に収まった。

従来の診断と支援では，学業不振が確認されてから支援が始まるので，学習意欲の減退などの二次的障害が出現することが多い。二次的な不適応を起こすことなく支援が行われるという点で，RTIモデルは優れていることが指摘されている（小枝ほか，2010）。今後，他の学習課題に関しても，RTIモデルによる支援方法に関する研究が必要とされよう。

引用文献

Atkinson, J. et al.（1997）. A specific deficit of dorsal stream function in Williams syndrome. *Neuroreport*, **8**, 1919-1922.
Bruner, J. S. et al.（1968-1969）. *認識能力の成長　上・下*（岡本夏木ほか，訳）．東京：明治図書出版．（Bruner, J. S. et al.（1966）. *Studies in cognitive growth*. New York: Wiley.）
学習障害及びこれに類似する学習の困難を有する児童生徒の指導法に関する調査研究協力者会議．（1999）．*学習障害児に対する指導について*．
稲垣真澄・小林朋佳・小池敏英・小枝達也・若宮英司．（2010）．診断手順（I章　特異的読字障害）．稲垣真澄・小枝達也・小池敏英・若宮英司・加我牧子（編集），*特異的発達障害　診断・治療のための実践ガイドライン*（pp.2-23）．東京：診断と治療社．
海津亜希子・田沼実畝・平木こゆみ・伊藤由美・Vaughn S.（2008）．通常の学級における多層指導モデル（MIM）の効果：小学1年生に対する特殊音節表記の読み書きの指導を通じて．*教育心理学研究*，**56**，534-547.
小枝達也・関あゆみ・内山仁郎．（2010）．治療的介入（I章　特異的読字障害）．稲垣真澄・小枝達也・小池敏英・若宮英司・加我牧子（編集），*特異的発達障害　診断・治療のためのガイドライン*（pp.50-54）．東京：診断と治療社．
小池敏英．（2007）．教科の指導I：読み書きの指導．上野一彦・竹田契一・下司昌一（監修），*特別支援教育の理論と実践：2 指導*（pp.75-90）．東京：金剛出版．
小池敏英・北島善夫．（2001）．*知的障害の心理学：発達支援からの理解*．京都：北大路書

房.
中村みほ．(2010)．Williams症候群における学習のつまずきと支援の実際．稲垣真澄・小枝達也・小池敏英・若宮英司・加我牧子（編集），*特異的発達障害　診断・治療のためのガイドライン*（pp.81-89）．東京：診断と治療社．
O'Hearn, K., & Luna, B. (2009). Mathematical skills in Williams syndrome: Insight into the importance of underlying representations. *Developmental Disabilities Research Reviews*, **15**, 11-20.
大石敬子．(2007)．教科の指導Ⅰ：読み書きの指導．上野一彦・竹田契一・下司昌一（監修），*特別支援教育の理論と実践：1 基礎理論*（pp.59-75）．東京：金剛出版．
清水美智子．(1962)．概念化の発達過程の実験的研究：精薄児における概念化と知能（MA）との関係について．*心理学研究*，**33**，71-82．
田中敏隆．(1969)．精神薄弱児の図形認知に関する研究：普通児との比較において．*教育心理学研究*，**17**，156-164．
寺田　晃．(1970)．精神薄弱児における等価性の認知に関する研究：発達的特性と教示の効果を中心として．*神戸大学教育学部研究集録紀要*，**42**，9-27．
若宮英司．(2010)．臨床症状（Ⅰ章　特異的読字障害）．稲垣真澄・小枝達也・小池敏英・若宮英司・加我牧子（編集），*特異的発達障害　診断・治療のためのガイドライン*（pp.38-41）．東京：診断と治療社．
四日市ゆみ子．(1992)．精神薄弱児のフロスティッグ視知覚発達検査結果の分析とその進路指導への活用．*特殊教育学研究*，**29**，119-124．

第20章
学習障害・学習の困難性への支援

金谷京子

第1節　学習障害が注目されて

　わが国で学習障害（LD）が社会的に認知されるようになってきたのは1990年代に入ってからのことである。1999年には文部科学省におかれたLD等の児童生徒の指導方法に関する調査研究協力者会議が「学習障害児に対する指導について（報告）」の中で、「学習障害とは、基本的には全般的な知的発達に遅れはないが、聞く、話す、読む、書く、計算する又は推論する能力のうち特定のものの習得と使用に著しい困難を示す様々な状態を示すものである」としたことが、LDを学力面の特異な困難に限定し、教育用語として定着させた（上野，2005）。
　このことは、LDに教育的支援が必要であることを提示し、その後の特別支援教育体制整備の発展へとつながっていく。また、2002年には、文部科学省による「通常の学級に在籍する特別な教育的支援を必要とする児童生徒の全国実態調査」で、通常学級において学習ないし行動面に配慮が必要な児童生徒が6.3％在籍し、ことに学習面で配慮が必要な児童生徒は、4.5％在籍しているという結果が出た。上記調査により通常の学級に高率でLDを示す児童生徒が在籍しており、特別な支援が必要とされていることが示唆された。
　その後、2005年に発達障害者支援法の成立、2006年には学校教育法施行規則の一部改正、さらに2008年には学習指導要領が改訂され、2008年度では、小・中学校の校内委員会設置や特別支援教育コーディネーターの配置は90％の実施率（文部科学省，2009）に至るまでになり、LDを含む発達障害の児童への教育的支援の体制整備は進化を遂げていると言える。
　こうしてみると、2000年代当初ではLDへの理解に関する教育や福祉の現場への啓発が進んでいなかった状況（金谷ほか，2001）が改善されつつあると言える。

しかしながら，果たして学習につまずく児童生徒の指導が保育や教育の現場で十分実施されているのであろうか。個別の教育支援計画の立案が勧められてはいるものの，ライフスタイルの視点に立った教育支援は実施されているのであろうか。

本章では，とくに個の特性に応じた教育内容に言及しながらLDの教育支援について考えていく。

第2節　学習につまずく子どもたち

学習に困難を示す子どもは，具体的にどのような特徴を示すのか，内山（2006）は，主なLDの認知特性として以下の点をあげている。
- 見たものを区別して読み取ることが難しい
- 聞いたものを区別して聞き分けることが難しい
- 必要なものだけを取り出せない
- 二つ以上の感覚を併せて使うことが難しい
- 文の決まりを理解することが難しい
- 注意したり記憶したりすることに失敗する
- 空間をイメージすることが苦手
- 数字や記号への置き換えが難しい

1人のLD児にこれらの特徴がすべてあるわけではなく，読み書きに特異的に偏りが出たり，計算や推論に偏りが出たりすることがある。また，注意欠陥多動性障害（ADHD）との重複がLDの約30%はあるとされている。したがって，それぞれの特徴に応じた支援が必要となる。

また，LDとADHDが重複した場合，幼児期は逸脱行動面に注目されてしまい，認知面に焦点が当たりにくいこと，また，読むこと，書くこと，計算することは学校段階になって本格的に教授されることから，LDと明確に判断されるのは小学校1年生になってからが多い。このため，早期発見，早期対応が課題となっている。

第3節　学習につまずく子どもたちへの支援

LD児のなかには，ADHDとの重複のある子どももいるため，集団場面での行動・適応面が課題となることが多い。そのため保育・教育の場で保育者や教師の

クラス運営上，早晩解決したい問題として適応行動改善のニーズがあり（金谷，2008），LD児への社会的スキル指導（SST）を実施する場が増えた。しかしながら，上野（2010）が指摘するように，基礎学力は自立のための必須のツールであることから，「教科の補充指導」を軽視するわけにはいかないことを強調しておきたい。

以下，LDの主な特徴と特徴に応じた支援について述べる。

1　読み困難の特徴

日本語を読んでわかること（読解）ができるためには，表記された文字を音に変換して「読む」ことができること，文章の文法，意味，語用がわかり「言語理解」ができることが必要となる。このプロセスの中でつまずきを示す児童がいる。ディスレキシア（読み障害）である。これらの要素のどの部分に困難を示すのか，まずはアセスメントをしてみる必要がある（大石，2008；田中，2008）。

田中（2008）は，SVR（simple view of reading）モデル（Hoover & Gough, 1990）に基づき，読み障害の中には，①文字−音の変換（decoding）が難しいディスレキシアタイプと，②音韻処理能力は正常で，聴写能力は年齢並みでありながら書かれた内容の理解や，内容に基づく推測が難しいなどの文章レベルでの理解が困難な特異的理解困難タイプ，③文字−音韻の変換も言語理解もともに低い全般的な読み困難（generally poor readers）が存在するとしている。

ディスレキシアの読みの傾向を藤堂（2009）は次のように挙げている。

・たどたどしい読み方をする（1文字ずつ音に変えていくので，スラスラ読めない）
・不正確な読み方をする（形の似ている文字，音の似ている文字を間違えてしまう）
・勝手な読み方をしてしまう（知っていることばに置き換える，ない音を発音してしまう）
・似た音と間違う（「湖」と「泉」を間違う）
・似た形と間違う（「う」と「ら」と「さ」，「な」と「た」と「に」，「開」と「閉」）
・順番を間違う（「あした」を「あたし」に）
・電話番号を間違う（「5677」を「5667」に）

また，小枝（2002）は，日本語の発達性読み障害では，仮名文字列の置換・省略，特殊音節の読み誤りのような音韻処理的な読み誤り，形態的に類似する文字

の混同，単語や文の読み飛ばしのような視覚処理的な読み誤り，意味的に類似する単語の混同のような意味処理的な読み誤りが見られ，音韻・視覚・意味処理のすべてが関与するとしている。

発達性ディスレキシアの音韻知覚の障害については，林（2009）が諸研究の結果を紹介しているので参照されたい。

日本語は，音韻構造や仮名表記が他国の言語に比べてやさしく，日本ではディスレキシアの出現率は低いとは言われている。とは言うものの日本語の場合は，仮名文字，片仮名文字，漢字の3つの書字体系を学習し，さらに熟語の読みと意味習得，物語の理解や説明文の理解を学習しなくてはならないため，学習が他言語に比べ容易であるとはいえない。複数の書字体系を学習するにあたっては，音韻認識，綴りのパターン認識，視覚的記憶，意味記憶，書字体系間の注意の転換が必要となり，より読みの学習の困難度を増す（Wolf, 2009）。そのため，どの認識過程につまずきがあるかを見極めて指導をしていく必要が生じる。

2 書き困難の特徴

特殊音節（促音，長音，撥音）の文字を書き誤る，同音異義語を書き誤る，類似形態の文字を書き誤る，文字の一部を省くまたは加筆してしまう，鏡文字を書くなどの書字困難を示す児童がいる。ディスグラフィア（書き障害）である。

国際ディスレキシア協会（IDA）によれば，書き困難の様態として以下のものがあるとしている。

①識字障害と書字障害が重なっている症例
　・もともと読みづらい字を書くが，とくに，字が複雑な場合にそうなりやすい。
　・聞いたものを書く力は弱いが，線を書いたり，教科書などを手本にして書く場合は，比較的普通。
　・指の動きの速さは普通。
②手の動きに障害がある書字障害
　・何も見ずに書くときも，書写して書くときも，読みづらい字を書く。
　・聞き取って書くことはできる。
　・線を書くことに問題がある。
　・指の動きのスピードに異常が見られる。
③空間的な書字障害
　・何も見ずに書くときも，書写するときも，読みづらい字を書く。
　・指の動きのスピードは普通だが，線を書くときに問題がある

①は音韻処理過程と視覚的意味処理過程双方に問題が生じていると考えられ，②に関しては，手指の巧緻性の問題や，筆圧調整に問題があると考えられる。③に関しては，視運動機能に問題がある場合に生じやすい。

3 読み・書き困難のためのアセスメント・ツール

　読み・書き困難児童の指導にあたって，どの部分につまずきがあるのか，アセスメントが必要になるが，アセスメントのツールとして，具体的なスクリーニング検査の開発がなされている。宇野ほか (2006) は，「小学生の読み書きスクリーニング検査」を，安藤 (2008) は「単語・短文音読検査」を，海津ら (2008) は「MIM-PM (Multilayer Instruction Model-Progress Monitoring)」を開発している。また，視機能に問題があるか否かを評価するために米国製の眼球運動能力を測定するテスト DEM (Developmental Eye Movement Test) や視機能チェックリスト（北出，2009）も出ている。

　「小学生の読み書きスクリーニング検査」では，平仮名，片仮名，漢字の1文字および単語の音読と書き取りを実施し，通過数と反応時間をみていく。小学校1年生から6年生までの評価ができるようになっている。

　「単語・短文音読検査」は，試行段階のものではあるが，単語（漢字語・非語，平仮名語・非語）と短文の音読を課題として，正否，誤答内容，遂行時間を評価する。小学校中学年を対象として適用できる内容になっている。

　「MIM-PM」は，特殊音節を含む絵に合うことば探しと3つのことば探し（続けて書かれた単語を区切る課題）を実施し，通過状況を診ていく。MIM-PM は多層指導モデル (MIM) を実施するにあたってのプレテストであり，早期発見，早期支援を目的として主に小学校1年生を対象とした実施内容になっている。

4 読み・書き困難への支援例

　読み・書き困難を示す児童への支援例を以下紹介する。

　「読み」の指導の主な実践では，特殊音節をリズムと手の動作を連合させて理解させる指導を海津ら (2009) が実施している。海津らは，特殊音節を学習し始める小学校1年生すべてに，特殊音節の入った文字を図に表わして視覚化し，さらに音節ごとに手の異なる動作をつけて表現させ，音節を区別しやすいように指導して特殊音節のルールを理解させている。そこでつまずいた児童には，個別の集中指導を実施している。

　樋口 (2008) は，ターゲット単語呈示の直前に整合する文脈または不整合な文

脈を呈示してからターゲットを黙読させる実験をしたところ，文字列から音韻変換する能力に問題があるにもかかわらず，文脈を活用して読んでいる症例を紹介している。このことから，文脈に注目させて単語の読みを理解させる指導も有効と考えられる。

　小枝（2010）は，文字カードを使って解読指導を繰り返すことによって誤読を減らすことができ，また，語彙形成指導をすることで，読みのスピードが速まったと実践を報告している。さらに本の読み聞かせも有効で，意味ネットワーク形成に役立つとしている。

　漢字の読み指導に関しては，漢字とその読みと写真刺激を対呈示する方法を用いた指導を後藤ら（2009）が，漢字の筆順を色分けして呈示する方法を小池ら（2002）が実施している。

　藤堂（2009）は，イギリスでの支援の例としてワープロで文字を表現する，単語を絵文字化して覚える，左右を手の形と連合させて覚える，関係性を絵で表現するマインドマップを作って単語や概念を整理するなどを紹介している。

　近年は，支援ツールの開発もさかんで，全国LD親の会では，ツールを一般募集した結果を「LD，ADHD，高機能自閉症等の発達障害向けの教材・教具の実証研究報告書」としてまとめている。また，文章と音声を対呈示しながら，注目したい文章の部分を強調して読みやすくすることができるデジタル録音子図書「DAISY（Digital Accessible Information System）」も販売されている。このほか，坂井ら（2010）は携帯電話にダウンロードして手元におきながら書写できる漢字書き取りソフトを作成し，小枝（2010）は，読み困難な児童用にe-learningのサイトを立ち上げるなど，電子機器を活用した支援ツールの開発も進んでいる。

　視機能トレーニングも近年，オプトメトリスト（検眼士）を中心にトレーニング法が開発されている（北出，2009；奥村・若宮，2010）。パソコン上でビジョントレーニングができるソフトも発売されている（奥村，2005）。読み・書き困難な児童の中には，追従性眼球運動，跳躍性眼球運動，両眼視，視調節機能，視知覚，目と手の協応に何らかの問題があることがあり，これらを改善するために，動くものを追視したり，迷路をたどったり，模写したり，複数の絵の中から抽出するなど簡単な道具を使いながらトレーニングできるプログラムが開発されている。

　このほか，早期発見，早期対応の取り組みとしては，RTI（response to intervention/instruction）モデルを導入し，小学校1年生の通常の学級で早い時期にスクリーニングして読み書き指導を行い，伸びを継続的にモニターして，伸びがおもわしくない生徒に対しては補足的な指導を実施する方式がとられている（海津ほ

か，2008；小枝，2010）。

5 算数困難の理解と支援

学習障害の中には，算数困難を示す児童もいる。算数障害（ディスカリキュリア）の下位分類を熊谷（2009）は，数処理（数詞－数字－具体物の三項関係，数概念の問題），計算（加減乗除の数的事実，計算手続きの問題），文章題（推論の問題）があるとした。

伊藤（2008）は，算数のつまずきを見出すために，3つの段階のアセスメントを提案している。第1段階は，初期の算数学習に必要な計数，多少判断，数の合成・分解，分離量，連続量の理解度を評価する，第2段階は，時間制限つきで1－2位数の計算を用い，基礎となる計算の力と基礎となる文章題の課題評価を行う，第3段階として，全体的認知特性を捉える知能検査や指の認知，構成行為，左右の認識などの評価を行うことで算数に関係する認知特性を評価でき，目的に応じた支援につなぐことができるとしている。

支援に関しては，園田ら（園田・岡本，2005）は，計算に困難を示す児童へ四則計算の指導を試みた実践例を紹介している。

第4節　授業のユニバーサルデザイン化を目指した学校での支援

学校で学ぶ教科は，多種ある。したがって，学習障害児がたとえば，国語でつまずいていても，社会科の歴史は得意でよく覚えている，算数は苦手でも理科の実験は積極的に参加できる等，どこかで自分の力の発揮できる学習場面があるはずである。発達的にみて，子ども自身が教科の苦手意識を感じ始めるのは，メタ認知が育つ小学校中学年の頃からとみられる。その時期にすべての教科が嫌いになってしまわないように，力の発揮できる教科で自信をつけていくことが，学習障害の児童に必要な学校での支援になる。

また，通常学級の中での個別の教育支援計画の作成が徹底されていないのが現状であるが，学習につまずく児童のためには個別の教育支援計画の立案が望まれる。個別の配慮の例として，学習につまずく児童は教室での指導の際，クラスの児童全体への指示では理解しきれないために，個別に教師が声をかける必要があったり，教材を視覚的にみやすく工夫する必要があったりすることもある。こうした支援のために，アシスタントティーチャーや学習支援員を活用して教室での支援体制を整えることや，新たな教材の開発も求められることがあろう。

教材開発については，発達障害児のための教材・教具・支援機器が，国立特別支援教育総合研究所発達障害教育情報センターのウェブサイト（http://icedd.nise.go.jp/index.php?action＝pages_view_main&page_id＝17）に紹介されているので参照されたい。これらの教材は，発達障害児童のために開発されたものであるが，クラスの一般の子どもたちにもわかりやすく，学習の促進に有用である。こうした補助教材のクラスでの活用は，学習に困難を示す児童のためにわざわざ手間を掛けると考えるのではなく，どの児童にとっても役に立つ支援であると考えていく，すなわち学習のユニバーサルデザイン化を具現化することで，教師の授業改善と学級経営の円滑化にもつながると期待されるのである。

引用文献

安藤壽子．(2008)．通常級における読みのアセスメント．*LD研究*，**17**，282–289.
後藤隆章・赤塚めぐみ・池尻加奈子・小池敏英．(2009)．LD児における漢字の学習過程とその促進に関する研究．*特殊教育学研究*，**47**，81–90.
林安紀子．(2009)．音韻処理能力の初期発達とディスレキシア．*LD研究*，**18**，243–250.
樋口和彦．(2008)．読み障害児のひらがな単語の読みにおける文脈の活用について．*特殊教育研究*，**46**，69–79
Hoover, W. A., & Gough, P. B.（1990）. The simple view of reading. *Reading and Writing*, **2**, 127–160.
伊藤一美．(2008)．算数のアセスメントの検討．*LD研究*，**17**，295–302.
海津亜希子・平木こゆみ・田沼実畝・伊東由美・Sharon Vaughn．(2008)．読みにつまずく危険性のある子どもに対する早期把握・早期支援の可能性．*LD研究*，**17**，341–352.
海津亜希子・田沼実畝・平木こゆみ．(2009)．特殊音節の読みに顕著なつまずきのある1年生への集中的指導．*特殊教育学研究*，**47**，1–12.
金谷京子．(2008)．通常学級における特別支援教育の推進．*聖学院大学論叢*，**21**（3），25–30.
金谷京子・納富恵子・伊東政子・中山　健・吉田ゆり・緒方明子・山根律子．(2001)．学習につまずきのある子の地域サポート．東京：川島書店．
北出勝也．(2009)．学ぶことが大好きになるビジョントレーニング．東京：図書文化社．
小枝達也．(2002)．心身の不適応行動の背景にある発達障害．*発達障害研究*，**23**，258–266.
小枝達也．(2010)．RTIモデルによるdyslexiaの発見と治療教育．*日本LD学会第19回大会発表論集*，114–115.
小池敏英・雲井未歓・渡辺健治・上野一彦．(2002)．LD児の漢字学習とその支援．京都：北大路書房．
国際ディスレクシア協会サイト http://www.dyslexiasd.org/factsheets/dysgraphia.pdf
熊谷恵子．(2009)．最近の算数障害へのアプローチ．*LD研究*，**18**，24–32.
文部科学省．(2009)．特別支援教育体制整備状況調査．http://www.mext.go.jp/b_menu/houdou/21/04/attach/1260961.htm
奥村智人（制作指揮）．(2005)．しっかり見よう（竹田契一・北出勝也，監修）．大津：理学館．
奥村智人・若宮英司（編）．(2010)．学習につまずく子どもの見る力．東京：明治図書出版．

大石敬子．（2008）．読み書きのアセスメントを支援に生かす：通常の学級の場合．LD 研究，**17**，277-281.

坂井　聡・宮崎英一・杉妻　譲・門目紀子・大西祥弘．（2010）．ICT を活用した漢字の筆順支援．日本 LD 学会第 19 回大会発表論文集，654-655.

園田貴章・岡本裕志．（2005）．計算に困難を示す児童への個別指導の実践．LD 研究，**14**，123-131.

田中裕美子．（2008）．読み障害児の言語の問題．LD 研究，**17**，209-217.

藤堂栄子．（2009）．ディスレクシアでも大丈夫！　東京：ぶどう社．

内山登紀夫（監），神奈川 LD 協会（編）．（2006）．ふしぎだね!? LD（学習障害）のおともだち．京都：ミネルヴァ書房．

上野一彦．（2005）．今あらためて LD を考える．LD 研究，**14**，244-245.

上野一彦．（2010）．わが国における特別支援教育の将来．LD 研究，**19**，2-8.

宇野　彰・春原則子・金子真人・Taeko N. Wydell．（2006）．小学生の読み書きスクリーニング検査．東京：インテルナ出版．

Wolf, M.（2009）．読み，ディスレキシア，日本語を読む脳（大石敬子，訳）．LD 研究，**18**，197-200.

第21章
運動発達の問題・障害と支援

澤江幸則

　発達障害のある子どもの多くは運動面に何らかの問題を抱えている。それは運動発達領域に閉じた問題ではなく，他の発達との関連を想定しておく必要がある。そこで本章では，発達障害のある子どもの運動発達支援の可能性を検討するため，他の発達のうち社会性と関連した事例を示した。具体的には，①幼児期の知的障害のある子どもに対する日常生活動作をもとにした運動発達アセスメントの試みの事例を報告した。そこでは運動発達のもつ多様的方向性を保障した発達支援が示された。加えて，運動発達内の運動要素をバランスよく支援することの重要性が示唆された。また②長なわとびの指導を受けていた自閉症のある子どもの指示応答性が高まった事例について検討した。その結果，「調整」の軸から考えると，身体同期が含まれる活動には，他者の身体運動に対して調整する経験を与えたと考えた。これらの事例をもとにした検討から，運動発達の方向性，そして各発達段階における様相についての議論を発達心理学領域で行う必要性があることを示した。

第1節　発達障害のある子どもの運動発達特性について

　ある研究によると，幼児期の支援を担当する保育者や実際に発達障害のある子どもをもつ保護者は，その子どもの運動発達面について，他の発達領域に比べて気にしない傾向がある（澤江，2009）。とくに障害告知をうけた間もない幼児期であると，周囲の大人たちは，発達障害の子どもの当面的な問題とされる認知や社会性，情動調整などの発達領域に意識が焦点化し，それ以外の発達領域に意識が向きにくい傾向があるのではないかと考えられた。その一方で，運動面に問題がないかと言えばそうではない。これまでの研究では，発達障害のある子どもの運動発達の問題が多く報告されている。そのうち安藤・土橋（1992）は，知的障害

のある子どもの体力テストの成績が同年齢の障害のない子どもに比べ，劣っていることを指摘していた。そしてその成績の低さの原因として，運動面の問題はあるものの，体力テストの課題理解が困難であることを指摘していた。それ以外に，バランス運動の問題（奥住，2000）や運動学習の獲得スパンの長さと協調運動の困難さ（橋本ほか，2009）などが指摘されている。

　また自閉症のある子どもの場合，姿勢保持の困難さ（奥住，2000）や移動運動動作の不器用さ（神田ほか，1980），スローイングなどの粗大運動の協調運動の困難さ（花井，2009），身体図式の問題（瀧澤，2008），動作模倣の困難さ（岩田，2009）など，これまでに多くの研究が報告されている。とくに身体動作を含めた模倣に関しては，自閉症のもつ社会性の問題とも関連していることから，古くから注目され，最近では，ミラーニューロンと自閉症との関係におけるトピックなどから，*Experimental Child Psychology* 誌で「自閉症児の模倣」が特集として組まれるほどである。

　そして自閉症はもちろんのこと，ADHDやLDなどを含めた軽度発達障害のある子どもの場合，その運動全般の不器用さが指摘されているだけでなく，身体的コンピテンスが低下し（一門ほか，2008），循環的に身体的活動を避ける傾向が見受けられる。また最近，発達性協調運動障害（Developmental Coordination Disorder：DCD）が日本でも注目され始めてきた。この障害のある子どもは，明白な身体障害（たとえば，脳性まひや片まひ，筋ジストロフィーなど）や体験不足が要因となるもの以外で，動作上に不器用さを呈している状態にある（増田，2008）。具体的には，協調運動を必要とするような日常的な活動動作の獲得や遂行が，同暦年齢および知的年齢から期待される水準より低い状態だと言われている（American Psychiatric Association, 1994）。そのためにDCDのある子どもの多くは，運動場面で失敗経験が多く達成感を得にくい。そこに周囲からの理解が得られない状況が加われば，劣等感などの自己に対する否定的感情が引き起こされやすくなる（ヨンマンズ，1999）。

　以上のことから，発達障害のある子どもの多くは，運動面に何らかの問題を抱えている。そのため，支援場面においては他の発達と同様，何らかのアセスメントが必要ではないかと考える。それに加え上記にあるように，運動発達面の問題は，運動発達領域に閉じた問題ではなく，認知面や情動面，社会性などとの関連を想定しておく必要がある。そこで本章では，発達障害のある子どもの運動発達支援の可能性を，他の発達との関連性を踏まえて検討する。とくにここでは，社会性と関連した事例を示したい。

第2節　発達障害のある子どもの運動発達のとらえ方について

1　運動発達の評価方法の問題点

　運動発達における評価方法は，大きく2つに分かれる（村瀬，2005）。すなわち運動能力・体力検査型と合否判定型である。前者は，最大努力の結果，成就された運動パフォーマンスによって評価されるもので，代表的なものとして新体力テストがある。後者は一定の動作が成就可能かどうかの判定によって評価するものである。具体的には，子どもに対して検査具を使用したり教示したりして，運動パフォーマンスを確認するもの，たとえば，DCDを含めた子どもの協調運動面の問題を把握するうえで国外において活用されているM-ABC（Movement Assessment Battery for Children，現在は第2版）のなかにあるボールの投捕課題やバランス課題，また，目的となる動作が日常的に観察されるかどうかをチェックするDCDQ'07（The Developmental Coordination Disorder Questionnaire 2007；Wilson et al., 2007）などのチェックリスト方式のものがある。一方，宮原（1999）は海外で開発された運動発達に関連する検査の中には信頼性と妥当性，およびその検査に基づいて実施される介入法が疑問視されているものがあると指摘しているので注意したい。

　ところで，運動発達そのものの方向性は，必ずしも一定であるとは限らない。一般的には多くの人が，図21-1にあるような運動スキルが高次化していくピラミッド型の運動発達モデルをイメージするかもしれない。最終的には競技スポーツとしてのスキルに至る。実際，先ほどの新体力テストは，より強く，速く，遠くといったハイパフォーマンス志向性を有したものととらえることができる。

　しかし幼児期からの運動発達変化は，その方向性だけに限定しているとは考えにくい。むしろ図21-2にあるような，日常的な多様な場面での生活適応に影響すると考えるのが自然ではないかと思われる。実際，発達障害のある子どもの着替えや食事，あそびなどにおける生活行動の充実は支援者にとって重要な課題のひとつであろう。たとえば，着替えの場面でシャツの襟口を両手でもって頭を抜こうとする際，シャツを引き上げるためシャツを持ったまま両上肢を上方前方に伸展させる。そのときに頭がシャツから抜けやすいように顎を引きながら背中を丸めるといった身体各部の協調運動が起こる。それは生まれたときからできるわけでなく，各身体部位の動きが分化し，目的に応じて各身体部位の動きが統合するようになって，はじめて可能になるのである（「分化と統合」）。

　知的障害のある子どもの中には，幼稚園年長段階においてこうした動きが分化

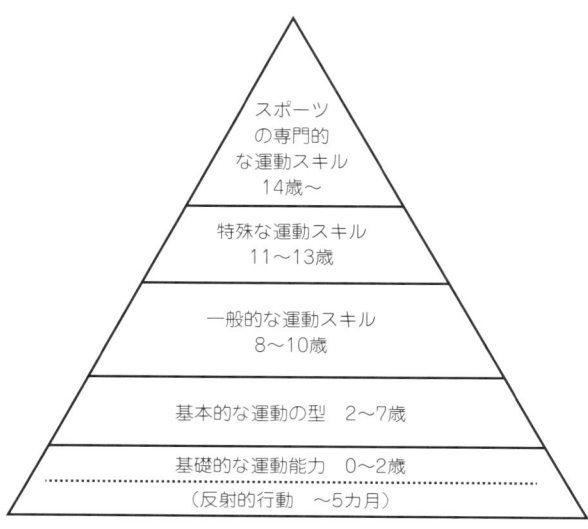

図21-1 運動スキルの高次化に着目した運動発達モデル例
(Gallahue の 1982 年モデル［出典：勝部，1984］をもとに作成)

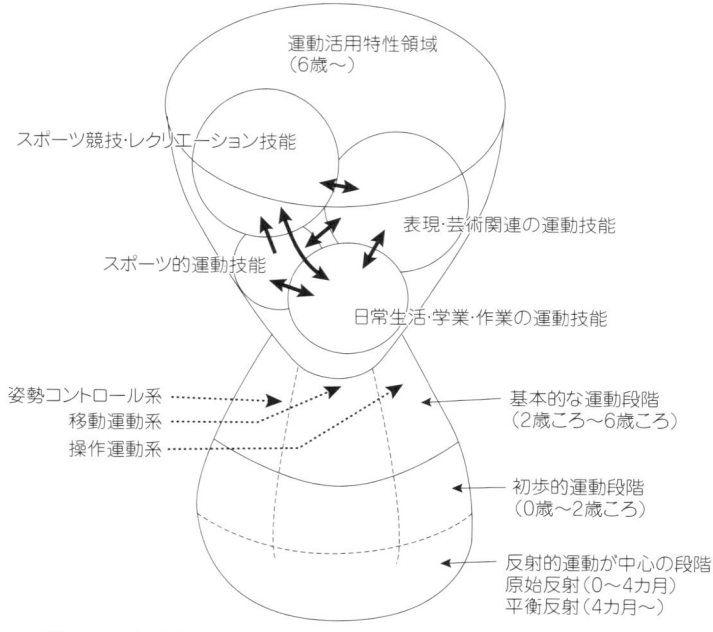

ピラミッド上から：
- スポーツの専門的な運動スキル 14歳～
- 特殊な運動スキル 11～13歳
- 一般的な運動スキル 8～10歳
- 基本的な運動の型 2～7歳
- 基礎的な運動能力 0～2歳
- （反射的行動 ～5カ月）

図21-2 生活多様性に志向した運動発達モデル例 (出典：澤江, 2007)

上部領域：
- 運動活用特性領域（6歳～）
- スポーツ競技・レクリエーション技能
- 表現・芸術関連の運動技能
- スポーツ的運動技能
- 日常生活・学業・作業の運動技能

下部領域：
- 姿勢コントロール系
- 移動運動系
- 操作運動系
- 基本的な運動段階（2歳ころ～6歳ころ）
- 初歩的運動段階（0歳～2歳ころ）
- 反射的運動が中心の段階 原始反射（0～4カ月） 平衡反射（4カ月～）

しておらず，シャツが前後に引っ張られた状態になり，脱ぐのに四苦八苦している姿をみる。その状態を支援者が単なる運動経験不足ではなく，現在の発達特性と理解していれば，まずは上肢の伸展だけで服を脱ぐことを目標にするかもしれないし，背中の動きを制御できるように援助してスムーズに脱ぐ経験を与えたりするかもしれない。さらには体育的活動のなかで，体幹と四肢の動きの分化を促進するための運動課題を構成するかもしれない。

つまりどのような支援をするにしても，運動の発達状況をアセスメントすることは，その選択肢と根拠を与えることになる。実際，ある特別支援学校幼稚部において，子どもの日常生活動作から運動発達のアセスメントを行っていたので紹介する。

2 〈事例1〉日常生活動作をもとにした運動発達アセスメントの試み

A特別支援学校幼稚部では，幼児期からの体育活動の充実をはかるとともに，その課題内容を子どもの発達状況に応じたものにするためにアセスメントを試行的に作成した（澤江ほか，2010）。その内容は，日常生活の子どもの様子（生活化された運動様式）から，複数の運動要素の発達的段階（運動能力）を把握し，そこから必要とされる運動課題を導き出すことを意図したものである。また日常的に業務に追われる支援者の実状を鑑みチェックリスト方式のものにした。具体的には，実際のA特別支援学校幼稚部に在籍する子どもたちの「着替え」と「食事」，さらに「あそび」の各場面で現れる動作または現れて欲しい動作を，ビデオや観察記録などをもとに，担当する支援者によってリストアップしてもらった。それらの項目は，遠城寺式乳幼児発達検査などの既存の発達検査内容と照合し，発達的に妥当かどうかを確認しながら修正した。それらの修正した項目は，運動要素のひとつである「平衡性」と「協調運動」，「筋力」の3つに分類した。

実際にこのチェックリストをもとに，A特別支援学校幼稚部に在籍する幼児9名（男児4名，女児5名，中等度から重度の知的障害をともなうダウン症や自閉症）の1年間の運動発達変化を調べた。すなわち1年間の前期と後期に今回のチェックリストで日常生活動作をチェックし，その動作得点（5段階：「ひとりでできる」(5)から（ひとりでは）「むずかしい」(1)）と運動要素得点の変化を算出した。ただし今回は，ビデオカメラに記録として残されていた日常生活動作の「着替え」と「食事」場面に限定した。

子どもたちの運動要素得点の平均値を前期と後期で比較したところ，表21-1にあるように，「協調運動」と「筋力」において前期から後期にかけて有意な望

表21-1　対象の子どもの運動要素得点とそれらの変化および個人内平均
※運動要素得点：最大得点を100とした達成度

対象	平衡性 前期	平衡性 後期		協調運動 前期	協調運動 後期		筋力 前期	筋力 後期		個人内平均±SD 前期	個人内平均±SD 後期
A	54.3	65.7	↗	42.1	70.5	↗	38.6	77.1	↗	45.0±8.2	71.1±5.7
B	51.4	65.7	↗	54.7	67.4	↗	52.9	68.6	↗	53.0±1.7	67.2±1.4
C	25.7	37.1	↗	52.6	41.1	↘	40.0	31.4	↘	39.5±13.5	36.5±4.8
D	91.4	91.4	→	33.7	92.6	↗	40.0	91.4	↗	55.0±31.7	91.8±0.7
E	74.3	74.3	→	73.7	77.9	↗	65.7	71.4	↗	71.2±4.8	74.5±3.2
F	94.3	88.6	↘	83.2	96.8	↗	77.1	100.0	↗	84.9±8.7	95.1±5.9
G	65.7	71.4	↗	55.8	81.1	↗	47.1	75.7	↗	56.2±9.3	76.1±4.8
H	40.0	77.1	↗	62.1	86.3	↗	62.9	88.6	↗	55.0±13.0	84.0±6.1
I	71.4	77.1	↗	31.6	55.8	↗	38.6	67.1	↗	47.2±21.3	66.7±10.7

ましい変化がみられた。しかし「平衡性」については統計的に有意な差はなかった。通常，幼児期の子どもの場合，「筋力」などの筋・骨格系課題より「協調運動」や「平衡性」などの神経系課題に対する反応性が高いことが示唆されている。したがって，本調査で示された「筋力」の運動要素が高まったのはさらなる検討が必要である。

　表21-1をみると今回の対象の子どもには，前期で個人内の運動要素間の偏りが目立っていた。そして後期では運動要素間の偏りがなくなった子どもたちが多かった。ところでこの時期の発達障害のある子どもの運動能力は，障害のない子どもに比べ個人差が大きいと言われている（安藤・土橋，1992）。同じ発達障害のある子どもの中での個人間差もさることながら，運動能力内の運動要素間の個人内差も大きいだろう。言いかえれば，個人の運動要素のプロフィールを理解することにより，個人のもつ運動能力内の運動要素をバランスよく促進し，子どものもつ可能性を広げるのではないかと思われる。たとえば，衣類を脱ぐ動作は，手と体幹の協調運動が必要とされるが，シャツを持ち続ける筋力も必要である。また服を脱ぐ際に姿勢を保持するための平衡性も必要とされる。したがって，日常生活動作を高めるという視点は，運動要素をバランスよく育てることが求められるのである。

　今回の事例の支援者は，チェックリストを作成する過程で運動発達についての学習を定期的に行った。そのことが影響したのか，支援において次第にいろいろな運動要素を含めた運動課題を取り入れるようになっていた。

3　この事例からわかったこと

　この事例では，発達障害のある子どもたちの生活を支えるために，生活化された運動様式をもとに運動発達アセスメントを作成した。これは運動発達の多様的方向性，とくに「運動発達と生活適応」という観点からみると貴重な取り組みである。そして支援において，運動能力内の運動要素に対する複合的アプローチの必要性が示唆された。しかし運動要素については，現在一貫した枠組みがあるわけでなく，研究者を中心に各々の主張が乱立している状況のようである。たとえば，微細運動は，操作運動や手指運動，目と手の協応性など，同じ動作を取り上げていても立場によって表現すら異なる。したがって，実際の支援現場においては，事前に周到なリサーチを行い，子どもの状態や支援目的などに応じて，運動要素の枠組みを構成しなければならない。そのような現場での取り組みとその理論的枠組みを構築検討していく作業の積み重ねにより，発達支援の現場に必要とされる運動要素とその構造が明らかになるのではないだろうか。

第3節　発達障害のある子どもの運動発達と社会性発達との関連性について

1　はじめに

　仕事柄，障害のある子どもを対象としたいろいろな身体活動にかかわることが多い。そのなかで，運動発達上の変化が起こっている子どもが，社会性発達領域においても，ほぼ同時に変化している事象に遭遇することがある。ここでは長なわとびの指導を受けていたある自閉症のある子どもにおいて指示応答性が高まった事例について報告する（村上，2010）。

2　〈事例2〉長なわとびを跳べるようになった自閉症のあるBくん

　Bくんは，地域の小学校特別支援学級に在籍する小学4年生で，知的障害をともなう自閉症のある男児である。言語表出はあるが単語レベルでエコラリアも少なくなかった。言語理解においては日常的な行動レベルの指示内容は理解できる。しかし活動内容を説明する際は，指さしや絵カード，実物など，非言語性の視覚的コミュニケーション手段や直接的な身体ガイダンス（身体に直接触れて，動きを伝えたり，移動させたりすること）を活用することが必要とされる。運動面については，全身の筋緊張が低い傾向がある。そのため姿勢が安定せず，椅子坐位では体幹保持がくずれやすい。そして立位場面では平衡を保てず，常に前後左右にフ

ラフラしやすくなる。

　Bくんは，今回の事例の舞台である障害のある子どもを対象とした運動教室に週に1度通っている。Bくん以外に小学校低学年から特別支援学校高等部までの障害のある子どもが10人ほど参加している。スタッフは大学でスポーツ科学を専攻している大学院生および学部生が中心である。活動内容は活動の大枠の流れを固定し，はじめに「体操」，ついで「活動」，「定例のお楽しみ活動」の流れとなっている。「活動」は定期的に内容を入れ替えて，運動経験の巾を広げる取り組みを行っている。

(1) 長なわとび活動導入初期のBくんの様子

　長なわとび動作：運動教室では200X年5月から「長なわとび活動」が組み込まれた。スタッフが回転させた長さ10mある縄を複数回跳ぶ活動である。活動開始初期（5月），運動教室に参加する子どもたちの多くは，飛んでくる縄が自分の身体の下を通過することを予想して跳ぶ様子は見られるが成功するのは難しかった。そのなかBくんは縄が飛んできても跳ぼうとする様子が見られなかった。そのためスタッフは，Bくんの足下に縄を静止させ，注目を促す取り組みを行った。そこで片足ずつ縄をまたぐ行動がみられた。静止した縄に対する跳び越えはできても動いてくる縄に対する運動調整は困難であった。

　対人関係：この時期，運動教室の中でのBくんは，活動場面にいることが困難なため，近くにあるエバーマット（体操などの練習用の衝撃吸収性の高い厚みのあるマット）の上に移動し横になる姿が多くみられた。リーダースタッフの声かけを無視したり，サブスタッフの働きかけに抵抗したりするなど，課題や場からの逸脱が目立っていた。コミュニケーションをとる際には，相手の顔をのぞき込むなどの社会的参照行動はほとんどなく，スタッフの手をもってのクレーン要求や関係する単語を発するにとどまっていた。

(2) 長なわとび活動後半のBくんの様子

　長なわとび動作：長なわとび活動はトータルで10回程度行われた。参加者の半数以上は，活動前半段階で長なわとび動作の初段階である「その場での跳躍」を5回以上行うことができるようになった。そのなかBくんは活動前半まで，縄を跳ぶのではなく，またぐ状態が続いていた。活動が後半に入りBくんに対する指導方法が変更された。すなわちスタッフがBくんの脇を後ろから支え，飛んでくる縄のタイミングに合わせ，Bくんの体を持ち上げる身体ガイダンスを行った。そしてスタッフ自らもBくんの動きと同期して縄を跳び越えた。その援助を入れるとBくんは，「その場での跳躍」を行えた（後半1回目）。その援助

を繰り返し行うなかで，次第に自分からタイミングをとるようになった（後半2回目）。後ろにつくスタッフによる身体ガイダンスの量を徐々に減らし，Bくんは援助なしで数回跳ぶことができた（後半3回目）。そしてついに後半4回目には，回旋する縄に対して，最初から援助することなく，ひとりで8回（10回が目標回数）も跳べるまでに至った。

　対人関係：身体ガイダンスを受けた次の回（後半2回目）においてその日の活動開始から活動場所から逸脱することが少なかった。例のエバーマットに行く回数とエバーマットにいる1回の時間は，スタッフ全員の印象から，この回を機に減少していた。その背景には，Bくんの指示応答性の高まりが関係していると思われた。すなわちBくんが活動や場から逸脱しようとした際に，リーダースタッフが注意喚起を加えたうえで活動場所にもどるように言語と場所提示で指示をした。するとBくんは注意喚起の時点でその場に留まり，活動の場に回帰した。そうした行動が後半2回目から増えていた。また変化したところとして，リーダースタッフをみることが多くなった。たとえば，後半3回目の長なわとび活動において，身体ガイダンスなしの状態で試そうとBくんの後ろに立っていただけのスタッフに対して，Bくんは後ろを振り返り，スタッフの顔をのぞき込みながら，脇を広げていた。これは「いつものように脇を持って援助しないの？」という思いを身振りだけでなく視線をもってスタッフに確認しているようにとれる行動であった。

3　この事例からわかったこと

　Bくんは後半に入り，長なわとび動作を次第に獲得するようになった。そもそも長なわとび動作は，縄に対する協調運動，つまり外界にあるモノに対する自らの身体運動を調整することである。その一方で，後半2回目以降から，Bくんは，スタッフに対する指示応答性や社会的参照行動が増加していた。とりわけ指示応答性は，他者の要求等の指示に対して，自己の行動をそれに応じて調整することが求められる。つまり両者の変化に共通するのは何らかの調整機序である。言い方を変えれば，運動面での調整経験が対人行動面における調整に影響を与えたと考えることはできないか。とはいえ必ずしもそうとは言いきれない。なぜならば，長なわとび動作獲得過程で，スタッフはBくんに身体ガイダンスを行っている。運動学習における身体ガイダンスは単純な手がかりではない。とくに長なわとびに対する運動調整をはかるための身体ガイダンスは，縄に対するスタッフとBくんによる三項関係が成立しなければならない。実際，身体活動は「人-他者」

との関係，それに「物」を加えた三項関係の成立に寄与しやすい活動だと考えられる（山田，1986）。さらに縄に対してスタッフとBくんが身体同期（body sympathy）する必要があった。身体同期は他者の身体運動に対する調整経験を与えるかもしれない。すなわちBくんは，三項関係と身体同期というファクターがともなう身体活動において，何らかの影響を受けたと考えることもできる。

第4節　まとめ——発達心理学研究における今後の課題

　私は発達障害のある子どもが生涯を通じて，地域の中で生活を楽しむ人になってほしいと考えている。そのためには多くの複合的な支援が必要である。この章で示したことは，その支援の中の運動発達面であり，さらにその一部である。

　ところで今日，運動発達における一貫した方向性やそれらのモデルへの検討は十分なものであるとは言えない。このことは障害のある子どもの運動発達支援を計画する際に支障となる。しかし私たちは，少なくとも運動発達の方向性には多様な場面への適応があって，必ずしもより高いパフォーマンスを発揮できることだけが是ではないことを知ることができた。生活適応可能な動き，その基礎となる動きを広く獲得していくこと，それをいろいろな場面に般化・転移していくことが発達課題となっていることを理解した。こうした考えに立てば，ある特定の動きを獲得することは決して難しいことではない自閉症のある子どもに，広くいろいろな動きを獲得させていくための運動学習環境について議論する必要がでてくる。またDCDのある子どもは，神経学的な問題とも関連し，通常の方法では運動スキルを獲得しにくい。その際，支援者が本人に対して運動することを嫌いにさせてまで，繰り返し練習させる必要があるのかを問う必要がでてくるのである。

　ところで，このような運動発達の方向性に関する議論は誰によって行われるべきなのだろうか。体育・スポーツ科学や運動学，その他身体に関する諸科学領域において議論すべき課題であることは間違いない。しかし運動発達は，この章で述べてきたように運動面に閉じた問題ではない。さまざまな発達領域と関連しているのである。

　さらには，幼児期だけでなく，学童期，思春期，青年期，中年期，老年期の流れの中で必要とされる運動発達支援の課題はその時期によって異なるであろう。幼児期においてはゲゼル（Gesell, A.）などの研究者により，その発達様相を垣間見ることができるようになった。そして中村（2009）などが示しているように，

幼児期の子どもに対しては，さまざまな運動（動きの）経験を与える・広げることが発達課題であることが確認されるようになった。しかし学童期以降については，説得力のある十分な，そしてある程度一貫した理論的枠組みがなされているわけではない。

これらについての検討は発達心理学に課せられた今後の課題ではないだろうか。実際，日本発達心理学会「発達障害」分科会は，運動発達を含めた身体に関する支援について生涯発達の観点から論を構成し，その発達段階の様相的変化に新たな視座を示した取り組みを行っている（澤江ほか，刊行準備中）。今後，こうした取り組みが各方面で展開されることを期待する。

引用文献

American Psychiatric Association.（1994）. *Diagnostic and statistical manual of mental disorders*（4th ed.）. Washington, D. C.: Author.

安藤春彦・土橋圭子．（1992）．精神遅滞児の運動発達．*総合リハビリテーション*，**20**，1047-1054.

花井忠征．（2009）．アスペルガー症候群児の発達協調運動障害の検討．*中部大学現代教育学部紀要*，**1**，81-90.

橋本創一・渡邉貴裕・尾高邦生．（2009）．知的障害児の投動作の発達過程とその援助に関する実践的研究．*特殊教育学研究*，**47**，61-68.

一門惠子・住尾和美・安部博史．（2008）．軽度発達障害児・者の自尊感情について：自尊感情尺度（SE尺度）および熊大式コンピタンス尺度を用いた検討．*九州ルーテル学院大学紀要 visio : research reports*，**37**，1-7.

岩田まな．（2009）．広汎性発達障害児の模倣について．*コミュニケーション障害学*，**26**，117-123.

ヨンマンズ，マリアン．（1999）．協調運動の苦手な子どもたちの自己認知．辻井正次・宮原資英（編），*子どもの不器用さ*（pp.109-125）．東京：ブレーン出版．

神田英治・山片正昭・大木昭一郎．（1980）．自閉的傾向児の走動作分析．*国立特殊教育総合研究所研究紀要*，**7**，73-82.

勝部篤美．（1984）．基本運動：歩く，走る，跳ぶ，投げる．赤塚徳郎・調枝孝治（編），*運動保育の考え方*（pp.62-102）．東京：明治図書出版．

増田貴人．（2008）．幼児期における発達性協調運動障害に関する質的評価の試行的検討．*弘前大学教育学部紀要*，**100**，49-56.

宮原資英．（1999）．運動発達における問題：実践的な問題点．辻井正次・宮原資英（編），*子どもの不器用さ*（pp.109-125）．東京：ブレーン出版．

村上祐介．（2010）．発達障害児を対象とした長なわとびの指導方法について．*平成21年度筑波大学大学院体育学専攻修士論文*．

村瀬智彦．（2005）．*幼児の体力・運動能力の科学：その測定評価の理論と実際*．東京：ナップ．

中村和彦．（2009）．いまどきの子どもの体力・運動能力．*教育と医学*，**57**（10），904-911．東京：慶應義塾大学出版会．

奥住秀之．（2000）．知的障害者の身体動揺に関する研究の概要と課題．特殊教育学研究，**37**，99-104.

澤江幸則．（2007）．運動．本郷一夫（編），シードブック発達心理学：保育・教育に活かす子どもの理解（pp.13-26）．東京：建帛社．

澤江幸則．（2009）．発達的に「気になる」子どもをもつ保護者の運動発達に対する認識について：保護者の発達的視点の広がりをめざして．家庭教育研究所紀要，**31**，16-25.

澤江幸則・福元康弘・髙橋幸子・田口憲司．（2010）．知的障害幼児における生活行動チェックリストをもとにした運動発達アセスメントツール作成のための研究（1）．特殊教育学会第 48 回大会発表論文集，625.

澤江幸則・川田 学・鈴木智子．（刊行準備中）．身体に関する発達支援とユニバーサルデザイン（仮題）．東京：金子書房．

瀧澤 聡．（2008）．広汎性発達障害児（PDD 児）における運動イメージ機能の特色．*Health and Behavior Sciences*, **6**, 49-55.

Wilson, B. N., Kaplan, B. J., Crawford, S. G., & Roberts, G. (2007). *The Developmental Coordination Disorder Questionnaire 2007*. Calgary, Canada: Alberta Children's Hospital Decision Support Research Team.

山田洋子．（1986）．乳児の発達とその障害：言語機能と「ボールのやりとり」．発達障害研究，**8**，114-121.

第22章
行動問題への支援

関戸英紀

　学級内に行動問題を示す幼児・児童・生徒（以下，「生徒等」とする）が（複数名）在籍していた場合，担任は，まずは彼らの個別支援に着手し，他の生徒等に対してももっと手をかけなければと思いながらも，彼らの対応に追われてしまっているのが現状であろう。また，昨今の経済事情や特別な教育的ニーズのある生徒等が増加傾向にある実情から，教師の加配や外部の専門機関等からの継続的な支援も容易なことではない。このような状況の中で，クラスワイドな支援を基盤としたうえで積極的行動支援（positive behavior support：以下，「PBS」とする）による個別支援を導入する支援方法は，担任に負担をかけることなく，複数の生徒等が対象であっても行動問題の改善を可能にし，他の生徒等に対しても適切な行動の増加をもたらすと考えられる。今後は，この支援方法による実践を蓄積し，低コストで，しかも学級の全生徒等にとって有益な支援体制のあり方を，全校で検討していく必要があるといえよう。

第1節　行動問題とPBS

1　行動問題とは何か

　行動問題は，そこで起こる行動的な問題が，対象児を取り巻く環境（当然，そこには人も含まれる）との相互作用の結果，起こったり，変化したりしている状態であるといえる。すなわち，環境が対象児にフィットしていないがために行動問題が起こると考えられる。

　行動問題には，社会の成員に対して実害を及ぼす行動である「反社会的行動（他害，非行，いじめなど）」と，一般社会に適応するために適切でない行動である「非社会的行動（自傷，偏食，不登校など）」がある。また，行動問題は，問題行動，行動障害，不適応行動という用語とほぼ同義で用いられることが多い。

行動問題といわれる行動は，対象児の周囲の人にとっては，困った行動・やっかいな行動として受け止められがちであるが，対象児にとっては，その行動はコミュニケーションの一手段であるととらえられている。すなわち，行動問題に，①注目の要求，②物や活動の要求，③（困難な課題や状況などからの）逃避，④自己内部の刺激（たとえば，体を前後に揺することによって得られる運動感覚刺激）の獲得の4つの機能（意味）のいずれかがあると考えられている。

2　行動問題に対するアセスメントと支援の方法

　行動問題に対するアセスメントと支援は，以下の手順によって行われる。

　1) **記録をとる**：行動問題を具体的に（観察と測定が可能なことばで）定義する。そして，その行動がどのような状況で起こったか〈先行事象〉，またその行動が起こった直後に周囲の人たち（保育士・教師や他の生徒等）はどのような対応をしたか〈結果事象〉について客観的に記録する。同時に，どのようなときにその行動が起こりやすいか，逆に起こりにくいか，またその頻度はどうかについても記録をする。さらに，《環境的な要因》についても記録をとる。環境的な要因とは，行動問題の先行事象とはならないが，対象児の特性や対象児の環境あるいは日常日課の中で行動問題が起こりやすい状況を作り出す要因などをいう。その例として，人と適切にかかわるためのスキルを獲得できていない，基礎的な学力が身についていない，寝不足である，朝食を食べてこなかった，日課に変更があった，教室にいつもいない人がいるなどがあげられる。

　2) **機能的アセスメントを行う**：たとえば，授業中に大声を出す A 児の記録を取ったところ，《算数の基礎学力が不足している》→〈算数のテストが配られる〉→大声を出す→〈学級文庫を読むことができる（テストができないという困難な状況から逃れられる）〉という関係が明らかになったとする。大声を出すという行動は，「困難な状況から逃れられる」という結果事象によって強化・維持されていることから，この行動は「逃避」の機能をもっていると考えられる。このように，行動問題のもつ機能を記録に基づいて推定することを「機能的アセスメント」という。

　3) **適切な行動を特定する**：行動問題を減らすことと同時に，適切な行動を増やすことを目標とする。そのために，対象児に本来ならば行ってもらいたい適切な行動である「望ましい行動（A 児の例では，「算数のテストを受ける」）」と，社会的に適切で，しかも行動問題と同じ結果をもたらす（同じ機能をもつ）「代替行動（A 児の例では，「教示要求行動を示す」など）」を特定する。

4）環境的な要因の見直しをする：対象児に必要なスキルを指導したり，対象児にフィットするように環境を調整したりする（A児の例では，「算数の基礎学力を向上させる」）。このときに，睡眠，食事，服薬等がかかわる場合には家庭との連携が求められる。

5）先行事象の見直しをする：先行事象があるから，行動問題が起こるのである。したがって，先行事象を除いたり，修正したりすれば（A児の例では，「テストに平易な問題と少し困難な問題を混ぜておく」など），行動問題は起こらなくなる。このように，結果事象（A児の例では，「困難な状況から逃れられる」）の効力を高めたり，低めたりする（A児の例では，低める）ために先行事象を操作することを「確立化操作」という。

6）代替行動を指導する：行動問題と同じ結果をもたらす新たなコミュニケーション行動を形成する（A児の例では，提示すると支援を受けられる「お助けカード」の使用——結果として困難な状況から逃れられる——などが考えられる）。また，代替行動は，社会的に受容され，しかも対象児の行動レパートリーの中にある行動から選択されることが望ましい。なお，代替行動の指導は，対象児が行動問題を示していないときに行うようにする。

7）結果事象の見直しをする：望ましい行動に対しては賞賛をし，代替行動を示したときには即座に対応する。すなわち，望ましい行動と代替行動は強化する。一方，行動問題に対しては消去をする（これまで行ってきた強化を中止する）。A児の例で示すと，「逃避」の機能をもつ大声に対してテストを取り下げることは，結果的に大声を出す行動を強化することにつながる。そこで，この場合は，A児に，（全部でなくともかまわないので）テストに取り組ませてから授業を終わりにすることが求められる。なお，行動問題に対して消去をすることによって，行動問題の強度と頻度が一時的に増加することがある。これをバースト（burst）という。この場合に肝要なことは，動揺しないでこれまでどおり支援を継続することである。

3　PBSの中核概念

上記のような手続きで行われる行動問題への支援をPBSという。PBSの中核となる概念は，①個人を中心とした支援計画の作成，②機能的アセスメントの使用，③正の強化による支援方略の使用，④包括的な支援の実施，⑤環境変数の操作，⑥社会的妥当性のある支援結果，⑦日常生活への般化，⑧組織レベルでの支援である（Anderson & Freeman, 2000）。⑥や⑦にもあるように，PBSによる支援が，

行動問題の改善ばかりでなく，対象児の生活様式にも変容をもたらすことが最も重要である。

第2節　行動問題に対するPBSを用いた支援の実際

行動問題を示す児童に対して，PBSを用いて支援を行った事例について紹介する（関戸・田中，2010）。

1　対象児

公立小学校の通常学級に在籍する3年生の男児（以下，「B児」とする）を対象児とした。小学校入学前に療育機関でアスペルガー障害の疑いがあるといわれた。WISC-Ⅲ（検査実施時5歳6カ月）の結果は，全IQ94，MA5歳2カ月であった。1・2年次は特別支援学級に在籍したが，2年次には最も苦手とする国語と音楽の授業以外は通常学級（交流学級）で過ごした。2年次末に，次年度も同じ体制を継続することで保護者の了解が得られていたが，3年次になると，B児は教科によって通常学級から特別支援学級に移動することを嫌がった。そこで，保護者の要望もあって，急きょ通常学級の在籍（A児を含めて31名が在籍）となったために，特別支援学級で過ごす時間はなくなった。しかし，4月・5月には，学校への行き渋りがときどきみられた。B児の行動問題として，担任（初任の女性教師）から「（授業中）離席する（机の下にもぐる，床をはいずる，ベランダや廊下に出るなど；以下，「離席」とする）」と「音楽室（音楽は専科の教師が担当）への移動に遅れる（B児の学級では全員が並んで音楽室に移動していたが，B児はいつも遅れるために，担任に付き添われて移動した；以下，「移動の遅れ」とする）」があげられていた。なお，B児の学級には，毎週月曜日に学生ボランティアが訪れ，児童の登校時から下校時まで在校し，主としてB児の支援および担任の補助にあたった。

2　行動問題の機能的アセスメント

離席がみられるとき，教室の黒板には前の時間の授業の板書がそのまま残っていることがあった。その日の予定も，黒板の左隅に教科名だけが書かれていた。また，担任の指示は口頭だけで，しかも「ちゃんとやりなさい」，「ちょっと待ってて」といったあいまいな表現で行われることが多かった。一方，図工の授業で，黒板に活動の手順が箇条書きで示されていたところ，B児はその手順にしたがって活動に取り組むことができた。これらのことから，B児は日課や活動に見通し

をもったり，指示や活動の内容を理解したりすることに困難な状況におかれていると推測された。

　授業中，B児は担任や級友の視野に入りやすい場所を歩き回った。担任や級友が無反応でいると，注目がB児に集まるまでドアや机をたたいて音を立てた。級友がB児の行動に対して注意をすると，その行動はいっそう激しくなった。これらのことから，離席は，一つには注目要求の機能を果たしており，またB児自身もそのような強化を得るためのより適切な行動が未獲得であると考えられた。しかも，苦手な教科（音楽，国語）や道徳・特活での小集団活動（話し合いなど）に取り組むときに離席が頻発した。

　B児には教科によっては基本的な学力やスキルが十分に備わっておらず，できない，難しいという困難な状況から逃れるために（結果的に授業に参加しなくてすむ），離席を示していると推測された。

　また，B児が，移動の遅れを示しているときに学生ボランティアに対して，「笛の指使いが苦手なので音楽は嫌い」という報告を行った。このことから，B児の移動の遅れは，笛の運指が未獲得であることに起因した逃避の機能をもつことが推察された。

　以上のことから，離席は逃避と注目要求，移動の遅れは逃避の機能をもつ行動であろうと考えられた（図22-1参照）。

3　機能的アセスメントに基づいた支援

　機能的アセスメントの結果に基づいて，図22-1の下段に示したとおり，行動問題を防止するための環境的な要因および先行事象への支援，行動問題と機能的に等価な代替行動への支援，行動問題への対応ならびに望ましい行動や代替行動への対応としての結果事象への支援を実施した。なお，支援の実施にあたっては，担任に過度の負担がかからないように担任の実行条件を考慮した。

　1）環境的な要因への支援：B児は黒板係であった。また，放課後，級友がいなくなるまで教室に一人で残り，黒板のマグネットを一列に並べるという行動がみられた。そこで，B児を"黒板係の時間割マグネット"担当とし，帰りの会の前にB児が教科名の書かれたマグネットシートを黒板にはって翌日の日課を示すようにした。また，朝，急な日課の変更があった場合も朝の会のときにB児にマグネットシートのはり替えをさせた（以下，「時間割マグネット」とする）。一方，笛の運指を向上させ，級友と並んで音楽室へ移動できるようになることを目的として，毎週月曜日の放課後，学生ボランティアが笛の運指の個別支援を約15分

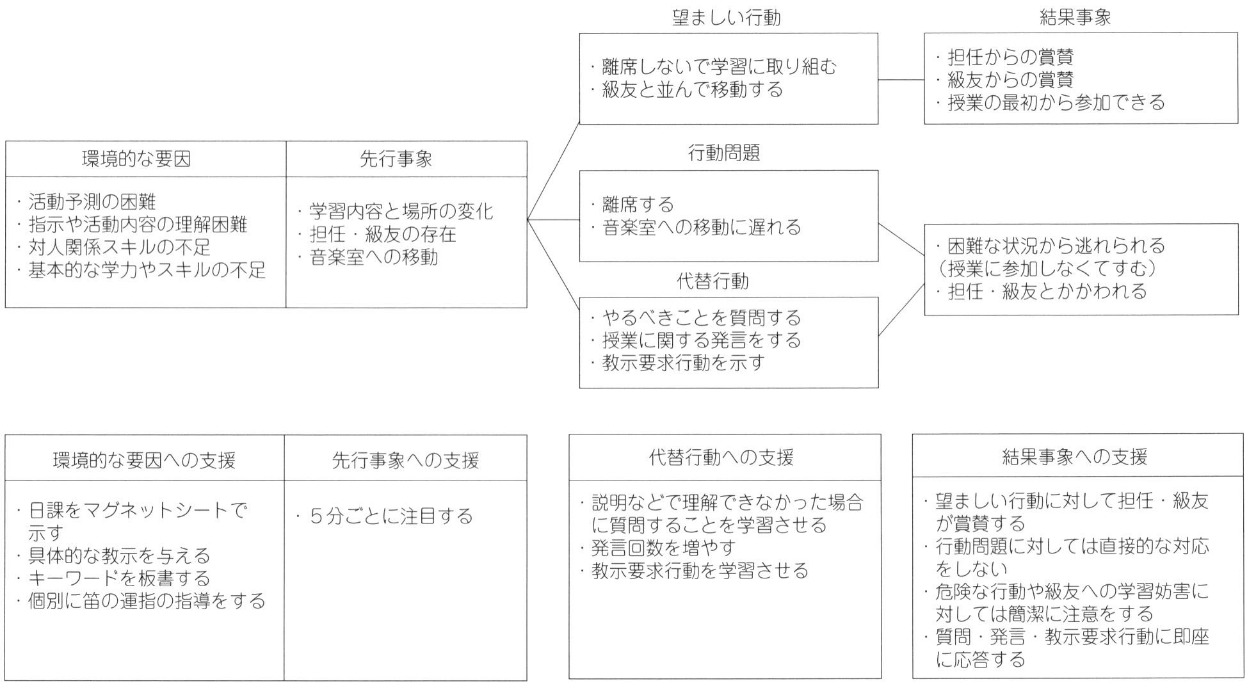

図22-1 機能的アセスメントに基づいた支援

望ましい行動
- 離席しないで学習に取り組む
- 級友と並んで移動する

結果事象
- 担任からの賞賛
- 級友からの賞賛
- 授業の最初から参加できる

行動問題
- 離席する
- 音楽室への移動に遅れる

代替行動
- やるべきことを質問する
- 授業に関する発言をする
- 教示要求行動を示す

結果事象
- 困難な状況から逃れられる（授業に参加しなくてすむ）
- 担任・級友とかかわれる

先行事象
- 学習内容と場所の変化
- 担任・級友の理解の不足
- 音楽室への移動

環境的な要因
- 活動予測の困難
- 指示や活動内容の理解困難
- 対人関係スキルの不足
- 基本的な学力やスキルの不足

環境的な要因への支援
- 日課をマグネットシートで示す
- 具体的な教示を与える
- キーワードを板書する
- 個別に笛の運指の指導をする

先行事象への支援
- 5分ごとに注目する

代替行動への支援
- 説明などで理解できなかった場合に質問することを学習させる
- 発言回数を増やす
- 教示要求行動を学習させる

結果事象への支援
- 望ましい行動に対しては担任・級友が賞賛する
- 行動問題に対しては直接的な対応をしない
- 危険な行動や級友の学習妨害に対しては簡潔に注意をする
- 質問・発言・教示要求行動に即座に応答する

図22-1 機能的アセスメントに基づいた支援

間行った（以下，「笛の個別支援」とする）。さらに，担任も，指示を出すときには具体的な内容を示すようにし（以下，「具体的な教示」とする），またキーワードをできるだけ板書するように留意した（以下，「キーワードの板書」とする）。

2）**先行事象への支援**：担任がB児を注目してくれているということを，B児自身が意識できるように配慮した。すなわち，机間指導の際に質問がないか尋ねたり，賞賛や教示を与えたりする，また全体説明の場面で語尾を伸ばしながらB児を注視したり，B児の教科書の当該箇所を指差したりするなどを5分ごとに意図的に行った（以下，「意図的注目」とする）。

3）**代替行動への支援**：説明・連絡などで理解できなかった場合には質問をすることを学習させる（以下，「発問の学習」とする），授業中の発言機会を増やす（以下，「発言機会の増加」とする），できないときには教示要求をすることを学習させる（以下，「教示要求の学習」とする）などの指導や配慮も授業の中で適宜行った。

4）**結果事象への支援**：行動問題に対しては直接的な対応をしないことを原則とし，危険な行動や授業妨害がみられた場合にだけ簡潔に注意を与えるようにした。離席しないで学習に取り組む，級友と並んで音楽室に移動する，という望ましい行動がみられたときには，担任・級友などが賞賛した。また，授業内容に関連した質問や発言，教示要求には応答するなど代替行動等も即座に強化した。

4　支援の結果

B児に対する支援の結果は，以下のとおりであった。

1）**離席**：ベースライン期（支援を開始する前の状態。以下，「BL期」とする）には，評価の対象とした135分間中（45分間×3校時）平均8回，46分間の離席がみられた。しかし，支援期に入り，「具体的な教示」，「キーワードの板書」，「意図的注目」，「発言機会の増加」，「発問の学習」を導入すると離席回数・離席時間ともに大幅に減少し，4カ月後（途中，夏休みを挟む）には離席がみられなくなった。その後，指示や活動内容の理解を促すために「具体的な教示」と「キーワードの板書」はそのまま継続し，「意図的注目」，「発言機会の増加」，「発問の学習」を中止したが，離席はほとんどみられなかった。また，夏休み明けから「時間割マグネット」を開始したところ，朝，急な日課の変更があった場合でも，B児自らがマグネットをはり替えることによって授業への参加がスムーズになった。本事例の離席のように行動問題が複数の機能をもつと考えられる場合には，複数の支援をパッケージとして介入することがより効果的であるといえよう。

一方，保護者からは，離席が減っていくにつれて学校への行き渋りがみられなくなってきた，放課後や休みの日に友人と遊ぶことが増えてきた，という報告がなされた。

　2) **移動の遅れ**：BL期には5〜10分間の遅れがみられた。しかし，支援期に入り，「笛の個別支援」と「教示要求の学習」を導入すると，遅れた時間が徐々に短縮されていき，1カ月後には遅れないで授業に参加できるようになった。また，授業中ときどき，B児は理解できなかったことを質問するようになった。その後，「笛の個別支援」と「教示要求の学習」を終了したが，遅れないで授業に参加することは維持された。なお，プローブ期（支援期に形成された行動の維持を測定するため，支援を取り除いた状態）に，音楽専科の教師から，音楽室に遅れて来たときは授業に消極的であったが，遅れなくなってからは授業に積極性がみられるようになった，という報告があった。

第3節　クラスワイドな支援から個別支援へ

　保育園や学校における行動問題への支援に関しては，米国ばかりでなくわが国においてもPBSに基づいた支援の有効性が実証されてきている（たとえば，平澤・藤原，2000；興津・関戸，2007）。その一方で，近年，行動問題に対する予防的観点から，応用行動分析学に基づいた支援がクラスワイド（学級規模）で実施され，その成果が報告されてきている（たとえば，道城・松見，2007）。このクラスワイドな支援における行動問題の「階層的予防モデル」は，第一次介入として学級の全生徒等を支援し（このことにより学級の80％以上の生徒等のマネジメントが可能になると考えられている），それだけでは行動問題を示す可能性を払拭できないと考えられる場合に第二次介入（専門的なグループ支援；学級の15％以下の生徒等が該当），第三次介入（専門的な個別支援；学級の5％以下の生徒等が該当）へと順次支援を厚くしていくという考えに基づいている（Sugai & Horner, 2002）。すなわち，第一次介入では，行動問題そのものではなく，その代替行動となりうる向社会的行動を学級の全生徒等に共通する行動目標として設定し，支援を進めていく。学級の全生徒等を対象とするために，行動目標を未獲得の生徒等はそれを獲得することが可能となる。一方，すでに行動目標を獲得している生徒等はそれを意識的に実行でき，また行動目標として明確化されているため教師もそのことを強化しやすくなる。このように学級の生徒等に対し向社会的行動を行動目標として設定し，支援を進めていくことによって，結果的に行動問題の生起を予防することも

目指していく。道城・松見（2007）は，通常学級の 1 年に在籍している児童 29 名を対象に，チャイムがなったらすぐに教室に帰ってきて座ることを行動目標とし，「めあて＆フィードバックカード」を用いて児童に自己評価をさせたところ，支援期において着席行動に大きな増加がみられたことを報告している。

また，第一次介入を行うことによって，グループ支援・個別支援を必要とする生徒等をスクリーニングすることにもつながるといえよう。さらに，学級内に行動問題を示す（可能性のある）生徒等が複数名いた場合でも同時に支援を行うことが可能であることから，クラスワイドな支援は担任の負担を軽減できる点で，効率的な支援方法であると考えられる。

一方，行動問題の生起は，その生徒等が所属している学級（経営）の状態によっても大きく左右される。この学級全体に対するマネジメントが十分でない場合には，第二次・第三次の生徒等の個別的ニーズへの介入を行うことが困難になる。したがって，必要に応じて第一次介入を行うことで，学級全体に対するマネジメントが機能するようになり，第二次・第三次の生徒等の個別的ニーズへの介入も，容易に，しかもより効果的に行うことが可能になると考えられる。

引用文献

Anderson, C. M., & Freeman, K. A.（2000）. Positive behavior support: Expanding the application of applied behavior analysis. *Behavior Analyst*, **23**, 85-94.

道城裕貴・松見淳子.（2007）. 通常学級において「めあて＆フィードバックカード」による目標設定とフィードバックが着席行動に及ぼす効果. *行動分析学研究*, **20**, 118-128.

平澤紀子・藤原義博.（2000）. 養護学校高等部生徒の他生徒への攻撃行動に対する機能的アセスメントに基づく指導：Positive Behavioral Support における Contextual Fit の観点から. *行動分析学研究*, **15**, 4-24.

興津富成・関戸英紀.（2007）. 通常学級での授業参加に困難を示す児童への機能的アセスメントに基づいた支援. *特殊教育学研究*, **44**, 315-325.

関戸英紀・田中 基.（2010）. 通常学級に在籍する問題行動を示す児童に対する PBS（積極的行動支援）に基づいた支援：クラスワイドな支援から個別支援へ. *特殊教育学研究*, **48**, 135-146.

Sugai, G., & Horner, R.（2002）. The evolution of discipline practices: School-wide positive behavior supports. *Child and Family Behavior Therapy*, **24**, 23-50.

第23章
脳科学と発達支援

東條吉邦

　この章の冒頭で，まず強調しておきたいことは，「脳科学の最新情報を鵜呑みにしてはいけない」ということである。

　近年，医学界だけでなく教育界においても，脳科学が重視されるようになってきている。しかし一方では，怪しげな「脳神話」の氾濫も見られ，保護者・当事者をはじめ，発達支援の関係者は，脳科学からの示唆や提言を，そのまま信じ込まないことが大切である。現在の脳科学には，信頼できる知見と不確実な知見とが混在し，その見分けが難しい状況にある。間違った情報が，真実のことのように広く流布されている場合もある。

　とくに「脳科学の・最・新・情・報」や「脳科学に基づく・最・先・端・の治療方法」とされるものは，数年後には否定されたり，大幅に修正されたりする場合もある。

　この章では，まず，発達支援の実践者や研究者が脳科学を理解するための原則的な事柄について示し，次に「発達期の脳科学」として，知的障害，発達障害（学習障害，注意欠陥多動性障害，広汎性発達障害），虐待と脳科学との関係について述べ，最後に「成人期の脳科学」にも触れる。ただし紙面の制約から，脳科学に関する専門用語の解説や支援上の個別的な知見は他書を参照されたい。

第1節　発達支援の実践と研究に役立つ脳科学とは

1　脳科学の基本的な知識をもつことの必要性

　発達支援の実践には，関係機関との連携が重要視されるが，なかでも障害児や障害者への支援には，医療機関との連携が不可欠であるため，発達支援の実践者は基本的な医学知識や脳科学の知識を得るように努める必要がある。

　とくに発達心理学の専門家には，生物 − 心理 − 社会（bio-psycho-social）の3側面を念頭においた支援の実践が期待されており，この「生物 − 心理 − 社会」の真

ん中に位置する心理学の専門家は，生物学的側面からの支援者である医療関係者と社会的側面からの支援者である教育・福祉関係者をつなぐコーディネーター的役割を担うのに適した職種であるといえよう。心の働きは，bio（生体・脳）とsocial（対人関係・社会）の両面からとらえることが肝要であり，心理学を専門とする実践者は，この両面にわたる知識を常に学び続けることに心がけたい。

発達支援の研究者においても，生物－心理－社会の3側面からのアプローチが基本となる。今日の脳科学は，遺伝子レベルの分子生物学的研究でも，マクロレベルの脳画像研究でも，計測装置や解析装置の急速な進歩によって，得られるデータの種類や量が激増するとともにデータの精度も飛躍的に向上し，多様で豊富な知見が得られている。発達支援の研究者は，このように進展の著しい脳科学の動向を常に視野に入れて研究を進めていくことが必要である。

また，進化の視点も非常に興味深い。発達支援の研究者が，脳と心の発達の生物学的な意味を理解するためには，この20年で急速に発展してきた進化医学や進化心理学の動向にも注目することが必要である。たとえば，ネシーほか（Nesse & Williams, 1994/2001）による『病気はなぜ，あるのか：進化医学による新しい理解』や松沢・長谷川（2000）による『心の進化』といった著書が参考になる。

2 「脳科学と発達」をめぐる情報や知見の真贋

従来，神経科学（neuroscience）と呼ばれていた研究の分野が，脳科学（brain science）と呼ばれるようになった背景には，脳画像検査の急激な発展があると考えられる。そして脳画像研究の成果は，テレビなどのマスコミでも，よく紹介されるようになった。その結果，脳科学は広く世間の関心を集めることとなり，最近では，多くの啓発書や専門書が刊行されている（橋本，2008）。

たしかに，脳の形態や機能が画像化されることによって，脳の働きが一般の人でも直感的に理解しやすくなったというメリットが生まれた。しかし一方で，画像化の偏重は，かつての骨相学に代表されるような極端な機能局在論的解釈の横行を招く危険性も生じさせている。また，一般の人に脳科学の研究成果を面白く紹介しようとするあまり，脳画像研究の結果を拡大解釈したり，単純化しすぎたりする傾向も顕著となっている。

本章の最初で述べたように，脳科学の分野では，真実のことのように広く流布されている誤った情報も少なくないので，発達をめぐる脳科学に関して，問題点を含む情報や知見の一端を紹介する。

まず，間違った情報の一例としては，「右脳を育てる教育や保育の勧め」がある。「右脳には創造性が宿るので，右脳を鍛えよう」といった主張がその代表例である。実際に，右脳を育てることを標榜する訓練法や塾があり，右脳を鍛えるといった教材も販売され，左手を使うことを推奨する風潮もある。

　たしかに，彫刻家や画家では左手利きの割合が高く，その背景には，右脳の機能との関連性を示唆する研究がある。つまり，言語的な能力は左脳との関連が強く，非言語的な能力の中には右脳との関連が強いものがあることは事実であるが，それらの事実から「創造性は右脳に宿る」と解釈することには論理的な飛躍があり，脳科学から実証されたことではない。創造性を育てること自体は大切であり，現代の教育が，言語的な知識の詰め込みに偏ることへの警鐘としての意味はあるが，脳科学にその根拠を求めることは現段階では難しい。

　脳波計測に基づくことを標榜している教育指導法も，問題がある一例である。脳科学の研究成果の活用を謳い，脳の現象を直接アセスメントし，それを指導にフィードバックしているので，いかにも科学的な指導法との印象を与える。しかし，脳波は中枢神経系の電気的活動のごく一部を測定しているにすぎず，個人差も大きく，今日の脳科学の研究成果からみると，教育指導の客観的評価尺度として，脳波データを十分に活用できる段階には達していない。

　次に，やや問題のある情報の代表例として，「3歳までの早期教育は脳によい」といったものがある。周知のように，動物実験などから，脳の情報処理機能の発達に，臨界期や感受性期が存在するのは事実であることが確証されている。また，楽器演奏などの技能については，早期からの練習が必要であることもよく知られている。しかし，「早期教育は脳によい」と一般化し，単純化しすぎることには問題がある。幼児期に，一つの技能の獲得に集中しすぎたために，他の技能や知識の習得がおろそかになったり，対人的な遊びをあまりしなかったりすることが，その後の発達に悪影響を及ぼす可能性もある。

3　発達支援の研究者や実践者が脳科学を理解するための原則

　脳科学は自然科学の一分野ではあるが，数学，物理，化学とは大きく異なる特徴がある。脳はその構造も機能も非常に複雑であり，たとえば，2個の水素原子と1個の酸素原子が化合すると1分子の水になるといった明確な法則を，脳科学の分野で見出すことは難しい。

　また，前述したように，近年の解析装置などの急激な進歩のため，脳研究で得られるデータは量的に急増し，質的な変化も著しく，データの解釈の多様性がき

わめて大きくなっているという特徴がある。そのため，正しいと考えられていた仮説が，新しい技法の開発によって，数年後には否定されることも稀ではなくなっている。さらに，脳科学の研究分野では，計測機器がきわめて高額である場合や，技術の変化が激しすぎるため，追試が行われにくい状況もある。

したがって，脳科学的研究に関しては，査読のある学会誌の論文に書かれている知見や解釈であっても，正しいとは限らない。また，脳科学の啓発書の中には，著者の思いつきに合致したデータのみを羅列し，それらを拡大解釈している書物もあり，擬似科学，似非科学と言える記述も散見される。

一方，発達支援は，対象児の成人期・老年期までの一生涯を念頭に置いた長期的な見通しに立って実施することが肝要である。したがって，評価の定まっていない最新情報は，慎重に扱うことが求められよう。脳科学的な裏づけがあると喧伝（でん）される最先端の支援技法や薬剤なども，他の論文や専門家の意見等も参考にしたうえで，吟味を重ねてから取り入れることが望ましい。

近年，発達支援や臨床心理学の分野でも，実証に基づくこと（エビデンス・ベースト）が重視されるようになってきた（東條ほか，2010）。しかし，有効性のエビデンスが認められたという研究があるからといって，すぐにその技法を採用するべきではない。脳科学の分野では，短期的な研究からの有効性の証拠は比較的容易に得られるが，長期的にも効果が認められるという証拠を得ることは容易ではない。また，ある能力を向上させるという証拠が得られたとしても，その能力の向上を図るための支援を続けることが，長期的に見ても望ましいことかどうか，十分に検討することが大切である。

とくに，「脳によい」という情報は，まず疑ってみるべきである。その理由は，第1に，脳に本当によいかどうかは，脳科学の研究では実証が難しいからであり，第2に，副作用が見逃されやすいからである。一例を挙げれば，ある食品や薬剤の成分が，ネズミの迷路学習の能力を向上させるという証拠が得られたとしても，それ以外のさまざまな能力への影響は測定すらされていない場合が多く，長期的な効果や副作用を十分に検討せずに，短期間の研究で得られた成果を，急いで学会誌に投稿することを優先する研究者も少なくない。

脳画像研究においても，たとえば，ある技法によって特定の能力が向上し，脳の前頭葉の血流量が増えたという証拠が得られたので，その技法は「脳によい」と脳科学から実証されたと報告される場合があるが，これは，拡大解釈の典型例である。現在の脳科学からは，能力の向上と脳血流量の増加との関係自体，まだ十分には証明されておらず，推測の域を出ない知見といえる。また，最新の装置

を利用した脳血流量の測定結果の精度も，まだ低い段階にある。

　一方，「脳にダメージを与える」という情報には，注目することが望ましい。理由は，脳に悪いということは，比較的実証しやすいからである。一例を挙げれば，激しく揺さぶられた赤ちゃんの脳画像からは，脳損傷の証拠が実際に得られることが多く，子ども虐待の発見に有用である。つまり，乳幼児を激しく揺さぶる行為は，本当に「脳に悪い」ことが脳科学から実証されている。

　近年，携帯型ゲーム機の発達に及ぼす影響がしばしば話題となっている。よいソフトを利用すれば，ゲーム機の使用は脳機能の発達を促進するという見解がある一方，脳の発達に悪影響を与えるという見解も少なくない。ゲーム機の使用が「脳によい」ことを証明することは，上に述べたように難しいことである。一方，近視の遺伝的負因のある幼児の視覚機能の発達に，携帯型ゲーム機の使用が悪い影響を与えることは確実であり，ほかにも，脳にダメージを与える可能性を指摘する研究が多い。したがって，現在の脳科学の知見からは，幼児や児童に携帯型ゲーム機の使用を推奨することは望ましくないといえよう。

　また，幼児や児童の携帯電話やパソコンの使用，そして，実用化への動きのある電子教科書の導入などの問題についても，十分に時間をかけて，発達への影響をきちんと検証する研究を行っていく必要がある。その際には，進化医学や進化心理学の知見（たとえば，Dunbar, 1996/1998；松沢・長谷川，2000；Nesse & Williams, 1994/2001 など）も参考にすることが望ましい。

4　脳科学的アセスメント（脳の検査）のメリットとデメリット

　第1節の最後に，脳科学的アセスメントを実施するメリットとデメリットについて簡単に述べる。医療機関で，脳の形態や機能に関する諸検査（CT，MRI，fMRI，脳波，NIRS，PET，SPECT，MEG，脳血管造影検査など）や生化学的検査を実施しても，その結果から，自閉症，LD あるいは ADHD であるかどうかが判別できるわけではない。一般に脳科学的なアセスメントは，てんかんや粗大な脳の障害の有無を知るために，つまり，合併症の有無や，他の種類の障害との鑑別診断のために実施される場合が多い。

　また，脳科学的アセスメントの結果から，手術や投薬が必要なケースが発見できる場合もあり，治療に役立ち，症状が改善するケースも少なくない。これらが大きなメリットであり，検査の技法が従来から確立されており，安全性も十分に確認されている脳波検査などは積極的に受けたほうが望ましい場合が多い。ケースによっては，CT，MRI，生化学的検査などの実施も不可欠である。

しかし一方では，研究者や医者が，新しい知見を得て論文を書くための研究目的としての検査が主眼である場合もある。つまり，脳科学の発展に寄与する可能性としてのメリットは大きいものの，検査の受診者にとってのメリットは小さい場合もある。

また一般に，脳科学的なアセスメント（脳の検査）は，子どもに大きな不安感を与えるというデメリットがある。成人の患者であれば，本人が原因を知りたいために，検査を受けることが本人の安心感につながる場合もあるが，子どもでは，検査の実施は本人の安心感にはつながらず，不安感を強くする場合も多い。

ほかのデメリットとしては，放射線の被曝，身体の拘束，血液の採取や測定器具を装着することによる痛みや不快感，検査に必要な試薬の副作用といったさまざまなものがあり，検査を受けるために，病院へ通院したり入院したりするのに必要な時間や心理的負担，高額な検査のための金銭的負担の問題もある。

第2節　発達期の脳科学

発達期とは，胎児期から青年期まで（18歳以前）をさし，脳科学の主な知見としては，ニューロンやミエリン鞘（髄鞘）の形成，神経回路網の大規模化とシナプス競合，生後の環境に対応したシナプスの刈り込み，感受性期（臨界期）の存在などをはじめ，非常に興味深い知見が数多く得られている。

しかしながら，これらの知見の大半は，ネズミ，ネコ，サルの胎児や幼体を対象とした研究から得られたものであり，発達期のヒトの子どもを対象とした脳科学的研究は少ない。一方，第3節で述べる成人期では，ヒトを対象とした研究は数多い。成人では，交通事故や脳梗塞，認知症などの場合，脳波，CT，MRI等の検査はルーティンで実施され，多くのデータが蓄積されているが，発達期にある子どもの場合は，交通事故や脳血管障害が起きる確率が低く，また，子どもの年齢による差異や個人差が大きいという特徴があるため，発達段階ごとの脳科学的データの蓄積は非常に乏しい。

とくに障害児を対象とした脳科学的研究では，一般に，同一の障害を対象としていても，知的水準や年齢の異なる十人から数十人程度のデータをもとに論文が執筆される場合が多く，知見の信頼性は，まだ低い段階にあると言えよう。以下に，発達期の障害に関する脳科学的研究の現状と知見の一端を紹介する。

1　知的障害と脳科学

　知的障害は，脳の器質的異常や機能的異常あるいは発達の遅れによって生じ，出生前に原因がある「先天性」と出生後に原因のある「後天性」に大別される。また，知的障害を「生理型」と「病理型」に大別することもある。

　生理型の知的障害の多くは，認知，思考，記憶といったさまざまな能力の発達に関与する多くの遺伝子の組み合わせの問題に起因すると想定されている。しかし，その詳細は現代の脳科学からはほとんど特定されておらず，生理型の知的障害に対する脳科学的な支援方法も解明されていないのが現状である。

　一方，病理型の知的障害は，その原因については解明が進み，感染，中毒，外傷，染色体異常，代謝異常などに分類され，研究も深まりつつある。しかし，おのおのの障害において，知的な能力に障害が生じる具体的なメカニズムや障害を改善するための方法が脳科学的に解明されたものは少ない。たとえば，ダウン症については，発症の原因自体は明確となったものの，脳科学的な対応方法はいまだ確立されていない。一方，てんかんをともなう知的障害については，てんかんの機序の脳科学的解明が進展し，てんかんを抑える薬物の早期からの投与によって，知的障害の重症化を防ぐ可能性は高まってきている。

　知的な能力に障害が生じるメカニズムや発達支援の具体的な方法が，脳科学からおおむね解明された代表例はフェニルケトン尿症（phenylketonuria：以下，PKUと略記）であり，以下にその概要を述べる。

　PKUでは，特定の遺伝子に起因する酵素欠損や欠如のため，フェニルアラニンが体内に過剰に蓄積することによって神経系の髄鞘化が遅れて，脳の発達が阻害されることが明らかにされている。そのため，何も対応がなされない場合は，生後半年頃から知的発達の遅れが目立ちはじめ，脳波異常や痙攣なども発現し，放置すると重度の知的障害となる。

　しかし，フェニルアラニンの摂取制限を基本とする乳児期早期からの食事療法によって，症状の発現が抑えられることが研究から示され，今日では，PKUを新生児期に発見する試みが世界的に普及し，わが国でも1977年から，スクリーニング検査が実施されている。なお，フェニルアラニンは必須アミノ酸であるので，PKU児には必要最少量のフェニルアラニンを与えなければならない。フェニルアラニンの許容量は個々のPKU児で異なるため，血中濃度を測定しながら，不足する栄養素を補うための治療用ミルクを併用する食事療法が行われる。

　当初は，中枢神経系の髄鞘化が完了する青年期まで食事療法を続ければよいと考えられていたが，多数の症例について幼児期から成人期までの長期追跡研究を

実施した結果から，成人期に達しても食事療法を続ける必要があることが，近年になって判明した。食事療法を中断したために，フェニルアラニンの血中濃度が高くなった女性からは重度の知的障害児が生まれる確率が高いので，とくに注意が必要である。

なお，進化医学の研究からは，2個存在することによって PKU を引き起こす特定の遺伝子は，1個のみ存在する場合には流産の発生率を減少させる可能性を有する遺伝子であることが示唆されている（Nesse & Williams, 1994/2001）。

2　発達障害と脳科学

発達障害は，学術用語としては，18歳以前の発達期に生じた心身の機能的な不調が長期間にわたって持続する障害全般のことを指す場合が多く，知的障害を発達障害の典型とする考え方もある。しかし 2005 年の発達障害者支援法の施行以降は，その法律に示された定義に沿って，学習障害，注意欠陥多動性障害，広汎性発達障害とそれらに類似した脳機能の障害の総称として発達障害の語が使用されるようになってきている。本章では，この発達障害者支援法で示された3つの発達障害について，脳科学との関連性を中心に述べていく。

(1) 学習障害（LD）と脳科学

学習障害（learning disabilities：LD）とは，聞く，話す，読む，書く，計算する，推論するといった能力のうち，特定のものの習得と使用に著しい困難を示すさまざまな状態を指すもので，その原因は，特定の能力の発達に関与する脳部位の器質的・機能的な異常あるいは特異性によるものと推定されている。たとえば，学習障害の中でも発達性読字障害（developmental dyslexia）では，大脳左半球の頭頂葉と側頭葉と後頭葉の接点にある角回と呼ばれる領域の構造が，定型発達の人々とは異なっていることを示唆する研究が多い。この領域は，後天的な読字障害の症例では，脳梗塞や脳腫瘍といった異常が認められやすい領域である。

発達性読字障害の研究は欧米では進んでおり，家族性に出現し，遺伝的要因が強いことが知られている。また，障害の発現メカニズムとして注目されているのは，脳における音韻情報処理機能の問題である。しかし読字障害の現れ方は言語の表記体系によって異なり，アジア地域で使用されている漢字は，アルファベットと比較して字形が複雑であることから，視覚情報処理機能の問題によっても読字障害が生じる可能性も指摘されている。とくに，漢字・ひらがな・カタカナ・アルファベットという4種類の文字体系を使用する日本語では，文字体系ごとによって障害の様相が異なり，脳科学的な解明には時間が必要となろう。

また，計算能力や推論能力にかかわる学習障害については，対応方法を探るためのさまざまな研究が開始されてはいるが，脳科学的側面の解明はあまり進んでいないのが現状である。

(2) 注意欠陥多動性障害（ADHD）と脳科学

注意欠陥多動性障害（attention-deficit/hyperactivity disorder：ADHD）は，不注意，多動性，衝動性を主な特徴としており，脳の神経伝達物質であるノルアドレナリンやドーパミンの不足によって，前頭葉が担っていると想定される注意機能や行動抑制機能が低下することが示唆され，脳科学からのさまざまなエビデンスがある。ADHDの原因は十分には解明されていないが，原因の一つとして，妊婦の飲酒や喫煙が胎児の脳の発達に悪影響を与え，ADHDの症状を導きやすいことも知られている。ADHDへの脳科学的な対応方法に関しては，神経化学的・薬理学的な研究が進み，メチルフェニデートやアトモキセチンの投与が一般的となっている。

とくにメチルフェニデート（商品名としては，リタリン，コンサータなど）は，脳のドーパミンの濃度を高める薬剤であり，米国では1990年代から多くのADHD児に投与が続けられている。メチルフェニデートの投与は，効果の持続は数時間と短く，薬物依存，不眠，多幸といった副作用も知られているが，ADHDの症状を抑える作用は顕著であり，注意力を向上させ，着席行動，書字行動などの比較的単純な行動の改善が認められることが実証されている。また，アトモキセチン（商品名：ストラテラ）はノルアドレナリン再取り込み阻害薬であり，前頭葉のノルアドレナリンとドーパミンの濃度を高め，ADHDの症状を改善させるが，薬物依存や多幸といった副作用は起こりにくいといわれている。

しかし一方では，薬剤投与の長期的な有効性については未知な部分が多く，高度な認知的情報処理をメチルフェニデートは阻害するといった危険性も指摘されている。また，投薬によって，長時間の着席が可能となったり，文字が綺麗に書けるようになったりすることが有意義かどうかにも議論がある。悪筆の科学者や作家も多いし，現代では，誰でもパソコンで簡単に文章が書ける。

進化心理学の立場からは，人類が狩猟採集民として生活を営んでいた数万年前の時代では，ADHD的な傾向があるほうが適応的であったとする見解もある。ネーブンほか（Neven et al., 2002/2006）の『ADHD医学モデルへの挑戦』やナイランド（Nylund, 2000/2006）の『ADHDへのナラティヴ・アプローチ』などの著書にも，そうした批判的な見解が記載されているので，参考にしていただきたい。ADHDへの脳科学的な支援方法については，短期的な有効性のエビデンスは得

られているものの，長期的なエビデンスが得られている段階には至っていないのが現状といえよう。

(3) 広汎性発達障害と脳科学

発達障害の中でも，脳科学的研究が，質的にも量的にもさかんに行われてきたのが広汎性発達障害（pervasive developmental disorders：PDD）である（Frith, 2003/2009；橋本, 2008）。広汎性発達障害は，自閉症やアスペルガー症候群を含む「広義の自閉症」の概念であり，自閉症スペクトラム障害（autism spectrum disorders：ASD）とおおむね同義語である。

広汎性発達障害の中核群は自閉症（autism）であり，一般に，①対人的相互反応の質的障害（社会性の障害），②コミュニケーションの質的障害，③行動・興味・活動の限局された反復的・常同的な様式の3つの特徴から定義される。しかし，症状の多様性が顕著であり，知的水準の幅も天才から重度知的障害にわたっている。また，うつ病を合併したり，感覚過敏が激しかったりする症例もあり，さまざまな臨床像を示す。そのため，研究で得られたデータのばらつきが大きく，脳科学的知見の統一的な解釈は，かなり難しいのが現状である。

自閉症の原因について，当初は，統合失調症の早期発症説が主張されたり，誤った育児方法によって生じた障害であるとする心因論的な解釈がなされたりしたが，徐々にこうした発症仮説を否定する研究が増え，1960年代の後半には家族関係や養育上の問題が発症の原因ではないとする見解が有力となった。

そして，てんかん発作を合併する症例が思春期に入ると増えることや自閉症の諸症状と失語・失認・失行といった脳障害の症状が類似していることなどが報告されるようになると，自閉症は脳の器質的あるいは機能的な異常による言語・認知機能の問題から生じた障害であるとする解釈が主流となり，1970年代には，脳科学的な対応方法の開発が検討されるようになった（東條, 1993）。その頃から，自閉症における脳のさまざまな異常を指摘する多くの研究が報告され，自閉症の原因として，左半球障害説，左右半球機能分化障害説，前頭葉障害説，小脳障害説，扁桃体障害説等が提起された。しかし，いずれの仮説でも，自閉症の発症メカニズムを説明しきれないことも明らかになってきた（東條, 2002）。

現在では，自閉症の脳には多様な異常所見や，定型発達の脳とは異なる特徴があることが広く知られており，さまざまな症状と脳部位との関連性の検討も進んでいる。たとえば，対人的相互反応の障害に関係する脳部位としては，顔の認知に関係することで知られる側頭葉下部にある紡錘状回をはじめ，模倣・社会性・共感などと関連し，ミラーニューロンシステムとして注目されている下前頭回や

上側頭溝，さらには扁桃体や内側前頭前野といった対人的な情報処理の基盤に関与する領域の形態的・機能的異常あるいは特異性を明らかにした研究が増加している。コミュニケーションの質的障害に関係する脳部位としては，上側頭回やブローカの言語野の異常も指摘されている（橋本，2008）。

しかし，それらの脳の領域が形態的に小さいとする報告だけでなく，大きいとする報告もある。定型発達の脳とのさまざまな有意差を認める研究は多いが，異常の程度は研究によって多様である。さらに，自閉症児の脳全体の体積は，生後半年から2年までの間に定型発達児より急激に増大し，その後，緩やかに定型発達児の水準に近づくという報告もあり，脳のシナプスの形成や刈り込みに異常がある可能性を指摘する研究者もいる（山末ほか，2009）。

一方，それらの異常や特異性が原因となって自閉症のさまざまな症状が発現しているのではなく，経験や学習の結果として，定型発達の脳とは違いが生じていくとする見解もある（神尾，2009）。自閉症では，幼児期の早いうちから，行動や興味が限局されるため，人の顔や声に対して関心が向かず，その結果，対人的な学習や言語の習得が進まず，社会性や言語に関与する脳部位の発達が遅れる可能性も示唆されている（東條，2002）。また千住（2012）は，心の理論，模倣，視線処理といった特定の処理を行う脳のモジュールの欠損でもなく，情動や認知などの一般的な障害でもなく，社会的な情報に自発的に注意を向ける傾向の弱さの観点から自閉症を議論できる可能性を示唆し，自発的な社会的認知の障害は，社会的な情報の処理を学習する機会を減らす方向に働き，結果として大脳皮質における社会的な情報処理の発達が非定型になるとしている。

自閉症への脳科学的な対応方法としては，これまでに，多くの治療技法や薬剤が開発・提唱されてきたが，いまだ決定的なものはない。たとえば，1990年代のはじめには，テトラハイドロバイオプテリンという薬剤が，自閉症の画期的な治療薬として新聞の全国紙の第1面に大きく取り上げられ，日本とスウェーデンとの国際共同研究も実施されたが，その薬剤の有効性はその後の研究では実証されなかった。また，多くの自閉症児に，脳代謝の促進を目的としてホパテン酸カルシウムが投与された時期があり，水銀中毒が自閉症の原因であるとしてキレート剤が投与された症例もあり，脳の外科的手術が試みられた症例もあった。しかしながら，それらの効果の明確なエビデンスは得られなかった。

ただし，自閉症に随伴しやすい自傷，攻撃，パニック，不安といった個々の症状の緩和を目的とした薬剤には，その有効性が実証されているものも多く，対症療法としての薬剤の投与が効果を奏する症例も少なくない。

上述してきたように，自閉症の原因に関する仮説は変転を繰り返しており，それにともなって対応方法も大きく変わり，保護者や関係者は，「脳科学の最新情報」や「脳科学に基づく最先端の治療方法」に何度も振り回されてきた歴史がある。近年，脳画像研究や遺伝子レベルの研究も増加し（Frith, 2003/2009；橋本，2008；高木，2009），多くのエビデンスが報告されるようになってはいるが，自閉症への脳科学的な対応方法については，慎重に検討を進めることが大切である。

3　虐待と脳科学

　子ども虐待の脳科学は，21世紀になってから研究が進みだした。最近では，被虐待児では，脳の広い範囲にわたって萎縮が認められることが報告されており，具体的には，前頭前野，側頭葉，脳梁，上側頭回，扁桃体，海馬，下前頭回，前帯状回などの形態的・機能的異常が報告されている（杉山，2007）。

　そして，前頭前野の萎縮や異常は，被虐待児によく見られる不注意，多動，実行機能の問題と強く関連している可能性が指摘され，脳梁，眼窩前頭皮質，扁桃体の萎縮や異常は，社会性の問題との関連が，海馬の萎縮はPTSD様症状との関連が指摘され，被虐待児の行動面や心理面の特徴には，これらの脳部位の障害が深く関与していることが示唆されている。

　つまり，虐待を受け続けてきたという経験の結果として，脳の機能と形態が大きく変化することが示唆されているのである。さらに，被虐待児の脳のほうが，自閉症児やADHD児の脳と比較して，形態的にも機能的にも異常の程度が大きいという報告もある（杉山，2007）。

　このように，子どもが虐待を受けると，発達期にある脳のシステム自体が大きく変化してしまうので，被虐待児が保護されることによって生活環境が大幅に改善されたとしても，行動面や心理面の症状はなかなか改善しない。したがって，子ども虐待を「脳の発達の障害」と把握することも可能であるので，杉山（2007）は，被虐待は発達障害の一類型（第四の発達障害）と認識すべきであると主張している。

第3節　成人期の脳科学

　成人では，交通事故，脳卒中，認知症等の場合，近年になって脳波，CT，MRIなどの検査はルーティンで実施されるようになり，多くの脳科学的データが蓄積されている。そのため，この分野では，脳科学の発展にともなって，信頼

できる知見が増加している。

　とくに認知症や失語症では脳科学的研究が進んでいる。たとえば，認知症のうちの正常圧水頭症は，最近，そのメカニズムが解明されたため，手術による対応方法が開発され，手術の有効性も実証されている。脳卒中によって生じる麻痺のリハビリテーションにも脳科学に基づく技法が試行されている。また，事故や中毒の後遺症としての高次脳機能障害に関する研究も21世紀に入ってから進みだしている。

　成人期における支援では，発達期における支援とは異なり，「脳科学の最新情報」や「脳科学に基づく最先端の治療方法」についてもしっかりと把握しておくことが有用である。たとえば，脳波や筋電図の分析に関する先端技術を駆使して，脳卒中が原因で麻痺した四肢を動かす技法の開発をはじめとして，感覚・運動系の機能回復に関する脳科学は，成人期の障害者への支援に関して着実な成果を上げつつある。また，リハビリテーションによって機能の改善が認められた点を，即座に具体的に本人に伝え，リハビリテーションの努力をほめることは，脳の報酬系に関与する神経回路の働きを活性化し，さらなる機能回復につながることも脳科学から実証されている。こうした成人期の脳科学的研究から得られつつある多くのエビデンスは，子どもの発達障害に関する今後の研究の推進にも役立つものと考えられる。

　一方，成人期の精神的障害として代表的な統合失調症については，有効性が確認されている薬剤や治療法も開発されてはいるが，脳科学的な発症のメカニズムはいまだ解明されていない障害である。うつ病や双極性障害についても，症状が起こるメカニズムの一端や効果的な治療法と薬剤の研究は進みつつあるが，それらの原因については未解明である。

　感覚・運動系の障害に関する研究と比較して，精神障害や社会性の障害に関する脳科学的研究は，多くの要因が非常に複雑に絡み合うため，具体的な支援につながる確実な知見を得るためには，まだ，かなりの時間がかかるように思われる。これからの脳科学のさらなる発展を期待したい。

引用文献

Dunbar, R.（1998）．ことばの起源（松浦俊輔・服部清美，訳）．東京：青土社．（Dunbar, R.（1996）．*Grooming, gossip and the evolution of language*. London: Faber and Faber.）
Frith, U.（2009）．自閉症の謎を解き明かす（新訂，冨田真紀・清水康夫・鈴木玲子，訳）．東京：東京書籍．（Frith, U.（2003）*Autism: Explaining the enigma* (2nd ed.). Malden, MA: Blackwell.）
橋本俊顕（編）．（2008）．脳の形態と機能で理解する自閉症スペクトラム．東京：診断と治

療社.

神尾陽子．(2009)．自閉症の成り立ち：発達認知神経科学的研究からの再考．高木隆郎（編），*自閉症：幼児期精神病から発達障害へ*（pp.87-100）．東京：星和書店．

松沢哲郎・長谷川寿一（編）．(2000)．*心の進化：人間性の起源をもとめて*．東京：岩波書店．

Nesse, R. M., & Williams, G. C.（2001）．*病気はなぜ，あるのか：進化医学による新しい理解*（長谷川眞理子・長谷川寿一・青木千里，訳）．東京：新曜社．(Nesse, R. M., & Williams, G. C.（1994）．*Why we get sick*. New York: Times Books.)

Neven, R., Anderson, V., & Godber, T.（2006）．*ADHD 医学モデルへの挑戦*（田中康雄，監修・森田由美，訳）．東京：明石書店．(Neven, R., Anderson, V., & Godber, T.（2002）．*Rethinking ADHD*. Crows Nest, N.S.W.: Allen & Unwin.)

Nylund, D.（2006）．*ADHD へのナラティヴ・アプローチ*（宮田敬一・窪田文子，訳）．東京：金剛出版．(Nylund, D.（2000）．*Treating Huckleberry Finn*. San Francisco, CA: Jossey-Bass.)

千住　淳．(2012)．*社会脳の発達*．東京：東京大学出版会．

杉山登志郎．(2007)．*子ども虐待という第四の発達障害*．東京：学習研究社．

高木隆郎（編）．(2009)．*自閉症：幼児期精神病から発達障害へ*．東京：星和書店．

東條吉邦．(1993)．*自閉症児における大脳の左右半球機能差に関する研究*．東京：風間書房．

東條吉邦．(2002)．高機能自閉症・アスペルガー症候群への特別支援教育に関する試論：脳の機能としての接近－回避判断の特異性の視点から教育的支援の在り方を考える．*国立特殊教育総合研究所研究紀要*，**29**，167-176．

東條吉邦・大六一志・丹野義彦（編）．(2010)．*発達障害の臨床心理学*．東京：東京大学出版会．

山末英典・桑原　斉・川久保友紀・笠井清登．(2009)．脳研究について．高木隆郎（編），*自閉症：幼児期精神病から発達障害へ*（pp.101-120）．東京：星和書店．

第Ⅳ部
生きることの困難への支援

第24章
青年期の発達と支援のあり方

佐藤有耕

　生きることの困難への支援は，国の施策においても重視されている。子ども・若者ビジョン（子ども・若者育成支援推進本部，2010）には，「子ども・若者一人一人の状況に応じた支援を，社会全体で重層的に実施」することが基本理念の一つにあげられている。ここでは支援が2つの視点で論じられている。①すべての子ども・若者の健やかな成長の支援，②困難を有する子ども・若者やその家族の支援である。本章では，主に①の視点から論じる。

第1節　青年期の普遍的な発達の姿

1　青年期という発達段階

　青年とは誰を指すか：発達心理学で言う青年とは誰のことで，青年期とは何歳から何歳までを指すのであろうか。青年心理学では，「青年期は，大ざっぱにいって10歳代から20歳代半ば頃まで，つまり，思春期的変化の始まりから25, 26歳までの子どもから大人への成長と移行の時期」（久世，2000, p.4）としている。青年期の開始は，身長の思春期スパート，体つきの変化，二次性徴の発現など身体的変化の生じる時期をもって示すことが多い。寡黙，不機嫌，大人への反発などの徴候も現れてくる。一方，青年期の終結は，卒業，就職，結婚，出産などの社会的変化の生じる時期が目安とされてきた。しかし，社会情勢の変化もあり，これらをそのまま終結の指標とはしづらくなっている。青年期が主体的な人格形成期であることに鑑みれば，個人が自分の発達段階を「もう成人である」と位置づけたときに，さらに社会の中に「成人である自分」を位置づけられる適切な場所をもてたときに，青年期は終結したと言えるのではないだろうか。身体的な思春期変化によって自動的に「青年期」を開始させられた青年は，社会的変化などを拠り所にして，主体的に「青年期」を終結し成人になるということである。

青年の社会的位置：青年期は，無邪気な子ども時代と成熟した大人時代に挟まれた主体的な人格形成期であり，子どもから大人になる変化の時期である。したがって，青年は子どもでもなく大人でもない境界域の存在と言える。そして青年期には，自分を知り，自己確認をしていく過程で，自分や周囲を試すような行為（役割実験；Erikson, 1959/1973）がなされ，茶髪や奇抜なファッション，無謀に見える企画や旅行，今までの自分ならしそうにはない行動や活動への参加などで，親や教員など周囲の大人を驚かすこともある。そのため大人世代からの理解が得られにくく，批判されることも多い。境界域の存在であり，一人前とも見なされず，大人社会からは理解されにくい存在であるため，青年期はつねに社会的にはマイノリティとなる。

青年期の本質：伝統的な観点から見た青年期は，発達の途上にあって心理的に不安定で不確かな存在である。自分に自信がもてない分まわりの目を気にし，自分の気持ちは人に見せず，まだ不確かな自分がつぶされないようにしている。そして目覚めたばかりの自我を守りながら，今ここにはない理想的で確かなものに内心で憧れている。青年期に要請されていることは，自我の確立，アイデンティティの形成，ペルソナの獲得などと表現されるが，端的に言えばおとなになることである。おとなになるという課題性（植田ほか，2006）が付与されていることが青年期の本質と言えよう。

2 青年期における発達のさまざまな側面

(1) 自己意識の発達

自己に関連した意識を表すものには，自己受容，自尊感情，自己愛傾向など多くの研究があるが，自己の評価に関連する意識について見ると，以下のような傾向が見出される。①児童期から青年期にかけて自己に対する評価は低下していく（遠藤，1981など）。②女子は男子に比べて自己に対する評価が低い（佐藤，2001など）。③理想自己と現実自己のズレは自己評価の低さと関連する（水間，1998など）。

(2) 親子関係の発達

従来，青年期における親子関係の主要なテーマは心理的離乳とされ，いかに親から独立し，自立した状態に至るかが論じられてきた。心理的離乳への過程（落合・佐藤，1996a）を分析した研究を見ると，青年期の親子関係は3段階にまとめられ，①子どもを親の手で守り，支えていくという関係から，②一時的に関係の薄くなる時期が現れ，その後③成長した子どもを信じて見守る関係になるとされ

る。また，小高（1998）はこの心理的離乳に至る親子関係を，〈密着した関係→矛盾・葛藤的な関係→離反的な関係→対等な関係〉ととらえ，最後の対等な関係では，青年は親を一人の人間として客観的にみることができるようになり，親への感謝やいたわりの感情が生じ，これまでのわだかまりを解消するようになると述べている。

(3) 友人関係の発達

児童期から思春期にかけての仲間関係の発達は以下のような段階で説明されている（保坂，1996など）。①ギャング・グループ：児童期後半（小学校高学年頃）に現れる集団での仲間関係。同一行動による一体感が重んじられる。②チャム・グループ：思春期（中学生頃）によくみられるなかよしグループ。互いの共通点・類似性をことばで確かめ合う。③ピア・グループ：互いの価値観や理想・将来の生き方などを語り合う関係が生じてくる段階。異質性を認め合うことが特徴である。また，落合・佐藤（1996b）は友だちとのつきあい方の発達的変化を，「友だちと積極的に深くかかわろうとするか－防衛的に浅くかかわろうとするか（深い－浅い）」，「誰とでも友だちになる広い範囲のつきあい方をするか－相手を選択し限定した狭い範囲のつきあい方をするか（広い－狭い）」という2次元で説明する。友だちづきあいの広さは男女で少し異なるものの，深く狭いつきあい方へという発達の方向性が示されている。

従来，青年期は心の友が厳選される時期であり，人格的影響を及ぼし合う（井上，1966）とされていた。しかし，「青年期には，親密で内面を開示しあい，人格的共鳴や同一視をもたらすような内面的友人関係を特徴とし，これによって青年は新たな自己概念を獲得し，健康な成熟が促進される」とする伝統的青年観は，必ずしも現代青年を説明するのに適さないと結論する研究（岡田，2010）もある。

第2節　現代社会の様相と青年の変化

いつの時代も青年は，過去の青年と比較して，あるいは現在の大人と比較して，その異質性を論じられることが多いが，若者の変化に注目してきたのは発達心理学ではなく，むしろ社会学による若者研究である（浅野，2006；片桐，2009；尾嶋，2001；友枝，2009；海野・片瀬，2008）。なかでも浅野（2006）は，否定的な若者論において語られる「少年犯罪は憎悪（凶悪化，一般化，低年齢化等々）している」，「若者の人間関係は希薄化している」，「若者は新しいメディアのおかげで生身の関係を忌避するようになった」などの諸点は先行研究のデータからは支持されな

いと指摘し，これらの若者論は一面の事実を言い当ててはいるものの，見方が狭く偏っており再吟味する必要があると論じている。

　また，青年心理学の白井（2003）は「今の若者は自分をさらけ出して悩みをともにする友だちができなくなっている」という言説を大学生に提示すると，大学生自身がそれを一般論として肯定しつつ，「みんなはそうだが，自分は違う」と回答する現象を指摘する。現代青年の特徴と言われるものを，自分とは別の一般論・世代論としては肯定するが，個別具体的に一人一人が振り返ると，その言説の内容は拒絶される。今の青年の特徴とされるものが，真に今の青年をとらえているのかは青年自身に聞いてみても判然としない。

　なお，現代青年の心理的特徴は，宮下（2009）が①希薄な友人関係，②決断力と持続力の欠如，③個人主義，④キレやすさ，⑤活字離れ，⑥無気力，⑦モラルの低下を指摘している。現代青年期の背景については溝上（2010）に詳しい。

1　現代社会の様相

身体と性の発達加速現象：発達加速現象とは「世代が新たになるにつれて人間のさまざまな発達速度が促進されているという事実」（日野林，2007，p.176）であり，まさに時代の影響である。身長に関しては，1991年度生まれと一世代前の1961年度生まれについて同じ17歳時点で比較すると，男女ともに1.0cm以上の伸びが見られる（文部科学省，2010）。初経発来の平均年齢も，2008年と1977年を比較した場合，低年齢化が確認できる（日野林，2007；日野林ほか，2009）。身体の発達加速現象から予想されるとおり，性行動の低年齢化も示されている（日本性教育協会，2007）。

メディアと通信環境の変化：一般成人の自宅でのパソコンの利用率は45.5%，携帯電話の利用率は78.5%であり，パソコン利用者のうちインターネットを利用する者は65.8%であった（大阪商業大学JGSS研究センター，2010）。

　児童・生徒のインターネット利用率は，パソコンによる利用が小学生58.3%，中学生68.7%，高校生74.5%であり，ケータイによる利用は小学生27.0%，中学生56.3%，高校生95.5%である（内閣府政策統括官，2007b）。なお，高校生以上におけるケータイの所有率は95%を超えている。また，ケータイを使い始めてからのポジティブな変化では，友人とのコミュニケーションが増えたとする回答が75.8%で最高であった。ネガティブな変化についてはとくになく，変わらないという回答が66.1%で最高であった。

　10代〜60代以上のケータイユーザーに絞ったネット調査（モバイル・コンテン

ツ・フォーラム，2008）の結果でも，各種機能のケータイでの利用率は10代の若者で高い。メディアと通信環境の変化に積極的に適応しているのは若者世代と言える。

価値観の変化・相対化・多様化：変貌する若者たちを論じた『「まじめ」の崩壊』（千石，1991）では，絶対的な基準や規範が希薄になり，価値は相対化・個人化され，価値観の逆転や多様化が進んだと指摘されている。千石は，AもあればBもあってよいという相対化現象が進み，それゆえ友人間に意見や志向の違いがあっても対話や討論の必要はなく，各自が「自分らしく」「自分なりに」生活し，結果的に深くかかわり合う人間関係が必要なくなっていくと述べている。

価値観の相対化や多様化，価値観の逆転をうかがわせる調査結果もあり，1990～2005年まで5年おきの調査（電通総研，2005；18～79歳男女対象）で，「同性愛」「妊娠中絶」「離婚」「安楽死」などについての認識を尋ねたところ，「認められない」が減り「認められる」が増えるという年次変化が見られ，許容範囲は広がる傾向にある。

また，生き方に関して，「他人に負けないようにがんばる－のんびりと自分の人生を楽しむ」のどちらがよいと思うかを中学生・高校生とその父母に問うと，中・高・父・母すべてで，1982年から2002年にかけて「がんばる」が減少して「のんびり」が増加し，2002年にはすべてで「のんびり」が半数を超えている（NHK放送文化研究所，2003）。

2　現代青年の特徴

(1) 現代青年の自己意識の特徴

日本の青少年の自尊感情の低さが指摘されることがある（古荘，2009；佐藤，2009）。小1～高3に自尊感情について調査した結果（東京都教職員研修センター，2009）では，小1で3.56と最も高く，学年とともに低下し，中1・2が2.99，中3で3.13となったあと，高3の3.05まで変化は少ない。得点範囲は1～5であるから，それほど低い結果とは言えない。また，「自分に自信がある」子どもの割合は，1999年から2008年にかけて小・中学生でやや減少傾向にある（内閣府政策統括官，2007a）。

(2) 現代青年の親子関係の特徴

青年－両親関係研究は，青年期危機説と青年期平穏説の2つに関連させて整理することができ，分離と葛藤を強調する立場，愛着と親密性を強調する立場，両者を統合的にとらえる立場に分類される（平石，2007）。近年，パラサイト・シン

グル（山田，1999），友達親子（宮本，2002）など，物理的・心理的に距離の近い親子関係が論じられ，多くの意識調査は親子関係に対する青年の満足度の高さを示している。

18〜24歳までの青年（うち未婚者93.4%）に家庭生活の満足度を尋ねた調査では，「満足」が1993年から増加に転じ，2007年（52.5%）には過去最高となった。「満足＋やや満足」の比率は1993年以降ずっと8割を超えている（内閣府政策統括官，2009）。9〜15歳までの青少年に「家庭生活の楽しさ」を尋ねた調査でも，「とても楽しい＋楽しい」が9割以上を占め，2000〜2006年にかけても上昇傾向にある（内閣府政策統括官，2007a）。小4〜高2対象の2回の調査（2004年，2009年）では親との会話も親とのかかわりも増加しており，親子関係がより密接になってきたことが示されている。とくに小6，中1，中2の時期で増加が大きかったことが報告されている（Benesse教育研究開発センター，2010）。

(3) 現代青年の友人関係の特徴

友人関係研究をレビューした平石（2010）は，青年期の友人関係研究では現代的特徴に注目した研究が多いことを指摘している（友人との関係における適度な心理的距離をとるための自己内の「山アラシ・ジレンマ」［藤井，2001］など）。また，岡田（2007）は，現代青年の友だちづきあいのパターンと友人選択の基準について，①群れ指向群（楽しい遊び仲間として，集団的関係を求める），②関係回避群（共通属性のある相手を選ぶが，内面的なかかわりを避ける），③個別関係群（価値観の一致した友だちを選び，個別的で深いかかわりを求める）を見いだしている。

近年友人関係の希薄化が論じられることは多いが，関係希薄化論に代わるものとして選択的関係論（松田，2000）も提起されている。若者の友人関係の変化を，深い関係から浅い関係への変化（希薄化）ではなく，状況に応じて友人関係を選択するようになった結果と見なす立場である。その論拠が対人関係の「フリッパー」志向（辻，1999）論である。辻（1999）は，若者が全面的なつきあいではなく四六時中つきあうのでもなく，テレビのチャンネルを切り替えるように対人関係の相手も自由に切り替えたい，対人関係に強く拘束されたくないという志向を強めているとする。そして「フリッパー」の若者は自我構造が複数の中心をもつように分化していることにより「部分的だが表層的でない対人関係」をもつことができるとし，関係希薄化論が想定するネガティブな対人状況を否定している。

実際のところ，親友との関係でも，友人グループの中での関係でも，希薄化を表すような項目の選択率は低く（内閣府政策統括官，2007b），現代青年の友人数の多さ，友人関係の満足度の高さを示すデータが多数見られる（内閣府政策統括官，

2004；片桐，2009など）。竹内（2009）も2001年と2007年の調査結果（対象：高校生）から，友人関係の満足度はやや増加していること，友人の数の多さが満足度と関連していることを指摘している。

3 現代的な特徴からみた青年期の姿

時代の影響を受けて，現代青年はどのような状況にあるのだろうか。不登校，いじめ，ニート，フリーター，引きこもりなどの現象は，もはや現代的というくくりは不要であろうが，学校裏サイト（下田，2008），嫌消費（松田，2009），貧困（湯浅ほか，2009），婚活（植木，2009），草食系（牛窪，2010）などは議論中の段階の現象と言えよう。

生活上の意識については，小・中学生に関しては，家庭や学校や友だちづきあいは楽しいという回答が多く（内閣府政策統括官，2007a），18歳から24歳までの青年においても，友人関係，家庭生活，職場生活の満足度は高い（内閣府政策統括官，2004，2009）。政局や経済不況にかかわらず，社会の安定はそれなりに維持されており，身の回りの現状は肯定されているようである。「彼らの幸せは，『ほどほどに』，『まったり』などの言葉で表現される"身の丈にあった"ライフスタイルや消費行動により実現される」（地域流通経済研究所，2009，p.134）との指摘もあり，自分なりの幸せと安定を志向し，実現していると見ることができる。

社会的に共有された目標の実現を皆で志向し，一致団結した高揚感を享受できることは少ないが，個人が個人の生活を自己責任で選択し楽しむことが許されている。しかしその分だけ，なすべき正義や大義名分は見つけにくい。社会も大人も，青年と対立する仮想敵と呼ぶにはほど遠く，青年層のヨコの連帯を必要とさせるものにはならない。青年にとっては，自分が何のために生きるのか，大人になって何をなすべきなのかが見出しにくい時代である。これまで以上に主体的な判断と選択が個人に要請されているとも言え，それが明確にならないことが生きづらさの底にある可能性もある。

第3節　発達支援者の果たす役割

現代社会における青年の発達のために，発達を支援しようとする大人には何ができるのであろうか。青少年の社会に対する満足度は，個人的な環境に対する満足度の高さに比して必ずしも高くはない（内閣府政策統括官，2009など）。そして貧困，不安定労働など現代社会の「生きづらさ」を論じた言説は多数ある（雨

宮・萱野，2008など)。したがって，青年にとって未知の世界とも言える経済社会，これまでなじんできた学校や家族・友人関係とは違う「世の中」に出ていこうとする青年に対する支援は今後も必要とされよう。

1　個別のニーズへの対応

発達支援者にできることは，社会制度や社会通念の改革ではない。青年一人ひとりに働きかける個別な対応である。具体的には，高校生・大学生の自己理解のための支援（村上・山崎，2009；髙橋，2009），大学生への学び支援（溝上，2004），大学生やフリーターへのキャリア支援（羽石ほか，2007；川崎ほか，2010），組織内でのキャリア発達を支援するメンタリング（Kram，1988/2003），母性意識の発達支援（中島ほか，2002）など多数ある。現代社会は，多くの支援の必要性が意識され周知された時代と言える。

2　発達のグランドプランの提示による支援

人間の発達は，個人差はあるものの一定の法則性をもつとされる。つまり，程度の差はあれ，誰でも時期が来れば同じような困難に出会う可能性が高い。したがって，発達のグランドプランを提示することで，発達上の問題に対する展望・希望を青年自身に与えることができる。たとえば，青年期には自分の中に性的関心・欲求があることにとまどいを覚えることがあるが，おおむね成人期には人間のセクシュアリティを肯定できるようになっている。一般に児童期から青年期にかけて自己評価は低下するが，成人期には自己評価が持ち直している場合が多い。現状を受け入れがたく思う青年に対して，いずれ転換が起きるであろうことを理論として提示することは広い意味での発達支援になると思われる。

3　青年に対する後方からの発達支援

発達支援者の果たす役割は，従来から，親，教員，カウンセラー，上司，先輩などに求められてきた役割とほぼ同じであろう。相手が青年である場合には，青年の主体的な人格形成を阻害しないように配慮することが必要である。

一人で問題と向き合い続けると煮詰まったり消耗したりして，考えるのをやめたりごまかしたりしたくなる。課題と向き合ったまま停滞している自分のことを自分自身で肯定することは難しい。だからこそ，自分で考えることの価値を認め支持し，ときに話を聞いてくれる大人の存在は青年を勇気づけるものとなる。

発達支援者の役割は，①発達にはグランドプランがあること，②発達には個人

差があること，③個人の発達においても急進期と停滞期があることを理解し，青年が自分の発達に関する展望がもてるように支持し，後方から支援することであろう。そして自立した青年からやがて自然に忘れ去られるような支援のしかたがちょうどよいのではないかと思われる。発達の主体は青年であり，青年が発達支援者から自立していくことをもって支援は終結するからである。

引用文献

雨宮処凛・萱野稔人．(2008)．「生きづらさ」について：貧困，アイデンティティ，ナショナリズム．東京：光文社（光文社新書）．
浅野智彦（編）．(2006)．検証・若者の変貌：失われた10年の後に．東京：勁草書房．
Benesse教育研究開発センター．(2010)．第2回子ども生活実態基本調査報告書（ネットでダウンロード可能）．
地域流通経済研究所．(2009)．若者のライフスタイルと消費行動．熊本：地域流通経済研究所．
電通総研．(2005)．日本人の価値観変化：サステイナブルな成熟社会へ．東京：電通総研．
遠藤　毅．(1981)．自己概念に関する研究．日本教育心理学会第23回総会発表論文集，420-421．
Erikson, E. H. (1973). 自我同一性：アイデンティティとライフ・サイクル（小此木啓吾，訳編）．東京：誠信書房．(Erikson, E. H. (1959). Identity and the life cycle. New York: International University Press.)
藤井恭子．(2001)．青年期の友人関係における山アラシ・ジレンマの分析．教育心理学研究，49，146-155．
古荘純一．(2009)．日本の子どもの自尊感情はなぜ低いのか．東京：光文社（光文社新書）．
羽江寛寿・安久典宏・西岡久充．(2007)．大学におけるキャリア支援教育の研究．経営情報研究，15，89-108．
日野林俊彦．(2007)．青年と発達加速．南　徹弘（編），発達心理学（pp.175-189）．東京：朝倉書店．
日野林俊彦・赤井誠生・山田一憲・安田　純・金澤忠博・南　徹弘．(2009)．発達加速現象の研究・その23：2008年2月における平均初潮年齢の動向．日本心理学会第73回大会発表論文集，1150．
平石賢二．(2007)．青年期の親子間コミュニケーション．京都：ナカニシヤ出版．
平石賢二．(2010)．友人関係．日本児童研究所（編），児童心理学の進歩2010年版（pp.27-51）．東京：金子書房．
保坂　亨．(1996)．子どもの仲間関係が育む親密さ：仲間関係における親密さといじめ．現代のエスプリ，353，43-51．
井上健治．(1966)．青年と人間関係：友人関係．沢田慶輔（編），青年心理学（pp.195-208）．東京：東京大学出版会．
片桐新自．(2009)．不安定社会の中の若者たち：大学生調査から見るこの20年．京都：世界思想社．
川﨑友嗣・若松養亮・安達智子・白井利明・下村英雄．(2010)．キャリア形成支援によるフリーターのキャリア自立：支援者へのヒアリングに基づくキャリア自立プロセス・モデル構築の試み．キャリア教育研究，28，47-56．

子ども・若者育成支援推進本部．(2010)．子ども・若者ビジョン：子ども・若者の成長を応援し，一人ひとりを包摂する社会を目指して．内閣府子ども・若者育成支援推進本部（ネットでダウンロード可能）．

小高 恵．(1998)．青年期後期における青年の親への態度・行動についての因子分析的研究．教育心理学研究，**46**，333-342．

Kram, K. E. (2003)．メンタリング：会社の中の発達支援関係（渡辺直登・伊藤知子，訳）．東京：白桃書房．(Kram, K. E. (1988). *Mentoring at work: Developmental relationships in organizational life*. Lanham, MD: University Press of America.)

久世敏雄．(2000)．青年期とは．久世敏雄・齋藤耕二（監修），青年心理学事典（pp.4-5）．東京：福村出版．

松田久一．(2009)．「嫌消費」世代の研究．東京：東洋経済新報社．

松田美佐．(2000)．若者の友人関係と携帯電話利用：関係希薄化論から選択的関係論へ．社会情報学研究，**4**，111-122．

宮本みち子．(2002)．若者が《社会的弱者》に転落する．東京：洋泉社（新書y）．

宮下一博（監修）．(2009)．ようこそ！青年心理学：若者たちは何処から来て何処へ行くのか．京都：ナカニシヤ出版．

溝上慎一（編）．(2004)．学生の学びを支援する大学教育．東京：東信堂．

溝上慎一．(2010)．現代青年期の心理学．東京：有斐閣．

水間玲子．(1998)．理想自己と自己評価及び自己形成意識の関連について．教育心理学研究，**46**，131-141．

モバイル・コンテンツ・フォーラム（監修）．(2008)．ケータイ白書2009．東京：インプレスR&D．

文部科学省．(2010)．平成21年度学校保健統計調査報告書．

村上香奈・山崎浩一．(2009)．「青年期の位置づけ」についての講義が大学生に与える影響：大学生における発達支援方法の探究（2）．武蔵野大学人間関係学部紀要，**6**，173-181．

内閣府政策統括官．(2004)．第7回世界青年意識調査報告書．

内閣府政策統括官．(2007a)．低年齢少年の生活と意識に関する調査報告書．

内閣府政策統括官．(2007b)．第5回情報化社会と青少年に関する意識調査報告書．

内閣府政策統括官．(2009)．第8回世界青年意識調査報告書．

中島智恵子・浅野みゆき・今瀬真樹・荒堀憲二．(2002)．母性意識の発達支援に関する一事例：母性意識の未発達な19歳母親へのアプローチを試みて．思春期学，**20**，86-88．

NHK放送文化研究所（編）．(2003)．NHK中学生・高校生の生活と意識調査：楽しい今と不確かな未来．東京：日本放送出版協会．

日本性教育協会（編）．(2007)．「若者の性」白書：第6回 青少年の性行動全国調査報告．東京：小学館．

落合良行・佐藤有耕．(1996a)．親子関係の変化からみた心理的離乳への過程の分析．教育心理学研究，**44**，11-22．

落合良行・佐藤有耕．(1996b)．青年期における友達とのつきあい方の発達的変化．教育心理学研究，**44**，55-65．

尾嶋史章（編）．(2001)．現代高校生の計量社会学．京都：ミネルヴァ書房．

岡田 努．(2007)．現代青年の心理学：若者の心の虚像と実像．京都：世界思想社．

岡田 努．(2010)．青年期の友人関係と自己：現代青年の友人認知と自己の発達．京都：世界思想社．

大阪商業大学JGSS研究センター．(2010)．日本版*General Social Surveys*基礎集計表・コード

ブック．東大阪：大阪商業大学JGSS研究センター．

佐藤淑子．(2009)．*日本の子どもと自尊心：自己主張をどう育むか*．東京：中央公論新社（中公新書）．

佐藤有耕．(2001)．自己嫌悪感とそれに関連する要因の変化でみた青年期から成人期への発達過程．*筑波大学心理学研究，23*，133-146．

千石 保．(1991)．*「まじめ」の崩壊：平成日本の若者たち*．東京：サイマル出版会．

下田博次．(2008)．*学校裏サイト*．東京：東洋経済新報社．

白井利明．(2003)．*大人へのなりかた：青年心理学の視点から*．東京：新日本出版社．

髙橋亜希子．(2009)．青年期の発達支援としての高校総合学習：認識・社会・自己の関わりに焦点を当てて．*北海道教育大学紀要（教育科学編），59*，169-182．

竹内慶至．(2009)．友人関係は希薄化しているのか．友枝敏雄（編），*現代の高校生は何を考えているか：意識調査の計量分析をとおして*（pp.38-60）．京都：世界思想社．

友枝敏雄（編）．(2009)．*現代の高校生は何を考えているか：意識調査の計量分析をとおして*．京都：世界思想社．

東京都教職員研修センター．(2009)．自尊感情や自己肯定感に関する研究：幼児・児童・生徒の自尊感情や自己肯定感を高める指導の在り方．*東京都教職員研修センター紀要，8*，3-26．（ネットでダウンロード可能）

辻 大介．(1999)．若者のコミュニケーションの変容と新しいメディア．橋元良明・船津衛（編），*子ども・青少年とコミュニケーション*（pp.11-27）．東京：北樹出版．

植田千晶・伊田勝憲・金井篤子・佐方哲彦．(2006)．青年心理学再考．*日本青年心理学会第14回大会発表論文集*，14-15．（植田による話題提供の発言から引用）

植木野恵．(2009)．*婚活の傾向と対策*．東京：グラフ社．

海野道郎・片瀬一男（編）．(2008)．*〈失われた時代〉の高校生の意識*．東京：有斐閣．

牛窪 恵．(2010)．最近話題の「草食系男子」とは？ *児童心理，64*（2），234-238，東京：金子書房．

山田昌弘．(1999)．*パラサイト・シングルの時代*．東京：筑摩書房（ちくま新書）．

湯浅 誠・冨樫匡孝・上間陽子・仁平典宏．(2009)．*若者と貧困：いま，ここからの希望を*．東京：明石書店．

第25章
非行の傾向と支援

小保方晶子

　日本における非行とは，①14歳（刑事責任年齢）以上20歳未満の少年による犯罪行為，②14歳未満の少年による触法行為（刑罰法令に触れるが，刑事責任に達していないため刑事責任を問われない行為），③20歳未満の少年の虞犯[1]を指す。このほかに，喫煙，深夜徘徊，家出など警察の補導対象となる不良行為や，学校での暴力行為や問題行動なども広義には非行に含まれると一般的に理解されている。本章では，広義に非行をとらえ，非行のリスク要因と防御要因を整理し，非行の予防策と臨床的支援の実際について述べる。

第1節　非行のリスク要因と防御要因

　警察庁（警察庁生活安全局少年課，2012）のまとめによると刑法犯少年の人口比は成人の約5倍であり，平成22年度の刑法犯少年の構成比は，14歳が21.9%，15歳が23.5%，16歳が21.6%を占め，14歳から16歳がピークである。その後，18歳になるとかなり減少する。

　なぜ，犯罪が青年期という時期と密接にかかわるのか，まだ明確な答えは出ていないが，青年期の問題行動と正の相関がみられ，問題行動を予測するいくつかのリスク要因が明らかにされている。リスク要因は，固定的な要因と動的な要因に分けられる。固定的なリスク要因は，修正不可能で，経歴の変数（たとえば，最初の犯罪の年齢，逮捕歴）や人口統計的変数（たとえば，ジェンダーや人種）が含まれる。これらは介入には適していないが，予測効果が高く，長期間での累犯の

---

[1]　虞犯とは，①保護者の正当な監督に服しない性癖があること，②正当な理由がなく家庭に寄り付かないこと，③犯罪性のある人若しくは不道徳な人と交際し，またはいかがわしい場所に出入りすること，④自己または他人の徳性を害する行為をする性癖があること，のうちいずれかの事由があって，その性格または環境に照らして，将来，罪を犯し，又は刑罰法令に触れる行為をするおそれがあると認められる行状のことをいう。

可能性を評価するのに役立つ。動的リスク要因は修正可能で直接的な介入に適しており、薬物乱用や、逸脱した友人といった変数が含まれる (DeMatteo & Marczyk, 2005)。

次に、防御要因は将来的に非行が発現する統計的確率を低減させる要因であり、将来の非行と負の相関関係をもつ要因である。非行の防御要因については、リスク要因以上に研究知見の蓄積が不足しているが、リスク要因と拮抗し、リスク要因が存在しても交互作用によって非行の発現を抑えることが期待される要因である (小林、2008)。ここでは主に、海外の研究で明らかになっている動的なリスク要因と防御要因について、個人の要因、家族の要因、友人の要因、学校の要因の順に整理する (表25-1)。

1 個人の要因

個人のリスク要因については、2つの注意が必要である。第1に、行動の適切さは年齢によって大きく変わるため、発達の枠組みの中でリスク要因を考えることが重要である。第2に、個人レベルのリスク要因は、単独で作用することはまれである。個人のリスク要因は、子どものいる環境と一緒に作用する。つまり、個人のリスク要因とさまざまなレベルの反社会的行動をひきおこす環境との間には相互作用がある (DeMatteo & Marczyk, 2005)。

衝動性の高さ、知能の低さ、否定的な感情（怒りや不安）の強さ、スリルを求める傾向は非行のリスク要因であることが明らかにされている (Loeber et al., 1998)。また、少年の暴力に関するメタ分析からは、暴力行動が早期からあること、多動、集中力の欠如、落ち着きのなさ、リスクテイキング（危険を認識したうえであえて行動すること）、攻撃性、盗みなど他の反社会的行動、反社会的な信念と態度が暴力のリスク要因として特定されている (Hawkins et al., 2000)。抑うつも非行と関連していることが示されており、抑うつ的な子どもは、抑うつ的でない子どもより身体的攻撃、盗みといった非行行動に関与しやすい (Loeber & Keenan, 1994)。また、発達障害との関係性については、発達障害のある子どもは、非行を行う可能性が統計的に多少とも高いことが明らかになっている。日本では、平成18年の家庭裁判所新規受理人員と鑑別所に入所した少年のうち注意欠陥多動性障害該当者（既往も含む）は、16.6％である (藤野、2009)。発達障害のある少年が非行に至る過程については、発達障害の基底にある特性（衝動性等）そのものが直接非行に影響するのではなく、むしろ保護者など周囲の者が適切に対応しないために、子ども自身の自己評価の低下や攻撃性の増進を生み、悪循環の結果として非行に至

るケースが多いとみられている（奥村・野村，2006）。

次に，知能の高さは，非行にかかわるリスクの高い子どもにとって，防御要因であることが示されている（たとえば，Hoge et al., 1996）。彼らは時間や労力を学業成績のようなより社会的に受け入れられることに費やすからである。また，社会規範への傾倒や社会規範を侵す行動を認めないといった逸脱行動を許容しない態度が暴力の防御要因である（Department of Health and Human Services: DHHS, 2001）。パーソナリティでは，社交性，肯定的な気質，ソーシャルサポートを求める力，思慮深い態度で行動することが非行の防御要因である（Hanna, 2001）。

最後に，身体的成熟と非行の開始の関係について，とくに女子の場合，成熟の早いことが，問題行動のリスクを高めるという研究結果がある。だが，初潮を早く迎えること事体が，単独で女子の非行を促進するというよりも，初潮を早く迎えた者がもともとどの程度問題行動の傾向をもっていたか，あるいは非行促進的な環境に置かれていたかといった他の要因との交互作用によってその影響が大きく異なることが示されている（小林，2008）。

2　家族の要因

家族の要因では，親の不安定さ，一貫しないしつけ，子どもへの監督が乏しいこと，親から子への愛着の弱さ，子どもへの虐待／ネグレクト，家族内葛藤が多いこと，家族のかかわりが低いこと，両親の犯罪性などが非行のリスク要因である。なかでも強いリスク要因は，家族内の暴力（たとえば，Dembo et al., 2000），親の監督が行き届いていないこと（たとえば，Hawkins et al., 2000），反社会的な両親（DHHS, 2001）である。さまざまな研究においてこれらの3つの要因は，一貫して子どもの将来の非行と関連している（たとえば，Hawkins et al., 2000）。配偶者虐待や児童虐待のあった家庭の子どもは，暴力が少ない家族の子どもよりも暴力行動にかかわることが多い。

家族の肯定的な影響はリスクの高い子どもの一部にとって，防御要因である（たとえば，Kumpfer & Alvarado, 2003）。したがって，著しい家族の混乱がないことは，非行にかかわる可能性の防御要因である。また，家族関係の温かさ，親と子どもの強い愛着，子どもの行動への親のモニタリングの高さ，行動の明確で一貫した規範を示すことは，非行の防御要因である（Melton et al., 1997）。

3　友人の要因

青年期の間，仲間集団の影響は家族の影響を超えて重要になる。仲間に関連し

たリスク要因は10代の間にとくに重要になり，青年期では，最も重要なリスク要因としてみなされる。研究は一貫して，非行のある仲間のいる少年は，非行行動をする傾向があることを示している（たとえば，Hawkins et al., 2000）。

仲間の防御要因に関して，反社会的行動への仲間の肯定的な効果は，多く議論されてきたが，結果がはっきりしていない。ある研究は，向社会的な仲間とのつながりは，青年期の非行の可能性を減少させると強く主張しているが（たとえば，Jessor et al., 1995），この結果は，広く受け入れられておらず，他の研究では，向社会的な仲間と非行行動の防止や減少の間の明確な関係を示してはいない（DHHS, 2001）。

4　学校の要因

学業達成が低いこと，学業成績が悪いこと，学校への関与が低いこと，学校をドロップアウトしたことは，非行行動や暴力行動と関連している（Hinshaw, 1992）。日本においては，非行，校内暴力，いじめ，不登校などの学校における問題行動の発生率が中学校移行期に著しく増加することから，学校システムの変化が，移行期における問題行動の増加とかかわる一つの要因であると考えられている。また，中学生の非行傾向行為の開始を縦断的に検討した結果からは，子どもが非行傾向行為にかかわることには，逸脱した友人の存在，親子関係が親密でないなどの家庭の問題に，セルフコントロールの低さなど個人の要因が重なり，さらに学校を楽しいと感じる気持ちが減少する場合に促進されることが示されている（小保方・無藤，2006）。つまり，学校不適応が，リスクの高い子どもにとって，非行行動を促進する要因となる。

次に防御要因では，教育の達成は最もリスクの高い子どもにとって非行の防御要因である。加えて，学校への関与も，顕著にリスク要因の効果を減少させる（DHHS, 2001）。同様に，学校に関連した課外活動（クラブや部活など）は，反社会的行動の可能性を減少させる。

5　非行の筋道の違い

青年期に非行のある人の多くは，逸脱行動が青年期に限定される。青年期の少年にとって，いくつかの非行行動への関与は，発達的に正常で，一般的で，一時的なものである（たとえば，Moffit & Capsi, 2001）。そしてやがてしなくなる。だが一方で，非行少年の中の少数は，幼い頃に逸脱行動を開始し，生涯を通して継続するものがいる。モフィットとカプシ（Moffit & Capsi, 2001）は，非行を生涯継続

表25-1　主なリスク要因と防御要因

リスク要因		防御要因
衝動性 知能の低さ 否定的な感情（怒り，不安など） スリルを求める傾向 攻撃性 反社会的態度・暴力に肯定的な態度 抑うつ	個人	知能／教育 逸脱を許容しない態度 社交性・肯定的な気質 ソーシャルサポートを求める力 思慮深く行動すること
親の不安定さ 一貫しないしつけ 子どもへの監督の乏しさ 愛着の弱さ 子どもへの暴力・ネグレクト 家族内葛藤 かかわりの低さ 両親の反社会性	家族	家族の崩壊がないこと 家族の温かさ 親子の愛着 親のモニタリングの高さ 明確な規範を示すこと
非行のある仲間	友人	
学業達成が低いこと 学業成績が悪いこと 学校への関与が低いこと 学校をドロップアウトしたこと	学校	教育達成 学校への関与 課外活動への参加

反社会性タイプと，青年期限定反社会性タイプに分類している。問題行動の開始は，前者が児童期であり，生涯にわたって反社会的な行為を比較的高い頻度で続けていく。このタイプの子どもの方が多動，衝動的，情緒不安定，注意散漫，極端な攻撃性という兆候がみられ，問題行動の開始時期によって，問題の程度や，パーソナリティ特徴に差があることが指摘されている。また，子どもの頃から扱いにくい気質があり，そうした子どもに対する反応として，不適切なしつけが親から引き出されると理解されている。一方，後者の青年期限定反社会性タイプは，生涯継続反社会性タイプに比べてはるかに多く，青年期に非行が開始され，一時的に逸脱的な行動に関与する。

　青年期にトラブルの多い人の深刻で慢性的な違反行動への筋道は，人生の初期に始まる。ローバーら（Loeber & Farrington, 2000；Loeber et al., 1999）は，以下の3つの筋道を明らかにしている。1つめは，明白な道筋で，身体的攻撃性で特徴づけられ，小さな攻撃行動から徐々に深刻な暴力行動にエスカレートする。2つめは，見えにくい道筋で，万引き，うそなどの小さな悪事から始まり，器物損壊などの行動から次第に深刻な非行の行動へとエスカレートする。3つめは権威葛藤の道筋であり，頑固な態度で始まり，権威への反抗と回避へと移行する。ローバーら

(Loeber & Farrington, 2000) は，非行の筋道を理解することは，子どもの破壊的な道筋を修正するための援助の方法を見つけるために重要であると主張している。

第2節　非行少年への支援

　以上述べてきたように，非行行動には，本人の特性など個人の要因，家族の要因，友人の影響，学校の問題などさまざまな要因が関連している。1つのリスク要因が，子どもの非行行動を決定するわけではない。また，リスクが高い子どもであっても，非行に至らないことがある。非行の筋道は複数あり，またさまざまなリスク要因が合わさって非行に至っている。リスクが多く，防御要因が少なければ，不適応の行動につながる可能性が高い（無藤，2008）。よって，介入を考える際にも，複数のリスク要因に言及するべきである。複数の要因を考えることは，介入方法のバリエーションが広がることにもつながる。また，非行のタイプによって子どもの特徴が異なる。問題行動が，児童期に開始され抑うつ的な子どももいれば，青年期になり非行のある友人とかかわることで問題行動の増加した子どももいる。タイプごとに介入の方法や，子どもに対する対応を変えていく必要がある。

1　非行予防の視点

　リスクの高い子どもの非行行動を促進させる要因の一つに，学校不適応がある。リスクの高い子どもが学校不適応に陥らないよう配慮する必要性がある。子どもが学校に対して肯定的な意識をもてるような取り組み，学校での居場所意識がもてるような配慮が予防につながるであろう。学校に関与している子どもが，非行にかかわることが少ないのは，非行が，教育上の可能性を損なうことになるという恐れがあるからと考えられている（Jessor et al., 1995）。これは，日本の中学生を対象とした調査では，非行傾向行為は中学校2年生で最も増加し，その後中学校3年生になると減少する傾向がみられ（小保方・無藤，2004），その背景として，中学校3年生になると受験があるということと一致する。子どもに，将来について考える機会を与え，子どもが将来を見据えて行動を選択していくことができるような支援も予防につながるだろう。また，逸脱行動を許容しない態度が防御要因であり，これは遵法的な規範意識を意味しており，こうした態度を育むことが，非行防止に寄与するといえる（小林，2008）。

　家族の問題や個人の特性の問題があっても問題を起こさない子どもがいる。困

難な環境にあっても適応していく過程・能力・結果のことをレジリエンス（弾力性）という。非行行動に対してレジリエントな子どもは柔軟な対処方略をもっており（Hanna, 2001），さまざまな視点から物事を見る力，問題解決，怒りをコントロールするアンガーマネジメント等のスキルの獲得は，子どもが非行へと至らない可能性があることが示唆されている（DeMatteo & Marczyk, 2005）。よって，ソーシャルスキルを教えることも，非行防止に役立つ可能性がある。最後に，少年の暴力に対する，最も強い防御要因の一つは，サポーティブな大人との親密な関係の構築である（たとえば，Hanna, 2001）。レジリエントな子どもは少なくとも一人の大人から無条件に受容されてきた経験があることが明らかになっている。幼児期の子どもへの早期介入プログラムでは，十分な一貫した愛情のある世話が求められている（Werner, 2000）。

2　臨床的な支援

最後に，臨床場面での支援の実際について述べたい。非行という問題から支援が始まる場合には，当然ながら子どもの問題行動が主訴となっている。子どもへの支援を進めていく中で，背後に家庭の問題や発達障害などの問題が見えてくることが多い。逆にいえば，子どもの問題が顕在化するまでは，そのほかの問題が見過ごされてきている。それまで長い期間，子どもは親子関係の問題や，障害によるたとえば学校での二次障害などに苦しんできており，親子の関係もかなり悪化し，学校不適応に陥っている。自己肯定感が低下していたり，親子ともに無力感に陥っていたりすることもある（小保方, 2009）。

支援の開始にあたって，子どもの問題行動の背景の理解を含めた，問題行動のアセスメントを行う。先に述べたように非行には多様な要因が関連している。子どもの心理面，発達面，対人関係面などを含めた個人，また養育態度や生活状況（経済面）等も含めた家族，友人関係や学校適応など環境面のアセスメントを行う必要がある。また，問題行動だけに目を奪われるのではなく，子どもが問題行動に至った経緯を含め，問題行動の意味を理解していく必要がある。子どもとかかわるうえで，子どものことばに耳を傾けることが大切である。それが信頼関係を築く第一歩になる。防衛や大人への不信感の高い子どもに対しては子どもが関心のあることを話題にしていくことも有効である。その中で子どもの考え方や大事にしていることを理解していく手がかりや，子どものつまずきを理解し支援していく手がかりがつかめることもある。また一方で，規範意識が低く，犯罪行為を理解していない場合や，友人への同調などから自分の行動を止められないこと

もある。その場合は，壁となって，子どもの行動を止めることも大事であり，教育的なかかわりも必要となる。

次に，保護者への対応について述べる。子どもの問題行動への対応で保護者が疲労困憊している場合がある。保護者のこれまでの子どもへの働きかけをねぎらい，信頼関係を築いたうえで，子どもの問題行動の背景を一緒に考え，改善していくためには，何ができるかを話し合う。しつけと称して不適切なかかわりをしていると理解される場合には，保護者にも教育的なかかわりをする場合もある。また，約束を守らせるような働きかけや，適切な監督の仕方を伝えることもある。

子どもの非行が主訴となっている場合，子どもは親に叱られることを繰り返し，親子関係が悪化している場合も多い。子どもと保護者の信頼関係の回復，親子関係の調整も大切な支援である。親面接の中で，親子関係の回復のために具体的な子どもへのかかわり方を話し合うこともある。非行の場合，本人が相談場面などに現れず，親を通しての間接的な支援をする場合も多い。その場合には，保護者を通した子どもへの支援になる。保護者の子どもに対するかかわりの変化は子どもの行動に変化を与え，親子が相互に影響を及ぼし，親子関係の回復につながる。

引用文献

DeMatteo, D., & Marczyk, G. (2005). Risk factors, protective factors, and the prevention of antisocial behavior among juveniles. In K. Heilbrun, N. E. Sevin Goldstein, & R. E. Redding (Eds.), *Juvenile delinquency: Prevention, assessment, and intervention.* Oxford: Oxford University Press.

Dembo, R., Wothke, W., Shemwell, M., Pacheco, K., Seeberger, W., Rollie, M. et al. (2000). A structural model of the influence of family problems and child abuse factors on serious delinquency among youths processed at a juvenile assessment center. *Journal of Child and Adolescent Substance Abuse*, **10**, 17-31.

Department of Health and Human Services. (2001). *Youth violence: A report of the surgeon general.* Rockville, MD: Author.

藤野京子．(2009)．発達障害のある青少年の非行の現状と課題．臨床発達心理実践研究，**4**, 44-50.

Hanna, A. (2001). *June risk and protective factors for delinquency.* Presentation to the Virginia Juvenile Justice and Delinquency Prevention Advisory Committee, Richmond, VA.

Hawkins, J. D., Herrenkohl, T. I., Farrington, D. P., Brewer, D., Catalano, R. F., Harachi, T. W. et al. (2000). *Predictors of youth violence.* Juvenile Justice Bulletin. Washington, D. C.: U. S. Department of Justice, Office of Justice Programs, Office of Juvenile Justice and Delinquency Prevention.

Hinshaw, S. P. (1992). Externalizing behavior problems and academic underachievement in childhood and adolescence: Causal relationships and underlying mechanisms. *Psychological Bulletin*, **111**, 127-155.

Hoge, R. D., Andrews, D. A., & Leschied, A. W. (1996). An investigations of risk and protective factors in a sample of youthful offenders. *Journal of Child Psychology and Psychiatry*, **37**, 419-424.

Jessor, R., Van Den Bos, J., Vanderryn, J., Costa, F. M., & Turbin, M. S. (1995). Protective factors in adolescent problem behavior: Moderator effects and developmental change. *Developmental Psychology*, **31**, 923-933.

警察庁生活安全局少年課．(2012)．少年非行等の概要．警察庁．

小林寿一（編）．(2008)．少年非行の行動科学：学際的アプローチと実践への応用．京都：北大路書房．

Kumpfer, K. L., & Alvarado, R. (2003). Family-strengthening approaches for the prevention of youth problem behaviors. *American Psychologist*, **58**, 457-465.

Loeber, R., & Farrington, D. P. (2000). Young children who commit crime: Epidemiology, developmental origins, risk factors, early interventions, and policy implications. *Development and Psychopathology*, **12**, 737-762.

Loeber, R., Farrington, D. P., Southamer-Loeber, M., Moffitt, T. E., & Capsi, A. (1998). The development of male offending: Key findings from the first decade of the Pittsburgh youth study. *Studies on Crime and Crime Prevention*, **7**, 141-171.

Loeber, R., & Keenan, K. (1994). Interaction between conduct disorder and its comorbid conditions: Effects of age and gender. *Clinical Psychology Review*, **14**, 497-523.

Loeber, R., Wei, E., Stouthamer-Loeber, M., Huizinga, D., & Thornberry, T. (1999). Behavioral antecedents to serious and violent juvenile offending: Joint analyses from the Denver Youth Survey, Pittsburgh Youth Study, and the Rochester Development Study. Studies in Crime Prevention.

Melton, G. B., Pertrlia, J., Poythress, N. G., & Slobogin, C. (1997). *Psychological evaluations for the courts: A handbook for mental health professionals and lawyers* (2nd ed.). New York: Guilford Press.

Moffit, T. E., & Capsi, A. (2001). Childhood predictors differentiate life-course persistent and adolescence-limited antisocial pathways among males and females. *Development and Psychopathology*, **13**, 355-375.

無藤　隆．(2008)．発達におけるリスク要因と防御要因とは．無藤　隆・佐久間路子（編），発達心理学 (pp.12-13)．東京：学文社．

小保方晶子．(2009)．非行少年の対応の実際．社会福祉養成講座編集委員会（編），権利擁護と成年後見制度 (pp.216-220)．東京：中央法規出版．

小保方晶子・無藤　隆．(2004)．中学生の非行傾向行為の実態と変化：1学期と2学期の比較．お茶の水女子大学子ども発達教育研究センター紀要，**1**，89-95.

小保方晶子・無藤　隆．(2006)．中学生の非行傾向行為の先行要因：1学期と2学期の縦断調査から．心理学研究，**77**，424-442.

奥村雄介・野村俊明．(2006)．非行精神医学：青少年の問題行動への実践的アプローチ．東京：医学書院．

Werner, E. (2000). Protective factors and individual resilience. In J. Shonkoff & S. Meisels (Eds), *Handbook of early childhood intervention* (2nd ed.). Cambridge: Cambridge University Press.

第26章
青年期の性的行動と支援

野坂祐子

　思春期にみられる急激な身体的変化や，それにともなう心理面や人間関係における変化は，この時期を生きる若者に不安や緊張をもたらしやすく，心身の変化の受容が発達上の重要な課題となる。性に関しては，性的指向（セクシュアルオリエンテーション）を自覚する時期となり，自分の性同一性（ジェンダーアイデンティティ）を確立しながら，自分らしさが発揮されるようになる。一方で，さまざまな性のありよう（セクシュアリティ）に対する周囲の無理解などにより疎外感を覚え，生きづらさを感じる者もいる。

　性は非常に多面的で多様なものであるのに対し，社会は性を「男／女」に二分化したものとしてとらえ，異性愛を前提とした価値観やイメージを再生産し続けている面をもつ。このような社会や文化の中では，性的少数派に位置づけられるセクシュアルマイノリティの存在は「いない者」とみなされたり，排除されてしまいやすい。近年，マスメディア等を通してセクシュアルマイノリティの存在が馴染みのあるものになりつつあるが，同時に，セクシュアリティがステレオタイプ化され一面的にとらえられるという問題も生じている。

　性愛対象の指向や性行為の嗜好性は人それぞれであり，性的行動は個人差の大きいものである。そのうえ，インターネットや携帯電話の普及といった社会的な変化にともない，性的行動のありようも変化している。若者の性行動を理解する際には，時代の推移や社会の変化をふまえながら，性的行動の個人差も視野に入れつつ，具体的に探求していく必要がある。

　また，性的行動の多くは相手のある行為であり，性的行動は関係性における行動ととらえることができる。そのため，性的行動は関係性の中でこそ得られる安らぎや満足感と同時に，関係下での支配や暴力といった虐待関係に至る危険性にもつながりやすいものである。たとえば，交際関係の中で性的暴力が起きたり，一方が同意のない性的行動をとることで被害-加害関係が生じたりする。いじめ

や暴力に性的手段が用いられることも少なくない。

　さらに，性的行動は，性感染症の罹患や計画外の妊娠を予防するための保健行動としての側面もある。毎日の歯みがきや体力づくりといった個人的な保健行動とは異なり，性的行動は相手のある保健行動であるため，性行為をするかどうか，またコンドームを使用するかなどの決定や交渉，行動において困難が生じやすい。

　本章では，まず，性の多様性にまつわる課題を述べ，性行動の現状と実態，そして関係性の中での性的行動に特徴づけられる性的暴力の問題について取り上げる。青年期の発達の特徴をふまえながら，性的行動にともなうさまざまな問題と支援のあり方について検討する。

第1節　性の多様性にまつわる課題

　性にはさまざまな側面があり，大別すると，身体的性別（セックス），心理・社会的性別（ジェンダー），性的指向・嗜好（セクシュアリティ）の次元に分けられ，それぞれに幅広い多様性がある。

　一般に「女性／男性」に二分される身体的性別でも，染色体，性腺，内性器・外性器等のそれぞれにバリエーションがあり，二つの性のいずれにも分けられない半陰陽（インターセックス）といった性のありようも存在する。

　心理・社会的性別には，性自認や性役割観，性同一性などが含まれる。身体的性別との不一致を感じる人などをトランスジェンダーといい，なかでも性別違和を強く抱き，反対の性別としての一貫した意識や行動がある場合，性同一性障害（gender identity disorder：GID）と診断されうる（日本精神神経学会，2006）。性同一性障害は，世界保健機構の「疾病および関連保健問題の国際統計分類」（ICD-10；WHO, 1992/2005）や米国精神医学会の「精神障害の診断・統計マニュアル」（DSM-Ⅳ；American Psychiatric Association, 2000/2002）に記載された疾患概念であるが，性同一性障害という疾患成立と運用には，社会的・政治的な背景があり，病気という表現は当事者の実態に馴染まず，そう表現されることを屈辱的だと感じる当事者も少なくない（東，2007）。

　また，性的指向とは，性愛対象の性別における多様性をいう。現在の社会では異性を対象とする性愛（ヘテロセクシュアル）が一般的とみなされやすいため，それ以外の性的指向をもつ人（ゲイ，レズビアン，バイセクシュアル，トランスセクシュアルなど：LGBTなどと称することが多い）は，セクシュアルマイノリティとして生きにくさを感じることがある。さらに，性的嗜好とは，性的興奮を引き起

こすための行動やイメージを指し，個人による違いが大きいものである。

1 性同一性障害の若者の困難さとサポート

性同一性障害の若者にとって，児童期から青年期までを過ごす学校の場は，男女別の制服や更衣室，トイレ，男女別に行われるさまざまな活動などがあり，混乱や苦痛を感じやすい。性同一性障害の329人を対象にした中塚ほか（中塚・江見，2004）の調査では，小学校入学前から性別違和感を自覚し始め，ほとんどが思春期以前に性別違和感を自覚していた。また，全体の29.2％が不登校の経験をもち，自殺念慮が74.8％，31.0％が自殺未遂や自傷行為の経験があり，学校保健の役割の重要性が指摘されている。2010年4月，文部科学省は都道府県教育委員会等に対し，性同一性障害の児童・生徒について，教育相談を徹底し本人の心情に十分配慮した対応をとるよう通知した。通知では「担任や管理職をはじめ養護教諭，スクールカウンセラーなどが協力し，保護者の意向にも配慮しつつ，実情を把握したうえで相談に応じる」ことや，医療機関との連携を求めている。

就学後の支援体制によって，性同一性障害の子どもの学校生活の質が向上することが期待されるが，すでに学校生活などで困難な経験を重ねてきた若者への支援も大きな課題である。青年期においては，友人関係や恋愛関係におけるストレスのほか，就職活動や医療受診時，パスポート使用や結婚を希望する際などにも，活動や選択が制限されやすい。

トランスジェンダーの当事者である遠藤（2008）は，20代を迎えるまで，つねに周囲から「オンナになるよう」求められ，自分自身に対しては「オトコであるよう」強いてきたという体験を振り返っている。このエピソードから浮き彫りになるのは，彼が「何者か」という問題ではなく，彼を「何者か」にさせたがる社会の側の問題であろう。性同一性障害の若者のサポートにおいては，その人の困難さに焦点をあてつつも，困難さを生みだす社会へのアプローチが欠かせないといえる。

2 セクシュアルマイノリティとしての生きづらさ

日本の現行の学習指導要領には，同性愛についての記述がなく，教育現場における同性愛や性的指向に関する情報提供や指導のあり方についての公式な指針はない。1999年から2007年にかけて6回のインターネット調査を行い，延べ1万6千人以上のゲイ・バイセクシュアル男性の回答を得た日高らの研究によると（日高，2008），学校で同性愛について「一切習っていない」人は78.5％（2005年）

であった。また，1999年の調査結果では，82％が「いじめ」の被害体験をもち，64％が「自殺を考えた」ことがあり，15.1％は「自殺未遂」の経験があったことが示されている。また，抑うつや不安，孤独感などが高く，セルフエスティームが低いなどの傾向がみられ，メンタルヘルスの問題が深刻であった。

この調査では，回答者が自分のセクシュアリティを自覚した年齢は，平均13.1歳であり，多くが思春期にゲイ・バイセクシュアルであることを自認していた。セクシュアルマイノリティについての教育や情報がなく，異性愛中心の仲間文化の中では，彼らが自分のセクシュアリティを受け入れていくのは容易ではないことが推測される。

さらに，女性の場合は，当事者にとっても他のレズビアンやバイセクシュアル女性の存在が見えにくく，自分の性的指向に気づきにくいという。ロールモデルの不在に加え，同性愛に対する否定的・嫌悪的な感情から，自らの性的指向を否認したり軽視したりすることもある（梶谷，2008）。性に対する内在化されたイメージが，自己受容の過程に影響を与えることが示されている。

第2節　青年期の性的行動と性的健康

性的行動にかかわる近年の社会の変化として，1980年代半ばに流行したテレフォンクラブ（テレクラ）や伝言ダイヤル，1990年代の「援助交際」と呼ばれる金品と引き換えに行う性的行動の社会問題化，90年代後半からのインターネットや携帯電話の普及にともなう性的情報の流通や「出会い系サイト」を含むコミュニティサイトの急増などが挙げられる。

これと時期を同じくして，1985年に日本で初めてHIV／エイズの感染が報告されて以来，若者の性感染症の流行が問題とされてきた。木原ほか（木原・ラパリ，2006）は，その背景として，若者の性行動の早期化，性交渉相手の多数化，無防備化の3点を挙げている。早期に複数の相手と無防備な性行為をすることが性感染症やHIV／エイズの感染リスクを高めるという指摘は，たしかに全体の傾向を表すものであるが，一方で，男女のカップルの場合，女性がコンドームの使用を言い出せず，特定の相手との性交渉で感染する例は少なくない。性的関係における女性の脆弱性について，池上・川名（2007）は，生物学的要因，社会・経済的要因，文化的要因から論じている。女性のほうがウィルス濃度の濃い精液に接する膣粘膜が広く，被感染率が高いという生物学的特徴をもち，一般に女性のほうが社会・経済的立場が弱い傾向にある。そして，性規範の二重基準によっ

て，女性は性的健康を主導する立場を取りにくく，性関係においてよりリスキーな立場に立たされやすいという脆弱性をもつ。まさに，「性に関わることは，個人のレベルだけではすまない，関係性が絡み，男女であればジェンダーも絡んでくる」（池上・川名，2007, p.2）のである。

性的行動の現状と性的健康（セクシュアルヘルス）の課題について，ジェンダーの観点をふまえて述べていきたい。

1 性的行動の変化

財団法人日本性教育協会が実施した調査（2007）から，過去約30年間の性交経験率の推移（図26-1）をみると，1990年代に入ってから，高校生以上の経験率が上昇していることがわかる。高校生の場合，1970年代から80年代までは10％前後で推移していたものの，1993年から2005年にかけては男女ともそれぞれ経験率が約2倍に急増している。また，大学生の経験率は，年度による伸び率に違いはあるものの一貫して増加傾向を示し，2005年では約6割の学生が性交経験をもっている。

この結果から高校生以上の性交経験率は上昇傾向にあるといえるが，中学生のデータをみると，1987年から2005年の間，男女とも2～4％程度で推移し，経験者は依然少数にとどまる。しかしながら，全国の児童自立支援施設に入所する中学生を対象にした調査（野坂，2010）では，男子の性交経験率は30％，女子では60％にのぼる。さらに，初交年齢が12歳以下だった者は，男子42.6％，女子38.4％であり，早期に性交を体験していた。この中には性的虐待や性暴力による性

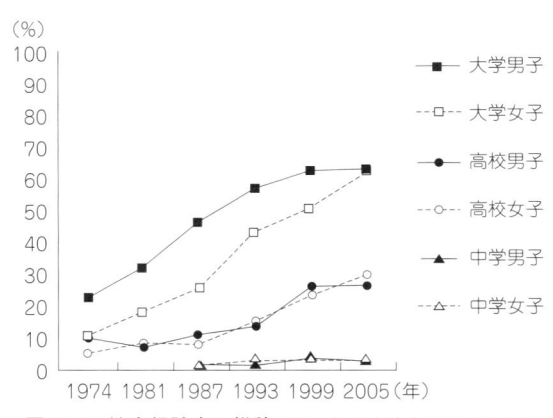

図26-1 性交経験率の推移（日本性教育協会，2007より）

交も含まれていると考えられる。同施設に入所している女子のうち，家族以外からの性暴力を受けた経験がある者は 35.5%（未遂 39.1%），家族からの性的虐待は 8.7%（未遂 10.9%）であった。男子の場合も，家族以外からの性暴力被害は 5.2%（未遂 4.8%）にのぼった。

　早期に性的行動に至る背景には，虐待などの家庭環境や性的暴力の被害体験などの問題があることが考えられ，心的外傷等へのケアや性的健康への支援が必要である。

2　性的行動と性的健康

　従来の性的行動についての調査では，前出の財団法人日本性教育協会の調査のように，相手との関係性は明記されず，恋人やパートナーとの性行為が前提とされていた。しかし，「援助交際」が社会問題化されてから，性行為の目的や相手を限定した調査がなされるようになった。東京都生活文化局（1996）が東京都の高校生女子を対象とした調査では，4.6%が「援助交際」の経験を有していた。また，「援助交際」の背景要因として，「援助交際」への抵抗感の低さや，親に対する肯定的感情や学校に対する適応感の低さ，流行同調意識やぬくもり希求，金銭至上主義，関心の狭さなどが挙げられている（櫻庭ほか，2001）。

　従来，「援助交際」は性的逸脱行動としてとらえられてきたが（櫻庭ほか，2001），性的健康の観点からみると，異なる見解も示されている。金銭を目的とした性的行動とそれ以外の性的行動での体験について比較した調査（野坂・内海，2008）では，対象とした 18 歳から 29 歳の女性 2,264 名のうち，性産業に勤務する以外の状況において，「セックスをしてお金を受け取った」ことがある人は 11.8%であり，相手を探す手段として主に「出会い系サイト」が利用されていた。その際，77.3%が不快な経験をもっていたが，おもな理由は，相手の容姿や性格への不快感（35.5%）や精神的苦痛（33.6%）という精神的なものだった。一方，お金を受け取らない性行為においては，83.7%が不快な経験をもち，68.8%が計画外の妊娠の心配をしていた。また，約 3 割が性感染症の症状やコンドーム不使用の経験をもっていた。つまり，計画外の妊娠や性感染症の罹患などの性の健康に関するリスクを見る限り，「出会い系サイト」を通じて知り合った相手との性行為よりも，お金のやりとりのない性行為のほうが女性にとって健康リスクが高いともいえるのである。

　恋人やパートナーなど恋愛関係における健康リスクの問題について，次節でさらに検討していく。

第3節　性的関係における暴力

　交際関係や親しい関係における若者の暴力は，米国ではディティング・バイオレンス（dating violence もしくは teen dating violence）といわれるが，日本においては「デート DV」（山口，2003）という表現が定着している。現在は，アウェア（山口，2003）によるデート DV 防止プログラムのほか，各地の男女共同参画（推進）センターや民間団体等で予防プログラムが開発・実践されている（NPO 法人 DV 防止ながさき，2008；NPO 法人エンパワメントかながわ，2007 ほか）。

　デート DV は，配偶者間の DV（domestic violence）と同じように，身体的暴力，精神的暴力，性的暴力などさまざまな手段を用いた支配的言動のことであり，メールのチェックや交友の制限，過度な干渉なども含まれる。性行為の強要やコンドームの不使用など，性的行動が DV の手段に用いられることも多い。

　望まないセックスを経験したことのある女性は，成人で 7.3%（内閣府，2009），高校生で 5.3%（野坂ほか，2005）という割合が示されており，いずれの調査でも，加害者が「面識がある人」や「恋人」であった場合が 8 割から 9 割を占めている。親密な関係性におけるレイプは「デートレイプ」と呼ばれ，性的暴力の典型的なものである。

　性暴力の被害者へのケアは非常に重要でありながら，被害者側の「落ち度」が責められる二次被害が生じやすい現状もある。性被害への適切な理解と支援に加え，さらにこうした関係性（とくに親密な関係）における暴力の問題へ対処する際の留意点として，藤岡（2008）は次の 3 点を挙げている。まず，被害者と加害者を分断させてとらえるのではなく，関係全体あるいは関係そのものを扱っていくこと。何が「暴力」であるかについて共通の認識をもち，暴力行動変化に焦点をあてた働きかけを一貫して行うこと。そして，暴力に頼らない葛藤解決の方法を身につけることである。

　以下では，青年に特徴的な関係性における暴力としてデート DV と性暴力を取り上げ，その実態と治療教育アプローチについてまとめる。

1　デート DV の実態と課題

　一般成人を対象にした内閣府の調査（2009）では，10 歳代から 20 歳代の頃に交際経験があった女性のうち，交際相手から DV 被害を受けた者は 13.6% であった。同調査で，20 歳代の回答者のみでみると，その割合は 21.3% にのぼる。大

学生を対象にした調査（井ノ崎・野坂, 2010）では, 交際経験をもつ者の38.5%が何らかのデートDV被害経験を有していた。また, 高校生を対象にした調査（NPO法人DV防止ながさき, 2008）では, 交際経験者のうち被害経験のある女子は18%, 男子は12%であった。

一方, DVの加害経験をみると, 交際経験のある高校生女子の11%, 男子15%が何らかの加害行為をしたことがあり（NPO法人DV防止ながさき, 2008）, 配偶者間のDVに比べると, デートDVでは女子も加害行為をする割合が高い傾向にある。同調査では, 加害内容の男女差をみると, 携帯チェックや行動の制限・監視という精神的な暴力は女子のほうが多く, 性的な行為や脅しは男子に多いことが示されている。また, 大学生を対象とした調査では, 加害行為のうち「性行為の強要」においてのみ, 男子が女子より有意に多い傾向が示されたが, そのほかでは性差が見られなかった（井ノ崎・野坂, 2010）。

これらの調査結果から, デートDVは若者のあいだで生じており, 男女ともに交際中に暴力という手段を用いることがあるが, 加害行為においては男女差が見られるといえる。デートDVは, 恋愛感情を理由に束縛や行動の制限や強制が正当化されたり, 暴力が許容されるべきだと合理化されたりして, 加害側と被害側の双方に認知の歪みが生じやすい。性的関係における非対等性や暴力性について, 若者自身が認識し, 社会的支援を得ることが問題解決につながる。

現在, 民間団体等で取り組まれているデートDV予防プログラムの多くは, DVや暴力の説明, 暴力被害による影響などを解説するほか, ワークショップによる体験型学習の手法が取り入れられている。非暴力的なコミュニケーションスキルとしてのアサーティブ・トレーニングや, デートDVを受けている友人への対応なども含まれていることが多い（NPO法人DV防止ながさき, 2008；NPO法人エンパワメントかながわ, 2007；山口, 2003ほか）。これらのプログラムの実施については, 効果評価を集積していくべきであり, 集団へのアプローチと個別プログラムの組み合わせや, 同性カップルへの支援など, 若者のニーズに対応した有効なプログラムが検討されていく必要がある。また, 大学や社会での支援体制の拡充が求められている。

2　性暴力と治療教育的アプローチ

被害者の同意のない性的行動は性暴力といえるが, 刑法で13歳以上の者に対する強姦罪や強制わいせつ罪にあたるような「暴行又は脅迫」がはっきりとした形で行使される例ばかりではない。とりわけ, 性暴力の場合には, 被害者が消極

的選択として相手の要求に応じざるをえない場合が多い。恋愛関係においては，加害側は明らかな脅しのことばを用いなくても，不機嫌になってみせたり，他の人に関心を寄せるふりをしたりするだけで，相手には十分な不安や焦りを感じさせることができる。被害者は「怖い」「嫌われたくない」などの理由で，断ったり逃げたりすることができなくなってしまうのである。

性暴力などの性問題行動をもつ少年への治療教育を行うカーン（Kahn, 2001/2009）は，同意に基づく関係性を構成するための条件として，次の9つを挙げている。情緒的に対等，適切な年齢，正直（嘘がないこと），二人とも「いいよ」と言っている，「いやだ」と言ってもよい，何が起こっているか（結果）を二人とも理解している，思考が損なわれておらず両者ともに意識が鮮明（しらふ），知的に対等，愛情（思いやり）がある。これらのうちいずれか一つでも欠けると，それは「真の同意」とはなりえない。このように，性的行動における同意とは，文脈と関係性によって規定されるものといえる。

性暴力などの性問題行動への介入として実証性が示されているのが，認知行動療法（cognitive behavior therapy：CBT）の原理にもとづくプログラムである。現在，行われている性暴力の治療教育の多くはCBTの概念が骨子となり，再発防止モデルと修復的司法理論を組み入れたものである（針間，2006；藤岡，2006；Kahn, 2001/2009 ほか）。日本で取り組まれている思春期の児童対象のプログラムでは，認知の歪みの是正，性暴力のサイクルの理解，被害者の視点を学ぶ，再発防止計画を立てるという4つの柱で進められている（浅野，2008）。上述の真の同意のほか，プライバシーやバウンダリー（境界線）の理解，性行動のルールなどの学習も重要である。性暴力は，適切な治療教育がなされなければ，徐々にエスカレートし，性犯罪化していく傾向をもつ（藤岡，2006）。早期の発見とアセスメント，介入と継続的な支援によって，新たな被害者を生むことなく，加害者が回復していくことが可能になる。

性暴力は，関係性の病いであり，また社会の病いともいえる。関係性において対等性が欠けたとき，性行為は性暴力となる。社会において性に対する健康と権利の視点が欠けると，性暴力が見過ごされてしまう。性と社会は切り離してとらえられないものである。青年期の性的行動について考える際にも，つねに性的行動をとりまく文化・社会的な態度や価値観を検討していくことが大切であろう。

引用文献 ···

American Psychiatric Association. (2002). *DSM-IV-TR* 精神疾患の診断・統計マニュアル（高橋

三郎・大野　裕・染矢俊幸，訳）．東京：医学書院．（American Psychiatric Association. (2000). *Diagnostic and statistical manual of mental disorders* (4th ed., Text Revision) (DSM-Ⅳ-TR). Washington, D. C.: American Psychiatric Association．)

浅田恭子．(2008)．児童自立支援施設における実践．藤岡淳子（編），関係性における暴力 (pp.150-167)．東京：岩崎学術出版社．

遠藤まめた．(2008)．「まだ」の性：あるトランスジェンダーが見てきたもの．季刊 *SEXUALITY*, **38**, 106-109. 東京：エイデル研究所．

藤岡淳子．(2006)．性暴力の理解と治療教育．東京：誠信書房．

藤岡淳子．(2008)．対人関係における暴力とは．藤岡淳子（編），関係性における暴力 (pp. 2-13)．東京：岩崎学術出版社．

針間克己．(2006)．性非行の査定と治療の概要．犯罪と非行，**149**，5-16. 東京：日立みらい財団．

日高庸晴．(2008)．MSM（Men who have Sex with Men）のHIV感染リスク行動の心理・社会的要因に関する行動疫学的研究．日本エイズ学会誌，**10**，175-183.

東　優子．(2007)．性同一性障害をめぐる臨床と心理・社会的支援．伊藤裕子（編），現代のエスプリ：485 男女共生社会を目指す心理教育 (pp.146-157)．東京：至文堂．

池上千寿子・川名奈央子．(2007)．女性のライフサイクルとジェンダーの視点からの考察．日本エイズ学会誌，**9**，1-5.

井ノ崎敦子・野坂祐子．(2010)．大学生における加害行為と攻撃性との関連．学校危機とメンタルケア，**2**，73-85.

Kahn, T. J. (2009). 回復への道のり：2 パスウェイズ：性問題行動のある思春期少年少女のために（藤岡淳子，監訳）．東京：誠信書房．(Kahn, T. J. (2001). *Pathways: A guided workbook for youth beginning treatment* (3rd ed.). Brandon, VT: Safer Society Press.)

梶谷奈生．(2008)．女性同性愛者のセクシュアリティ受容に関する一考察．心理臨床学研究，**26**，625-629.

木原雅子・ラパリ，シャハラザード M. (2006)．思春期の性行動と性感染症：問題の構造と展望．小児科，**47**，1320-1326.

内閣府．(2009)．男女間における暴力に関する調査報告書．内閣府男女共同参画局．

中塚幹也・江見弥生．(2004)．思春期の性同一性障害症例の社会的，精神的，身体的問題点と医学的介入の可能性についての検討．母性衛生，**45**，278-284.

日本性教育協会（編）．(2007)．「若者の性」白書：第6回 青少年の性行動全国調査報告．東京：小学館．

日本精神神経学会．(2006)．性同一性障害に関する診断と治療のガイドライン（第3版，2011年に一部改訂）．www.jspn.or.jp/ktj/ktj-k/gid-guideline/gid-guideline_no3.pdf

野坂祐子．(2010)．生活困難を抱える女子の性の健康に関する研究．厚生労働科学研究費補助金エイズ対策研究事業 個別施策層（とくに性風俗に係る人々・移住労働者）のHIV感染予防対策とその介入効果に関する研究：平成21年度総括・分担研究報告書（研究代表者　東　優子，pp.69-83）．

野坂祐子・内海千種．(2008)．青年期女性における金銭が介在する性行動とセクシュアルヘルスの問題：携帯電話のwebアンケートを用いた調査から．厚生労働科学研究費補助金エイズ対策研究事業 日本の性娯楽施設・産業に係わる人々への支援・予防対策の開発に関する学際的研究：平成19年度総括・分担研究報告書（主任研究者　東　優子，pp.28-37）．

野坂祐子・吉田博美・笹川真紀子・内海千種・角谷詩織．(2005)．高校生の性暴力被害と精神健康との関係．トラウマティックストレス，**3**，67-75.

NPO 法人 DV 防止ながさき（編）．（2008）．*新版デート DV を知っていますか*．長崎：NPO 法人 DV 防止ながさき．
NPO 法人エンパワメントかながわ．（2007）．特集デート DV ってなんだろう？　*みらくるたいむ*，**7**．横浜：NPO 法人エンパワメントかながわ．
櫻庭隆浩・松井　豊・福富　護・成田健一・上瀬由美子・宇井美代子・菊島充子．（2001）．女子高校生における『援助交際』の背景要因．*教育心理学研究*，**49**，167-174．
東京都生活文化局．（1996）．*中学・高校生の生活と意識に関する調査（中間報告）*．東京都生活文化局．
World Health Organization.（2005）．*ICD-10 精神および行動の障害：臨床記述と診断ガイドライン*（新訂版）（融　道男・中根允文・小見山実・岡崎祐士・大久保善朗，監訳）．東京：医学書院．（World Health Organization.（1992）．*The ICD-10 classification of mental and behavioural disorders: Clinical descriptions and diagnostic guidelines*. Geneve: World Health Organization.）
山口のり子．（2003）．*デート DV 防止プログラム実施者向けワークブック*．東京：梨の木舎．

第27章
青年期の発達障害への支援

佐竹真次

　特別支援教育が進展しつつあるものの，その成果の評価を待つ間もなく，生徒たちは思春期・青年期に到達している。高校や大学を卒業したら就職し，社会生活を営むことになる。しかし，発達障害者たちには思春期・青年期になって孤立しはじめたり就労困難に直面したりする事例が少なからず見受けられる。長いスパンにわたる個別の教育支援計画の作成や発達障害者支援法の施行は，まさに彼らが学校教育終了後の人生の諸局面においても発達心理学的支援を含む各種の支援を必要とすることを物語っている。

　青年期の現場にはさまざまな支援ニーズがあり，多様な対応や支援が求められる。そのことを踏まえて，この章では，青年期の発達障害への支援の現状と今後のあり方を，医療，教育，就労支援，非行・犯罪，社会生活支援の視点からまとめたいと考える。

第1節　医療的視点から

　伊藤・河内（2009）は，家庭養育について特段の問題がなく，小・中学校では通常学級で教育を受けて一般高校を卒業したものの，社会生活を営むうえで何らかの困難を呈し，高機能自閉症やアスペルガー障害の診断に至った10例を，学齢期における情緒的な不安定さ，その後の精神科的な治療の有無により2群に区別して，各群の特徴とそれに応じた処遇のあり方を提言している。

　精神科的な治療歴のない事例群は，幼児期に言語発達の遅れが指摘されていたが，幼稚園や保育所での不適応行動はみられなかった。小・中学校では通常学級で教育を受け，一般高校へと進学した。高校を卒業後，進学や就職にあたって失敗を繰り返すうちに，一部の事例は家庭内への引きこもりを呈した。ただし家族との交流は可能であり，買い物等の外出はできていた。この群の事例の多くはウ

イングとグールド（Wing & Gould, 1979）の「受動型」の発達・行動特性に合致していた。面談や検査には意欲的に取り組む事例が多く，また，発達特性や障害の説明を拒否することはなく，その後の生活に関する具体的な提案や指導に対して意欲的に応じることができていた。したがって，このような事列に対しては，発達障害について的確に判断をしたうえで，社会的支援の活用を積極的に促すといった福祉的対応が重要であるとされた。

　一方，精神科的な治療歴のある事例群は，幼児期には他児との発達上の顕著な違いを指摘されていた。小・中学校では他生徒とのかかわりが困難なためにトラブルが多く，いじめにあい，本人が意識的に他者とのかかわりを絶って孤立したり不登校を呈したりするに至った。高校を卒業後，専門学校や短期大学に進学したが中退し，その後，就職や結婚に失敗するうちに，情緒不安定や精神症状を呈したために心療内科や精神科を受診し，さまざまな精神科疾患と診断されて内服治療を受けた。全検査 IQ が平均に属する事例が多く，ほとんどの者で言語性 IQ が動作性 IQ よりも有意に高かった。この群の事例の多くは「積極奇異型」の発達・行動特性に合致していた。これらの事例のように，明らかな発達障害がありながら思春期発症の精神疾患として精神科治療が継続されている事例のみならず，特異的な行動を呈しながらも本人が相談機関の受診さえ拒否している積極奇異型と推定される事例が予想以上に多いと考えられている。しかし，彼らの中には適切な医療的対応を受けたうえで療育手帳を取得し，自分で車を運転して通所授産施設に通い，自閉症の特性をふまえた対応を受けながら仕事をしている者や，障害基礎年金を受給しながら福祉施設の職員として勤務している者もいた。

　成人期における精神科的問題への対応はきわめて困難であり，幼児期における早期診断と療育の開始，特別支援教育に基づいた治療教育を継続するとともに，関係者の理解を含めた環境調整が重要である。このように二次的な精神疾患を有する事例については，やはり精神科医による医療的な対応が優先されるべきであり，担当医師との協議を図りながら慎重に進めるべきであるとしている。

　以上とは異なった視点から，高橋（2009）は，年齢が高くなってから発達障害との診断を受けた者や家族の受け止め方は，大別すると2つのグループに分かれるとする。一つは，自己の問題が明確になり安堵するタイプである。この場合は，本人も家族もその後の適応が良好となる。今一つは，自己の問題が受け容れられない場合である。家族は，比較的客観的に本人の障害を受け容れられる場合と，本人とともに発達障害の診断を受容できない場合に分かれる。本人が発達障害のあることを受け容れられない場合，障害を否定し，プライドが過剰に高くなるた

めに周囲に対して尊大な態度をとることが多く，また，医療機関はおろか，相談機関につながるのも困難なことが希ではない。このような場合は，診断名を決めることよりも，本人の困難さを軽減できる方法から着手し，こじれた問題を少しでも軽減したあとに，相談機関や医療機関につなげる方針が考慮されるという。

第2節　教育の視点から

小・中学校における特別支援教育についての，国による全国モデル事業が高等学校にも拡大されたことや，発達障害者支援法や改正学校教育法の施行により，高等学校における特別支援教育が本格的に始まった。

柘植（2009）は，最近の高等教育における特別支援教育に関連してみられるようになったポジティブな変化を以下のように指摘している。

①校内のすべての生徒の落ち着きや感情の制御を目指したストレスマネージメント，アンガーマネージメント，ソーシャルスキルトレーニングなどの取り組みの増加
②発達障害の障害理解推進の授業を行う試みの増加
③各教育委員会における特別支援教育コーディネーターの養成，発達障害の指導法に関する研修，管理職向けの理解推進に関する研修などの増加
④入試も含めた本人と保護者を対象とした中学校から高等学校への移行支援の増加
⑤大学内の相談機関における発達障害学生の相談の増加
⑥国立特別支援教育総合研究所による「発達障害のある学生支援ガイド――確かな学びと充実した生活をめざして」の作成と配布

一方，柘植（2009）は，高等教育における特別支援教育の今後の課題を次のように述べている。

①中学校から高等学校へはさまざまな理由から引き継ぎがなされない，あるいは不十分な状態であることが指摘されている。適切な引き継ぎに向けて，個別の指導計画や個別の教育支援計画の作成と，それらを活用した引き継ぎを機能化させることが必要である。
②中学校や高等学校においては，飲酒・喫煙，薬物，妊娠・出産，インターネットなどによる有害情報の問題等を併せもつ場合への対応の具体的なあり方（指導内容や指導方法，支援体制）の検討が必要である。
③夢と現実のすりあわせを行い，実現可能な人生設計をしていくことが，中学

校・高等学校から，場合によっては大学等における時期の重要な課題である。しかし，夢と希望とのすりあわせに困難を示す場合も指摘されており，その一致を促すために，自己の客観的な評価を行い，適切で満足した進路選択をしていくような支援も必要となる。

黒田（2009）は，米国のTEACCH[1]の例を参考に取り上げ，高等学校卒業後の移行支援について，大学などへの進学，一般雇用，障害者雇用，職業訓練などの選択肢のほかに，グループホームやアパートで自立生活を送ることの選択肢やそれにともなう地域活動についての支援をも含めて，移行をスムーズに橋渡しするためのコンサルテーションを充実させるべきであるとしている。

第3節 就労支援の視点から

発達障害者の就労支援の現状と今後の課題について，向後（2009）は以下のような報告を行っている。

学齢期において診断を受け，また，対人関係上の問題も含めて何らかの困難を有しながらも，職業リハビリテーション・サービスを利用せずに適性を生かした職業に就く者もおり，一方で，高校あるいは大学等を卒業後，就職できない，あるいは，就職ができたとしても短期間で離職することになって，初めて診断を受ける者もいるという。就労支援が必要な「発達障害」のある人のタイプは以下のようにまとめられる。

①療育手帳の対象者（知的障害を診断されるもの）
②精神障害者保健福祉手帳の対象者
③障害者手帳の対象外の者
④現時点では明確な診断もしくは判断をもたないが，就労に際して困難を感じている者

2007年の発達障害者の新規求職申込件数は453件，就職率は27.2％となっており，知的障害者の新規求職申込件数22,273件，就職率54.7％，ならびに精神障害者の新規求職申込件数22,804件，就職率37.2％と比較して低い状況である。2008年現在，知的障害は障害者雇用率制度の対象障害（雇用義務の対象）であり，精神障害は雇用義務の対象ではないが雇用障害者数に算定できる障害となっている。

---

[1] Treatment and education of autistic and related communication handicapped children の略で，ノースキャロライナ大学によって開発された自閉症スペクトラム障害児・者のためのサービス・訓練・研究のプログラム。

発達障害は雇用義務の対象とはなっていないが、たとえば兵庫県では、条件つきではあるものの療育手帳を交付する対象者に発達障害者を含めている。また、横浜市でもIQの上限値を引き上げることで、療育手帳の交付範囲を拡大している。このように現状では、すでに現存する就労支援の中に発達障害者を含めることによる支援の方法が模索されている。なお、療育手帳や精神障害者保健福祉手帳が取得できない場合であっても、ジョブコーチ（職場適応援助者）による支援を受けることは可能である。

　向後（2008）は、過去10年間に高等学校普通科における発達障害を対象としたコースに在籍し、学習障害、高機能自閉症、ADHDの診断・主訴がある152名（男130名、女22名）を対象とした研究において、義務教育段階では通常学級に在籍していた者が少なくないこと、そしてこの時期での療育手帳の取得は必ずしも多くないことを明らかにしている。一方で、高等学校在学中の職業適性検査の実施ならびに職場実習の経験は、療育手帳の取得を促進する結果となった。このことは、青年期において、職業に就くという視点からの評価と経験が特性理解に重要な役割を果たしていることを示唆した。研究対象となった発達障害のある青年の多くが、知能検査の結果が正常範囲にあっても、作業遂行に関して、速度・精度の面で支援が必要であった。加えて、対人関係の面でも他者の感情を音声や表情から適切に読み取ることが困難で、挨拶や返事、会話などが適切に行えないなど、コミュニケーションに何らかの支援が必要であることをうかがわせた。特別支援学校に在籍している場合は、在学中に自己の特性理解に関する学習や職場実習を含む職業に関する学習が用意されていることなどを含め、就職のための支援が用意されている。一方、上記の結果は、高等学校在学中の障害特性の理解と障害受容が青年期の就労支援において重要な課題であることを示唆している。

　高橋（2009）は、発達障害児が思春期・青年期を過ごす学校の現状での問題は、アカデミックスキルが主で、就労を考慮した多用な進路の確保ができるような教育になっていない点、さらに「いじめ」の根絶が容易でない点にあると指摘している。また、国の教育施策に一律にアカデミックスキルの教育ばかりではなく、就労に必要な能力を育成するプログラムも加味し、できれば小学校から、多様な進路を考慮に入れ、根気よく仕事を継続する耐性や具体的な技能をも身につけられる系統立てたプログラムを早急に開発し採用する必要性を述べている。

第4節　非行・犯罪の視点から

　ADHDの中の学童期になって強い攻撃性を示すようになった子どもの一部が反抗挑戦性障害（ODD）と診断され，さらにその中の一部が犯罪行為に手を染めるようになって素行障害（CD）に至り，中には犯罪行為を止めることができないまま青年期以降に反社会性人格障害（ASP）になる現象はDBD（disruptive behavior disorders：破壊的行動障害）マーチとして知られる。ADHDの子どもは刺激に反応しやすく，先のことを見通して行動を抑制するという計画性を司る機能と制止的コントロール機能がうまく働かず，「ほしいから」「暇だから」「面白そうだから」として問題行動に至ってしまう場合がある。近藤ほか（2004）は，児童期のADHD傾向はODD傾向を強める一要因であり，家庭内の問題，学校不適応等，別の要因が複数あることが推察され，ODDからCDへ至る過程にも，不良集団からの影響，保護領域からの離脱などが考えられるとしている。

　高機能自閉症やアスペルガー障害などの広汎性発達障害（PDD）についても類似の指摘がなされている。熊上（2006）や高岡（2005）は，PDDの者が非行に至る場合でも，一般の非行少年同様，虐待等の不適切な養育やいじめられ体験といった環境要因が非行に及ぼす影響は大きいとしている。PDDの場合，事件の経過や動機が一般の人には奇異と映るものがある。アスペルガー障害の青年が，昔経験したいじめに対して復讐を思い立ち犯行に及んだが，事件現場に目的の相手がおらず，たまたまその場に居合わせた者が犠牲になった事件が発生したことがある。彼らにはフラッシュバックのように昔の記憶が視覚的に蘇るタイム・スリップ現象があり，それに誘発されて行為が開始されたと考えられること，また，状況変化への対応が苦手なために計画を中途で変更できずに他の者に攻撃の矛先が向いたと考えられることが指摘されている（高岡，2005）。また，PDDの人は，強迫的関心から人に対する理科実験のような行動に走ることがあり，重大な結果を招いてしまった事件もある（十一，2004）。

　藤野（2009）は，少年鑑別所に入所した発達障害者について以下のように述べている。彼らは発達障害があっても，入所前に診断を下されている者はごくわずかであり，心身鑑別の中で，発達障害の存在が明らかになる場合が大半である。非行に走ったころの彼らの生活状況を調べてみると，親子間の葛藤，学校，進学，就職，交友関係，異性との関係など，思春期の発達課題に直面する場面で失敗や挫折に遭っては不適応状態となっており，そのような状況下，少年自身，劣等感，

自尊感情の低下，被害感，疎外感，焦燥感を強め，それらが彼らを非行に走らせている。前面に出ている症状が，実は発達障害の「二次障害」として生じたものであると理解していくことは，彼らの再適応を促す働きかけを考えるにあたって，すなわち二次障害を除去していく対策を図るに際して，大切な視点である。

　少年院では，発達障害による認知特性等に配慮した個別的処遇計画を作成のうえ，働きかけを行うことが可能な仕組みができていると藤野（2009）は述べる。ADHDの少年に対しては，自身の問題行動に対する内省を求めるだけでなく，衝動性が高まった際の自己統制の方法，不注意がもたらす失敗を未然に防ぐための自分への言い聞かせなどの認知的リハーサルなど，より心理教育的働きかけを行う。PDDの少年の場合は，共感性の心的機能が欠けているため，少年院教官との信頼関係を築いたうえで共感性を育む教育は功を奏しない。しかし，なぜ非行をしてはいけないのか，また，すればどうなるのかを彼らの認知の枠に沿った形で理解させるとともに，被害者の心境を察するには至らずとも，被害者に償うソーシャル・スキルを獲得・実行させていく取り組みを行う。そのような心理教育的働きかけの前提として，小栗（2008）は，「できなかったことができた」体験を積ませてから，自分のうまくいかない部分に目を向けさせるのが順序であり，その体験がないと，障害受容につながる自己理解が深まりにくいと述べている。

　藤野（2009）は，社会の受け皿と二次障害の問題について次のような趣旨を述べている。そもそも若年層に対する雇用環境は厳しく，障害に理解を示したうえで雇用してくれるところは多くなく，かつ非行歴があることが明らかになるといっそう敬遠されてしまう。就職先が見つけられたとしても，積年の失敗体験が影響し，ちょっとしたことにつまずいては，やはり自分が社会でうまくできるはずはないとして，少年の側からその職場を去ってしまうことが少なくない。そのような悪循環を予防するためにも，発達障害を早期に発見し，発達障害ゆえ周囲が期待するような行動が取りにくいといった認識を周囲がもち，適切な支援を得られる環境を整えることが重要である。

第5節　社会生活支援の視点から

　思春期から青年期の発達障害者の社会的支援としては，自立・就労支援に加えて，仲間間での対人関係を築くことや，その中で社会性を育むことも重要な要素になる。それに関連して高橋（2009）は，親子の会について以下のように指摘している。

親子の会は，療育や学校での支援を必要としている世代では活動が活発に行われている。しかし，子どもが思春期，青年期と年齢を重ねるにつれ，一つには親の体力・気力の衰えにより，会の継続が難しくなってくる。また子ども本人が，学業や課外活動など学校生活が多忙になることや，同じ障害で一緒に活動してきたメンバーでも，成長にともない同じ目標を目指すことが難しくなり，継続して当事者支援の活動に参加し続けるメンバーは減少する傾向がある。自分自身の子どもがよりよい状況で，社会適応できる見通しがついた親子から，活動に足が遠のくこともよく認められる。発達障害者たちには，一時的に順調な時期があっても，生涯のうちには不調のときが訪れることもある。したがって，子どもたちが思春期から青年期，成人期と年齢が上がってきたときに，会への参加を完全にやめてしまうのではなく，自分の子どもが幸せになることはみんなで幸せになることであり，成人となった当事者の社会の中での居場所をつくることにつながる，という考えで親子の会が継続的に機能できることが望ましい。

　ところで，発達障害者支援センターは，既存の支援機関や支援にかかわる専門家などの地域資源を有効活用し，専門機関同士のコーディネートを行うことが重要な任務であるとされるが（高橋，2009），佐々木・田熊（2010）は，他機関と連携しながらの発達障害者支援センターにおける本人会の活動について報告している。

　その本人会は，某県発達障害者支援センターで月に1～2回夕方に開催されている。参加者の条件は，障害受容がなされ自らの意思で誘いに承諾し，専門機関と連携していることとしている。支援者からは，本人会は当事者が気軽に参加できる仲間づくりの場として期待されている。会の概要は，自由参加，参加費無料であり，他の複数の専門機関が支援者として参加し，司会進行はセンター職員が行うというものである。活動の流れは，自己紹介（新規参加者があった場合），グッドニュース・バッドニュースの紹介・コメント，フリートーク（人数が多い場合はグループ分けをする），アンケート記入，解散と続く。この中で最も配慮しているポイントは，コミュニケーションに失敗させない支援を行うことである。毎回の平均参加者数は6～7名である。全登録者数は33名であり，人数は増加している。この会の会話の中で就労への動機が高まり，療育手帳を取得して就職につながったケースや，中学から成人期までひきこもっていた参加者が大学進学を考えるようになったケースもある。何をおいても，人とのかかわりの楽しさを経験することが最大の収穫であるという。

第6節　まとめ

　麻生（2010）は，現代に置かれた発達障害者の位置について次のように述べる。高度消費社会では，農業や漁業，工業生産といった第一次産業，第二次産業から，次第に商業・サービス業といった対人活動を主とする第三次産業へ経済活動が移行しつつある。第三次産業で重要なのは対人的な交渉能力，つまりコミュニケーション能力である。発達障害者たちにとって21世紀は受難の世紀である。高度消費社会が必要としている資質にハンディキャップを背負っているのがこれらの人たちである。第一次産業や第二次産業が主である社会では，多くの発達障害者たちが産業に従事し地域社会の中で役割をもって生活しえたことは想像できる。しかし，今日，かつてならば彼らを支えたであろう地域社会も産業構造も失われてしまっている。今日の私たちの課題は，発達障害者たちのそれぞれの「障害特性」を発達的な視点から的確に理解し，一人ひとりの個性に合わせて適切な発達的支援を工夫し，彼らが地域社会や仲間集団から孤立しないように社会的なサポートを生み出していくことである。

　このように，現代における青年を取り巻く状況の厳しさは，自身の発達的問題と社会構造・産業構造の問題との相互作用の結果として起こっているという現実がある。そのような現実の中で，発達障害者が自身の障害を否定したまま，またはそれに気づかないままに歩み続けてしまった結果，ある時期に重大な不調や不自由や不利な状況に陥ってしまう事例も少なからず見受けられる。そうした困難事例と直面するたびに，ほとんどの専門家は，早期診断による早期からの自己理解・障害受容の促進，他者からの援助を適切に求めまた援助を受けることを拒まない姿勢の育成，療育手帳や精神障害者保健福祉手帳の取得と障害基礎年金受給に向けた支援，周囲のサポート体制と具体的なプログラムの確立，就労や地域生活に向けた教育，発達障害者の雇用に積極的な会社・事業所の育成，さらには成年後見制度活用等の親亡きあとの備えの重要性を指摘する。このように，とくに青年期の発達障害者への支援に関しては，発達心理学的アプローチを中核としながらも，各種の隣接諸科学のアプローチを積極的に援用し，総合的に支援計画を作成・実施することが重要であると考える。

引用文献

麻生　武．（2010）．発達障害の子どもたちの今：日本・韓国・中国・台湾の現状．*日本発*

達心理学会第 21 回大会委員会基調シンポジウム II：企画趣旨.
藤野京子．(2009)．発達障害のある青少年の非行の現状と課題．*臨床発達心理実践研究*，**4**，44-50.
伊藤淳一・河内哲也．(2009)．成人期に高機能自閉症・アスペルガー障害の診断に至った事例から．*臨床発達心理実践研究*，**4**，4-13.
近藤日出夫・大橋秀夫・渕上康幸．(2004)．行為障害と注意欠陥多動性障害（ADHD），反抗挑戦性障害（ODD）との関連．*矯正医学*，**53**，21-27.
向後礼子．(2008)．発達障害のある青年の進路選択に関する研究（博士論文）．
向後礼子．(2009)．思春期・青年期の発達障害をめぐる就労支援の現状と課題．*臨床発達心理実践研究*，**4**，28-33.
熊上　崇．(2006)．広汎性発達障害を持つ非行事例の特徴．*精神神経学雑誌*，**108**，327-336.
黒田美保．(2009)．発達障害をめぐる高等学校巡回相談の現状と課題．*臨床発達心理実践研究*，**4**，21-27.
小栗正幸．(2008)．発達面に特別な教育上のニーズをもった非行少年への支援．*発達障害研究*，**30**，1-8.
佐々木かすみ・田熊　立．(2010)．広汎性発達障害のある成人への福祉サービスとしての「本人会」：当事者のニーズと支援に必要な条件の検討．*臨床発達心理実践研究*，**5**，118-128.
高橋和子．(2009)．思春期・青年期の発達障害をめぐる社会生活支援の現状と課題．*臨床発達心理実践研究*，**4**，34-43.
高岡　健．(2005)．少年事件における広汎性発達障害と人格障害．*法と精神医療*，**19**，18-36.
十一元三．(2004)．アスペルガー障害と社会行動上の問題．*精神科治療学*，**19**，1109-1114.
柘植雅義．(2009)．思春期・青年期の発達障害をめぐる教育の現状と課題．*臨床発達心理実践研究*，**4**，14-20.
Wing, L., & Gould, J. (1979). Severe impairments of social interaction and associated abnormalities in children: Epidemiology and classification. *Journal of Autism and Developmental Disorders*, **9**, 11-29.

第28章
成人期の危機と支援：
中年期の発達臨床的理解と援助を中心として

岡本祐子

本章では，さまざまな面で生きることの困難さが増大した成人期における危機と発達，とくに中年期に体験されやすい心理臨床的問題とその援助について論じる。

第1節　生きることが困難な時代の成人期

成人期は，およそ20歳代後半から60歳代半ばまでを占め，人生の中で最も長い時期である。それにもかかわらず，成人期を発達的視点から検討した研究の蓄積はあまり多いとは言えない。しかしながら今日，成人期，なかでも中年期の心理学が注目されるようになったことは，次の2つの理由によると考えられる。

第1は，後述するように，中年期はライフサイクルの中で，自己のあり方や世界の見え方が本質的に変化していく人生の転換期であること，また成人期にも一般の人々に共通した心理的発達プロセスや危機期があることが，臨床心理学研究や臨床実践，発達心理学の実証的研究から明らかにされてきたことである。第2は，少子高齢社会の到来，終身雇用制度の揺らぎなど，社会の大きな変化にともなって，成人期もまた不安定期であることが広く知られ，心理臨床的援助の必要とされる問題が急増したことである。

中年期は，これまで長い間，心身の健康，生活の享受，自立性，身分の保障などの観点から，安定した人生の最盛期ととらえられてきた。しかし，1970年代半ばより，中年期危機，ミッドライフ・クライシスということばに示されるように，不安定な要素の多い人生の転換期として理解されるようになった。この頃からわが国においても，中年期のうつ，中間管理職のストレスや不適応，熟年離婚の増加，乳幼児・児童虐待，老親の介護者のストレスなどが社会問題として注目されるようになった。

21世紀を迎えた今日は，中年期の危機は，1970年代よりも，質的にさらに深刻化，多様化し，それを体験する人々の数もはるかに拡大していると思われる。中年期の危機は，自己内外のネガティブな変化の体験によって，これまでの自分のあり方，生き方ではやっていけないことに気づくことからくるアイデンティティの危機である。しかしながら一方でまた，中年期は，豊かな世代性（generativity；Erikson, 1950/1977, 1980）の達成の時期でもあるはずである。仕事へ打ち込むこと，子どもや若い後継者を育てることは，自分自身の成長感や達成感をもたらし，それはそのまま社会を支えること，社会の発展でもあった。しかし今日は，その世代性そのものが閉塞している状況にあるともいえよう。上記の中高年世代のうつや自殺者の増加，乳幼児虐待などに示される「親になれない親」の問題，老親の介護ストレス，さらに，成人初期・中年期にまで引き延ばされたひきこもり・ニート問題のように，経済的・心理的に自立しない成人した子どもを抱える中年の親の問題など，中年期のメンタルヘルスにかかわる問題はあまりに多い。このように本来，達成感や成長感を体験できるはずであった世代性の課題がうまく達成されないこともまた，今日の中年期危機を深刻化させていると考えられる。これらの危機に関して，たとえば子育て支援，高齢者の介護支援，キャリア支援などは，専門家と行政が一体となった具体的な対策が重要である。これらの具体的な支援に関する紹介と論考は他に譲り，本章では，中年期の生きにくさに通底する人生の転換期の発達臨床的理解と援助について論じる。

第2節　成人期の発達・臨床心理学の系譜

　まず，成人期の発達臨床心理学の主要な理論や研究の系譜について簡単に紹介する。それは，フロイト（Freud, S.）をはじめとする精神分析学とアメリカ合衆国を中心とする発達心理学者らによる生涯発達心理学の2つの流れをたどることができる。

1　精神分析学派による成人発達研究

　精神分析学の創始者であるフロイトは，今日広く知られているように，意識だけでなく無意識をも包含した人間発達理論を提唱し，幼児期の心理-性的発達が，後の成人期にも大きな影響を及ぼすことを明らかにした（Freud, 1905/1969）。フロイトのこの漸成説の基盤には，人間が適切な発達をとげるためには，適切な時期に適切な順序で，おのおのの発達段階における特定の重要な課題に遭遇し，それ

を越えねばならないという考えがある。フロイトの発生論的漸成説は，以後，力動的人格発達論における主要な基礎理論となり，エリクソン（Erikson, E. H）の人間生涯における心理社会的発達論をはじめ，多くの後継者に受け継がれ，さらに発展していった。しかし，フロイトは，成人期以降の心理的葛藤は，幼児期以来抑圧されてきた無意識的な葛藤の再現と考え，成人期をさらなる発達の時期とは見なしてはいなかった。

それに対して，初期にはフロイトと親密な交流をもちながら，38歳の年に彼のもとを去ったユング（Jung, C. G.）は，今日の成人発達研究の祖と考えられる人物である。ユングは人間生涯の後半における成人の発達にとくに注目し，全生涯にわたった発達の概念を提出した（Jung, 1933）。ユングは，中年期に始まり，ライフサイクルの後半期にわたって進む発達のプロセスは，個人に内在する可能性を発見し，その自我を高次の全体性へと志向せしめる努力の過程であるという。ユングは，これを「個性化の過程」，あるいは「自己実現の過程」と呼び，人生の究極の目的と考えた。

さらに，エリクソンの提唱した精神分析的人格発達分化の図式 Epigenetic Schema（Erikson, 1950）は，成人期の発達に関する理論的基礎を与えるものとなった。今日よく知られているように，この図式においてエリクソンは，誕生から死に至るまでの人間生涯全体を見通した人格発達のプロセスを8つの段階で表した。彼は，心の発達は青年期までにとどまらず，生涯を通じて達成されていくものであることを強調している。

2　米国の発達心理学における成人期研究

成人期の発達に関する第2の系譜は，心理学の黎明期からアメリカ合衆国を中心とする発達心理学者らによって行われたものである（Bühler, 1933；Hollingworth, 1927；Stanford, 1902）。また1960年代にニューガルテン（Neugarten, 1968）を中心として行われたパーソナリティ，対人関係，適応等，成人期のさまざまな側面の変容に関する研究は，1970年代以降の成人発達研究に直接的な影響を与えるものとなった。とくにそれまでの研究が，成人期をも含む人生の各時期における単なるデータの収集であったものが，1960年代を境に，発達のプロセスや構造の変化への探求に関心が変化していったことは重要であろう。

3　1970年代以降の成人発達研究

1970年代以降，レヴィンソン（Levinson, 1978/1980），グルド（Gould, 1978），ヴァ

イラント（Vaillant, 1977），シーヒィ（Sheehy, 1974/1978）らによって，それぞれの実証的研究にもとづく独自の発達段階説が発表され，人間生涯全体を発達的視点から見る視座が確立された。わが国でもよく知られているレヴィンソン（Levinson, 1978/1980）の「男性のライフサイクル」論は，その代表的なものである。これらの研究によって，成人期においてもパーソナリティや個々人の意識や目標のあり方などさまざまな次元で，一般の人々に共通して見られる変化のプロセスが存在することが明らかにされた。

これらの研究成果は，それぞれの発達段階で達成されるべき条件や「発達課題」（Havighurst, 1953/1958）とは異なって，成人期の各発達期には，生活構造の発展（Levinson），人格の「変容」（transformation；Gould），自我機能の成熟（Vaillant）などが見られるという，より全人格的な変化のプロセスを見出した点で評価することができる。フロイトが，人生後半期は人格的発達や変化の可能性は乏しいと考えたのに対して，1970年代以降の成人発達研究は，人生後半期においても積極的な創造や人格の成熟の可能性を示唆している。

また，エリクソンのアイデンティティ論を基盤に，成人期のアイデンティティ発達や危機を理論的，実証的に検討した一連の研究（たとえば，Franz & White, 1985；Josselson, 1987, 1996；岡本，1985, 1994, 2002, 2007）も成人期の発達や危機の理解を深めることに貢献している。そして，これらの研究の多くは，中年期を人生半ばの危機，転換期ととらえている。

第3節　人生半ばの峠に体験される心の危機
――「構造的危機」としての中年期危機

1　中年期に体験される心の世界とアイデンティティの危機

人生の峠，人生の曲がり角と言われる中年期の心の世界は，どのようなものであろうか。中年期は，生物学的，心理的，社会的，いずれの次元でも大きな変化が体験される。その多くは，喪失や下降・衰退といったネガティブな変化である。身体的には，体力の衰えや老化の自覚，家族ライフサイクルから見ると，子どもの親離れ，自立，夫婦関係の見直し，職業人としては，職業上の限界感の認識など，さまざまな変化が体験される。その中核となる心理は，「自己の有限性の自覚」であろう。図28-1は，中年の人々が体験しやすい自己内外の変化と臨床的問題をまとめたものである。このように中年期は，自己内外のさまざまな次元で自己がゆさぶられる構造的な危機であると考えられる。

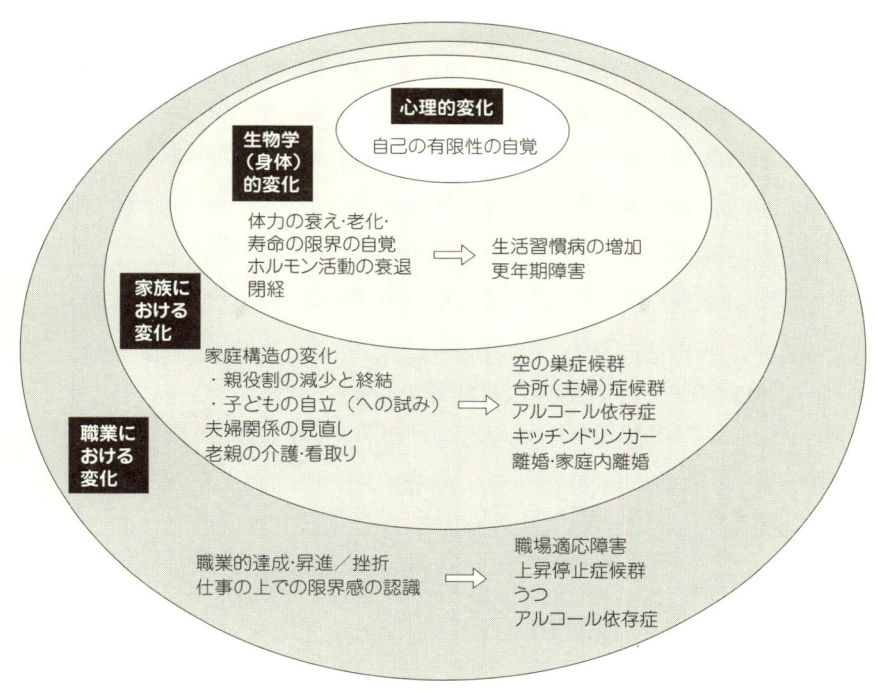

```
                    心理的変化
                   自己の有限性の自覚
         生物学
         (身体)
         的変化
              体力の衰え・老化・
              寿命の限界の自覚    ⇒  生活習慣病の増加
              ホルモン活動の衰退      更年期障害
     家族に    閉経
     おける
     変化
           家庭構造の変化         空の巣症候群
           ・親役割の減少と終結      台所(主婦)症候群
           ・子どもの自立(への試み) ⇒ アルコール依存症
           夫婦関係の見直し        キッチンドリンカー
   職業に    老親の介護・看取り      離婚・家庭内離婚
   おける
   変化
              職業的達成・昇進／挫折    職場適応障害
              仕事の上での限界感の認識 ⇒ 上昇停止症候群
                              うつ
                              アルコール依存症
```

図28-1　中年期危機の構造（岡本，2002）

　このような自己内外の変化によって，人々は，自分の生き方，あり方を問い直す。これは，今までの自分，アイデンティティそのものの問い直しであり，危機である。図28-1に示したようなさまざまな変化を契機に揺らいだアイデンティティは，その変化や揺らぎを否認したり，逃げたりせずに，主体的にとらえ，これからの生き方を主体的に模索するなら，人生後半期へ向けて，より納得できる自分の生き方が見えてくる。そのプロセスを岡本（1985, 1994）は，「中年期のアイデンティティ再体制化のプロセス」と呼んでいる。

　今日，「危機」あるいは「クライシス」ということばは，どうすることもできない破局的な意味合いで用いられることが多い。しかし，本来危機とは，あれかこれかの分かれ目，決定的転換の時期という意味である。心の発達において見れば，心がさらに成長，発達していくか，逆に後戻り，退行していくかの岐路ということを示している。その意味で見れば，古今東西を問わず，中年期に私たちが体験するさまざまな変化は，まさにこの発達の分かれ目を示唆しているといってもよいであろう。

2　中年期の心の変容の臨床的理解

　このような中年期の心理的体験を，もう少し掘り下げて考えてみたい。エリクソンは，中年期の心理社会的課題は「世代性」（generativity）であると述べている。健康な中年の人々は，子どもを生み育て，物や思想を創造し，次世代へ深い関心をもって世話や指導をすることによって，次の世代をはぐくみ育てていく。このような行為は，中年期以前の人生の中で獲得された自己に対する自信，社会からの正当な評価と受容，他者との親しい関係性や相互の信頼感などの資質に支えられたものである。しかしながら，中年期に達するまでにこのような資質を獲得できなかった人々は，偽りの親しさを強迫的に求めたり，自分のことばかりに強迫的に熱中するなど，自分自身のことにしか関心をもつことができない。このことをエリクソンは，「自己陶酔」とよんで，中年期の心理社会的危機のネガティブな局面として述べた。

　アイデンティティの危機という視点からみると，中年期の危機は，これまでの自分（＝アイデンティティ）ではもはややっていけないという気づきの体験である。もう自分は若くはない。人生の中で元気で働ける時間は無限ではない。右肩上がりの成長ばかりを望めるわけではない。これまで大切にしてきた価値観，考え方で本当によいのか……，このような意識は，今まで自分がもってきた自己像や世界に対する見方が必ずしも正しいものではないという気づきである。このことを認識すると人々は，自分らしい生き方，自分が本当にやりたいことは何か，自分の人生にとって，本当に大事なものは何か，ということを考える。もっと別の生き方もあったのではないかと思いをいたす人も少なくない。中年の人々に対する心理療法の中で重要なことは，この「生きられなかった自分」と現実の中年の自分を，いかに折り合いをつけていくかということである。

　中年期のネガティブな変化の中で重要な問題の一つは，喪失体験である。第1は，親や親しい人の老化や死，子どもの親離れなど，これまで深くかかわり，依存し，愛着してきた対象との離別，第2は，これまで自分を支えてきた役割や「場」，環境との離別である。そして第3は，自分自身，あるいは，自分を支えてきた価値や意味をもつものの喪失，つまりアイデンティティの喪失である。これらを乗り越えるためには，「喪の仕事」（mourning work）が大きな意味をもつ。つまり，「喪失」の現実を受け入れ，自分の中に失った対象を別の形で再建していく心の作業である。「喪の仕事」のプロセスには，深いうつをともなうことが少なくない。図28-1に示したように，中年期はさまざまな次元で「喪失」が体験される。中年期危機の克服とは，それぞれの次元でのネガティブな変化，喪失体

験をしっかりと認識し，過去の自分と現実の自分との折り合いをつけ，新たな納得できる自分を創り出していくプロセスにほかならない。その意味では，中年期は「喪失」の時期であると同時に，新たな自分や対象関係の創造の時期でもある。この「失うことから得る」成熟性は，中年期の重要な特質であろう。

　カーンバーグ（Kernberg, 1980/2002）は，自己愛の視点から正常な中年期と病的な中年期について考察し，「すっかり始めからやり直す」という現実的能力について言及している。「現実の壊滅的喪失や失敗を受け入れても，なおかつ，これまでどおりの自分を受け入れて，意味ある人生を再建できると思えるだけのゆとりがあるかどうかが，中年期の発達課題が正常に遂げられているかどうかをはかる一つの試金石になる」（訳書，p.171）。このことは，中年期に至るまでの心理社会的課題がほどよく達成されていること，危機を否認せず，さらに自己を構築していく自我の強さに支えられているといえよう。

第4節　中年期危機の心理臨床的理解と援助

　最後に，筆者が臨床心理士としてかかわった心理臨床事例（岡本，2007）をもとに中年期危機の体験のされ方，危機からの回復によって獲得される特質と心理臨床的援助の視点について具体的に考えてみたい。中年期に心理臨床的問題が顕在化する状況は次のようなものである。

1　中年期特有の喪失体験

　第3節で述べたように，中年期に心理臨床的問題が顕在化する契機は，中年期特有の喪失体験であることが多い。それは，自分自身の老化や更年期障害などによる「元気でタフだったこれまでの自分」の喪失や，子どもの自立などによる「親としての自分」の喪失，また親の死や老化によるこれまで支えにしてきた「親イメージの喪失」の体験などである。

　中年期を迎えた母親の空の巣症候群，うつや無力感については，比較的古く1960年代から注目されてきた。もっとも最近の研究の中には，子どもの自立は，子育ての成功体験として肯定的に評価されることも多いという報告（石垣・本多，2005）や，それまでの母子関係によって母親自身の子離れ体験には，相当な相違が認められるという研究（兼田・岡本，2007）も見られる。しかしながら，思春期，青年期に達した子どもの自立への試みは，ときにそれが破れかぶれの自立であることも少なくない。中年の親にとって，現実のわが子の姿が，長い子育ての

中で思い描き，期待していた成長のイメージと異なる場合，親の側に落胆やうつをもたらし，親であるという自信さえ失ってしまうこともある。

　中年期の人々にとって，親はすでに老年期に入り，介護が必要になったり，現実に死を迎えることも多い。こちらが親の世話をし，支えこそすれ，もう親に依存することはできない。健康な人々であれば，その事実は受け入れられ，適応的に親子関係の心理力動は変化していく。しかし，中年期に至るまでに，親への依存性が解決されていないとき，つまり，子どもの側に大人としての心理的な自立が達成されていない場合，頼りにしていた親の老化や死は，中年期の臨床的問題の引き金になることもある。

2　未解決の心理的課題の壁

　中年期に直面する問題の一つに，これまでの発達段階における未解決の心理社会的課題や葛藤の解決という問題がある。青年期の課題としては，両親からの自立やアイデンティティの確立，つまり適切な親との心理的距離をとり，親とは異なった自分の独自性と社会における居場所を見つけることがある。また成人初期の課題としては，配偶者との間で親密で対等な相互依存－協力関係を築くという問題がある。このような課題は，大人として成人期を生きていくうえで不可欠の問題であり，本来，それぞれの発達段階で達成されておくべき課題である。しかしながら，心理臨床の場で出会う人々の中には，その問題が中年期まで先送りされ，中年期の峠を越えられない事例も少なくない。

　これらの事例では，中年期の危機は，もはや課題の先送りが許されない，にっちもさっちもいかない状況で現れているため，心理療法では，本腰を入れてこれまでの未解決の課題や意識されていない葛藤の見直しを行う必要がある。ていねいにこれまでの半生の経験を見直していくことにより，クライエントは初めて自分の葛藤や未解決の課題に気づき，中年期にようやく心理的な自立と主体的なアイデンティティが達成されていく。

3　世代性における躓き

　中年期の中心的な心理社会的課題は，次世代をはぐくみ育て，親を支えることである。中年期の心理療法事例においては，この世代性の問題がテーマになることも多い。さらに今日では，世代性の問題は，子どもという次世代を育てるという問題ばかりでなく，老親を世話し看取るという，自分たちの上の世代のケアも大きな位置を占めている。

中年の子ども世代と老年期の親の世代の家族にかかわる心理臨床的問題は，単に介護のストレスだけでなく，親の生活や人生を支えるために，自分たちの生活構造や生き方をどう組み立て直すかという問題もきわめて重要な課題となる。それがうまくいかないとき，自分の人生が台なしになった，自分は親の犠牲になってしまったという思いが体験されることも少なくない。老親を支えるためにリセットした人生の躓きである。このような事例の心理面接で行われる心の作業は，自分自身の半生，配偶者との関係性の見直しを通して，「自分」を失わず「家族」を受け入れる自分自身のあり方，生き方の模索であることが少なくない。

4　中年期危機からの回復によって得られる特質と心理臨床的援助の視点

　中年期危機からの回復によって獲得される特質はどのようなものであろうか。第1は，「自分」の感覚が信頼できることであろう。これは中年期の心理療法に限らず，あらゆる年齢のクライエントに共通する問題かもしれない。しかしながら，中年期の危機においては，さまざまな次元の内圧と外圧によって自己が揺さぶられる。その揺れを一つ一つ整理しながら，主体的な自己の感覚を取り戻していくことは重要な課題である。

　第2の資質は，自己内外でおこっている「現実」に向き合えること，その「現実」を受け入れて生きられることである。家族や重要な他者を理想化した対象としてではなく，相手のありのままの姿を見，それが受け入れられることである。これは，理想化した対象と自己と他者の関係性の消滅に耐えて，現実に直面できることを意味する。「理想化」と「幻滅」におりあいをつけ，統合するという課題であるともいえるであろう。

　第3は，言うまでもなく，自己の立て直し，つまりアイデンティティの再構築である。それは，主体的に納得できる自分を獲得すること，他者との適切な距離がとれること，そして「個」としての生き方と重要な他者へのケアのバランスがとれることなどを意味している。

　問題の根がどの発達段階にあるにせよ，中年期にはそれまで無意識的に先送りされてきた問題が顕在化する。それは，図28-1に示したような中年期の構造的危機――内圧と外圧に押されて，これまで何とか維持されてきた生活そのものや自我が揺らぐことからくる。したがってどのレベルの問題・葛藤を抱えたクライエントであっても，自己の見直しと再体制化は，中年期の心理療法の重要な目標となる。究極のところ，中年期の心理療法とは，人生半ばの峠に立ち，越し方が見渡せ，行く末も見えてきたクライエント自身が「どう生きたいのか」を，面接

者が理解し支えることではないであろうかと，筆者は考えている。

　健康な一般の人々を対象とした発達心理学と，心理臨床的理解と援助を主眼とする臨床心理学は，これまで必ずしも十分な研究交流が行われてきたとはいえない。しかし今日，ようやく成人期のさまざまな危機的局面を発達臨床心理学的視点からとらえた成人発達臨床心理学が体系化されようとしている。本章で述べた内容の詳細は，岡本（2010）をご参照いただければ幸いである。

引用文献 ··

Bühler, Ch. (1933). *Der menschliche Lebenslauf als psychologisches Problem*. Leipzig: S. Hirzel. (2nd ed., Göttingen: Verlag für Psychologie, 1959.)

Erikson, E. H. (1977, 1980). *幼児期と社会 1・2*（仁科弥生, 訳）. 東京：みすず書房. (Erikson, E. H. (1950). *Childhood and society*. New York: Norton.)

Franz, C. E., & White, K. M. (1985). Individuation and attachment in personality development: Extending Erikson's theory. *Journal of Personality*, **53**, 224-256.

Freud, S. (1969). 性欲論三編. フロイト著作集：5 性欲論・症例研究（懸田克躬・高橋義孝ほか，訳，pp.7-94）. 京都：人文書院. (Freud, S. (1905). *Drei Abhandlungen zur Sexualtheorie* (pp.ii-83). Leipzig und Wien: Deuticke.)

Gould, R. L. (1978). *Transformations: Growth and change in adult life*. New York: Simon & Schuster.

Havighurst, R. J. (1958). *人間の発達課題と教育*（荘司雅子ほか，訳）. 東京：牧書店. (Havighurst, R. J. (1953). *Developmental tasks and education* (2nd & reprinted. ed.). New York: McKay.)

Hollingworth, H. L. (1927). *Mental growth and decline: A survey of developmental psychology*. New York: Appleton.

石垣明美・本多公子. (2005). 更年期外来で訴えられる精神症状の実際と心理的背景. *日本心理臨床学会第 24 回大会論文集*，234.

Josselson, R. L. (1987). *Finding herself: Pathways to identity development in women*. San Fransisco: Jossey-Bass.

Josselson, R. L. (1996). *Revising herself: The story of women's identity from college to midlife*. New York: Oxford University Press.

Jung, C. G. (1933). The stages of life. In *The collected works of C. G. Jung* (Vol.8). Princeton University Press, 1960.

兼田祐美・岡本祐子. (2007). ポスト子育て期女性のアイデンティティ再体制化に関する研究. *広島大学心理学研究*，**7**，187-206.

Kernberg, O. F. (2002). *内的世界と外的現実*（山口泰司，監訳）. 東京：文化書房博文社. (Kernberg, O. F. (1980). *Internal world and external reality*. New York: Jason Aronson.)

Levinson, D. J. (1980). *人生の四季*（南 博，訳）. 東京：講談社. (Levinson, D. J. (1978). *The seasons of a man's life*. New York: Alfred A. Knopf.)

Neugarten, B. L. (1968). *Middle age and aging*. Chicago: University of Chicago Press.

岡本祐子. (1985). 中年期の自我同一性に関する研究. *教育心理学研究*，**33**，295-306.

岡本祐子. (1994). 成人期における自我同一性の発達過程とその要因に関する研究. 東京：風間書房.

岡本祐子（編著）. (2002). アイデンティティ生涯発達論の射程. 京都：ミネルヴァ書房.

岡本祐子. (2007). アイデンティティ生涯発達論の展開：中年の危機と心の深化. 京都：ミネルヴァ書房.

岡本祐子（編著）．（2010）．成人発達臨床心理学ハンドブック：個と関係性からライフサイクルを見る．京都：ナカニシヤ出版．
Sheehy, G.（1978）．パッセージ：人生の危機 1・2（深沢道子，訳）．東京：プレジデント社．(Sheehy, G.（1974）. *Passages: Predictable crises of adult life*. New York: Dutton & Co.)
Stanford, E. C.（1902）. Mental growth and decay. *American Journal of Psychology*, **13**, 426-456.
Vaillant, G. E.（1977）. *Adaptation to life*. Boston: Little, Brown.

参考文献

岡本祐子（編著）．（2002）．アイデンティティ生涯発達論の射程．京都：ミネルヴァ書房．
岡本祐子．（2007）．アイデンティティ生涯発達論の展開：中年の危機と心の深化．京都：ミネルヴァ書房．
岡本祐子（編著）．（2010）．成人発達臨床心理学ハンドブック：個と関係性からライフサイクルを見る．京都：ナカニシヤ出版．

第29章
中高年期のうつと自殺

川野健治

第1節　うつと自殺の実態

　近年わが国では，増加するうつ病や精神的ストレス，そして自殺への対策が注目されている。2011年に最終評価が行われた，国民健康づくり運動「健康日本21」では，こころの健康を保つ生活とこころの病気，とくにうつ病への対応を課題とし，ストレスの低減，十分な睡眠の確保，睡眠補助薬やアルコールなどの利用者の減少，自殺者の減少などを具体的な目標においた。そして，ストレスを軽減するための周囲からのサポートの充実，睡眠やうつ病等のこころの病気への適切な相談，治療体制の整備を対策として掲げている。

　ところで，本章では中高年期に焦点を当てるが，メディアを通じて伝えられる「働きざかりのうつ」の発生頻度は，やはり他の発達段階と比べて高いのだろうか。健康保険組合員17万人を対象としたレセプトデータを用いた調査では，働いている人の約2%がうつ病の診断で治療を受けており，その中では40代が最も多くなっているが，30代や50代以上も1.5%以上の有病者率である（島，2009）。一方，地域住民を対象とした調査ではどうだろうか。川上ほか（2007）は，3県4市町村の20歳以上住民からの無作為抽出サンプルに対して，WHO統合国際診断面接（CIDI）2000によって情報を聞き取り，DSM-ⅣおよびICD-10診断基準にしたがって判定を行った。その結果，DSM-Ⅳでは大うつ病性障害の12カ月有病率は2.1%であり，年代別にみると45〜54歳で3.6%と高かったが，20〜34歳も3.7%であった。ICD-10では，いずれかの気分障害の12カ月有病率は3.1%であり，年代別の傾向は同様に45〜54歳と20〜34歳が高い値となった（図29-1）。

　これらのデータから見る限り，「働きざかり」とは何歳なのか（あるいは，男性

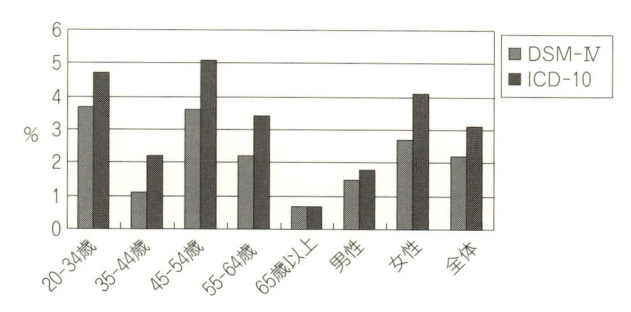

図29-1　一般住民調査による大うつ病性障害（DSM-IV）／いずれかの気分障害（ICD-10）の12カ月有病率（川上ほか，2007 より作成）

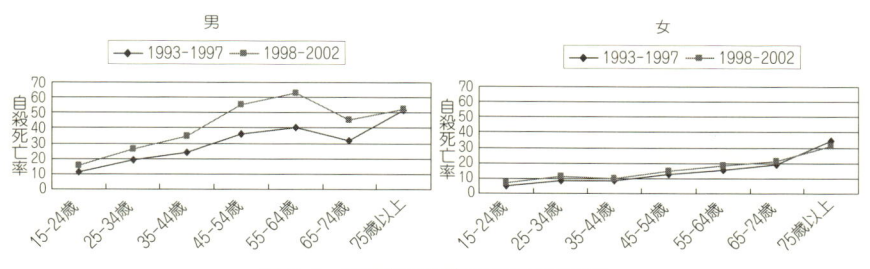

図29-2　年齢階級別自殺死亡率の変化

だけを指しているのか）はともかく，中高年のうつ病の有病率は高いといえそうである。そして，大切な人との死別や転勤など，中高年特有の「喪失」のライフイベントが引き金になって発症する場合もある。とはいえ，うつ病が中高年男性だけの問題というわけでもない。

　一方，うつ病と関連づけられつつ，近年の中高年男性の自殺死亡率（人口10万人あたりの自殺者数）の高さも伝えられている。図29-2は，厚生労働省の集計による人口動態統計から作成したものである。自殺急増前後5年間の自殺死亡率の平均値をプロットした。このように，1998年以降の自殺者数・自殺死亡率の急上昇に最も影響を与えているのは，中高年男性の自殺率の増加といえる。ただし，中高年以外のかなり広い年齢層においても，男性の自殺死亡率の高まりが認められる。実際には，中高年男性の自殺死亡率は1998年の急増以降，わずかずつではあるが下がり始めており，かわって，20代，30代の自殺が問題になりはじめている。

第2節　うつと自殺の関係

　では，このうつ病と自殺の関連性についてはどのように考えたらよいのだろう。海外の先行研究では，うつ病患者の自殺死亡率は対象集団，つまり入院患者，外来患者，地域住民によって異なることが報告されている（Angst et al., 1999；Bostwick et al., 2000）。一方，日本ではまず，警察庁生活安全局生活安全企画課が，各都道府県の警察本部の扱った自殺事例の報告をもとに全国集計として資料にしている「自殺の概要資料」が参考にできる。ここでは，遺書等の自殺を裏づける資料により，明らかに推定できる原因・動機を3つまで計上可能として集計している。平成20年の自殺の概要資料（警察庁生活安全局生活安全企画課，2009）によると，自殺の急増以降，男女ともに自殺の原因として最も多くあげられているのは健康問題である（ただし，40～50代男性の自殺の原因として最も多くあげられているのは，「経済問題」である）。そして，自殺の概要資料における「健康問題」には下位分類があり，最も高い率をしめしたのはうつ病で27.6%，次いで身体の病気が21.8%，以下統合失調症や物質依存，さらにその他の精神疾患なども6%から数%の値が示されている。

　ただし，この下位分類の比率については，慎重に判断したほうがよい。WHOのレポートでは自殺者の90%以上は，その直前までに何らかの精神疾患の診断が該当し，最も高いものはやはりうつ病で30.5%だとしている。しかし，統合失調症や物質依存症は，先の自殺の概要資料よりも高い率を示しており，それぞれ13.8%，17.1%である。また，パーソナリティ障害も12.3%に認められるとしている。これは，サンプルの差ではなく，データ収集方法，正確にいえば，だれがどのようにして疾患名を確定したか，という問題に帰結すると考えるべきである。指摘するまでもないことだが，自殺の概要資料においては，データを集めるのは警察官である。精神科医が診断してデータ化しているわけではない。うつをはじめ，統合失調症やパーソナリティ障害を診断してデータ化するためには，専門家による標準化した手続きが必要になる。

　なお，うつ病以外の精神疾患との関連は，救命救急センターに搬送された自殺未遂者のデータからも推測することができる。日本医科大学多摩永山病院高次救命救急センターのCCM（集中治療室）に2003年8月から2004年12月までの17カ月間に入院した自殺企図例347例のうち，初回自殺企図例165例においては，気分障害圏が男性40%，女性31%を占めていたが，適応障害圏は28%と40%，

不安障害圏は 3% と 15%，統合失調症圏は 5% と 3% であった。また，複数回自殺企図例では，気分障害圏よりも適応障害圏，人格障害圏，不安障害圏の方が多くなっている（伊藤，2005）。

　1998 年以降の日本の自殺死亡率は，10 万人あたり 24 人（0.024%）くらいである。そのうち 30% が背景にうつ病をもっていると考えると 7 人程度。一方，うつ病の有病率を先の川上ほか（2007）で 2.1% とすると 10 万人あたり 2,100 人程度ということになる。たとえば，自殺念慮のないうつ病患者の家族の目線なら，「うつ病の 1% 未満しか自殺しないのに，うつと自殺が関係していると言えるだろうか」と直感的に疑問を感じるだろう。一方，上記の確率を使って，つまり研究者目線でうつ病患者とそれ以外の市民の自殺死亡率を比べれば，「7/2,100 対 17/97,900 = 19 対 1」とやはりうつ病は高い危険率を示すといえる。そして，うつ病患者自身あるいは援助職からの目線なら，自殺念慮を抱く・訴えるうつ病患者は少なくないため，もっと高い率で自殺に結びつくと感じているかもしれない。

　ところで，自殺予防総合対策センターが実施した心理学的剖検の手法を用いた（遺族への）聞き取り調査「自殺予防と遺族支援のための基礎調査」が示唆しているのは，うつ病が単独で自殺の原因となるほかに，他の要因と複合して自殺へと結びつく場合の危険性である（赤澤ほか，2010）。表 29-1 に見られるように，調査協力ケースを有職者と無職者にわけたところ，いずれにおいても高い率で気分障害（大うつ病性障害，気分変調性障害，双極 II 型障害を含む）が認められたが，他の精神疾患の比率も高いものであった。いくつかの分析を経て，有職の自殺者の特徴としては，「40, 50 代が多く，気分障害に次いでアルコール使用障害が多く見られ，返済困難な借金のリスクがある既婚男性」とした。他方，無職の自殺者の特徴としては「20, 30 代が多く，気分障害に次いで統合失調症，精神遅滞，薬物使用障害が多くみられる未婚男性」であった。

　つまり，直感的にうつ病と自殺の因果関係を捉えるのは適切ではない。そこで「○○は自殺の原因ですか」という質問には，筆者はまず否定することにしている。ここまで紹介した調査結果が示すように，観察対象，方法によって結果が異なること，また，ほかにいくつもの要因が関連していることを留意し，客観的に把握することが大切である。たとえば，X（うつ病）× Y（アルコール使用障害）× Z（ソーシャルサポートの喪失）という形で自殺の危険性は高まっていくと考えたほうが適切だろう。うつ病は最大の「危険因子」の一つなのである（国立精神・神経医療センター精神保健研究所自殺予防総合対策センター，2011）。

表29-1 職業の有無と精神医学的診断（平成21年版自殺対策白書［内閣府，2009］より引用）

	有職者 n=31	無職者 n=15	X^2
いずれかの精神障害への罹患人数	29 (93.5%)	11 (73.3%)	3.64
幼児期，小児期，青年期に初めて診断される障害	0	2 (13.3%)	4.32*
精神遅滞	0	2 (13.3%)	4.32*
せん妄，認知症，健忘性障害	1 (3.2%)	0	0.50
認知症	1 (3.2%)	0	0.50
物質関連障害	11 (35.5%)	2 (13.3%)	2.45
アルコール使用障害	11 (35.5%)	0	7.00**
薬物使用障害	0	2 (13.3%)	4.32*
統合失調症および他の精神病性障害	1 (3.2%)	4 (26.7%)	5.73*
統合失調症	1 (3.2%)	3 (20.0%)	3.58
短期精神病性障害	0	1 (6.7%)	2.11
気分障害	26 (83.9%)	12 (80.0%)	0.11
大うつ病性障害	20 (64.5%)	7 (46.7%)	1.33
気分変調性障害	4 (12.9%)	4 (26.7%)	1.33
双極Ⅱ型障害	2 (6.5%)	1 (6.7%)	0.00
不安障害	8 (25.8%)	1 (6.7%)	2.35
全般性不安障害	5 (16.1%)	0	2.71
強迫性障害	1 (3.2%)	1 (6.7%)	0.29
パニック障害	2 (6.5%)	0	1.01

* $p<0.05$　** $p<0.01$

第3節　うつ病の広がり

　それに加えて，ここまで用いているように，（働きざかりの）うつ，うつ病，大うつ病性障害，いずれかの気分障害など多様な表現がある点を考慮しなければならない。つまり，「うつ病」とはなにか，という問題である（市橋，2009）。

　まず，専門家によっては，うつ気分，うつ状態，うつ病と使い分けている場合がある。うつ気分は，いわゆる気分の落ち込みであり，さまざまな出来事のあとで経験し回復する，正常で一時的な反応である。これに対して，うつ状態とは，気分の落ち込みに加えて，睡眠や食欲など身体にも影響がみられ，自殺念慮がある場合もある。その中心にあるのはうつ病であることは間違いない。ただし，うつ症状は，うつ病以外の精神疾患，つまり，統合失調症や不安障害，ストレス性障害，適応障害，物質依存障害などでも見られるものである。

　次に「うつ病」について。DSM-Ⅳでいえば，気分障害には大きく双極性障害

表29-2　SSRI/SNRI を中心とした抗うつ薬適正使用に関する提言

自殺関連行動と並んで攻撃性・衝動性等の高まる，いわゆる「アクチベーション」が生じる場合があることが報告されているので，リスク・ベネフィットを考慮して注意深く使用することが重要である。
(1) 若い患者に処方する場合はより注意深い観察が必要である。
(2) 女性では他害行為の念慮・企図が出ることがあるが，男性に比べて実行に移すことが少ないのに対して，男性では他害行為につながる傾向があることを認識すること。
(3) 過去の病歴を十分聴取し，過去に衝動的行動歴がある場合には処方するか否かを含め慎重な判断をする。
(4) 主病名が「うつ病」や「大うつ病」ではなく，「うつ状態」「不安障害」「双極性障害」「脳器質疾患のうつ状態」などの場合には，特に慎重な投与が必要である。
(5) 他の精神障害，パーソナリティ障害がある場合には，ない場合よりも慎重かつ細かな観察をする。
(6) 「アクチベーション」が生じている場合には，他者への攻撃性とともに自殺のリスクについても注意を払う。

とうつ病性障害があり，前者にはⅠ型，Ⅱ型，気分循環性障害があり，後者には，大うつ病性障害と気分変調性障害（小うつ病）がある。文脈によって，あるいはその表現を用いる者の専門性や学問的立場によって「うつ病」とは，大うつ病性障害だけを指す場合があり，気分障害全体と考える場合もある。

加えて最近は，従来のうつ病性「中核群」に対して，これにあてはまらない「非定型うつ病」の増加が指摘されている。英国で最初報告された非定型うつ病は，従来のうつ病とは異なる特徴，たとえば発症年齢が若く，女性に多く，より慢性の経過をたどり，不安障害との合併が多い，双極Ⅱ型との関連が深いといった点が指摘され，三環系抗うつ薬に反応せず，モノアミン酸化酵素阻害薬に選択的に反応するものであった。この概念はその後広がりをみせ，とくに独特の性格傾向として，拒絶に対する過敏性（とくに，対人関係における拒否を強くストレスとして感じ，うつ状態を示す），他責性，自己愛的などが指摘されている。

まとめると，「うつ」も自殺も近年増加しつつあり，そこには一定の説明力をもった関係を想定してよい。ただし，それは日常的な感覚での因果関係からは，やや遠いものといわねばならない。その複雑化した関係の中での議論は慎重を要するものである。たとえば近年，抗うつ薬として使用される選択的セロトニン再取り込み阻害薬＝SSRI が，むしろ自殺率を高めるのではないか，という警告が米国の食品医薬品局 FDA からなされた。しかし，うつに対する薬物療法といっても，上述した多様なうつのどの範囲を対象として，どのような属性の患者に行われたのかを確かめる必要がある。なお，SSRI と自殺の関係については，その後多様な論争がみられたが，たとえばイタリアでは大規模調査が行われ，SSRI

の投与によって成人の自殺率は低下し，若年層の自殺率を高めるという結果が報告されている。米国ではその後見直しが行われ，小児患者へのSSRI投与の禁忌措置は解除された。日本では，2009年の10月に日本うつ病学会より提言がなされているが，その要点は，「若年層には注意深く観察しながら使うように」ということである（表29-2）。

第4節　うつと自殺の対策

　ここまで述べてきたように，単純にうつが自殺を導くとする表現には慎重でありたいが，それでも自殺既遂者の9割以上になんらかの精神疾患が認められ，その最も高い比率を占めるのがうつであることは事実である。また，柔軟性を欠く思考，物事の否定的な面に注目してしまう点など，たしかにうつは，自殺への距離を縮める。つまり，（精神保健の観点から）自殺対策を考えるなら，うつを入り口にしたアプローチは効率がよい。

　少し補足しておくと，精神保健以外の観点，たとえば経済対策によって自殺を減らす可能性もあるが，おそらく想定する介入モデルが問題になる。経済対策を自殺の抑止と考えるには，マクロレベルである経済がミクロレベルとしての個人に届くまでに，どのようなプロセスを経ているのか，なぜ個人の自殺行動に影響を与えるといえるのかを分析する必要があるだろう。この作業がなければ，対策の効果を評価することができず，対策実行上の困難を抱えることになる。

　つまり，10万人対で24という死亡率は，もちろん他の死因と比べれば高いものであるが，しかし統計的に効果の検証を行おうとするには大きな値ではない。また自殺の対策が，間髪いれずに地域の自殺死亡率を低下させるとは想定しにくい。たとえば，人口3万人の自治体で，10月に生活保護の支給率を高めたところ，翌年4月の自殺死亡者が8人から9人に増えていたら（自殺死亡率12.5%の増加），この対策の継続は取りやめるべきだろうか。このように，対策の効果過程をできるだけ詳細に理論化し，評価指標をプロセスに沿って明確にしておかなければ，対策の実施は場当たり的になり，継続するうえでの予算獲得は困難となる。

　対照的に，うつ病による気分の落ち込み，自信の喪失，睡眠の障害，それに自殺念慮などが背景にあり→引き金を引くような出来事，たとえば会社での失敗や仕事の喪失，→さらにそのために家族からのサポートをも失う→自殺の危険性が高まる，といったプロセスは医療・福祉・心理の視点から理解しやすく，自殺への介入の戦略として地域や職域でのうつ対策は合理的であるといえる。そこで，

介入プログラムとしては，うつを指標としたハイリスク者のスクリーニング→一定以下のリスクの人にメンタルヘルスの心理教育を行う→必要な人には精神医療や臨床心理の専門家につなぎ自殺念慮を低下させる→医療以外の支援の緊急性について，ソーシャルワーカーが評価する→地域資源を利用した生活復帰の計画を立てる，と構築できる。そして，適宜スクリーニングの精度（偽陽性，偽陰性の確率），医療の質やソーシャルワークの質，地域生活プログラムの適切さなどを評価しながら，自殺死亡率の低下を最終的なアウトプットとして，対策をマネジメントすることになる。

第5節　普及啓発とゲートキーパー機能の充実

それでは現在，わが国ではどのような支援がなされ，あるいは今後どのように展開していくだろうか。その動きを占う資料として，2010年5月の厚生労働省の「自殺・うつ病等対策プロジェクトチーム」の報告書を取り上げよう（厚生労働省，2010）。そこでは，今後の厚生労働省の対策5本柱が示されている。第1の柱には「普及啓発の重点的実施」があげられている。うつ病等にかかっても「支えられている」という安心感をもってもらえるよう，支援施策が一目でわかるような工夫をすることが重要としている。その一つとしてあがっているのが，静岡県富士市で厚生労働省のモデル事業として展開し，その後，2010年の3月には内閣府主導で行われた中高年男性向けの「睡眠キャンペーン」である。

　うつは自殺の危険因子ではあるが，一般市民がうつの心理的側面に自分で気づくことは簡単ではない。かといって，一定規模以上の自治体では，悉皆スクリーニングを行うことも現実的ではない。そこで富士モデルでは，自覚できるうつの症状として睡眠障害に注目した。そして，他者にこころの悩みを相談することを恥ずかしいと感じるであろう中高年男性にも，娘からのことばなら届くのではないかというアイデアから「パパ，ちゃんと寝てる」というキャッチフレーズを用いた。2週間以上眠れなかったらかかりつけ医にかかるように誘導したのである。後の内閣府の「睡眠キャンペーン」も同様の枠組みで実施された。

　ただし，富士モデルの重要な点は，単に普及啓発を行ったことではない。むしろ，うつが疑われる患者をかかりつけ医から専門医療につなげるためのネットワーク「紹介システム」，およびかかりつけ医から精神科医に患者を紹介する際の，専用紹介状等のツールを準備したことにある。うつ病の人に必要な支援を提供することが重要であり，このような「出口」を準備しない睡眠キャンペーンに

は，自殺対策としては実はあまり効果は期待できない。その他，普及啓発に資する精神疾患や支援に関する情報サイトの開発なども，この柱の内容として掲げているが，いずれも課題は，それに対して十分な支援，医療・福祉等を準備できるかどうかという点である。

　第2の柱は，上記の問題に直結する，ゲートキーパー機能の充実と地域連携体制の構築である。うつ病等の精神疾患にかかっている人を対象とした課題としては，保健師等の人員・体制の充実とかかりつけ医と精神医療の連携強化を，またうつ以外を入り口とした対策としては，求職中の方や，一人暮らしの方，生活保護を受けている方を対象にした，相談業務等の強化を掲げている。

　今後は，富士モデル等の検証を経て，より効果的に情報と専門的支援への道筋を提供する手法を洗練する必要があるだろう。そのためには普及啓発とゲートキーパー整備について，先に述べたように理論の整備と適切な評価モデルを導入する必要がある。また，危機に陥る前に必要な情報提供をすると考えるなら，学校でのメンタルヘルス教育の検討も重要になるだろう。この場合，その適切な実施年齢を検討すべきであるが，そこには発達・教育心理学の視点が必須である。また，自殺対策に関しては，うつ以外の重要な精神疾患，統合失調症，パーソナリティ障害，物質依存の問題を視野にいれた間口の広いゲートキーパーが，より望ましい。先に述べたように，うつ対策はあくまで入り口であり，実際には，いくつかの危険因子が入り混じった問題として支援者の前に立ち現われるからである。

第6節　職場におけるメンタルヘルス対策

　第3の柱は，職場のメンタルヘルス対策である。情報提供，管理職や産業保健スタッフに対する教育機会の充実，職場環境のモニタリングやスクリーニング，労災などの手続きの迅速化なども提案されている。これらは，「労働者の心の健康の保持増進のための指針」（厚生労働省，2006）で示された4つのケア，すなわち，セルフケア，ラインによるケア（職場の上司による配慮や支援），事業場内の産業保健スタッフ等によるケア，事業場外資源によるケアと対応しているが，なかでも注目されているのは，休職者の職場復帰の支援方法，またそれに直結する地域・職域連携の問題だろう。

　職場復帰においては，うつからの症状回復，および復職支援を組み合わせたプログラムが，精神科専門医療機関で提供され始めている（佐々木，2011）。内容と

しては，認知行動療法，メンタルヘルスについての心理教育，復職のためのソーシャルスキルトレーニングやオフィスワークなどを含み，グループ活動などにも取り組みながら，職場復帰を目指していくものである。これらの課題に機械的に取り組むのではなく，専門家による評価を行いながら，少しずつ復職の準備を整えていく。

ただし，ここまで述べてきたように，復職支援においてもうつは最大の入口であるが，すべてのケースの背景にあるわけではない。そこで，一部の精神保健センターでは現在，統合失調症や発達障害での復職プログラム，また，復職だけではなく失職した方の再就職支援のためのプログラムも実施している。

今後はこれらのプログラムが各地で提供される体制となっていくことが求められるが，その際には，休職・失職している人の診断に加え，そのニーズと背景について，実態調査が必要になる。たとえば2008年以降に注目を集めた年越し派遣村や生活保護申請の現場では，失職者がメンタルヘルスの問題を抱えている可能性が指摘されている。つまり，不況でまず職を失う人の中には，知的障害や発達障害の問題を背景に，たとえば工場等での労働には適応できていても，不況での配置転換で営業などではうまく仕事ができない，といった経緯が推測されるのである。この方たちは，自ら支援を求めるリテラシーが不足している。たとえば，生活保護の複雑な手続きの説明が理解できないという場合もある。つまり，従来の申請方式のサービス提供では，対応できない問題が生まれ始めているのである。そこで，知的障害・発達障害をもつ人とのコミュニケーション技法の充実が求められる。また，生活保護だけでは，あるいは一時的な住居だけでは生活を立て直すことは難しい。一部の民間団体，たとえば山谷の「ふるさとの会」では，生活保護受給と住居確保をセットにし，メンタルヘルスに留意した支援を提供するという，きわめて注目に値する取り組みをはじめているが，他方，不適切な運営で問題（生活保護の搾取）を起こしている民間団体も残念ながら見受けられる。

第7節　アウトリーチの充実と精神保健医療改革

第4の柱はアウトリーチ（訪問支援）の充実であるが，最後の柱である精神保健医療改革の推進とあわせて考えてよいだろう。すなわち，現状では医療機関など「点」で受けることが多い支援の，時間・空間を広げ，必要な時と場所で支援が受けられるように体制を整える必要がある。とくに精神疾患をもちながら治療に至っていない，あるいは中断している患者等にはアウトリーチが有益だろう

（吉田ほか，2011）。それには患者を中心においた関係機関の連携が必要となるが，誰がイニシアチブをとり体制を整えていくことになるだろうか。おそらくここには福祉もしくは心理職の関与が必須であるが，今後の検討が待たれる。現在，精神医療体制の構造転換，すなわち病院から地域への動きが進められているが，入院患者・精神病床の減少を通じたマンパワーの確保・医療の質の向上も一つの鍵であろう。

　同様の点が，自殺未遂者に対する支援においても指摘できる。自殺未遂者は身体医療と精神医療の双方を必要とする。そのため，病院内ではリエゾン診療，また総合病院では精神科の機能強化が求められる（が，今日，総合病院精神科は縮小の一途にある）。さらに，医療機関での治療終了後は，患者は地域に戻る。自殺に至った危険因子のいくつか，たとえば経済問題や対人関係等が残っている中で，また，精神疾患は（その短期の入院で）完治する可能性は低く，当人の気質的な問題もあるため，再発の危険性はゼロではない。病院外での多様な支援が必要であり，ここでも多職種による支援の連携が，あくまで患者中心に求められる。

　このように，精神保健医療改革がうつと自殺対策に資するとするなら，多様な視点からの支援をつなぐことと現状を超えるマンパワーの確保が鍵になる。つまり，狭義の精神医療だけでは対応できないことは明らかであり，チーム医療・多職種連携が必須である（川野，2010）。稲垣（2009）は，かかりつけ医での構造的なスクリーニングに薬物療法・認知行動療法，患者・医療者に対する教育，処方薬剤師による服薬指導の組み合わせを，精神保健の知識をもったケースマネージャがマネジメントにより構成する枠組み，コラボレイティブケアを紹介している。欧米諸外国では，この手法のうつ病治療効果が報告されている。現状では，普及啓発やスクリーニングの技法の開発と担い手へのインセンティブ，医療と福祉・心理等支援の複合（横の連携）とうつ・自殺の問題を抱える人を中心に，時間的に途切れない支援（縦の連携）のマネジメント，これらを実現するための資金根拠と技術の開発，それらを推進するためのエビデンスの蓄積など，多くの課題があるが，先に紹介した富士モデルなどを重ねて考えるなら，わが国でも新たな精神保健の萌芽をみることができる。

第8節　おわりに

　最後に，とくに心理学に関連して留意すべきいくつかの点を指摘して，本稿を閉じたい。まず，ここまで再三登場した認知行動療法について。2010年4月の

診療報酬改訂で認知療法・認知行動療法が保険点数化され，入院中以外の患者に対して，認知療法・認知行動療法に習熟した医師が一連の計画を作成し，患者に説明を行ったうえでその計画に沿って30分以上認知療法・認知行動療法を行った場合に一日につき420点を請求できることとなった。この内容は，現状では広く解釈しうるもので，精神科医師が実施しなくてもよいととれる。また，専門医が実施する治療技法としては必ずしも点数は高くない。このため，現場では「医師の計画のもと，臨床心理士を含むコメディカルが」認知行動療法を担うという動きが広がっていると推量する。欧米では，臨床心理士が認知行動療法を必須の技量として身につけているため当然の方向性であるが，医療現場では，むしろ専門医が支持的精神療法をベースに実施すべきだとする議論もある。いずれにせよこの機会を，チーム医療・多職種連携の機会ととらえ，関係職能団体や学会間で現実的な議論と技術向上とエビデンスの蓄積のための研究が行われることを期待したい（大野，2011）。

また，本稿ではうつ・自殺関連行動への支援として，治療を中心に論じた。しかし，現実には，そのような治療・支援を実践し，またその経過と結果を受け入れる人々の「解釈」「意味づけ」が重要であることは，各領域の質的研究が明らかにしてきたことである。さらに，うつや自殺念慮に苦しむ本人と家族への心理教育，一般市民がうつ・精神疾患・自殺に抱くスティグマなどの解明と解決のための試み，そのスティグマと裏表の関係にある当事者の援助希求行動の特徴の解明と心理的障壁の除去など心理学的アプローチを必要とするテーマは多い。

そもそも，うつの治療のためには十分な休養をとる必要があるが，わが国の多くの中高年男性は家計を支えており，無期限の休養を補償する現実はない。あるいは，こころの支えとなってきた娘が結婚後に疎遠になったり，経済的な後ろ盾であった両親と死別するなど，関係論的な発達はうつに影響を与える。つまり，理想的（安定的）な治療環境ではなく，私たちは今の社会的・文化的現実の中を生きているのである。これまで知られてきた知見を，そのような現実の文脈のもとに総合することで，本稿の主題である，わが国の中年期の発達課題としてのうつ・自殺の心理学的な記述が可能になると思われるが，筆者の力不足から，本稿はその地ならしにすぎないことをお詫びする。

引用文献

赤澤正人ほか．（2010）．死亡時の就労状況からみた自殺既遂者の心理社会的類型について：心理学的剖検を用いた検討．*日本公衆衛生雑誌*，**57**，550-560.

Angst, J. et al.（1999）. Suicide risk in patients with major depression disorder. *Journal of Clinical Psychiatry*, **60**, 57–62.
Bostwick, J. M. et al.（2000）. Affective disorders and suicide risk: A reexamination. *American Journal of Psychiatry*, **157**, 1925–1932.
市橋秀夫．（2009）．中核群うつ病．精神科治療学，**24**，27–31．
稲垣正俊．（2009）．プライマリケアとうつ病・自殺．公衆衛生情報，**39**（3），34–37．
伊藤敬雄．（2005）．救命救急センターに入院した複数回自殺企図者の特徴と退院後受療行動からみた問題点：精神科救急対応の現状を踏まえた一考察．厚生労働科学研究費補助金（こころの健康科学研究事業）分担研究報告書．
川上憲人ほか．（2007）．こころの健康についての疫学調査に関する研究．厚生労働科学研究費補助金（こころの健康科学研究事業）平成 *18* 年度総括・分担研究報告書．
川野健治．（2010）．チーム医療と自殺予防．日本精神科病院協会雑誌，**29**，63–67．
警察庁生活安全局生活安全企画課．（2009）．自殺の概要資料．
 http://www.npa.go.jp/safetylife/seianki81/210514_H20jisatsunogaiyou.pdf（2012/1/18 取得）
国立精神・神経医療研究センター精神保健研究所自殺予防総合対策センター（編）．（2011）．地域における自殺対策の手引き．東京：ライフ出版社．
厚生労働省．（2006）．労働者の心の健康の保持増進のための指針．
 http://www.mhlw.go.jp/houdou/2006/03/h0331-1.html（2012/01/18 取得）
厚生労働省．（2010）．自殺・うつ病等対策プロジェクトチームとりまとめについて．
 http://www.mhlw.go.jp/bunya/shougaihoken/jisatsu/torimatome.html（2012/1/18 取得）
内閣府（編）．（2009）．平成 *21* 年版自殺対策白書．
大野　裕．（2011）．認知行動療法センター開設とその役割．*Depression Frontier*, **9**, 51–56.
佐々木一．（2011）．精神科病院におけるリワーク活動の位置づけ：日本精神科病院協会における調査結果を中心に．最新精神医学，**16**，155–161．
島　悟．（2009）．働き盛りの「うつ」の現状と動向．月刊地域保健，**10**，16–22．
吉田光爾ほか．（2011）．重症精神障害者に対する地域精神保健アウトリーチサービスにおける機能分化の検討：Assertive Community Treatment と訪問看護のサービス比較調査より．精神障害とリハビリテーション，**15**，54–63．

第30章
高齢者の認知症等への支援

佐藤眞一

　超高齢社会のわが国では，認知症高齢者の増加が著しい。「2015年の高齢者介護」（高齢者介護研究会，2003）において，要介護認定を受けた高齢者の約半数に認知症の症状が認められ，特別養護老人ホーム入所者の8割は認知症と指摘された。また，高齢者の認知症への恐怖感は非常に強く，「物忘れ外来」と呼ばれる初期症状に対する精神科外来は予約で半年待ちも珍しくないという。長寿社会を生きるわれわれにとって，認知症高齢者への支援は喫緊の社会的課題といえるだろう。

第1節　認知症の定義と症状

1　認知症の定義

　認知症とは，後天的に生じる慢性・持続性の病態で，記憶障害に加えて失語，失行，失認または実行機能の障害が持続的に生じ，そのために社会生活が困難になった状態をいう。これらは脳卒中急性期やせん妄時にみられる意識障害とは区別される（ICD-10, DSM-Ⅳ等を参照）。

　認知症は種々の疾患により引き起こされるが，アルツハイマー病と血管性認知症，およびレビー小体病が大半を占め，3大認知症と呼ばれている（小阪・池田，2010）。しかし，いずれも今のところ根本的な治療法がないため，慢性化して進行する。その他，感染症，栄養・代謝疾患，低酸素脳症，外傷など，大脳皮質を広範囲に侵す疾患はいずれも認知症を引き起こす可能性がある。しかし，これらの中には，たとえば正常圧水頭症のように原疾患の治療によって認知症から回復できるものも含まれている。早期診断によって回復可能かどうかを確認し，そうでない場合は初期の薬物療法や適切なケアによって生活の質（quality of life：QOL）を高めることが可能である。

表30-1　認知症による記憶障害の進行段階（Miller & Morris, 1993/2001 を改変）

1　軽度記憶障害
軽度の記憶の欠落が生じるが，本人にとってはあまり問題にならないし，誤って正常な老化あるいはストレスやうつ症状といった他の要因をその原因としてしまうことも多い。 　約束を忘れる，伝言を間違える，よく知らない場所で迷子になる，というようなことがこの段階では起き，最近の出来事についての記憶の悪化が顕著である。 　このタイプの記憶の問題が，必ずしも進行性の神経心理学的障害を示すものではないし，誤って認知症が原因とされてしまうこともある。
2　中等度記憶障害
記憶障害はいよいよ顕著になり，日常生活に深刻な影響を及ぼす。この時点で医療的な援助が求められることがあり（家族や友人によって行われるのが普通である），一方で，介護者を当てにするようにもなる。 　記憶の誤りには，親しい人々や友人を忘れる，よく知っている場所でも迷子になる，時間や曜日が混乱する，徐々に日々の出来事を思い出すことができなくなる。
3　重度記憶障害
親しい家族に関する健忘や作話，記憶錯誤といった記憶障害の顕著な影響が現れてくる。 　記憶の誤りはより深刻なものとなり，徘徊やガスレンジの消し忘れなど安全性に関する問題に対する援助が必要となる。たとえば，家族の名前といった詳しい個人情報など，人に対する情報の欠如が起きてくる。

なお，認知症の種類とその特徴等については，専門書を参照されたい。

2　認知症の中核症状——認知障害

認知症の中核症状は，記憶障害とその他の認知障害および実行機能障害であり，診断上はそれらによって社会生活の自立が困難になった状態とされる。

記憶障害は，とくに日常的な体験の記憶であるエピソード記憶の近時記憶障害が問題となる（表30-1）。また，認知機能障害としては，失語・失行・失認のいずれかに障害のあることがあり，症状は侵される脳部位によって異なる。実行機能には，計画を立てる，自己を監視する，判断する，抽象化する等の能力が含まれ，こうした障害は主にワーキングメモリを含む前頭葉機能不全によって生じる。

3　認知症の周辺症状——行動・心理症状

認知症の周辺症状は，認知障害，気分障害，神経症状等を背景とする行動上の問題であり，行動・心理症状（behavioral and psychological symptoms of dementia：BPSD）としてとらえられる。認知症者の介護を困難にしているのは行動・心理症状であって，中核症状である認知障害はその背景要因となる。これには，妄想・幻覚，興奮・うつ状態，せん妄，性格変化，徘徊，異食・過食，失禁・弄便，睡眠障害などが含まれる。

向精神薬による薬物療法が有効である場合もあるが，意欲低下や生活リズムの混乱など副作用の問題があるため，行動科学的あるいは心理学的な対応が症状の軽減と生活の立て直しに有用なことが多い。

第2節　認知症のアセスメント

認知症の診断は，認知機能面からのスクリーニング検査が行われたあとに，神経学的診断が行われる。また，より詳細な認知機能検査や他者評価による重症度診断も行われる。一方，生活の場である介護場面では生活自立の観点からの評価も重要となる。

神経学的診断では，CT（computed tomography）やMRI（magnetic resonance imaging）の装置を用いて萎縮や梗塞の位置と範囲を特定し，それに加えて脳血流等の賦活状態はSPECT（single photon emission computed tomography）やfMRI（functional MRI）等を用いて測定する。本節では，以下に医療場面および介護場面で認知症の心理検査として用いられる代表的なアセスメント法を紹介する。

1　認知症のスクリーニング検査

認知症のスクリーニング検査としては，国際的にはMMSE（Mini-Mental State Examination；Folstein et al., 1975）が一般的に用いられるが，わが国では独自に開発された長谷川式認知症スケール（HDS-R；加藤ほか，1991）もよく用いられている。

MMSE（表30-2）とHDS-R（表30-3）は，時間と場所の見当識，計算，記憶（直後再生と遅延再生）等，認知症者で低下しやすい認知機能を測定しており，類似した検査であるが，MMSEではHDS-Rにはない動作性検査（重なった5角形の模写）が含まれているため，利き手に麻痺があると不利になる。

両テストはともに30点満点であるが，MMSEでは23点以下，HDS-Rでは20点以下の場合に認知症の疑いがあるとされる。うつ病による仮性認知症の場合には，「わからない」との回答が多く，認知症患者が間違って答えるのとは異なる傾向があるといわれている。また，合計点のみではなく，どの項目を誤ったかの情報も診断に重要な手がかりとなる。とくに，見当識障害や遅延再生の誤りは，認知症の存在が強く疑われる項目である。

2　認知症の重症度診断

認知症の重症度を測定する検査も多数存在するが，最もよく使用される検査の

表30-2 Mini-Mental State Examination（MMSE；Folstein et al, 1975 より）

		質問内容	得点
1	5点	今年は何年ですか（1点） 今の季節は何ですか（1点） 今日は何曜日ですか（1点） 今日は何月（1点）何日（1点）ですか	
2	5点	ここは何県ですか（1点） ここは何市ですか（1点） ここは何病院ですか（1点） ここは何階ですか（1点） ここは何地方ですか（例　関東地方）（1点）	
3	3点 正答1個につき1点	相互に無関係な物品名3個の名前を，検者が1秒間に1個ずつ言い，その後，患者さんに繰り返してもらいます 3個全て言うまで繰り返してもらいます（6回まで）	
4	5点 正答1個につき1点	100から順に7を引き答えさせる（5回まで） あるいは「フジノヤマ」を逆唱してもらいます	
5	3点 正答1個につき1点	3で示した物品名を再度復唱してもらいます	
6	2点	（時計を見せながら）これはなんですか（1点） （鉛筆を見せながら）これはなんですか（1点）	
7	1点	次の文章を繰り返し言ってもらいます 「みんなで力をあわせて綱を引きます」	
8	3点	（3段階の指示を患者さんにしてください） 「右手にこの紙を持ってください」（1点） 「それを半分に折りたたんでください」（1点） 「机の上に置いてください」（1点）	
9	1点	（次の文章を読んでその指示に従ってもらってください） 「目を閉じてください」	
10	1点	（口頭で指示してください） 「何か文章を書いてください」	
11	1点	「下の図形と同じものを書いてください」	

合計得点 ／30

表30-3　長谷川式認知症スケール（HDS-R；加藤ほか，1991より）

1	お年はいくつ？（2歳までの誤差は正解）		0	1		
2	今日の日付は何年の何月何日，何曜日ですか？（年，月，日，曜日が各1点）	年	0	1		
		月	0	1		
		日	0	1		
		曜日	0	1		
3	私たちが今いるところはどこですか？（自発的にでれば2点，5秒おいて，家？，病院？施設？の中から正しく選べれば1点）		0	1	2	
4	これから言う3つのことばを言ってみて下さい。後で聞くので覚えておいて下さい。（以下の1又は2の一方を採用） 1：a 桜　b 猫　c 電車　2：a 梅　b 犬　c 自動車		0 0 0	1 1 1		
5	100から7を順番に引いて下さい。(100-7は？それから7を引くと？と順に質問する。最初の答えが不正解なら打ち切る)	(93) (86)	0 0	1 1		
6	私がこれから言う数字を逆から言って下さい。(6-8-2，3-5-2-9を逆に言ってもらう。3桁の逆唱に失敗したら打ち切る)	2-8-6 9-2-5-3	0 0	1 1		
7	先ほど覚えてもらったことばをもう一度言って下さい。（自発的に回答があれば2点，もしなければ以下のヒントを与え正解なら1点） a 植物　b 動物　c 乗り物		a：0 b：0 c：0	1 1 1	2 2 2	
8	これから5つの品物を見せます。それを隠しますので何があったか言って下さい。（時計，鍵，タバコ，ペン，硬貨など無関係なもの）		0 3	1 4	2 5	
9	知っている野菜の名前をできるだけ多く言って下さい。（答えた野菜の名前を記入，途中で10秒待っても出ないときは打ち切る。0～5=0点，6=1点，7=2点，8=3点，9=4点，10=5点）		0 3	1 4	2 5	
		合計点				

一つがCDR（Clinical Dementia Rating；本間・臼井，2003；Hughes et al., 1982）である。
　スクリーニングテストが，認知機能のみを測定していたのに対して，重症度診断では前述したBPSDとよばれる行動上の問題点をも考慮して，対応の困難さを測定する。CDR（表30-4）では，認知機能に加えて，「社会適応」，「家庭状況および趣味・関心」，「パーソナルケア」が測定される。

3　日常生活自立度の他者評価
　日常生活に必要な介護の視点から認知症者の生活自立度（介護必要度）を判定するために厚生労働省が作成したのが認知症高齢者の日常自立度判断基準である（山口ほか，1995；表30-5）。他者評価による日常生活動作（activities of daily living：

表30-4 Clinical Dementia Rating（CDR；本間・臼井，2003 より）

実施日　　年　月　日

説明を参考にして障害の程度を5段階に評価し 0-3 のどれかの数字に○を付ける。
また，各項目の得点を合計し記入する。

	健康 (CDR 0)	認知症の疑い (CDR 0.5)	軽度認知症 (CDR 1)	中等度認知症 (CDR 2)	重度認知症 (CDR 3)
記憶	記憶障害なし 時に若干のもの忘れ 0	一貫した軽いもの忘れ 不完全な想起 "良性"健忘 0.5	中等度の記憶障害 とくに最近の出来事に対して 日常生活に支障 1	重度の記憶障害 高度に学習した記憶は保持，新しいものはすぐに忘れる 2	重度の記憶障害 断片的記憶のみ残存 3
見当識	見当識障害なし 0	時間的関連性に軽度の障害がある以外は見当識障害なし 0.5	時間的関連性に中等度の障害がある 質問式による検査では場所の見当識はあるが，他では地理的失見当がみられることがある 1	時間的関連性に重度の障害がある 通常時間の失見当がみられ，しばしば場所の失見当がある 2	人物への見当識のみ 3
判断力と問題解決	日常生活での問題解決に支障なし 過去の行動に関して判断も適切 0	問題解決および類似や相違の理解に軽度の障害 0.5	問題解決および類似や相違の理解に中等度の障害 社会的判断は通常保たれている 1	問題解決および類似や相違の理解に重度の障害 社会的判断は通常障害されている 2	判断不能 問題解決不能 3
社会適応	仕事，買い物，商売，金銭の管理，ボランティア，社会的グループで普段の自立した機能を果たせる 0	これらの活動で軽度の障害がある 0.5	これらの活動のいくつかには参加できるが，自立した機能を果たすことはできない 表面的には普通に見える 1	家庭外では自立した機能を果たすことができない 一見家庭外の活動にかかわれるように見える 2	家庭外では自立した機能は果たせない 一見して家庭外での活動に参加できるようには見えない 3
家庭状況および趣味・関心	家庭での生活，趣味や知的関心は十分に保たれている 0	家庭での生活，趣味や知的関心が軽度に障害されている 0.5	家庭での生活に軽度であるが明らかな障害がある より難しい家事はできない より複雑な趣味や関心は喪失 1	単純な家事にできるが，非常に限られた関心がわずかにある 2	家庭で意味のあることはできない 3
パーソナルケア	セルフケアは完全にできる 0		時に励ましが必要 1	着衣や衛生管理，身繕いに介助が必要 2	本人のケアに対して多大な介助が必要 しばしば失禁 3

| 重症度 | 0　0.5　1　2　3 | | | 合計得点 | 点 |

ADL) および手段的日常生活動作 (instrumental ADL：IADL) の観察と, 行動・心理症状 (BPSD) の有無に基づいて判定する。

ADL は, 主に家屋内での行為の自立度の指標で, 観察される内容は, 着衣, 食事, 排泄, 整容等である。IADL は, 社会的行動の自立度で, 外出, 買い物, 金銭管理, 服薬管理, 電話, 留守番等である。BPSD については, 行動障害としての徘徊, 失禁, 大声・奇声, 不潔行動, 異食等が頻繁にみられる場合には重篤な介護が必要とされるが, せん妄, 妄想, 興奮, 自傷等の精神症状が認められる場合は, 専門医による医療が必要と判定される。

第3節　認知症高齢者・障害のある高齢者への支援

1　家族介護の問題点と在宅支援

家族介護の困難には少なくとも2つの側面がある (佐藤, 2000)。一つは, 介護には専門的知識が必要であるにもかかわらず, 「介護は誰でもできる」と信じられてきたことである。しかし, 物が盗られたと騒ぐアルツハイマー型認知症の高齢者の興奮の原因を理解し, 冷静に対応し続けることは誰にでもできることではない。ある程度以上の要介護状態になってしまった高齢者の介護を, 専門的知識のない家族が介護することは不可能である。介護が必要になっても家族がそばにいてくれれば, たしかに高齢者は心強く安心であろう。しかし, そのことと, 実際の介護を家族が行うこととは切り離して考えるべきである。家族が専門家の手を借りずに介護し続けることが, 高齢者本人には苦痛をもたらすものでしかないということも多いのである。

家族介護が困難になるもう一つの側面は, 介護は10年, 20年にも及ぶことのある行為であるということである。とくに, ねたきりや認知症の高齢者の介護は, 一時も目を離せないほどに深刻である。親の介護をすることがその人の生きる意味の証となることもあるだろう。しかし, 逆に, 自分の人生の大切な時間を犠牲にしたと感じてしまう人も数多くいる。このようなジレンマが介護問題の根底に存在する。

在宅支援には, 専門家による介護診断から始まり, 介護支援専門員 (ケアマネージャー) によるケアプランの作成, ホームヘルパー, ショートステイ, デイサービスほか種々の専門的介護サービスが用意されている。介護の専門家と家族が協力し合って, 要介護者である高齢者への心身の支えになることが求められている。

表30-5 認知症高齢者の日常生活自立度（山口ほか，1995 より）

ランク		判断基準	見られる症状・行動の例	判断にあたっての留意事項及び提供されるサービスの例
Ⅰ		**ほぼ自立で一人暮らしが可能** 何らかの認知症を有するが，日常生活は家庭内及び社会的にほぼ自立している。		在宅生活が基本であり，一人暮らしも可能である。相談，指導等を実施することにより，症状の改善や進行の阻止を図る。具体的なサービスの例としては，家族等への指導を含む訪問指導や健康相談がある。また，本人の友人づくり，生きがいづくり等心身の活動の機会づくりにも留意する。
Ⅱ	Ⅱa	**IADL 低下が見られる。** **誰かの注意が必要** 日常生活に支障を来たすような症状・行動や意思疎通の困難さが多少見られても，誰かが注意していれば自立できる。	**家庭外**で症状が見られる。 たびたび道に迷うとか，買い物や事務，金銭管理など，それまでできていたことにミスが目立つ等	在宅生活が基本であるが，一人暮らしは困難な場合もあるので，訪問指導を実施したり，日中の在宅サービスを利用することにより，在宅生活の支援と症状の改善及び進行の阻止を図る。具体的なサービスの例としては，訪問指導による療養方法の指導，訪問リハビリテーション，デイケア等を利用したリハビリテーションをはじめとしたデイサービス，日常生活支援のためのホームヘルプサービス等がある。
	Ⅱb		**家庭内**でも症状が見られる。 服薬管理ができない，電話の応対や訪問者との対応など一人で留守番ができない等	
Ⅲ	Ⅲa	**ADL 低下が見られる。** **ときどき介護が必要** 日常生活に支障を来たすような症状・行動や意思疎通の困難さが見られ，介護を必要とする。	**日中**を中心に症状が見られる。 着替え・食事・排泄が上手にできない，時間がかかる。 やたらに物を口に入れる，物を拾い集める，徘徊，失禁，大声・奇声をあげる，火の不始末，不潔行為，性的異常行為等	日常生活に支障を来たすような行動や意思疎通の困難さがランクⅡより重度となり，介護が必要な状態である。「ときどき」はどのくらいの頻度を指すかについては一概には決められないが，一時も目を離せない状態ではない。在宅生活が基本であるが，一人暮らしは困難であるので，訪問指導や，夜間の利用も含めた在宅サービスを利用しこれらのサービスを組み合わせることによる在宅での対応を図る。具体的なサービスの例としては，訪問指導，訪問看護，訪問リハビリテーション，ホームヘルプサービス，デイケア・デイサービス，症状・行動が出現する時間帯を考慮したナイトケア等を含むショートステイ等の在宅サービスがあり，これらのサービスを組み合わせて利用する。
	Ⅲb		**夜間**を中心に症状が見られる。	
Ⅳ		**常に介護が必要** 日常生活に支障を来たすような症状・行動や意思疎通の困難さが頻繁に見られ，常に介護を必要とする。	Ⅲより**頻回**。 常に目を離すことができない。	常に目を離すことができない状態である。症状・行動はランクⅢと同じであるが，頻度の違いにより区分される。家族の介護力等の在宅基盤の強弱により在宅サービスを利用しながら在宅生活を続けるか，または特別養護老人ホーム・老人保健施設等の施設サービスを利用するかを選択する。施設サービスを選択する場合には，施設の特徴を踏まえた選択を行う。
M		著しい精神症状や問題行動あるいは重篤な身体疾患が見られ，専門医療を必要とする。	せん妄，妄想，興奮，自傷・他害等の精神症状や精神症状に起因する問題行動が継続する状態等	ランクⅠ～Ⅳと判定されていた高齢者が，精神病院や認知症専門棟を有する老人保健施設等での治療が必要となったり，重篤な身体疾患が見られ老人病院等での治療が必要となった状態である。専門医療機関を受診するよう勧める必要がある。

2 施設介護の利点と課題

　かつて高齢者介護施設は，家族介護者が不在の場合の代替機能が重視されていた。そのような施設では，介護は家族で行うのが理想的で，施設はそれが叶わない高齢者に対する救済的役割のみが自覚されるにすぎなかった。しかし，今日，介護福祉士という国家資格が存在しているように，施設における介護には，介護の専門性という観点からの独自の意味がある。家庭に居るときには提供することがきわめて困難だった人間として不可欠な要求を，施設という環境的にも専門技術的にも整備された場所で過ごすことによって，それらを満足させることが可能になる（佐藤，2003）。

　家庭と比べて施設においては，まず，食事，睡眠，排泄，入浴，移動などの生存にとって不可欠な生理的要求を，その者にとってよりよい状態で満足させることが可能になる。そして，対人接触や社会参加，役割の維持，生きがい作りなどの社会的要求を満たすべき状況も，家庭内に家族と孤立しているよりははるかに高度に提供することが可能となる。

　したがって，ねたきりや認知症がある程度以上に進行してしまった高齢者にとっては，施設介護には家族介護以上の意義が存在している。今や，施設介護を家庭介護の代替と考えるべきではなく，家族とは異なる施設の意義と意味を理解すべきであろう。

　このように施設には，家庭では行いえない介護上の機能がある。しかしながら，ひとりの自立した存在として社会生活を送ってきた高齢者にとって，施設での集団生活は決して「普通の生活」とはいえない。施設で生活することそのものに，さまざまな困難が存在する。

　見知らぬ他人との共同生活であるため，いつも他者に気を使っていなければならないことから生じる拘束感や対人的なストレスが，入所時の多様な不適応現象をもたらすことはよく知られている。家族や社会との絆が断ち切られたという孤独感は，自分に残された最後の時間をともに過ごす人がいないという淋しさとなって現れる。家族のところに頻繁に電話をしてみたり，家族に面会に来てくれるように督促したり，「捨てられた」などと家族に対する不信感をしきりに訴えることもある。中には，死を迎える場所に来たという絶望感から，生きる意欲をなくしてうつ的になる者もある。

　近年，施設の個室化やユニットケアと呼ばれるケア方法を取り入れる施設が増えてきている。ユニットケアは，大規模施設においてもケア単位を少人数化することによって，個人に目の届きやすい介護を目指している。しかし，いかに個室

化を実現しようとも，プライバシーの確保は難しい。排泄や入浴は，本来，きわめて個人的な営みであるから，これらに他人の手を借りるということ自体がプライバシーとは拮抗する。したがって，健常人のいわゆるプライバシーという発想とは異なる考え方が，施設の利用者に対しては必要になる。排泄や入浴の介助を受けている者への人間としての尊厳に配慮した対応が求められる所以である。医療とは異なる生活の場である介護施設においては，障害を抱えた人々の自由意思を最大限に実現できる生活を目指すという意味で，施設は生活の質（QOL）の最大化を目指す場であるといえよう。

引用文献

Folstein, M. F., Folstein, S. E., & McHugh, P. R.（1975）．Mini-mental state: A practical method for grading the cognitive state of patients for the clinician. *Journal of Psychiatric Research*, **12**, 189-198.

本間　昭・臼井樹子．（2003）．Clinical Dementia Rating（CDR）．*日本臨牀増刊号・痴呆症学1*（pp.120-124）．大阪：日本臨牀社．

Hughes, C. P., Berg, L., Danziger, W. L., Coben, L. A., & Martin, R. L.（1982）．A new clinical scale for the staging of dementia. *British Journal of Psychiatry*, **140**, 566-572.

加藤伸司・下垣　光・小野寺敦志・植田宏樹・老川賢三・池田一彦・小坂敦二・今井幸充・長谷川和夫．（1991）．改訂長谷川式簡易知能評価スケール（HDS-R）の作成．*老年精神医学雑誌*, **2**, 1339-1347.

小阪憲司・池田　学．（2010）．*レビー小体型認知症の臨床*．東京：医学書院．

高齢者介護研究会．（2003）．2015年の高齢者介護：高齢者の尊厳を支えるケアの確立に向けて（座長：堀田力）．厚生労働省ホームページ http://www.mhlw.go.jp/topics/kaigo/kentou/15kourei/

Miller, E., & Morris, R.（2001）．*痴呆の心理学入門*（佐藤眞一，訳）．東京：中央法規出版．（Miller, E., & Morris, R.（1993）．*The psychology of dementia*. Chichester, UK: John Wiley & Sons.）

佐藤眞一（編著）．（2000）．*介護カウンセリングの事例*．東京：一橋出版．

佐藤眞一．（2003）．施設における介護．柴田　博・長田久雄（編），*老いのこころを知る*（pp.122-135）．東京：ぎょうせい．

山口　昇ほか．（1995）．痴呆性老人の日常自立度判断基準の活用に関する研究．平成6年度老人保健健康増進事業（主任研究者：山口　昇）．厚生省．

参考文献

権藤恭之（編）．（2008）．*高齢者心理学*．東京：朝倉書店．

井上勝也（監修）．（2005）．*高齢者の心理がわかるQ&A*．東京：中央法規出版．

佐藤眞一・大川一郎・谷口幸一（編著）．（2010）．*老いとこころのケア：老年行動科学入門*．京都：ミネルヴァ書房．

谷口幸一・佐藤眞一（編著）．（2007）．*エイジング心理学*．京都：北大路書房．

第31章
成人・高齢者の発達障害への支援

三宅篤子

　発達障害とは，一般的には精神遅滞（知的障害），自閉症，脳性まひ，てんかんまで含む概念とされ（竹下，1999），医学的には①乳幼児期あるいは小児期に生じる，②中枢神経系の生物学的な成熟に深く関係した機能発達の障害あるいは遅滞，③その症状は軽減，消失，再発などが見られない安定した経過をたどる障害とされている（上野・花熊，2006）が，ここでは2005年に施行された発達障害者支援法の発達障害の定義を運用するものとする。発達障害者支援法によると発達障害とは「自閉症，アスペルガー症候群その他の広汎性発達障害，学習障害，注意欠陥多動性障害その他これに類する脳機能の障害であってその症状が通常低年齢において発現するもの」とされている。

　成人・高齢期の発達障害者への支援についての研究は2000年代以前は，それほど多くはなかった。しかし，法や教育制度に関しては，2005年の発達障害者支援法，2006年の自立支援法の施行，2007年の特別支援教育の開始と近年かつてなかった大きな変革が起こった。とりわけ，発達障害者支援法は，これまでの法体制の対象とされていなかった知的遅れのない障害者群への支援を定めており，支援法の規定により全国の都道府県に発達障害者支援センターが設置され，年齢・知的障害を問わず発達障害児者への支援が開始された。

　これまで非公式に行われてきた発達障害者への支援が公的なものになることで，発達障害者のかかえている問題を明確にすること，支援のあり方を検討することが，大きな課題となった。本稿ではこれらの動向を把握しつつ，成人・高齢者の発達障害のかかえる問題をより詳しく理解することを通じて，取り組むべき支援の課題を探っていきたい。

第1節　成人・高齢者の発達障害者の現状

　成人・高齢者の発達障害者に関しては，自閉症等の障害者の予後予測に関する研究という形で，発達障害者支援法施行以前にも一定の蓄積がある。
　市川（2009）は，ディメイヤー（DeMyer, M. K.）らの研究を引用し，フォローアップ前後の知的機能の変化は，あまり大きくなく89％が同一ランクか，変化しても1ランク程度であり，評価基準とIQで90％以上の確率で初診時に将来の予測が可能とした。
　上記の指摘は，成人・高齢発達障害者の生活が困難ではなく支援が必要ないことを意味するものではない。
　2000年前後から，発達障害者は，知的障害がないゆえのさまざまな就労上・生活上の困難をかかえていることが指摘され始めた。これは，就労困難，離転職，社会的トラブル，精神保健的問題，犯罪等さまざまな場面での社会的困難，生きにくさという形で明らかになってきている。
　橋本（2008）は，発達障害者の社会的予後について言及し，脳の脆弱性のある発達障害児の自己肯定感の育成を阻み，さまざまな精神心理的二次障害を引き起こす可能性があることを指摘した。
　知的機能に注目して障害者の実態と課題を整理した市川（2009）は，知的機能の高機能群は低中機能群にないさまざまな問題が発生することを明らかにした。高機能自閉症に気づかず成人に達し，努力しても社会的不適応の反復から，不安障害，気分障害，統合失調症等の症状をきたす場合があること，社会的には不登校，引きこもり，ニートなどに陥る場合や，反対に社会への攻撃性が高まり反社会的行動に至ることがある等の問題を明らかにした。

第2節　成人・高齢者の発達障害者の現状——さまざまな実績報告から

　支援を必要としている発達障害者の実態の全容を知ることは困難だが，その一部は発達障害者支援センターの実績報告により知ることができる。以下に，それぞれの問題ごとに発達障害児者の実態を明らかにする。

1　発達障害者支援センター等の相談実績の分析
　新澤・梅永（2009），新澤（2009）によると，大阪市発達障害者支援センターア

クトおおさかの年間相談者数は，2002年の開所以来，2005年の発達障害者支援法施行前後で2倍以上に増加した。19歳以上の成人期の相談の増加，成人期になるまで未診断のケースが49％，成人期の相談では，知的障害をともなわない発達障害者が大半であること，在宅，未就労のケースが多いことを示した。

神奈川県発達障害者支援センター神奈川A（エース）の相談状況の報告（小林，2009）によると，年間相談件数は，2005年度～2009年度の間，毎年増加しており，3年10カ月間の総相談件数は2,976件となり，相談者は，母親が46.3％と最も多く，本人からの相談も21.1％と2番目に多くなっている。年齢別では19歳以上が47.1％，障害状況では広汎性発達障害が33.8％といずれも最も多い割合を示している。19歳以上の広汎性発達障害者の母親や本人からの相談が多い傾向があることが明らかにされた。

土岐・中島（2009）は，おかやま発達障害者支援センターの実績から平成17年度から19年度で相談支援件数が増加し，総相談件数が2,855件，46％が19歳以上の成人，診断名のある人は92％，うち自閉症圏の診断が97％であることを報告している。

以上いくつかの発達障害者支援センターの実績の分析から共通の傾向を読み取ることができ，このセンターが19歳以上の成人の支援機関として重要な役割を果たしていることがわかる。

引きこもりに見られる課題の分析の中で亀岡（2009）は，大阪府心の健康相談センターで広汎性発達障害（PDD）の診断を受けた青年後期から成人期の人たちの約半数が，過去または現在引きこもりを経験していることを指摘している。

不安障害，気分障害等精神科疾患に関して市川（2009）は，近年の受診傾向として，知的障害をともなわない自閉症やPDDが著増していること，自閉症の約25％，PDDの約50％に達していることを明らかにした。同様の傾向は，杉山（2009）によっても報告されている。高機能広汎性発達障害（550名）の受診者の分析から，気分障害，不登校，解離性障害，強迫性障害，統合失調症様状態，行為障害などの精神医学的問題をかかえているものが2～17％いることを明らかにした。そのうち18歳以上の受診者101名中，成人期に初めて診断を受けたものは，29名（多くは障害児の親）で以前に多様な診断を受けていたが，発達障害の指摘はなかったと報告している。

熊上（2008, 2009）は，広汎性発達障害の触法・犯罪事例の文献研究および事例研究より，広汎性発達障害者の犯罪の特徴と支援の方向性について分析した。その結果，未成年者または青年層の事件が過半数であること，犯罪の種類とし

ては，性非行，放火犯，銃刀法違反，財産犯等があるが，収集癖に基づく犯罪のように限局された興味関心や性的関心が含まれることを明らかにした。さらに，犯罪に至る経過に，障害特性ゆえに学校で不適応をきたし，未診断のまま適切な支援が受けられず推移し，触法行為に至った可能性があり，本人のみならず，保護者についても，その社会性の困難を念頭に置いた支援が必要としている。

第3節　成人期に発見される発達障害者の事例分析

　以上のように，成人期になって発達障害者にさまざまな場面で社会的・生活上の困難が生じることが明らかになった。知的遅れのない発達障害は，遅れがないゆえにさまざまな障害のスクリーニングで発見されることなく，またさまざまな不適応要因の存在にもかかわらず，問題が深刻化しときには二次障害が発生するまで支援のシステムに乗らなかった事例が多く報告されている。
　以下に，これまで挙げた文献に記された事例の中から成人になるまで支援のシステムに結びつかず離転職，不登校，引きこもり，触法・犯罪等の不適応行動を起こした事例や，支援を受けていても成人期に不適応行動を起こしてしまった事例の経過を整理し，その特徴をまとめる。
　浅野（2008），青木（2007），木谷（2009），土岐・中島（2009），熊上（2009），橋本（2009）にある事例を「成人期に発症した不適応」「発症前後の状況の変化」「発症後の支援の内容」にわけてその特徴を整理した。その結果，不適応行動発生に至る過程には，①複数の環境要因と②きっかけとなる出来事が存在することが明らかになった。
　後年に高機能自閉症，アスペルガー障害と診断される発達障害児者は，幼児期から社会的に孤立し，感覚過敏などさまざまな生活上の困難に遭遇しているが，そのことがすぐに不適応行動につながるわけではない。しかし，学校でのいじめ，職場での困難，結婚後の子育ての困難等複数の環境要因が重なる中で，不適応行動の基盤が形成される。これらが，家事困難，離転職，不登校，引きこもり，触法・犯罪に至るには，直接のきっかけになる何らかの出来事（職場の上司の叱責，夫の転勤，上級生の攻撃など）が存在することが明らかになった。このように，一見著しく重大ではないような職場の上司からの叱責，上級生の攻撃などの出来事を契機に，自殺企画や長期の引きこもりなど予測困難な重大な不適応行動が発症するのである。
　これらの不適応行動に対応し，さらには予防するには，直接のきっかけとなっ

た出来事への対応とともに，長期に形成された不適応行動の基盤となった社会的困難をも十分に理解する必要があると思われる。発達障害者の支援には，その困難への直接的・間接的要因の分析に基づく支援が必要になる。

第4節　成人・高齢者の発達障害者への支援

さまざまな生きにくさをかかえながら，発達障害児者は，知的遅れのないゆえに支援のシステムへの情報不足，拒否などから支援システムに組み込まれることなく，就労の時期を迎える。大学では限定的とはいえ趣味の共通する友人もできた発達障害青年も就労に際してはどう行動していいかわからず，混乱状態に陥り不適応行動を発症することが多い。

成人・高齢者の発達障害に対して必要な支援を，上記のさまざまな不適応行動に対応し，さらにそれを予防する方向性を探る中から明らかにした。

第1の重要なポイントとしては，発達障害者本人の話を十分に聞くことの重要性が挙げられる。発達障害者本人は，その行動や状況の解釈の仕方がいかに突飛で共感しにくいものであっても，その信念には強いこだわりをもっている。本人の行動の根拠や解釈を共感と理解力をもって聞き取ることなくしては，その後表面的には適応的行動を習得したように見えても再度危機に遭遇したときに，不適応行動が再来する。発達障害者本人が，正しく状況の理解を行い，誤解と論理づけの偏りを修正でき，本人が主体として問題を解決できるよう支援を行うことが第1に重要なこととなる。先述した複合的な要因に加えてきっかけとなる出来事が致命傷となり，引きこもり，離職，犯罪などを引き起こした発達障害者にとって，自分の心のうち，行動の意味，自分なりの論理を聞いてもらえた，理解してもらえたという実感をもつことは，そのことがすでに支援の第一歩であり，適応に向けてのステップを歩み始めたともいえるのである。本人の意図を聞き取り，理解したことをより明確に本人に示すには，聞き取ったことを視覚化し（文字やイラスト等），本人に確認するなどの方法が有効であることも指摘されている（青木，2007）。

問題がこじれていない事例の場合は，聞き取った内容や本人の障害特性や個性を親や担任教師や関係者に伝え，理解を得ることで，問題が解決される場合もある。

第2に，さまざまな社会資源相互の連携は，発達障害者に限らず重要な支援ということができる。精神科への受診・相談の継続はいうまでもなく，相談機関へ

の接続，療育手帳の取得，保護的雇用機関の紹介などの障害者向け社会サービスの紹介と利用はすべての発達障害者に欠かせない支援である。

　先にもあげたように発達障害者支援センターは成人の発達障害者が主に訪れる相談機関であるが，とくに就労支援に関しては，他の就労支援機関との仲介業務が中心である。ハローワーク（公共職業安定所），地域障害者職業センター，障害者雇用促進センター，就労移行支援事業者，障害者就業・生活支援センターなどの機関とともに，トライアル雇用（試行雇用奨励金），ジョブコーチ支援事業，委託訓練などのサービスを利用した支援を行う必要がある（宮本，2008）。

　その他発達障害者の生活支援は，知的障害のある人々への支援と，特定の機関というよりさまざまな地域の社会資源がすべて関連する。また発達障害者の社会的トラブル対応の支援としてはその発生を予防するスキルとともに，国民生活センターの相談窓口を利用するスキルを学習することも重要である。社会的トラブル対策マニュアル等障害者に特化した情報は全国社会福祉協議会，全日本手をつなぐ育成会，日本自閉症協会などから得ることができる（国民生活センター，全日本手をつなぐ育成会，日本自閉症協会）。

　重要な支援として，薬物療法が欠かせない場合が多くある（青木，2007；杉山，2009）。これは，二次障害としてのうつ症状への対応とともに，発達障害者が陥りやすいフラッシュバックへの対応としても重要である。

　最後に，これらの支援に加えて，発達障害者の直接的支援として重要なものに，正しい状況理解を促し，コミュニケーションの誤解を解くためのスキルの形成がある。

　青木（2007），熊上（2008, 2009）の事例にあるように，発達障害者が不適応行動に至るきっかけとして何らかの間違った状況理解，社会コミュニケーション上の誤解が存在することが多い。上司の叱責の意図を誤解してよりいっそうの不適応行動を行ったり，仲間への不適切なルールのおしつけによりいじめの対象になったりする。このことは些細なことのようであっても，発達障害者にとっては決定的な要因となり，無視して通り過ぎることのできない大きな障壁となるのである。発達障害者に対し，状況の正確な理解や「表には書かれていないルール」（unwritten rule）を解説し，誤解を解き適応的行動の習得を促すことは，社会的相互作用，言語コミュニケーションの障害が主症状となる発達障害児者への支援には欠かせないものとなる。

　これらの支援に加えて，診断に基づく自己認知・障害理解を促す支援も重要である。言語・概念的に自己理解の困難な知的障害のある障害者と異なり，発達障

害児者は，一定の年齢になると自他の違いに気づき，その違いに悩む。その結果は，低い自己評価や自尊心の喪失につながり，さまざまな社会関係の躓きの原因にもなる。発達障害児者の理解可能な方法で，自己認知を促進し，自尊心を高めることは，豊かで健やかな成人・高齢期を送るうえで重要な支援となる（Attwood, 2007；McAfee, 2002）。

第5節　まとめ

本稿では，成人・高齢の発達障害者の現状を明らかにする中から，支援の課題を探った。成人・高齢の発達障害者の問題が指摘され始めたのが，発達障害者支援法施行後ということを考えると，その実態が十分明らかになったとはいえない。しかし，現在解明されただけでも発達障害者には知的障害のないゆえに生じる多くの深刻な問題や課題が存在することが明らかになった。今後は，十分解明されていない実態をさらに明らかにするとともに，ニーズに合わせて支援の幅を広げていくことが期待される。

引用文献

青木省三．(2007)．成人期の広汎性発達障害への援助．そだちの科学，8，47-54.
浅野路恵．(2008)．成人広汎性発達障害者への生活支援．東京精神科病院協会誌別冊，23，271-274.
Attwood, T. (2007) *The complete guide to Asperger's syndrome*. London: Jessica Kingsley Publishers.
橋本和明．(2009)．触法行為に見られる課題．橋本和明（編著），発達障害と思春期・青年期：生きにくさへの理解と支援（pp.119-194）．東京：明石書店．
橋本俊顕．(2008)．発達障害の経過と予後．発達障害研究，30，267-276.
市川宏伸．(2009)．高機能広汎性発達障害．児童青年精神医学とその近接領域，50，83-91.
亀岡智美．(2009)．引きこもりに見られる課題．橋本和明（編著），発達障害と思春期・青年期：生きにくさへの理解と支援（pp.195-217）．東京：明石書店．
木谷秀勝．(2009)．高機能広汎性発達障害の高校年代の支援．児童青年精神医学とその近接領域，50，113-121.
小林克己．(2009)．発達障害者支援センターの現状と課題．リハビリテーション研究，139，8-13.
国民生活センター http://www.kokusen.go.jp/
熊上　崇．(2008)．広汎性発達障害を持つ触法事例の文献的研究．児童青年精神医学とその近接領域，49，25-34.
熊上　崇．(2009)．アスペルガー障害を有する触法少年の司法場面における行動特徴．児童青年精神医学とその近接領域，50，16-27.
McAfee, J. L. (2002). *Navigating the social world*. Arlington, TX: Future Horizons.
宮本信也．(2008)．軽度発達障害者の支援体制の課題．公衆衛生，72，265-270.

日本自閉症協会 http://www.autism.or.jp/
新澤伸子．(2009)．発達障害支援センターの取り組み．総合リハビリテーション，**37**, 364-366.
新澤伸子・梅永雄二．(2009)．就労における課題．橋本和明（編著），*発達障害と思春期・青年期：生きにくさへの理解と支援*（pp.217-247）．東京：明石書店．
杉山登志郎．(2009)．成人の発達障害：発達障害と精神医学．そだちの科学，**13**, 2-13.
竹下研三．(1999)．発達障害の概念．有馬正高（監修），*発達障害の基礎*（pp.2-10）．東京：日本文化科学社．
土岐淑子・中島洋子．(2009)．高機能広汎性発達障害の就労支援．児童青年精神医学とその近接領域，**50**, 122-132.
上野一彦・花熊 暁（編）．(2006)．軽度発達障害の教育：LD・ADHD・高機能PDD等への特別支援．東京：日本文化科学社．
全日本手をつなぐ育成会 http://www.ikuseikai-japan.jp/

参考文献

DeMyer, M. K. et al. (1973). Prognosis in autism: A follow up study. *Journal of Autism and Childhood Schizophrenia*, **3**, 199-246.
Howlin, P. (2000). *自閉症：成人期に向けての準備*（久保紘章ほか，監訳）．東京：ぶどう社．(Howlin, P. (1997). *Autism: Preparing for adulthood*. London: Routledge.)
小林隆児．(2003)．青年期・成人期の自閉症．中根 晃（編），*自閉症*（pp.115-134）．東京：日本評論社．

人名索引

【A】
阿部彩　10, 12
Abele, E.　196
安達潤　146
足立里美　159
安立多惠子　186
足立智昭　158
Adams, A.　169
Agamben, G.（アガンベン）　186, 190
相川恵子　105
相澤雅文　161
赤澤正人　311
秋田喜代美　73, 75, 79, 81, 86, 90, 97, 138, 139
Alvarado, R.　269
雨宮処凜　262
Anderson, C. M.　233
安藤春彦　219, 224
安藤壽子　214
安藤寿康　1
安藤智子　41
Angst, J.　310
安梅勅江（Anme, T.）　10, 51, 53
青木聡子　36
青木省三　334-336
荒牧美佐子　36, 65
Areias, M. E. G.　41
浅川繭子　99
浅野路恵　334
浅野智彦　258
浅野恭子　284
麻生武　149, 295
Atkin, M.　130
Atkinson, J.（アトキンソン）　204
渥美由喜　40
Attwood, T.　337
綾屋紗月　187

【B】
Baillargeon, R.　145
Baker, L. J.　187
Barnard, K.（バーナード）　68
Barnbaum, D.（バーンバウム）　190
Barnett, W. S.（バーネット）　78
Baron-Cohen, S.（バロン・コーエン）　143, 165
Beall, P. M.　152

Belsky, J.　49
Bemporad, J. R.　148
別府哲　23, 143-147, 150, 152, 166
Bernstein, B. B.　73
Bishop, D. V. M.　186, 187
Bjorklund, D. F.　1
Blau, D. M.　83
Bornstein, M. H.　2
Bostwick, J. M.　310
Bowlby, J.（ボウルビー）　157
Bransford, J. D.　131, 132
Bridges, K. M.（ブリッジス）　156
Brisch, K. H.　37
Bronfenbrenner, U.（ブロンフェンブレンナー）　159
Bruner, J. S.（ブルーナー）　23, 169, 185, 191, 202, 203
Bühler, Ch.　299
Butterworth, G.（バターワース）　23

【C】
Camilli, G.　78
Capsi, A.（カプシ）　270
Carpenter, M.　165
Carter, M.　187
Charman, T.　147
Chess, S.（チェス）　104
Chinman, M.　44
Cicchetti, D.　47
Clifford, R.（クリフォード）　76
Conger, R.　49
Cowan, P. A.　39
Cryer, D.（クレア）　76
Curtis, M. J.　106

【D】
大六一志　24
Damasio, A. R.　145
Dawes, L.（ドーズ）　132
Dawson, G.　169
de Vignemont, F.　150
De Wolff, M. S.　49
Deater-Deckard, K.　35
Deci, E. L.（デシ）　20
DeMatteo, D.　268, 273

339

Dembo, R.　269
DeMyer, M. K.（ディメイヤー）　332
土橋圭子　219, 224
Dodge, K. A.（ダッジ）　157
Donnellan, B.　49
道城裕貴　238, 239
Dunbar, R.　244
Dunlop, A.-W.　197
Dunst, T.　51

【E】
Edelman, G.（エーデルマン）　190, 191
Edwards, D.　132
江見弥生　278
遠藤まめた　278
遠藤利彦　37, 142, 150, 152, 169
遠藤毅　257
English, K.　53
Erikson, E. H.（エリクソン）　257, 298-300, 302
Ernst, E.　3
Evans, G.　53

【F】
Farrington, D. P.（ファリングトン）　271, 272
Feldman, A.　130
Feldman, C.　191
Fendrich, M.　47
Field, T.　3, 41
Folstein, M. F.　323, 324
Franz, C. E.　300
Fraser, M. W.　12
Freeman, K. A.　233
Freud, S.（フロイト）　298-300
Frith, U.（フリス）　143, 145, 150, 249, 251
藤江康彦　133, 135, 136
藤井和枝　159
藤井恭子　261
藤野博　187
藤野京子　268, 292, 293
藤岡淳子　282, 284
藤崎春代　103, 105, 107, 108
藤﨑眞知代　36, 39
藤原義博　238
福丸由佳　49, 51-53
古荘純一　260

【G】
Gallahue, D. L.　222

Geschwind, D. H.　190
Gesell, A.（ゲゼル）　228
後藤隆章　215
Gough, P. B.　212
Gould, J.（グールド）　288
Gould, R. L.（グルド）　299, 300
郷間英世　104, 105
Gray, C.　146
Grenier, D.　196
Grossman, J. B.　151
Guryan, J.　83
Gutkin, T. B.　106
刑部育子　104

【H】
Halpern, R.　50, 51
浜谷直人　85
花井忠征　220
花熊曉　331
羽石寛寿　263
Hanna, A.　269, 273
Happe, F. G. E.　143
原田正文　44, 65, 83
針間克己　284
Harkness, S.　112
Harms, Th.（ハームス）　76, 90
長谷川寿一　241, 244
橋本和明　334
橋本創一　220
橋本俊顕　241, 249-251, 332
畠山美穂　158
秦野悦子　182
波多野誼余夫（Hatano, G.）　137
Havighurst, R. J.　300
Hawkins, J. D.　263-270
林安紀子　213
Heckman, J. J.（ヘックマン）　3, 10
Heylen, L.　79
日高庸晴　278
東優子　277
樋口和彦　214
Hinds, J.　186
日野林俊彦　259
Hinshaw, S. P.　270, 272
平石賢二　260, 261
平澤紀子　161, 238
平山修一　39
比留間太白　132, 133

久田知佳　111
Hobson, J. A.　148, 149
Hobson, R. P.（ホブソン）　148-150
Hoge, R. D.　269
Hollingworth, H. L.　299
本多公子　303
本郷一夫　88, 103, 106, 157, 158, 161, 162
本間昭　325, 326
Hoover, W. A.　212
堀妙子　49
堀川三好　66
掘越紀香　111
Horner, R.　238
保坂亨　258
保坂裕子　114
Howlin, P.　187, 188
Hughes, C. P.　325
Hunter, R. S.（ハンター）　61
Hutman, T.　147

【I】
市橋秀夫　312
一門惠子　220
市川宏伸　332, 333
一柳智紀　115
池田学　321
池田友美　104
池上千寿子　279, 280
池本美香　42, 84
今井洋一　36
稲垣佳世子（Inagaki, K.）　137
稲垣正俊　318
稲垣真澄　207
井ノ崎敦子　283
井上健治　258
井上雅彦　151
井上孝代　43
Isabella, R. A.　49
石垣明美　303
石隈利紀　85, 86, 88
磯部美良　158
磯村陸子　114
伊藤篤　53
伊藤亜矢子　117
伊藤大輔　132
伊藤淳一　287
伊藤一美　216
伊藤匡　169

伊藤修一郎　3
伊藤崇達　117
伊藤敬雄　311
伊藤武彦　44
岩田まな　220
岩田正美　49
泉千勢　39
泉流星　191

【J】
Jessor, R.　270, 272
Jongmans, M. J.（ヨンマンズ）　220
Josselson, R. L.　300
Jung, C. G.（ユング）　299

【K】
香川文治　114
鹿毛雅治　130, 139
Kahn, T. J.（カーン）　284
Kahneman, D.　3
海津亜希子　207, 214, 215
梶谷奈生　279
亀岡智美　333
神尾陽子　151, 152, 162, 250
金井剛　59
金谷京子　210, 212
神田英治　220
兼田智彦　61
兼田祐美　303
Kanner, L.（カナー）　166
苅谷剛彦　12
Kasari, C.　147, 165
柏木惠子　15, 35, 38, 42
片桐新自　258, 262
片瀬一男　258
加藤弘通　118
加藤邦子　36
加藤則子　67
加藤重広　186
加藤伸司　323, 325
勝部篤美　222
Kaufman, J.　50
Kavelin-Popov, L.（カヴェリン-ポポフ）　68
川畑隆　106
川上憲人　308, 309, 311
河村茂雄　117
川名奈央子　279, 280
川野健治　318

川﨑友嗣　263
川島一夫　114
萱野稔人　263
数井みゆき　37, 57, 60, 61
Keenan, K.　268
Kernberg, O. F.（カーンバーグ）　303
木原久美子　103, 105, 107, 108
木原雅子　279
菊池哲平　151
菊池知美　112
Kilstrom, N.（キルストロム）　61
木下孝司　144, 145, 149
岸俊行　115
岸野麻衣　114, 115
北出勝也　214, 215
北島善夫　201
木谷秀勝　334
Klin, A.（クリン）　144, 194
小林春美　184
小林克己　333
小林麻里　31
小林佐知子　41
小林朋子　130
小林寿一　268, 269, 272
Kochanska, G.　47, 49
小枝達也　207, 208, 212, 215, 216
Koenig, A.　196
古賀精治　151
小原美紀　83
小池敏英　201, 204, 207, 215
小泉令三　116
小泉武宣　49
児島邦宏　113
小島恵　160
小島康生　158
近藤日出夫　292
近藤邦夫　117
小西祐馬　12
小阪憲司　321
古澤頼雄　43
越川房子　151
小高恵　258
河内哲也　287
向後礼子　290, 291
子安増生　1, 149
Krueger, A. B.　3, 10
久保山茂樹　104
鯨岡峻　108

熊谷恵子　216
熊上崇　292, 333, 534, 336
熊谷晋一郎　187
Kumpfer, K. L.　269
倉石哲也　69
黒田美保　290
久世敏雄　256
京林由季子　159

【L】
Laevers, F.（ラーバース）　79
Lamb, M. E.（ラム）　53
Lerner, M.　50
Levinson, D. J.（レヴィンソン）　299, 300
Litjens, I.　75
Loeber, R.（ローバー）　263, 271, 272
Lollis, S. P.　165
Luna, B.　205

【M】
MacKay, T.　197
牧野カツコ　36, 39
Marczyk, G.　268, 273
丸野俊一　115
正岡里鶴子　108
増田貴人　220
松田久一　262
松田美佐　261
松井仁　117
松見淳子　238, 239
松尾剛　115
松岡洋一　65
松沢哲郎　241, 244
Maudry, M.（モードリー）　156
McAfee, J. L.　337
McConnell, S. R.　187
McIntosh, D. N.　151
McKay, M.　50
Mehan, H.　114
Meins, E.　185
Melton, G. B.　269
Mercer, N.　132
Mesibov, G. B.　196
Meyer, J. A.　149, 150
Meyers, J.　85, 103
Miller, E.　322
三島美砂　117
宮原資英　221

宮本みち子　261
宮本信也　336
宮下一博　259
溝上慎一　259
溝田めぐみ　66
水間玲子　257
水内豊和　44
Moffit, T. E.（モフィット）　270
森下久美子　42
森下葉子　38
森田展彰　50
森田洋司　13, 14
森田ゆり　61
Morris, R.　322
Moss, P.　73
本山方子　114
Mundy, P.（マンディ）　23, 147, 165
村上香奈　263
村上祐介　225
村瀬智彦　221
Murray, L.　47
無藤隆　3, 10, 16, 19, 36, 41, 44, 114-116, 138, 270, 272

【N】
Nadel, J.　148, 149
長崎勤　19, 23, 31, 165, 166, 169
永谷智恵　53
内藤美加（Naito, M.）　143
中釜洋子　63
中島智恵子　263
中島力　114
中村和彦　228
中村真樹　160
中村みほ　205, 206
中西雪男　36
中島洋子　333, 334
中塚幹也　278
中谷素之　48
中谷奈美子　48
中澤潤　97, 98
七木田敦　44
根ヶ山光一　15, 35
Nekula, M.（ネキュラ）　156
Nesse, R. M.（ネシー）　241, 244, 247
Neugarten, B. L.（ニューガルテン）　299
Neven, R.（ネーブン）　248
仁平義明　105

新澤伸子　332
西川信廣　113
西本絹子　42
日戸由刈　196
野口隆子　112
野原真理　65
野嶋栄一郎　115
野村香代　144, 145
野村俊明　269
Nores, M.（ノールズ）　78
野坂祐子　280-283
Nylund, D.（ナイランド）　248

【O】
小保方晶子　270, 272, 273
落合良行　257, 258
小川清美　42
小栗正幸　293
O'Hearn, K.（オハーン）　205
尾嶋史章　258
岡田努　258, 261
岡田（高岸）由香　66
岡本裕志　216
岡本夏木　183
岡本依子　41
岡本祐子　300, 301, 303, 306
興津富成　238
奥村智人　215
奥村雄介　269
奥住秀之　220
Onishi, K. H.　145
大東祥孝　190
大日向雅美　42, 71
大平英樹　1
大井学（Oi, M.）　186-188, 190, 191, 194-196
大井佳子　194
大石敬子　207, 212
大久保智生　118
大西彩子　117
大野裕　319
大竹文雄　82
大谷実　116

【P】
Pellegrini, D.　1
Pence, A.　73
Perkins, M.　190
Pollard, L.　50

人名索引　343

Posner, M. I. 1
Powell, R. 50
Prizant, B. M.（プリザント） 23, 29, 30

【R】

Rao, P. A. 187
Ravari, Sh. M.（ラバリ） 279
Reeve, S. A.（リーブ） 160
Reynhout, G. 187
Reynolds, A. J. 78
Rogoff, B. 111
Rosenberg, L. 50
Ross, H. S. 165
Ross, S. 50
Roth, F. P.（ロス） 188
Rothbart, M. K. 1

【S】

佐川早季子 75
斎藤愛子 104
斎藤学 48
酒井朗 113, 135
坂井聡 215
櫻庭隆浩 281
櫻井茂男 20
Sanders, M. R.（サンダース） 67
Sansosti, F. J. 187
笹田慶二郎 66
佐々木一 316
佐々木かすみ 294
佐々木正人 4
笹野京子 146
笹内美里 36
佐藤昌子 106
佐藤公治 115
佐藤優 186
佐藤眞一 327, 329
佐藤正二 158
佐藤淑子 260
佐藤有耕 257, 258
澤江幸則 219, 222, 223, 229
Sawyer, I. M.（ソーヤー） 160
Sawyer, R. K. 3, 132
Scaife, M.（スケーフ） 23
Scambler, D. J. 152
Schaughency, E. 107
Schopler, E. 196
Seccombe, K. 12

Segal, U. 10
関戸英紀 234, 238
千石保 260
千住淳（Senju, A.） 144, 145, 250
Shapiro, L. 4
Sheehy, G.（シーヒィ） 300
Sheridan, S. M.（シェリダン） 109
島悟 308
島田晴雄 40
清水美智子 203
清水由紀 114
下田博次 262
下浦忠治 42
新村出 34
汐見稔幸 71
塩崎尚美 60
白井利明 259
Shulman, L. 131
Sigman, M.（シグマン） 147
Siller, M.（シラー） 147
Singh, S. 3
Siraj-Blatchford, I.（シラジー－ブラッチフォード） 76, 80
Smith, P. K.（スミス） 13
Solomon, M. 197
園田貴章 216
Southgate, V. 144
Spekman, N. J.（スペックマン） 188
Stanford, E. C. 299
Sugai, G. 238
菅野幸恵 35
菅原ますみ 10
杉本昌子 49
杉村僚子 160
杉山登志郎 49, 105, 251, 333, 336
住田正樹 66
Super, M. C. 112
須藤邦彦 160
鈴木國文 190
Sylva, K.（シルヴァ） 76, 77, 80

【T】

橘木俊詔 11
Taggart, B.（タガート） 76
田口愛子 191
田島信元 9
高木隆郎 251
髙橋亜希子 263

高橋和子　196, 288, 291, 293, 294
高岡健　292
高田利武　36
竹田信子　61
竹下研三　331
竹内慶至　262
武澤友広　151
瀧澤聡　220
田熊立　294
玉井邦夫　60, 61
田中基　234
田中早苗　191, 196
田中敏隆　201
田中裕美子　212
田代勢津子　118
Temple, J. A.　78
寺田晃　203
寺本妙子　68
寺村ゆかの　53
Thagard, P.　4
Thomas, A.（トマス）　104
Tobin, J.　95
十一元三　292
土岐淑子　333, 334
德永雅子　60
Tomasello, M.（トマセロ）　23, 146, 165, 166, 174, 180
友枝敏雄　258
藤堂栄子　212, 215
當銀玲子　99, 100
東條吉邦　243, 249, 250
Travis, L. L.（トラビス）　147
Trivette, M.　51
土谷みち子　42
柘植雅義　289
辻大介　261

【U】
内田伸子　114
内海千種　281
内山登紀夫　211
上淵寿　133
植田千晶　257
植木理恵　262
上野一彦　106, 210, 212, 331
氏家達夫　38
鵜養啓子　86
鵜養美昭　86

請川滋大　104
梅永雄二　332
海野道郎　258
宇野彰　214
宇野宏幸　117
浦野裕司　118, 134
浦山晶美　68
牛窪恵　262
臼井博　9
臼井樹子　325, 326
埋橋玲子　76

【V】
Vaillant, G. E.（ヴァイラント）　299, 300
van Ijzendoorn, M. H.　49
Vivanti, G.　148
Volkmar, F. R.（フォルクマー）　194

【W】
若松素子　38
若宮英司　207, 215
涌井恵　160
Welkowitz, L. A.　187
Wenger, E.　136
Werner, E.　273
White, K. M.　300
Williams, G. C.　241, 244, 247
Wilson, B. N.　221
Wing, L.（ウイング）　287
Wolf, M.　213
Wood, D.　173

【Y】
矢田愛子　191
八重樫牧子　66, 72
山田昌弘　261
やまだようこ／山田洋子　146, 228
山口昇　325, 328
山口のり子　282, 283
山川ひとみ　108
山森光陽　116
山本淳一（Yamamoto, J.）　147
山本和郎　130
山中康裕　126
山野良一　49, 53
山末英典　250
山崎晃　158
山崎浩一　263

人名索引　345

矢守克也　130
柳川敏彦　67
Yates, P.　187
四日市ゆみ子　202
吉田敬子（Yoshida, K.）　47
吉田光爾　318

好井裕明　194
吉崎静夫　114
湯浅誠　262

【Z】

Zahn-Waxler, C.　47

事項索引

【アルファベット】

AAIDD　200
AAMR　200
ADHD　22, 23, 27, 182, 211, 220, 244, 248, 291-293
ADL　327
AES　166
allocentrism　150
ASP　292
Benesse 次世代育成研究所　10
BPSD　325
CBT　284
CCC-2 日本語版　186
CD　292
CDR　325, 326
children with special needs　104
Clinica Dementia Rating（CDR）　325, 326
CT　244, 245, 251, 323
DAISY　215
DBD マーチ　292
DCD　220, 221, 228
DCDQ'07　221
DEM　214
difficult children　104
DSM-Ⅳ　277, 308, 321
DV（ドメスティック・バイオレンス）　49, 50
DV の加害経験　283
EBP　71
ECERS-E　76
ECERS-R　76
ECS（Every Child Succeeds）　51, 52
egocentrism　150
e-learning　215
EPPE 研究　76, 79
e-子育て NET システム　66
fMRI　323
GDP　39
GNH　39
HDS-R　323, 325
Head Start　51
HFASD　182, 186-192, 194-197
HFASD の語用障害　186
HIV/エイズ　279
IADL　327
ICD-10　206, 277, 308, 321
ICF　159, 164, 201

infantia 仮説　190
INREAL　194
I-R-E 連鎖　114
LD　210-212, 220, 244, 247
　　――の教育支援　211
　　――の認知特性　211
LGBT　277
M-ABC　221
MIM-PM　214
mind-mindedness　185
Mini-Mental State Examination（MMSE）　323, 324
MMSE　323, 324
MRI　244, 245, 251, 323
M 字型労働　36
NCAFS　68
NCAST　68
NICHD　75
Nobody's Perfect　67
ODD　292
PBS　231, 233, 234, 238
PDD　292, 293, 333
PECCK　69
PECCK-mini　69
PKU　246, 247
pro-drop language　186
QOL　321, 330
Q-U テスト　117
RCRT　117
REPAY 研究　79
RTI モデル　207, 208, 215
SAM　146
SCERTS モデル　30
SICS　79
SPECT　323
SSRI　313, 314
SST　146, 183, 186, 187
SVR モデル　212
TEACCH　196, 290
TES　166, 169, 171
ToMM　146
TT（ティーム・ティーチング）　118, 134
Virtues Approach（V. A.）　68
Virtues Project（V. P.）　68
WHO 統合国際診断面接（CIDI）　308
WISC-Ⅲ　27, 106, 234

347

【あ行】

アイデンティティ:
　——の危機　298, 302
　——の形成　257
　——論　300
　個としての——　39
　ジェンダー——　276
　専業主婦の——　37
アウトリーチ　53, 317
アクションリサーチ　97, 98, 130, 135, 138
足場づくり　173
預かり保育　64, 65
アスペルガー障害　234, 287, 292, 334
アスペルガー症候群　144, 182, 188, 196, 249, 331
アセスメント　30, 70, 89, 106, 107, 125, 127
　生きた——　127
　運動発達——　219, 225
　機能的——　232, 235, 236
　初期社会性発達——（AES）　166-169
　生態学的——　89
　包括的——　24, 29, 30
アタッチメント　50, 152
アトモキセチン　248
アフォーダンス　4, 184
　重みづけした——　184
アメリカ国立小児保健衛生研究所（NICHD）　75
アメリカ精神遅滞協会（AAMR）　200
アメリカ知的発達障害協会（AAIDD）　200
アルコール使用障害　311
アルツハイマー型認知症　327
アルツハイマー病　321
生きづらさ　262
育児:
　——期の家族　34
　——サークル　66
　——情報の氾濫　37
　——ストレス　36
　——の社会化　44
　——不安　36, 41, 65, 66
　——への負担感　65
　孤独な——　36
　人生における「——」の意味　39
イクメン　40, 43
移行　30
　——支援　290
　環境——　42, 157, 158
　幼小——　112
意識的な情動処理　151

いじめ　13, 117, 121, 262, 270, 279, 291, 334
　——問題　13, 14
　幼児期の——　158
異性愛　276, 279
異性を対象とする性愛　277
一次的ことば　183
1歳6カ月児健診　182
逸脱行動　122, 270, 272
　性的——　281
1.57ショック　37, 63
1.26ショック　38
遺伝子レベルの研究　251
意図共有　165, 173
意図的行為者　145, 147, 173
インクルージョン社会　152
インセンティヴ・ディバイド　12
インターセックス　277
インターネット　259
　——による支援　42
インフォームド・コンセント　97, 128
ウィリアムズ症候群　203-205
ウエクスラー式知能検査　106
うつ　312, 314, 316-319
　——気分　312
　——症状　336
　——状態　312
　——病　252, 303-315
　——病性障害　313
　——病と自殺　310
　——病による仮性認知症　323
　大——病性障害　308, 312, 313
　抗——薬　313
　産後（の）抑——　41, 47
　働きざかりの——　308
　非定型——病　313
右脳　242
埋もれ図形　201
運動性構音障害　176
運動発達アセスメント　219, 225
運動発達支援　219, 229
運動発達モデル　221, 222
絵カード分類課題　203
エコラリア　187
エピソード記憶の近似記憶障害　322
エビデンス　187
　——・ベースト　243
　——に基づく実践（EBP）　71
　効果の——　10

348

遠城寺式乳幼児発達検査　223
援助交際　279, 281
エンゼルプラン　37, 42, 63
　　新──　37, 63
　園内研究会　87
　エンパワメント評価　44
応用行動分析　147
大うつ病性障害　308, 312, 313
親：
　　──子の会　293, 294
　　──支援プログラム　67
　　──としての発達　38
　　──の価値観　35
　　──面接　274
音韻情報処理機能　247
音声機能の障害　176

【か行】

介護福祉士　329
改正学校教育法　289
概念形成　203
外部性　121, 127, 128
解離性障害　333
会話の協力　188, 189
会話分析　189, 194, 195
抱え込み　124
鏡文字　213
学業成績　77
学習意欲　116
学習科学　3, 132
学習指導要領　278
学習者　111, 113
　　──としての振る舞い方　115
学習障害（LD）　205, 206, 210, 216, 247, 291, 331
　　──児　216
　　──の医学的定義　206
　　──の教育的定義　206
学習のユニバーサルデザイン化　217
学習方法　116
拡大家族システム　35
確立化操作　233
学力　10
　　──的な支援　61
　　──に関する問題　60
学齢期語用障害　186
学齢期の言語発達　186
学歴　10, 11
重なり図形　201

家族　34
　　──介護　327, 329
　　──支援　53
　　──の定義　34
価値観の相対化　260
学級（の）規範　114, 117
学級崩壊　117, 118
学校：
　　──裏サイト　262
　　──間の連携　121
　　──教育　111
　　──生活への肯定感　118
　　──と専門機関との連携　121
　　──不適応　270, 272, 273
　　──文化　111
　　──臨床　128
家庭生活の満足度　261
家庭的保育　42
家庭訪問　51
　　──事業　52
カナー型自閉　177
空の巣症候群　303
カリキュラム開発への支援　135
感覚・運動系の機能回復に関する脳科学　252
感覚過敏　334
環境移行　42, 157, 158
環境としての土山の意味　99
関係性攻撃　158
漢字の書字困難　205
感受性期　242, 245
感情プライミング　152
間接発話理解研究　191
カンファレンス　99
願望実現医療　35, 43
記憶障害　322
　　エピソード記憶の近似──　322
機会利用型指導　183
危機　301
　　成長に必要な──　126
聞き手責任言語　186
器質性構音障害　176
基礎的な知見　18, 19
気になる子（ども）　23, 28, 103, 104, 160-162
気になる保護者　104
機能局在論　241
機能性構音障害　176, 179
機能的アセスメント　232, 235, 236
気分循環性障害　313

事項索引　349

気分障害　308, 311, 312, 332, 333
気分変調性障害　313
疑問詞質問　191, 194, 195
虐待　35, 48-50, 53, 83, 121
　　――者　59
　　――する保護者　59
　　――の世代間連鎖　62
　　――予防　61
　　――率　10
　　身体的――　56-58, 62
　　心理的――　56-58
　　性的――　56-58, 280, 281
　　被――児の脳　251
逆模倣　149
ギャング・グループ　258
教育経済学　3
教育社会学　9
教師：
　　――との協働　139
　　――の意識　112, 113
　　――の学習　131
　　――のことば　139
　　――への支援　117, 118, 139
教室で学習する身体的構え　114
共生　197
協調運動　221, 223, 224
協働研究　95, 96
共同行為　178
共同子育て　39
協働思考プログラム　132
共同注意　23, 142, 146-149, 165, 166, 168, 171, 173
　　受動的――　173
強迫性障害　333
キレート剤　250
緊急保育対策等5か年事業　63
筋電図　252
筋力　223, 224
偶発的学習　180
国の家族政策　41
虞犯　267
クライシス　301
グラウンド・ルール　115, 132, 133
クラス替え　158
ゲイ　277
ゲイ・バイセクシュアル男性　278, 279
経済学　3, 9
経済格差　9
経済的困難　49

計算認知科学　4
計算脳神経科学　4
軽度知的障害　182
軽度発達障害　49
刑法犯少年　267
ケースカンファレンス　136
ケータイ　259
ゲーム機の使用　244
ゲシュタルトの法則　201
血管性認知症　321
研究者　94-96
　　――と教師との協働　131, 137
研究的実践者　18
健康日本21　308
健康リスク　281
言語（の）獲得　177, 180, 183
　　――サポートシステム（LASS）　185
言語行為　188
言語障害　175
言語聴覚士　177
言語発達遅滞　176, 177
言語発達の遅れ　175, 178, 287
言語発達の障害　175
健常と障害　22
嫌消費　262
見当識障害　323
語彙の獲得　178
行為障害　333
抗うつ薬　313
効果のエビデンス　10
高機能広汎性発達障害　333
高機能自閉症　144, 145, 182, 287, 291, 292, 332, 334
　　――児　150
　　――者　151, 152
　　――スペクトラム障害（HFASD）　186
合計特殊出生率　37-39, 63
高次意識不全仮説　191
高次脳機能障害　252
肯定的な仲間関係　156
後天性知の障害　246
行動・心理症状（BPSD）　322, 327
行動遺伝学　1
行動化　122, 123
行動経済学　3
行動障害　231
　　破壊的――　292
行動問題　231-235
　　――への支援　233, 238

校内相談体制　121
校内暴力　121, 270
広汎性発達障害（PDD）　27, 247, 249, 292, 331, 333
　　——児　160
　　高機能——　333
高齢者介護施設　329
コーディネータ　124
国際生活機能分類（ICF）　159, 164, 201
国内総生産（GDP）　39
国民生活センター　336
国民総幸福度（GNH）　39
心のサイン　123
心の理解　142, 146, 149
心の理論　142, 143, 145, 146, 165, 190, 250
5歳児健診　182
個人差　224
誤信念課題　142-146
子育て　15
　　——講座　65
　　——支援　63, 70
　　——実態調査　65
　　——にかかわるリスク　47
孤独な育児　36
個としてのアイデンティティ　39
子ども：
　　——・子育て応援プラン　37, 42, 64
　　——・子育てビジョン　64
　　——・若者ビジョン　256
　　——間のいざこざ　157
　　——間のトラブル　158
　　——虐待の脳科学　251
　　——に対するネガティブな感情　35
　　——の社会性発達　157
　　——の自由度　116
　　——の自立　303
　　——の貧困率　49
個別性　149
個別の教育支援計画　216
コミュニケーション　148, 168, 171
語用　182
　　——障害　188, 190, 192-194
　　——能力　184
　　——論　186
　　——論の障害　187
コラボレイティブケア　318
婚活　262
混合性障害　207
コンサルタント　85, 134

コンサルティ　85, 134
コンサルテーション　16, 24, 25, 85, 86, 88, 106, 107, 109, 117, 118, 130, 134, 135, 138, 290
困難学級　118
困難を抱える子ども　103, 105, 107, 108
　　——の保護者　105
困難を抱える保護者　104

【さ行】

再就職支援のためのプログラム　317
在宅支援　60, 327
左脳　242
左右半球機能分化障害説　249
三項関係　146, 147, 165, 227, 228
産後（の）抑うつ　41, 47
3歳児健診　182
3歳児神話　36
3歳までの早期教育　242
算数障害（ディスカリキュリア）　216
3大認知症　321
ジェンダー　277, 280
　　——アイデンティティ　276
支援の枠組み　15
視覚情報処理機能　247
自我の確立　257
識字障害　213
視機能チェックリスト　214
視機能トレーニング　215
視空間認知障害　206
自己：
　　——愛傾向　257
　　——効力感　164
　　——受容　257
　　——調整能力　77
　　——陶酔　302
　　——認知　152, 336
　　——の有限性の自覚　300
　　——（の）評価　257, 263
自殺　308, 314
　　——・うつ病等対策プロジェクトチーム　315
　　——死亡率　309-311, 315
　　——対策　314, 318
　　——念慮　278, 311, 312, 319
　　——の原因　310, 311
　　——未遂　278, 279
　　——未遂者　310, 318
　　——率　313
指示応答性　225, 227

事項索引　**351**

思春期　125, 276, 279, 287
　　——内閉論　126
自傷　122, 123
　　——行為　278
事象知識　180
次世代育成支援対策推進法　37, 52
施設介護　329
施設保育　42
視線処理　250
視線の動き　143
自尊感情　164, 257, 260
自他分化　142, 149, 150
視知覚能力　202
しつけ　35
実行機能障害　322
失語症　252
実践：
　　——科学　1, 3
　　——効果研究　53
　　——的研究者　18
　　——と研究　19
　　——についての研究　130
　　——を通しての研究　130
実態調査　9
質的研究法　132
質の高い保育　84, 86
疾病および関連保健問題の国際統計分類（ICD-10）　277
児童館　64, 66
児童虐待　56, 105
　　——の定義　56, 57
　　——の防止等に関する法律　56
　　——防止法　56
児童相談所　57, 60
自動模倣　151
児童養護施設　60
自閉症　142, 190, 220, 225, 228, 244, 249, 331–333
　　——児　148–150, 160, 166
　　——児者　146, 147
　　——児者の心の理解　146
　　——児における社会性（の）発達　164, 166
　　——児の共同注意の障害　23
　　——児のための初期社会性発達支援プログラム　164, 166, 167
　　——児の模倣　220
　　——者の「独自の社会性」　152
　　——者の社会性障害　142
　　——スペクトラム　179, 182

　　——スペクトラム障害（ASD）　177, 249
　　——の心の理論欠損仮説　143, 150
　　——の発症メカニズム　249
　　——の3つ組　190
　　——倫理学　190
社会科学　1, 2
社会学　9
　　——による若者研究　258
社会構成主義　3
社会性　142
　　——の障害　142, 150
　　——の発達　147, 164
社会的参照行動　227
社会的情報処理理論　157
社会的スキル指導（SST）　212
社会的相互作用　183
社会的認知　165
　　——発達障害説　166
社会的場面絵　187, 191
社会的不適応　352
社会に対する満足度　262
社会脳仮説　190
周産期死亡率　48
10代の妊娠出産　48
集団保育　73
就労支援　336
授業のコミュニケーションシステム　132
手段的日常生活動作（IADL）　327
受動型　288
受動的共同注意　173
小1プロブレム　111, 158
障害基礎年金　295
生涯継続反社会性タイプ　271
障害～健常のスペクトラム　29
紹介システム　315
障害者雇用率制度　290
障害者手帳　290
障害者向け社会サービス　336
障害～定型発達のスペクトラム　23, 24, 29
生涯発達心理学　38, 298
障害理解　336
障害をもつ子ども　103, 162
障害をもつ幼児の仲間関係　158
小学生の読み書きスクリーニング検査　214
小学校への移行　111
使用基盤モデル　180
少子化社会対策基本法　37, 64
少子化社会対策大綱　37, 64

少子化対策　37, 63, 41, 42
　　——プラスワン　63
小中一貫教育　118
情動　142, 146, 150
　　——（の）共有　165, 168, 171, 173
　　——調整　142, 150
　　——的コミュニケーション　180
　　——伝染　142, 151, 152
　　——認知　150
　　——の交換　165
　　——の自動性　152
　　——評価の共有　147
　　——理解　151
　　——理解・表出　142
少年院　293
小脳障害説　249
諸機関を越えた協働　109
初期社会性発達アセスメント（AES）　166-169
初期社会性発達支援課題（TES）　166, 169, 170, 173
初期社会的認知発達　166
職場のメンタルヘルス対策　316
職場復帰　316, 317
触法行為　267, 334
書字障害　213
所得の格差　83
自立支援法　331
新エンゼルプラン　37, 63
進化　241
　　——医学　241, 244, 247
　　——心理学　1, 241, 244, 248
神経科学　241
神経心理学　1
心身症　123
人生における「育児」の意味　39
身体：
　　——・表情の同期　165
　　——化　122, 123
　　——性　4
　　——性攻撃　158
　　——的虐待　56-58, 62
　　——的成熟と非行　269
　　——的性別　277
　　——同期　228
　　——認知　3
　　——反応　144-146
新体力テスト　221
診断　30

新版 K 式発達検査　169
心理・社会的性別　277
心理化　143, 144
　　直観的——　143-146, 152
　　命題的——　144-146
心理支援力　43
心理職　177
心理的虐待　56-58
心理的離乳　257, 258
睡眠キャンペーン　315
睡眠障害　315
スクールカウンセラー　121, 126-128
スクリーニング　69
ストレス性障害　312
スモールグループ　196, 197
生化学的検査　244
生活支援　336
生活の質（QOL）　321, 330
生活保護　317
生活満足度　39
性感染症　279
性規範の二重基準　279
性交経験率　280
性行動の低年齢化　259
性自認　277
正常圧水頭症　252, 321
成人　256
　　——・高齢期の発達障害者　331
　　——期　297
　　——期における危機　297
　　——期の脳科学的研究　252
　　——期の発達臨床心理学　298
　　——発達研究　299, 300
　　——発達臨床心理学　306
精神障害者　290, 291
　　——保健福祉手帳　290, 291, 294
精神障害の診断・統計マニュアル（DSM-Ⅳ）　277
精神心理的二次障害　332
精神遅滞（知的障害）　311, 331
精神分析学　298
精神分析的人格発達分化の図式　299
精神保健医療改革　317, 318
生態学的アセスメント　89
生態学的モデル　159
成長に必要な危機　126
性的逸脱行動　281
性的虐待　56-58, 280, 281

事項索引　353

性的健康　280, 281
性的行動　276, 277, 279, 281
　　——における同意　284
性的指向　276–279
性的嗜好　277
性的指向・嗜好　277
性的暴力　277
性同一性　276, 277
　　——障害（GID）　277, 278
生徒指導　133
青年期　256, 257, 267, 269, 270, 277, 287
　　——危機説　260
　　——限定反社会性タイプ　271
　　——における親子関係　257
　　——の開始　256
　　——の終結　256
　　——の問題行動　267
　　——の友人関係研究　261
　　——平穏説　260
成年後見制度　295
青年心理学　256, 259
性の多様性　277
生物科学　1
生物－社会－心理　240
性別違和感　278
性暴力　280, 281, 283, 284
　　——の被害者へのケア　282
性役割観　277
生理型知的障害　246
セクシュアリティ　276, 277, 279
セクシュアルオリエンテーション　276
セクシュアルヘルス　280
セクシュアルマイノリティ　276, 277, 279
世代性　298, 302, 304
積極奇異型　288
積極的行動支援（PBS）　231
セックス　277
専業主婦のアイデンティティ　37
前言語期　180, 181
全国 LD 親の会　215
全国社会福祉協議会　336
選択的関係論　261
選択的セロトニン再取り込み阻害薬（SSRI）　313
先天性知的障害　246
前頭葉機能不全　322
前頭葉障害説　249
全日本手をつなぐ育成会　336
専門的介護サービス　327

専門的な支援　17
早期教育　35, 37
双極性障害　252, 312
双極Ⅱ型　313
相互凝視　165
相互協調的自己観　36
相互コンサルテーション　134
相互的コミュニケーション　180–182
相互独立的自己観　36
喪失　309
喪失体験　302, 303
草食系　262
相対的貧困率　11, 82
ソーシャル・ストーリー　146, 186, 187
ソーシャルスキルトレーニング（SST）　183, 186
　　——絵カード　187
素行障害（CD）　292
ソシアルグループ　196
ソシオメトリックテスト　157
ソマティック・マーカー仮説　145

【た行】
対人的トラブル　161
代替行動　233, 235
タイム・スリップ現象　292
第四の発達障害　105, 251
ダウン症　246
他者の身になる　148–150
多重成員性　136
多層指導モデル　214
多胎児　49
多動・衝動型の ADHD　160
田中ビネー検査　204
単音連続読み課題　207
単語・短文音読検査　214
単語速読検査　207
男性の育児休業　40
男性のライフサイクル　300
短文音読検査　207
断片的 value-category-memory　191
地域子育て支援センター　64
チーム医療・多職種連携　318, 319
チーム援助　124
チーム支援　54
　　——体制　125
遅延再生の誤り　323
知覚　201
　　——年齢　202

逐次読み　207
知的遅れのない障害者群　331
知的遅れのない発達障害　334
知的障害　179, 182, 200
　　──者　290
　　──をもつ子ども　160
　　軽度──　182
　　後天性──　246
　　生理型──　246
　　先天性──　246
　　病理型──　246
知能検査　106
チャム・グループ　258
注意欠陥多動性障害（ADHD）　22, 179, 211, 247, 248, 268, 331
中1ギャップ　112
中学校教育　112
中年期　297
　　──（の）危機　297, 298, 301, 302, 304
　　──危機からの回復　305
　　──のアイデンティティ再体制化のプロセス　301
　　──の心理学　297
　　──の心理社会的危機　302
　　──のメンタルヘルス　298
注目要求　235
聴覚過敏・感覚過敏　179
聴覚障害　179
長期的な効果　243
長時間保育　36
調整　227
直観的心理化　143-146, 152
通級指導教室　26
つながり　121, 123
出会い系サイト　279, 281
ティーム・ティーチング　118, 134
低出生体重児　48
ディスグラフィア（書き障害）　213
ディスレキシア（読み障害）　212
　　──の出現率　213
　　発達性──　213
ディティング・バイオレンス　282
デートDV　282, 283
　　──被害経験　283
　　──防止プログラム　282
　　──予防プログラム　283
デートレイプ　282
適応障害　312

適応的熟達者　137
デジタル録音子図書　215
テトラハイドロバイオプテリン　250
てんかん　331
　　──をともなう知的障害　246
伝統的青年観　258
動機づけ　20
同型性　149
統合失調症　252, 310-312, 316, 317, 332
　　──様状態　333
統合保育　159, 160
動作模倣課題　149
同性愛　278, 279
逃避　235
ドーパミン　248
特異的算数能力障害　207
特異的書字障害　207
特異的読字障害　207
読字障害　207
　　発達性──　247
特殊音節　213, 214
　　──指導パッケージ　207, 208
特別支援学校学習指導要領　164
特別支援教育　26, 104, 109, 164, 287, 289, 331
　　──コーディネーター　210
　　──体制　210
特別なニーズ　104
　　──をもつ子　104
ドメスティック・バイオレンス　49
友達親子　261
トランスジェンダー　277, 278
トランスセクシュアル　277
トリプルP：前向き子育てプログラム　67

【な行】

内部性　121, 127, 128
仲間入り行動　157
仲間関係の発達　157, 258
仲間内地位　157
ニート　262, 332
二項関係　165, 173
二次障害　334
二重障害仮説　207
日常生活動作（ADL）　325
　　手段的──（IADL）　327
日本自閉症協会　336
乳幼児期の言語発達支援　177
乳幼児健康診査　177, 181

乳幼児の仲間関係　156
人間発達理論　298
認知　200
認知機能障害　322
認知行動療法（CBT）　284, 318, 319
認知症　252, 321
　　――高齢者　321
　　――高齢者の日常自立度判断基準　325
　　――高齢者の日常生活自立度　328
　　――者の生活自立度　325
　　――の周辺症状　322
　　――の診断　323
　　――のスクリーニング検査　323
　　――の中核症状　322
　　アルツハイマー型――　327
　　うつ病による仮性――　323
　　血管性――　321
　　3 大――　321
　　長谷川式――スケール（HDS-R）　323, 325
認知障害　322
認知的社会化研究　9
認知能力の偏り　204
認知療法　319
認定子ども園　73
ネグレクト　50, 56, 57, 61, 83
脳科学　240-242, 247
　　――的（な）アセスメント　244, 245
　　――的研究　243, 252
　　感覚・運動系の機能回復に関する――　252
脳画像研究　241, 243, 251
脳画像検査　241
脳神話　240
脳性まひ　331
「脳にダメージを与える」という情報　244
「脳によい」という情報　243
脳の萎縮　251
脳波　245, 251, 252
　　――計測　242
　　――検査　244
ノルアドレナリン　248

【は行】

バースト　233
パーソナリティ障害　310, 316
はい・いいえ質問　191, 194, 195
配偶者間の DV　282
バイセクシュアル　277
　　――女性　279

ハイリスク　47
破壊的行動障害　292
長谷川式認知症スケール（HDS-R）　323, 325
パソコン　259
働きざかりのうつ　308
発達科学　2
発達加速現象　259
発達課題　300
発達検査　106
発達支援の専門家　16
発達支援レベル　168, 169
発達質問票　24, 25
発達障害　104, 106, 121, 182, 219, 247, 268, 273, 317, 331
　　――者　287, 295, 334
　　――者支援センター　294, 331-333, 336
　　――者支援法　109, 210, 247, 287, 289, 331-333
　　――者の社会的支援　293
　　――者の就労支援　290
　　――のある子どもの運動発達　219
　　――の「二次障害」　293
　　軽度――　49
　　第四の――　105, 251
　　知的遅れのない――　334
発達神経科学　1
発達心理学　1, 8, 240
発達性協調運動障害（DCD）　220
発達性ディスレキシア　213
発達性読字障害　247
発達的前駆体　142
発達的ニッチ理論　112
発達の遅れ　49
発達のグランドプラン　263
発達の個人差　176, 178, 181
発達の最近接領域　168
発達レベル　168
発達論的漸成説　299
パラサイト・シングル　260
半陰陽　277
反抗挑戦性障害（ODD）　292
犯罪行為　267
反社会性人格障害（ASP）　292
反社会的行動　122, 231, 268, 270, 332
汎用学習ツール　147
ピア・グループ　258
ピアレビュー　135
引きこもり　262, 287, 332, 333
被虐待児の脳　251

非言語的相互作用　180
非行　121, 267, 270
　　──行動　272
　　──の防御要因　268, 269
　　──のリスク要因　268, 269
　　──防止　272, 273
非社会的行動　122, 231
左半球障害説　249
非定型うつ病　313
否定的（な）仲間関係　156, 157
美徳・教育プログラム（V. P.）　68
一人親家庭　43, 49
比喩皮肉文テスト　186
病理型知的障害　246
貧困　10, 49, 53, 56, 262
　　──の連鎖　11
　　──率　49
　　子どもの──率　49
　　相対的──率　11, 82
ファシリテーター　130
不安障害　312, 313, 332, 333
夫婦関係　34
　　──の不和　49
フェニルケトン尿症（PKU）　246
副作用　243, 248, 323
復職プログラム　317
富士モデル　315, 316, 318
物質依存　316
　　──症　310
　　──障害　312
不適応　272
　　──行動　231, 287, 334-336
不登校　121-126, 262, 270, 278, 332, 333
プライム　152
フラッシュバック　336
フリーター　262
「フリッパー」志向論　261
不良行為　267
フロスティッグ視知覚発達検査　202
文化心理学　2, 3
分化と統合　221
分子生物学的研究　241
文脈との関連　188, 189
平衡性　223, 224
ヘテロセクシュアル　277
ペルソナの獲得　257
扁桃体障害説　249
保育　83, 84, 93

保育環境の質尺度　76
保育研究　94, 95, 97
保育システム　82
　　──の構築　109
保育施設での保育支援　91
保育実践への支援　85
保育者　94-96
　　──集団　108
　　──と研究者の協働　93, 101
　　──の専門性　108
保育所　64, 73, 82-84, 93
　　──開放　65, 66
　　──保育指針　86
保育の質　73-77, 79, 80, 81, 83, 90
保育の場における仲間関係　157
放課後子どもプラン　38, 42
放課後の居場所　42
包括的アセスメント　24, 29, 30
包括的発達アセスメントに基づいた支援方法の選
　　定　30
防御要因　269, 270, 272, 273
暴力行為　267
保健師　177
母語　177
　　──（の）獲得　178, 180
保護者　56
　　──面接　126
　　気になる──　104
　　困難を抱える──　104
　　問題を認めない──　28
母子関係論　157
ホパテン酸カルシウム　250
本人会　294

【ま行】

マーカー課題　1
孫育て　37
見えない教育方法　73
ミッドライフ・クライシス　297
ミラーニューロン　220
　　──システム　249
難しい子　104
命題的心理化　144-146
メチルフェニデート　248
喪の仕事　302
模倣　142, 146, 148, 149, 220, 250
　　──・役割理解　168, 169
　　──障害　149

事項索引　357

——のコミュニケーション機能　148, 149
　　逆——　149
　　自動——　151
問題行動　122, 123, 231, 267, 270, 272, 273, 293
　　——のアセスメント　273
問題を認めない保護者　28

【や行】
薬物使用障害　311
薬物療法　313, 318, 323, 336
役割実験　257
山アラシ・ジレンマ　261
友人関係の希薄化　261
友人関係の満足度　261, 262
指さし理解　173
養護性　43
養子縁組　43
幼児期のいじめ　158
幼児教育環境評価尺度　90
幼児教育プログラムの効果　78
幼小移行　112
幼小連携　118, 135
幼稚園　64, 73, 82-84, 93
　　——教育要領　86
読み障害　206, 212

【ら行】
リヴォイシング　115

離婚率　83
リスクの高い子ども　269, 270, 272
リスクの累積性　53
リスク要因　267, 270, 272
離席　234, 235, 237
療育手帳　290, 291, 294, 295, 336
量の概念　205
臨界期　242, 245
臨床心理士　319
臨床発達支援　82
臨床発達心理学　44
倫理的問題　139, 157
ルーティン　113, 114, 116
ルール　113, 114, 116
　　——遊び　162
　　暗黙的な——　115
レジリエンシー　77
レジリエンス　12, 273
レズビアン　277, 279
レビー小体病　321
連続体（スペクトラム）　22

【わ行】
ワーキングメモリ　322
ワーク・シェアリング　40
ワーク・ライフ・バランス　39, 63

●シリーズ編者
日本発達心理学会
出版企画委員会（2010年12月まで）
委員長　田島信元
委　　員　岩立志津夫・子安増生・無藤　隆

●編著者紹介
無藤　隆（むとう　たかし）【序章，第1章担当】
東京大学大学院博士課程中退。現在，白梅学園大学教授。主要著書『保育の学校』フレーベル館，2011年 他。

長崎　勤（ながさき　つとむ）【第2章担当】
筑波大学大学院博士課程中退。博士（教育学）。現在，筑波大学人間系教授。主要著書『自閉症児のための社会性発達支援プログラム――意図と情動の共有による共同行為』（共編著）日本文化科学社，2009年 他。

●執筆者紹介（執筆順，【　】内は担当章）
藤﨑眞知代（ふじさき　まちよ）【第3章】
お茶の水女子大学大学院人間文化研究科博士課程単位取得退学。現在，明治学院大学心理学部教授。主要著書『育児のなかでの臨床発達支援』（共編著）ミネルヴァ書房，2011年 他。

福丸由佳（ふくまる　ゆか）【第4章】
お茶の水女子大学大学院人間文化研究科博士後期課程修了。博士（人文科学）。現在，白梅学園大学教授。主要著書『保育相談支援』（共編著）北大路書房，2011年 他。

数井みゆき（かずい　みゆき）【第5章】
メリーランド大学大学院博士課程修了（Ph.D.）。現在，茨城大学教育学部教授。主要著書『アタッチメント――生涯にわたる絆』（共編著）ミネルヴァ書房，2005年 他。

荒牧美佐子（あらまき　みさこ）【第6章】
お茶の水女子大学大学院博士後期課程修了。博士（人文科学）。現在，目白大学人間学部子ども学科専任講師。主要論文「育児への負担感・不安感・肯定感とその関連要因の違い――未就学児を持つ母親を対象に」（共著）発達心理学研究　第19巻第2号　pp.87-97，2008年 他。

秋田喜代美（あきた　きよみ）【第7章】
東京大学大学院博士課程単位取得退学。博士（教育学）。現在，東京大学大学院教育学研究科教授。主要著書『くらしの素顔』フレーベル館，2011年 他。

岩立京子（いわたて　きょうこ）【第8章】
筑波大学大学院博士課程心理学研究科単位取得退学。博士（心理学）。現在，東京学芸大学総合教育科学系教授。主要著書『乳幼児心理学』（共編著）北大路書房，2009年 他。

中澤　潤（なかざわ　じゅん）【第9章】
広島大学大学院修士課程修了。博士（心理学）。現在，千葉大学教育学部教授。主要著書『社会的行動における認知的制御の発達』多賀出版，1996年 他。

藤崎春代（ふじさき　はるよ）【第10章】
東京大学大学院博士課程満期退学。博士（教育学）。現在，昭和女子大学大学院生活機構研究科教授。主要著書『「気になる」子どもの保育』（共著）ミネルヴァ書房，2010年 他。

岸野麻衣（きしの　まい）【第11章】
お茶の水女子大学大学院人間文化研究科博士後期課程修了。博士（人文科学）。現在，福井大学大学院教育学研究科准教授。主要著書『新・プリマーズ発達心理学』（分担執筆）ミネルヴァ書房，2010年　他。

伊藤美奈子（いとう　みなこ）【第12章】
京都大学大学院教育学研究科博士課程修了。博士（教育学）。現在，慶應義塾大学教職課程センター教授。主要著書『不登校　その心もようと支援の実際』金子書房，2009年　他。

藤江康彦（ふじえ　やすひこ）【第13章】
広島大学大学院教育学研究科修了。博士（教育学）。現在，東京大学大学院教育学研究科准教授。主要著書『授業研究と学習過程』（共著）放送大学教育振興会，2010年　他。

別府　哲（べっぷ　さとし）【第14章】
京都大学大学院博士課程中退。博士（教育学）。現在，岐阜大学教育学部教授。主要著書『自閉症幼児の他者理解』ナカニシヤ出版，2001年　他。

本郷一夫（ほんごう　かずお）【第15章】
東北大学大学院博士後期課程満期退学。博士（教育学）。現在，東北大学大学院教育学研究科教授。主要著書『子どもの理解と支援のための発達アセスメント』（編著）有斐閣，2008年　他。

中村　晋（なかむら　すすむ）【第16章】
筑波大学大学院教育研究科修士課程修了。現在，筑波大学附属大塚特別支援学校教諭。主要著書『自閉症児のための社会性発達支援プログラム――意図と情動の共有による共同行為』（共編著）日本文化科学社，2009年　他。

秦野悦子（はたの　えつこ）【第17章】
お茶の水女子大学大学院人文科学研究科修士課程修了。現在，白百合女子大学大学院文学研究科教授。主要著書『生きたことばの力とコミュニケーションの回復』（編著）金子書房，2010年　他。

大井　学（おおい　まなぶ）【第18章】
京都大学大学院博士課程中退。博士（教育学）。現在，大阪大学大学院・大阪大学・金沢大学・浜松医科大学連合小児発達学研究科教授。主要著書『言語・コミュニケーション・読み書きに困難がある子どもの理解と支援』（共編著）学苑社，2011年　他。

小池敏英（こいけ　としひで）【第19章】
東北大学大学院博士課程中退。博士（教育学）。現在，東京学芸大学教育学研究科教授。主要著書『知的障害の心理学』（共著）北大路書房，2001年　他。

金谷京子（かなや　きょうこ）【第20章】
東京学芸大学大学院修士課程修了。教育学修士。現在，聖学院大学人間福祉学部教授。主要著書『臨床発達心理学の基礎』（共編著）ミネルヴァ書房，2011年　他。

澤江幸則（さわえ　ゆきのり）【第21章】
東北大学大学院博士後期課程修了。博士（教育学）。現在，筑波大学体育系講師。主要著書『シードブック　障害児保育』（共著）建帛社，2008年　他。

関戸英紀（せきど　ひでのり）【第22章】
横浜国立大学大学院修士課程修了。現在，横浜国立大学教育人間科学部教授。主要著書『こうすればできる――問題行動対応マニュアル』（共著）川島書店，2005年　他。

東條吉邦（とうじょう　よしくに）【第 23 章】
東京教育大学大学院修士課程修了。博士（心理学）。現在，茨城大学教育学部教授。主要著書『発達障害の臨床心理学』（共編著）東京大学出版会，2010 年　他。

佐藤有耕（さとう　ゆうこう）【第 24 章】
筑波大学大学院博士課程単位取得退学。博士（心理学）。現在，筑波大学人間系准教授。主要著書『エピソードでつかむ青年心理学』（分担執筆）ミネルヴァ書房，2010 年　他。

小保方晶子（おぼかた　あきこ）【第 25 章】
お茶の水女子大学大学院博士後期課程修了。博士（人文科学）。現在，白梅学園大学子ども学部准教授。主要論文「中学生の非行傾向行為の先行要因──1 学期と 2 学期の縦断調査から」（共著）心理学研究第 77 巻第 5 号　pp.424-432, 2006 年　他。

野坂祐子（のさか　さちこ）【第 26 章】
お茶の水女子大学大学院博士後期課程単位取得退学。修士（人文科学）。現在，大阪教育大学学校危機メンタルサポートセンター准教授。主要著書『関係性における暴力──その理解と回復への手立て』（共著）岩崎学術出版社，2008 年　他。

佐竹真次（さたけ　しんじ）【第 27 章】
筑波大学大学院博士課程修了。教育学博士。現在，山形県立保健医療大学教授。主要著書『思春期・成人期の社会適応』（共編著）ミネルヴァ書房，2011 年　他。

岡本祐子（おかもと　ゆうこ）【第 28 章】
広島大学大学院教育学研究科博士課程後期修了。教育学博士。現在，広島大学大学院教育学研究科教授。主要著書『成人発達臨床心理学ハンドブック──個と関係性からライフサイクルを見る』（編著）ナカニシヤ出版，2010 年　他。

川野健治（かわの　けんじ）【第 29 章】
東京都立大学大学院博士課程中退。博士（人間科学）。現在，国立精神・神経医療研究センター精神保健研究所 自殺予防総合対策センター室長。『自殺予防の実際』（分担執筆）永井書店，2009 年　他。

佐藤眞一（さとう　しんいち）【第 30 章】
早稲田大学大学院博士後期課程単位取得退学。博士（医学）。現在，大阪大学大学院人間科学研究科教授。主要著書『老いとこころのケア──老年行動科学入門』（共編著）ミネルヴァ書房，2010 年　他。

三宅篤子（みやけ　あつこ）【第 31 章】
東京大学大学院教育学研究科博士後期課程単位取得満期退学。現在，国立精神・神経医療研究センター精神保健研究所 児童・思春期精神保健研究部客員研究員。主要著書『思春期・成人期の社会適応』（共編著）ミネルヴァ書房，2011 年　他。

発達科学ハンドブック 第6巻
発達と支援

初版第1刷発行　2012年5月11日

　　　編　者　無藤　隆・長崎　勤
シリーズ編者　日本発達心理学会
　　　発行者　塩浦　暲
　　　発行所　株式会社新曜社
　　　　　　　〒101-0051　東京都千代田区神田神保町2-10
　　　　　　　電話(03)3264-4973(代)・Fax(03)3239-2958
　　　　　　　E-mail: info@shin-yo-sha.co.jp
　　　　　　　URL http://www.shin-yo-sha.co.jp/
　　　印刷所　亜細亜印刷
　　　製本所　イマキ製本所

Ⓒ Japan Society of Developmental Psychology, 2012　　Printed in Japan
ISBN978-4-7885-1278-8　C1011

日本発達心理学会 編
発達科学ハンドブック

いまや発達心理学は，隣接の学問分野から影響を受けつつその領域を広げ，発達的視点を中核においた「発達科学」として発展しつつある。1989年の日本発達心理学会発足以降およそ20年間の研究の動向を展望し，今後の新たな研究への足がかりとなるシリーズを目指す。読者対象は卒論執筆者から大学院生，研究者，専門的実践家まで。（A5判上製・各巻約300頁）

第1巻　発達心理学と隣接領域の理論・方法論
田島信元・南　徹弘　責任編集

＊第2巻　研究法と尺度
岩立志津夫・西野泰広　責任編集　　　344頁／本体3600円

＊第3巻　時間と人間
子安増生・白井利明　責任編集　　　336頁／本体3600円

第4巻　発達の基盤：身体，認知，情動
根ヶ山光一・仲真紀子　責任編集

＊第5巻　社会・文化に生きる人間
氏家達夫・遠藤利彦　責任編集　　　360頁／本体3800円

＊第6巻　発達と支援
無藤　隆・長崎　勤　責任編集　　　376頁／本体3800円

＊は既刊

（表示価格は税別です）